KB056472

새로운 신뢰 아키텍처를 위한 블록체인

새로운 신뢰
아키텍처를 위한
블록체인

케빈 웰바크 지음 **백명훈** 옮김

i!i
에이콘

에이콘출판의 기틀을 마련하신 故 정완재 선생님 (1935-2004)

지은이 소개

케빈 웰바크 Kevin Werbach

펜실베이니아 대학교University of Pennsylvania 와튼 스쿨Wharton School의 법률 연구 및 비즈니스 윤리 교수다. 기술 컨설팅 회사인 슈퍼노바 그룹Supernova Group의 설립자이며 미국 연방통신위원회FCC와 상무부의 통신 정책에 대해 자문하고 있다. 『게임하듯 승리하라(For the win)』(매일경제신문사, 2013)의 공동 저자다.

감사의 말

오웬 데이비스Owen Davis는 내게 책임이 있다고 생각한다. 4~5년 전, 기업가인 내 친구는 내가 왜 비트코인에 좀 더 관심을 보이지 않는지 물었다. 난 조금 당황했다. 물론 나도 최근의 암호통화 현상에 대해 이해하고는 있었지만 그다지 구미가 당기진 않았던 터였다. 심지어 지난 1999년 디지털 현금에 대한 보고서도 집필한 적이 있었다. 오웬은 내게 암호통화는 그보다 훨씬 더 큰 세계라고 했다. 난 이것을 자세히 들여다보다가… 어느 순간 블록체인이라는 토끼굴 속으로 빨려들어 갔다.

이후로도 이름을 다 언급할 수 없을 정도로 많은 사람이 알게 모르게 내게 깨달음을 줬다. 법학자로서 나는 새로운 분야의 연구를 수용하고 장려하는 와튼 스쿨Wharton School의 열린 환경에서 일할 수 있는 커다란 행운을 누리고 있다. 더욱이 산드라 브라만Sandra Braman이 내게 연락을 주지 않았더라면 내 논문의 원고는 더 크고 방대한 직품의 토대가 되지 못했을 것이다. 기회를 열어 준 그녀를 생각하니 기쁘지 않을 수 없다. 또한 출간하기까지 이끌어 준 기타 데비 마낙탈라Gita Devi Manaktala와 MIT 프레스MIT Press의 직원들에게도 감사드린다. 나탈리 휴스턴Natalie Houston은 내가 집필에 집중할 수 있도록 도왔고 아델 보야르스키Adel Boyarsky와 레나 수타노박Lena Sutanovac은 연구 보조를 훌륭하게 잘 해줬다.

이 책의 일부는 「듀크 법률 저널Duke Law Journal」(공동 저자 니코 코넬Nico Cornell)과 「버클리 기술법 저널Berkeley Technology Law Journal」에 논문으로 발표됐다.

6

이페오마 아준와Ifeoma Ajunwa, 브라이언 버키Brian Berkey, 빈스 부콜라Vince Buccola, 로빈 체이스Robin Chase, 줄리 코헨Julie Cohen, 데이비드 크로스비David Crosbie, 데븐 데사이Deven Desai, 댄 헌터Dan Hunter, 줄리안 존커Julian Jonker, 조이 크루그Joey Krug, 사라 라이트Sarah Light, 리처드 쉘Richard Shell, 팀 스완슨Tim Swanson, 크리스티안 테르비에슈Christian Terwiesch, 카를 울리히Karl Ulrich, 아담 웰바크Adam Werbach, 데이비드 자링David Zaring 그리고 원고에 피드백을 준 익명의 검토자들에게 빚을 졌다. 제레미 알레어Jeremy Allaire, 앰버 발데Amber Baldet, 브라이언 벨렌도프Brian Behlendorf, 아서 브라이트먼Arthur Breitman, 개슬린 브리트먼Kathleen Breitman, 맷 코바Matt Corva, 크리스 딕슨Chris Dixon, 브라이언 포드Brian Forde, 사이먼 존슨Simon Johnson, 애런 크렐렌슈타인Aaron Krellenstein, 케이틀린 롱Caitlin Long, 루카 뮐러-스튜더Luka Müller-Studer, 패트릭 머크Patrick Murck, 아베 오스만Abe Othman, 니파 파텔Neepa Patel, 브루스 폰Bruce Pon, 후만 샤답Houman Shadab, 엘리자베스 스타크Elizabeth Stark, 조엘 텔프너Joel Telpner, 스테판 토마스Stefan Thomas, 안드레아 티니아노Andrea Tinianow, 스티브 발드론Steve Waldron, 앨버트 벵거Albert Wenger, 아론 라이트Aaron Wright, 칼리야 영Kaliya Young은 인터뷰와 대화에 친절하게 응해 줬기에 블록체인 현상에 대한 이해를 높일 수 있었다.

내 삶에 커다란 의미가 돼 준 아내 요한나Johanna와 두 자녀, 엘리Eli와 에스더Esther에게 말로 다 할 수 없을 만큼 고마움을 표한다.

그리고 사토시Satoshi, 어딘가 있을 당신에게도 감사의 마음을 전하고 싶다.

옮긴이 소개

백명훈(mhbaek@gmail.com)

경찰청 사이버테러대응센터 기법개발실 연구원, 사이버 범죄수사관, 김앤장 법률사무소 전문위원을 거쳐 한국포렌식학회 운영위원, 한국디지털포렌식학회 학술이사, KISA 사이버보안전문단, ISMS-P 인증심사원, 금융감독원 블록체인 발전포럼 자문위원, 부산 블록체인 규제자유특구 운영위원회 위원, 경찰청 사이버테러범죄 전문가그룹 위원 등으로 활동하고 있다. 번역서로는 『디지털 포렌식과 사고 대응 2/e』(에이콘, 2021), 『암호화폐 수사』(에이콘, 2019), 저서(공저)로는 『디지털 포렌식』(고시계사, 2015) 등이 있으며, 현재 ㈜스트리미의 정보보호 최고책임자CISO다. EnCE, CISA, CISM, CRISC, CISSP, SIS 1급, ACAMS 등의 자격증을 갖고 있다.

"불신하기 때문에 신뢰가 필요하다."

　거래 관계, 특히 금전이 얽힌 관계에 놓인 사람들이 결국 거래를 완성하는 것은 서로를 전적으로 믿었기 때문일까? 물론 신용이 두터운 관계에선 별다른 안전장치 없이 그저 상대를 믿고 거래를 하는 경우가 있다. 그러나 사람들은 믿었던 친구에게서 돈을 떼이기도 하고, 돈만 건네주고 물건은 못 받는 소액거래 사기를 당하기도 한다. 생각해 보자. 은행은 돈이 필요한 사람에게 무작정 대출을 해주지 않는다. 집과 자동차, 빌리는 사람의 신용, 심지어 정부 기관의 채무 보증과 같은 담보를 요청한다. 기본적으로 불신이 깔려 있다.

　극단적인 예이지만 16세기 셰익스피어의 작품 『베니스의 상인』에는 돈을 빌려주고 고리의 이자를 받는 샤일록이란 탐욕스런 인물이 등장한다. 그는 빌려준 원금을 제때 회수하기 위해서라면 타인의 살점도 마다 않는 고약한 인물이었다. 고리대금과 살점과 같은 것들은 상대가 원금을 돌려주지 않을 수도 있다는 불신에 대응한 담보다.

　통신 기술의 발전과 코로나19의 특수한 상황을 맞이한 현 인류는 온라인·비대면 환경이 자연스럽다. 전혀 알지 못하는 상대와 금전이나 물품 거래를 할 수 있다면 그것은 왜일까? 서로를 향한 무한의 믿음이 있어서일까? 인류는 항상 관계의 신뢰를 담보할 수 있는 사회 인프라를 만들어 왔다. 거래 당사자 모두가 안심하고 거래할 수 있는 사회 경제적 구조를 건설했다는 뜻이다. 기본적으로 우리는 거대 권력 기관을 통해 신뢰 아키텍처를 형성하고 이러한 기관들이 견제와 균형, 감시와 감독을 통해 잘 기능하도록 제도화해 왔다. 그런데 문제가 생겼다.

"믿었던 도끼에 발등이 찍힌다."
2008년 미국발 금융 위기가 전 세계적으로 확산되던 당시 각국의 정부와 중앙 은행은 천문학적 규모의 공적 자금을 파산 직전의 은행들에게 투입했다. 방만한 경영으로 회사를 위기에 내몰고도 공적 자금으로 손쉽게 회생하는 비양심적 금융 회사들과 이를 지원하는 중앙 권력 기관을 바라보는 어떤 사람들은 아마 새로운 신뢰 확보의 방법이 절실함을 느꼈을 것이다. 다음은 실제 사실에 작가적 상상력을 더한 픽션이다.

2009년 1월 3일 아침, 한 손엔 뜨거운 블랙커피를 들고 다른 한 손엔 반으로 접은 종이신문을 든 한 남자가 거실 창 틈으로 들어오는 햇볕을 맞으며 서 있다. 커피를 한 모금 넘기며 그는 신문의 1면을 오래도록 응시했다. 수백 번의 테스트를 거쳐 만반의 준비를 해왔지만 새로운 시스템이 성공을 거둘지는 미지수였다. 첫 번째 트랜잭션을 담은 블록이 성공적으로 배포만 된다면 신뢰를 담보해 줄 정부나 은행의 개입 없이도 개인 간에 가치를 전송할 수 있는 새로운 시대가 열릴 것이다. 이러한 염원을 담아 그는 이제 막 탄생하게 될 새로운 시스템의 첫 번째 블록 안에 다음과 같은 문장을 새겼다.
"2009년 1월 3일 더 타임즈, 은행들의 두 번째 구제금융을 앞두고 있는 영국 재무장관"
타임캡슐을 실은 285바이트짜리 작은 블록 하나가 생성된 지 약 5일 9시간이 지나고 이 블록은 그다음 블록과 성공적으로 연결됐다. 인류 역사상 최초의 블록체인이 탄생되던 순간이었다. 이것이 바로 비트코인이다.

온라인 P2P 기반 결제 수단으로 알려진 비트코인은 비대면의 개인 간 거래에서 가치의 전송을 가능하게 해주는 기술이다. 하지만 더 중요한 것은 이것이 은행을 통한 거래 지시나 검증이 불필요하는 것이다. 과거 거래의 신뢰를 보장했던 기득권을 배제하고 새로운 형태의 신뢰를 제공하겠다는 개념인 것이다. 탐욕스러운 은행과 대마불사의 정책을 펼치는 정부에 대한 불신이 은근히 깔려 있는 이 기술은 사람의 탐욕이 개입될 여지를 차단하고 기술을 통해 거래의 신뢰가 확보되도록 하는 것을 지향했다. 저항적이고 탈중앙적인 성격을 지닌 이 기술은 기존의 사회 질서 속에 녹아 당연하게 여겨졌던 중앙 집권적 형태의 모든 비즈니스와 사회 구조 전반에 대안적 신뢰 확보 방법을 제시했다.

나 역시 컴퓨터 기술이 제공하는 신뢰 확보 방법에 충분히 공감하는 사람 중 한 명이다. 사이버 범죄 수사와 디지털 포렌식 그리고 정보보호 분야에서 20년 넘게 일해 오면서 사람보다 컴퓨터가 더 믿을 만하다고 입버릇처럼 말해 왔다. 컴퓨터는 정해진 수식에 따라 항상 동일한 결과를 도출하므로 프로그램에 오류가 없는 이상 거짓을 출력하지 않기 때문이다. 진실을 감추려는 피의자와의 줄다리기에 진을 빼는 것보다 무엇이든 사실만을 보여 주는 컴퓨터를 붙잡고 일하는 것이 편했다. 과거 자주 출연하던 범인 추적 현장 방영 프로그램에서 범행을 부인하는 용의자에게 "컴퓨터는 거짓말을 하지 않습니다!"라고 자주 말했었다. 무뚝뚝한 그 어투가 필자의 강한 경상도식 사투리와 합쳐져 범인을 제압하는 모습을 보는 시청자들에겐 흥미로웠던 모양이다. 시청자들의 호응에 진실이 무엇인지 찾기 위해 디지털 증거 분석에 더욱 매진했던 그 시절이 가끔씩 떠오른다.

불신이 있는 곳에서 신뢰를 확보하기 위한 대안적 수단이자, 개인의 탐심을 원천적으로 배제하고 기술로 신뢰 아키텍처를 쌓고자 하는 블록체인 기술이 가진 진정성과 기술의 완성도에는 필자도 빠져들 수밖에 없었다. 블록체인 역시 거짓말을 하지 않는다. 다만 간과해서는 안 될 것은 이 기술은 원래 존재하는 것이 아니라 누군가에 의해 만들어진 창조물이라는 것이다. 다시 말하자면 창조한 사람이 있다는 것이다. 이 말은 창조한 사람의 의도에 따라서 작품이 달라지기도 한다는 의미다. 기술은 중립적이지만 창조한 자가 어떤 불순한 의도를 품고 코드를 만들지도 모른다. 여기에 기술이 적용되는 신뢰 아키텍처에는 불완전성이 숨어 있다.

이 책의 저자는 블록체인 기술은 기존의 법 규범과 조화롭게 운영돼야 한다는 점을 강조한다. 그렇지 않으면 블록체인 기술은 쓸모없는 기술이 되고 말 것이라고 한다. 기존의 거버넌스를 배제하는 기술이 아닌 기존의 사회 질서를 유지하는 대안적이고 보완적 기술이 되도록 해야 한다는 점을 힘주어 말하고 있다. 이 책으로 블록체인 기술이 어떻게 사람들에게 신뢰를 형성하고 성공을 향해 이끌어 가고 있는지 이해할 수 있을 뿐만 아니라 향후 정부와 기업, 블록체인 공동체들이 블록체인을 통해 법과 거버넌스 문제를 어떻게 해결하고 어떤 선택을 해야 할지 조망하고 진지하게 검토해 볼 수 있으리라고 믿는다.

마지막으로 평소 책들을 통해 지식과 혜안을 전달받는 행복을 주시고 이 책의 출간을 위해 늘 격려해 주신 에이콘출판사 관계자분들께 깊은 감사를 드린다.

비트코인^{Bitcoin}과 같은 암호통화의 기초이자 훨씬 더 많은 것을 할 수 있는 기술인 블록체인이 사람들로 하여금 자신만의 맞춤형 법률 시스템을 만들 수 있게 한다고 보는 시각도 있다. 다른 이들은 더 나아가 블록체인이 국가를 완전히 대체할 것이라고 주장한다. 하지만 이 책에서 케빈 웰바크^{Kevin Werbach}가 지적한 바와 같이 이전에도 인터넷을 통해 이런 이야기를 들어 본 적이 있으며 이전과 마찬가지로 정부가 블록체인을 규제하는 방법을 찾을 뿐만 아니라 이러한 방식을 통해 분명히 혁신적이고 실제로 획기적인 혁신을 최대한 활용할 수 있을 것이다.

이미 가능성이 보이고 있다. 월마트^{Walmart}는 공급망 정보에 블록체인을 사용하면 몇 주가 아닌 몇 초 만에 식품에 의한 질병과 관련된 품목을 식별할 수 있다는 사실을 발견했다. 정치적, 경제적 혼란으로 부동산 기록이 불확실해진 곳에서 블록체인은 토지 소유권을 똑바로 유지할 수 있다. 유엔^{UN, United Nations} 세계식량계획^{WFP, World Food Programme}이 난민 지원에 블록체인을 활용하려는 노력은 성공적이었다. 델라웨어 블록체인 이니셔티브^{DBI, Delaware Blockchain Initiative}는 블록체인을 활용해 주식 시장의 효율성과 투명성을 높이는 방식으로 주식 소유권을 기록하고 있다. 블록체인의 무수한 다른 용도가 고안됐거나 실험 중이거나 이미 사용되고 있다.

블록체인은 순수하게 기술적으로 보이지만 인터넷과 마찬가지로 본질적으로 사회공학적이다. 인간은 블록체인의 성능에 매우 중요하다. 주요 플랫폼을 지원하는 작업증명 시스템은 채굴자들에 의존하고, 블록체인 하드웨어와 소프트웨어에 대한 투자는 인간에 의해 결정되며, 사람들은 다양한 계약자 역할과 촉진자 역할에서의 블록체인 운영에 매우 중요하다. 블록체인의 흥망성쇠는 인간의 주관성에 기반을 두고 있다. 블록체인이 '법정통화fiat' 또는 정부 지원 통화의 세계와 상호 작용하는 암호통화의 경우 다음과 같은 여러 가지 이유로 법적 개입이 특히 유용할 수 있다. 조세핀 울프Josephine Wolff가 그녀의 책 『You'll See This Message When It Is Too Late』에서 지적했듯이 사이버 보안 공격을 방어하고 비용을 줄이는 데 특히 효과적인 포인트다. 웰바크는 거버넌스governance 수단으로서 법과 블록체인 사이의 가능한 많은 관계 중에서 'DRYDon't Repeat Yourself 코드'와 인간의 'WETWrite Everything Twice 코드'를 결합한 사회기술적 방식이 가장 성공적이고 효과적일 것이라고 주장한다.

네트워크 아키텍처와 기술, 특히 소프트웨어의 구조적(그리고 구성적) 효과를 인정하는 것은 이제 흔한 일이지만 블록체인과 법률이 관리되는 방식은 여러 가지 면에서 다르다. 법률은 그 과정이 전개되는 개인과 단체를 신뢰하기 때문에 효과가 있다. 블록체인은 비록 책임질 수 있는 개인도 없고 기관도 없지만, 우리가 그 시스템 전체를 신뢰하기에 작동한다. 법적 이상은 모든 절차의 각 요소가 무결성을 가지고 있는 반면 블록체인을 사용하면 일부 구성 요소가 신뢰할 수 없는 경우에도 시스템 전체의 출력을 신뢰할 수 있다는 것이다. 법률 시스템은 사회 전체를 대신해 사리사욕을 제한하려고 시도한다. 블록체인은 모두를 위한 네트워크 보안을 강화하고자 사리사욕을 이용한다. 전통적인 계약은 수립된 약정이 진행 중인 관계의 맥락 안에서 이뤄진다고 가정한다. 스마트 컨트랙트smart contract의 경우 각 트랜잭션transaction을 분리해 처리한다. 법률은 규정이나 계약이 작성될 때 예기치 못한 가능성을 관리할 수 있으며 의무를 이행하기 전에 추가적인 조치를 취하거나 필요한 경우 사실을 확인한 후 법정에 회부할 수 있다. 블록체인은 이러한 것들 중 어느 것도 할 수 없다. 블록체인의 실행은 시스템의 어떤 참가자도 예측하지 못하거나 받아들일 수 없는 결과로 이어질 수 있다는 사실이 알려져 있다. 법률은 이러한 모든 문제를 고려하고 시스템의 남용을 방지하는 데 도움이 되는 다양한 유형의 마찰을 추가하기 때문에 사실상 의도적으로 여러 가지 측면에서 느리게 진행된다. 블록체인은 시스템이 확장되고 지속됨에 따라 효율성 문제가 여전히 주요 관심사로 남아 있음에도 그 효율성 측면에서 주목할 만하며 바람직하다.

거버넌스와 블록체인에 대한 웰바크의 접근 방식은 노벨상 수상자 엘리너 오스트롬Elinor Astrom의 거버넌스의 다차원적 특성에 대한 이해를 기반으로 한다. 이 접근 방식은 다양한 규모에서 작동하고 광범위한 유형의 공공, 민간, 커뮤니티 기반의 구성을 포함하는 복잡한 동기 부여 구조에 의해 주도된다. 웰바크는 법이 최우선적인 상황을 유지해야 하는 거버넌스 및 기타 상황에 블록체인을 사용하는 것이 최선일 수도 있지만, 여러 목적을 위해 가장 좋은 방법은 WET(인간) 코드와 DRY(기술) 코드를 조합해 사용하는 것이 최적의 접근 방식일 수도 있다고 주장한다. 블록체인은 법적 목표를 달성하기 위한 새로운 수단을 제공함으로써 의무 준수를 보장하기 위한 법적 접근 방식을 보완할 수 있다. 예를 들어 블록체인을 사용해 기존 법적 관계를 변경하거나 대체하지 않고 기존 증권 시스템에 통합할 수 있다. 블록체인은 지정학적으로 인정된 정부와 검열에 대한 저항을 통해 이러한 정부의 권위주의적 경향에 반대하는 사람들에 의해 정책 도구로 사용될 수 있다. 이 기술은 기존 메커니즘이 활동의 양을 따라잡을 수 없거나 규제 대상에 대한 지식이 충분하지 않거나 기술 또는 사회 혁신으로 인해 인센티브가 너무 많이 변경돼 법률 시스템이 뒤처지는 상황에서 법규 준수를 실행할 수 있도록 한다. 저작권자를 알 수 없는 고아 저작물orphan work을 위한 공유 레지스트리가 이러한 예가 될 것이다. 그리고 블록체인은 분쟁 지역이나 개발 도상국의 일부 지역에서 필요할 때 법률 시스템의 대안으로 사용될 수 있다.

두 가지 형태의 거버넌스가 함께 작동할 수 있는 방법에 대한 이 책의 권장 사항은 두 가지 방향으로 진행된다. 법률은 세이프 하버safe harbor와 같은 규제 샌드박스를 사용해 코드와 유사해질 수 있지만 시간이나 범위는 더 제한적일 수 있다. 사법 계약에서 상용구의 사용을 최대한 모듈화해 사용하거나 관련된 기관을 정보 수탁자로 취급할 수 있다. 코드는 문자 그대로 서로 코드를 통합해 스마트 컨트랙트와 법적 계약을 연결함으로써 더욱 법적인 형태가 될 수 있다. 이에 대한 실험은 이미 진행 중이다. 기존의 법적 집행 메커니즘은 스마트 컨트랙트에 통합할 수 있으며 법적 거버넌스 절차를 '온체인 거버넌스on-chain governance'를 위한 블록체인 플랫폼에도 구축할 수 있다. 법치 그 자체가 일종의 서비스로 여겨질 수도 있다.

블록체인에 대해 생각하는 것은 오랜 개념들을 재고하도록 자극한다. 원장을 통해 진정으로 공유된 진실의 가능성을 도입함으로써 현실의 사회적 구성을 이해하는 방법에 차원을 더한다. 이제 공유 데이터에 대한 이해, 공유 제어 및 공유 시스템 상태 간의 주요 차이점을 고려해야 한다. 1921년 프랭크 나이트Frank Knight의 위험과 불확실성의 구분, 1992년 크리스티안 안토넬리Cristian Antonelli의 조정과 협업이 중요한 방식에 대한 이해와 같은 정보의 거시경제학과 미시경제학에 대한 중요한 통찰력은 새로운 유형의 조직 형태의 개발을 촉진하는 데 있어 네트워크 경제에서 경쟁 못지않게 중요하며 몇 가지 더 많은 단계가 진행되고 있다.

위험도 있다. 정부는 권위적인 목적으로 블록체인 기술을 사용할 수 있다. 웰바크는 개방형 블록체인 네트워크는 종종 검열에 저항하는 것으로 묘사되는 경우가 많지만, 한 사람의 검열은 다른 사람의 법치일 수도 있다고 말했다. 비정부 조직이든 정부 조직이든 가용 처리 능력의 51%를 차지하는 조직은 폭군이 될 수 있다(러시아는 이미 인터넷이 미국의 '소유'이기 때문에 블록체인은 러시아가 '소유'할 것이라고 발표했으며 러시아 국가보안위원회KGB의 후계자인 연방보안국FSB에서 일했던 사람이 이끄는 팀을 국제표준화기구International Organization for Standardization 위원회에 파견했다. ISO는 블록체인을 사용하는 사람들이 전 세계적으로 존중해야 할 기술 표준을 수립하고자 일하는 곳이다). 블록체인 신원 확인 여부와 관계없이 블록체인의 신원에 기반한 새로운 계급 시스템이 나타날 수 있으며 검증되지 않은 사람들에게 영향을 미칠 수 있다. 이는 과거에 인종, 민족, 사회경제적 계층에 근거한 정체성 차이에서 비롯된 것과 동일하게 보일 수 있다. 지능적이고 학습이 가능하며 일부 소프트웨어 유형에서처럼 디지털 개체가 자율적으로 진화하는 것을 두려워하는 사람들은 인간보다는 컴퓨터에 우선적으로 서비스를 제공하는 세상을 만들기로 결심하고 자동 실행되는 블록체인 컨트랙트와 같은 요소를 결합할 수 있다. 아직까지는 블록체인의 사용 가능성에 대한 제한 사항은 명확하지 않다. 블록체인의 가치와 기능이 어디에서 나오는지에 따라 달라지는 것은 본질적으로 컴퓨팅을 위한 컴퓨팅이다.

거버넌스 관점에서 블록체인에 접근하는 것은 우리를 가장 기본적인 질문으로 되돌린다. '정부는 어디에서 오는가?' 따라서 이 책을 두 가지 차원에서 읽을 수 있다. 이 책은 블록체인 기술에 의해 제기되는 기회와 위험, 그리고 블록체인과 법 사이의 가능한 관계의 범위에 대해 읽는 것이 필수적이다. 그러나 케빈 웰바크는 이러한 질문들을 숙고하면서 또다른 문제를 다루고 있다. 법률 역사가들은 현 시대를 법-국가-사회 관계가 세속적인 국제 체제가 처음 형성됐던 수백 년 전처럼 근본적인 변화를 겪고 있는 시대라고 묘사하고 있다. 웰바크는 모든 종류의 효과적인 거버넌스에 필요한 신뢰 아키텍처를 구축하고자 블록체인이 제공하는 새로운 접근 방식을 검토하면서 이러한 일이 어떻게 발생하는지 설명한다. 그리고 웰바크는 우리가 그토록 수호하고자 열심히 싸워 온 인권과 시민적 자유의 가치는 물론 경제와 다른 모든 인간 활동이 번성하는 효율성과 자신감을 보호할 수 있는 방법으로 그 과정에 어떻게 참여할 수 있는지를 말해 준다.

산드라 브라만Sandra Braman

차례

1부 | 아홉 페이지의 혁명

3부 | 탈중앙화 미래 구축

버튼우드 나무에서 블록체인으로

1792년 5월 17일, 24명의 남자들이 버튼우드^{buttonwood} 나무 밑에 서서 세상을 변화시킨 문서에 자신의 이름을 적었다. 그들은 모두 맨해튼에서 서로 몇 블록 떨어진 곳에 사는 지인들이었다.[1] 나중에 그들은 지역 커피숍에서 사업을 하기로 결정했다. 이 상인들은 국채와 회사 주식을 사고 팔려고 매일 월스트리트^{Wall Street}에 모였다. 협정의 작은 목적은 습관적으로 가격을 조작하는 지역 경매인들을 몰아내는 것이었다. 그 상인들이 아는 것은 거의 없었다.

2세기 반이 빠르게 지나갔지만 불과 3블록 떨어진 공간이었다. 버튼우드 협정의 후손인 디사이저리 신탁 및 청산회사^{DTCC, Decisory Trust & Clearing Corporation}는 오늘날 연간 1,500조 달러의 거래를 처리하고 있다.[2] 이는 분당 30억 달러, 즉 매달 전 세계 경제의 연간 생산량이다.[3] 이들과 그 산하 기관들이 추적하는 금융 흐름은 현대 문명의 생명줄이다.

18세기 초에 설립된 뉴욕증권거래소^{NYSE, New York Stock Exchange}가 현대의 글로벌 금융 시스템으로 어떻게 발전됐는지에 대한 얘기는 여러 가지 방법으로 말할 수 있다. 필자는 이것을 더 큰 얘기를 설명하려고 사용한다. 이러한 초기 주식 중개인들을 합치게 된 것은 DTCC가 미국에서 거래되는 주식의 사실상 모든 지분을 소유하도록 이끈 것과 동일한 힘이었다(만약 그 마지막 부분을 믿을 수 없다면 계속 읽어 보자). 이것은 종종 국가와 인간 관계의 운명에서 과소평가되는 중요한 요소다. 이것은 법 체계의 목표이며 법이 끝나는 곳을 이어받는 것이기도 하다. 이것이 신뢰trust다.

신뢰는 사회의 버튼우드 나무다. 뿌리는 깊고 가지가 사방으로 뻗어 있다. 눈에 보이지 않고 고정시키기가 어렵다. 그러나 신뢰의 역학, 즉 아키텍처는 우리가 보는 세계의 거의 모든 측면에 영향을 미친다. 버튼우드 나무 아래 있는 상인들과 현대 월 스트리트 거래자들 간의 차이는 단지 규모와 속도의 문제만이 아니다. 그들은 신뢰의 메커니즘에 뿌리를 두고 있다.

그림 0.1 버튼우드 협정에 서명하는 상인

새로운 형태의 신뢰가 뒤따를 때 그것은 물리학의 새로운 이론과 약간 비슷하다. 혁명은 이전의 것을 완전히 대체하지 못한다. 알버트 아인슈타인 Albert Einstein의 상대성 이론은 모든 것을 바꿔 놨다. 그러나 100년이 지난 지금도 학생들은 17세기부터 아이작 뉴턴Isaac Newton의 역학을 배우고 있으며, 이 역학은 우리의 일상 세계를 더욱 편안하게 사로잡고 있다. 그리고 고전적 상대성 이론 자체는 이제 양자역학에 대한 놀라운 모순 속에서 살아남는다. 두 이론 모두 일관성이 없는데도 옳아 보인다. 전문가들이 해야 할 일은 모델들을 서로 조화롭게 하고 우리의 현실 경험과 조화시키는 것이다. 신뢰의 모델도 마찬가지다.

2009년 1월 3일 비트코인의 출시와 함께 새로운 신뢰 아키텍처가 세상에 진출했다.[4] 이 선언문은 마틴 루터Martin Luther가 면죄부 판매에 반대하는 자신의 주장을 게시했던 대성당 문에 해당하는 현대식 문에 가명으로 게시됐다. 바로 인터넷 토론 목록이다. 저자는 의식적으로 거인들의 어깨에 올라섰다가 금세 사라졌다. 그러나 씨앗이 심어졌다. 그 후 몇 년 동안 다른 사람들은 이 아이디어를 원문보다 훨씬 더 많이 사용했다. 기회가 만들어졌고 수십억이 투자됐고 수천 개의 회사가 설립됐고 새로운 산업이 생겨났으며 세계에서 가장 영향력 있는 기업과 정부들이 주목했다. 절도, 논란, 사기, 분열, 종신형, 투기 거품 등도 있었다. 그리고 이것은 단지 시작에 불과하다.

위대한 혁신은 가장 흔히 '블록체인blockchain'이라고 불린다. 노련한 기술 전문가들조차 이해하기 어려운 경우가 많다.[5] 그것은 다양한 방식으로 다양한 맥락에서 구현될 수 있다. 그러나 핵심은 간단한 아이디어다. 시스템 구성 요소 중 어느 것도 반드시 신뢰하지 않고 시스템을 신뢰하는 것이다. 보다 구체적으로는 블록체인 네트워크를 통해 참가자는 공유 원장에 기록된 정보를 신뢰할 수 있으며 이를 검증할 사람을 신뢰하지 않는다. 그리고 누구도 소유자도 거래소도 정부조차도 네트워크의 거래를 중단하거나 변경할 수 있는 강력한 힘을 가진 사람은 없다.

일부 사람들에게 블록체인은 기업 권력, 정부 권력, 그리고 두 가지 모두를 강화하는 법 체계로부터의 자유를 상징한다. 또 다른 사람들에게 이것은 범죄자들과 그늘진 내부자들의 새로운 집단에 힘을 실어 주는 방법이다. 또는 모든 조직이 결국 더 효율적으로 작업을 수행할 수 있는 방식일 수도 있다. 블록체인은 돈이거나 돈에 관한 것이지만 그것은 전혀 돈에 관한 것이 아니다. 순수한 수학, 즉 경제학, 심리학, 또는 거버넌스의 창조물이다. 이는 무한한 열의의 주제인데 그 대부분은 전혀 알지 못한다. 그 주변의 지역사회와 시스템은 놀라운 속도로 발전하고 있다. 그것은 세상을 변화시킬 수 있지만 결정적으로 언제 어떻게 불확실하게 남아 있을지 모른다.

한 가지 측면은 이미 명확하다. 블록체인이 신뢰의 필요성을 없애지는 못한다. 그것은 오히려 새로운 형태로 신뢰의 부활을 나타낸다. 버튼우드 나무

밑의 초기 증권 중개인들은 그들의 개인적인 관계를 바탕으로 함께 모여 중개인, 거래소에게 권력을 부여했다. 블록체인 네트워크 참여자들은 중앙기관이나 대인 관계가 없음에도 불구하고 신뢰한다. 이 새로운 접근 방식은 가치 있는 실제 애플리케이션들이 풍부하지만 상당한 도전에 직면해 있다. 그 잠재력과 한계들은 블록체인이 가능하게 하는 신뢰의 윤곽을 추적한다.

많은 사람이 회의적이다. 전설적인 투자자 워런 버핏Warren Buffett은 비트코인을 '신기루mirage'라고 불렀다.[6] 노벨 경제학상 수상자이지 해설가인 폴 크루그먼Paul Krugman은 '악evil'이라고 표현했다.[7] 그리고 세계에서 가장 존경받는 은행가 중 한 명이며 JP모건 체이스JPMorgan Chase의 CEO인 제이미 다이먼Jamie Dimon은 비트코인을 '사기fraud'라고 부르며 나중에 "비트코인이 나에게 아무 가치도 없는 것으로부터 무언가를 만들어 내고 있다"고 선언했다.[8] 그러나 다이먼이 이러한 성명을 발표했음에도 그의 회사는 블록체인 기반의 기술에 투자하고 이것이 가능하게 한 '암호통화cryptocurrencies'에 관한 회의를 주최하고 있었다.

점점 더 많은 투기적 암호통화 투자자들을 위해 상황이 '나쁘지 않게 끝날' 것이라고 한 다이먼이 옳을지도 모른다. 이 책은 비트코인이나 다른 암호통화 토큰을 구매할 가치가 있는가에 대한 조언을 제공하지 않을 것이며, 현대 포트폴리오 이론에 관한 연구라면 어떤 주식을 골라야 할지를 알려 줄 것이다. 오늘날 단기 변동성은 장기적 가치를 반영하기보다는 거래자의 게임에 투자하게 하는 암호통화를 만든다. 그리고 암호통화의 투자 잠재력은 빙산의 일각에 불과하다. 장기적으로 중요한 문제는 비트코인 네트워크가 도입한 신뢰 접근 방식이 근본적으로 건전한지 여부, 만약 그렇다면 어떤 요인이 비트코인 네트워크를 사용하는 시스템의 성패를 좌우할 수 있는지에 관한 것이다.

암호통화는 표면에 한 가지(무無에서 나온 돈)와 그 밑에 상당히 깊은 것(신뢰를 창출하려는 새로운 패턴)을 제시한다. 이는 왜 그들이 오늘날 과대 평가되고 과소 평가돼 있는지를 설명하는 데 도움이 된다. 벤처 자본가 나발 라비칸Naval Ravikant은 이렇게 말한다. "비트코인은 갑부의 복장을 한 독재 정치와 폭군들로부터 인류를 해방시키는 도구다."[9]

혁신을 혁신적으로 만드는 것은 부분적인 기술 그 자체일 뿐이다. 가장 정교한 발전은 현실 세계의 문제들을 다루지 못할 수도 있다. 그리고 성공적인 해결책들은 개발 인재, 기업가적 비전, 재정적인 여건, 건전한 행운이 적절히 조합돼야 한다. '확산diffusion'으로 알려진 혁신이 진행되는 과정은 기술 혁신이 조기 채택자에서 순차적으로 더 많은 위험을 회피하는 사용자 범주로 이동하기 때문에 시장 참여자들 간의 의사소통 패턴 및 현재 소비 패턴과의 호환성 같은 요인에 따라 달라진다.[10] 이와 같은 요인들이 블록체인 채택을 형성할 것이다. 이 기술의 성공은 기술적 기교만큼이나 환경의 기능이다.

2008년 금융위기 속에서 블록체인이 장악한 토양은 정부와 기업에 대한 신뢰가 무너져 가는 것이었다. 비록 세계 경제가 그 충격에서 대부분 회복됐지만 신뢰의 침식은 지속됐다. 미국과 다른 많은 국가에서는 대인 관계와 제도적 신뢰의 지표가 수십 년 동안 감소해 왔다. 정부와 언론의 신뢰성 척도는 그 어느 때보다 낮아지고 있다. 우리의 뉴스와 정보 생태계는 단편적이고 믿을 수 없다. 개인정보 보호, 보안 및 감시에 대한 우려가 기술에 대한 대중적, 학문적 담론을 모두 지배하고 있다. 인터넷과 함께 생겨난 위대한 정보 플랫폼은 점점 더 확고하게 자리잡은 현존 사업자의 방해물이 아니라 데이터에 대한 통제로 임의의 권력을 행사하는 새로운 독점 기업으로 인식되고 있다.

블록체인은 역설적으로 상호 불신의 토대 위에서 집단적 신뢰를 확립하는 것처럼 보이는 도전들 중 일부에 대한 새로운 접근 방식을 제공한다. 누구나 참여할 수 있는 오픈소스 소프트웨어와 분권형 기반 위에 구축됐다. 그리고 블록체인이 제공하는 신뢰는 유난히 폭넓은 적용 가능성을 갖고 있다. 처음에는 급진적인 기술 자유주의자들의 지지를 받았던 블록체인 관련 기술은 이제 주요 기업, 많은 분야의 기업가, 심지어 정부까지도 그들의 지지자로 생각하고 있다.

블록체인에 대한 열정은 이러한 새로운 기술에 주목할 만한 것이었다. 벤처 투자가들은 2013년에서 2016년 사이에 블록체인 기반의 신생 기업들에게 10억 달러 이상을 쏟아 부었다.[11] 2017년 모든 암호통화의 가치는 수천억 달러로 급증했다. IBM, 마이크로소프트, 인텔과 같은 거대 기술 기업들이 주요 블록체인 약속을 하고 있다. 뮤추얼 펀드보다 더 이국적인 것에 한 번도 투자해 본 적이 없는 세계 각지의 개인들은 초기 신생 기업들에서 발행하는 애플리케이션 토큰, 즉 암호통화를 사려고 서두르고 있다. 골드만 삭스Goldman Sachs와 같은 잘 알려진 관찰자들조차도 '따기 쉬운 과일low-hanging fruit' 기회만으로 연간 수백억 달러의 이익을 보고 있다.[12] 영국에 본사를 둔 주니퍼 리서치Juniper Research의 조사에 따르면 2017년 7월까지 조사에 참여한 대다수의 주요 기업들(예: 임직원 2만 명 이상의 기업)은 분산 원장 기술을 검토하거나 배치하고 있었다.[13]

잠재력은 크다. 블록체인은 금융기관이 주식거래를 청산하고, 글로벌 공급망을 통해 식품 안전을 보장하도록 도울 수 있다. 부동산 소유권자를 추적하기 위한 지방자치단체, 온라인 광고를 사용자에게 전달하는 출판사, 분산된 에너지 센서를 추적하고, 마이크로그리드 운영자로부터 전력을 구입하는 공익 사업가, 개발도상국에 있는 친척들에게 돈을 보내기 위한 이민자들, 의료 기록에 접근하기 위한 의료 서비스 제공자, 배급품을 추적하기 위한 구호단체들을 도울 수 있다. 이와 같은 다른 예들은 이 책 전체에서 논의될 것이다. 잠재적인 블록체인 애플리케이션의 다양성은 그 규모만큼이나 놀랍다.

이 모든 것은 사실이다. 그러나 그것은 얘기의 절반에 불과하다. 암호통화 주변의 투자 활동의 대부분은 순전히 추측이며, 일부는 사기나 시세 조작과 관련이 있다. 모든 각도에서 볼 때 블록체인 채택 수준은 여전히 미미하다. 프로덕션 시스템보다 훨씬 더 많은 프로토타입이 있다. 지속 가능한 사업 모델은 대부분 입증되지 않은 채로 남아 있다. 그리고 기업이 분산 원장 접근 방식을 사용할 수 있다고 해서 반드시 그렇게 해야 하는 것은 아니다. 실제로 장점이 약속된 것만큼 항상 큰 것은 아니며 구현 문제는 종종 기술 자체와 거의 관련이 없다.

결과적으로 블록체인 기반 시스템의 사용 사례는 확실하지 않으며 대부분은 예상보다 오래 걸릴 가능성이 높다.[14] 최소이자 가장 중요한 블록체인 구현인 비트코인은 원래 의도된 목적인 소매 지불에 대해 널리 채택되지 않을 수도 있다. 거의 10년이 지난 지금 몇 가지 근본적인 기술적 문제는 아직 해결되지 않았다. 블록체인이 권력의 집중보다 탈중앙화를 촉진한다는 전제마저 논란이 되고 있다. 한편 정부는 심각한 소비자 피해나 불법적인 활동에 직면해 무지하거나 무력하지 않을 것이다. 처음 시작된 이래로 이 분야를 괴롭혀 온 두 가지 비판은 불충분하게 반박되고 있다. 블록체인은 합법적인 사용자보다 범죄자들에게 더 나은 도구이며 아무도 믿지 않으면서 자원을 행사하는 것은 위험한 제안이라는 것이다.

이 문제들은 놀라운 일이 아니다. 경제사학자 카를로타 페레스Carlota Perez가 자신의 저서 『기술 혁명과 금융 자본Technological Revolutions and Financial Capital』(한국경제신문, 2010)에 기록했듯이 투기적 거품은 뒤늦게 깨달은 기술에 의해 야기된 비즈니스 혁명의 공통적인 특징이다.[15] 과도한 열정은 심각한 투자만큼이나 사기극과 부실한 계략을 끌어들인다. 게다가 기술의 속도가 빠르면 사람과 시스템은 변화하는 데 시간이 걸린다. 강력한 인프라와 표준은 하루아침에 나타나지 않는다. 블록체인이 자주 비교되는 기술적 물결인 인터넷은 연구 네트워크로 20년을 보냈으며, 상업적으로 채택되기 시작한 후에도 성숙하는 데 10년 이상이 걸렸다. 그리고 가장 중요한 것은 블록체인에 구축된 솔루션과 이와 관련된 분산 원장도 모두 신뢰할 수 있는 경우 거버넌스라는 어려운 문제에 직면해야 한다는 점이다.

수학이 완벽하게 작동한다고 해도 블록체인은 인간이 설계, 구현, 사용하는 시스템이다. 주관적 의도는 객관적 코드를 통해 표현됐을 때에도 여전히 관련성이 있다. 블록체인을 중심으로 구축된 비즈니스와 서비스는 네트워크 자체가 안전하더라도 이기적인 행동, 공격, 조작에 취약하다. 다양한 참여 커뮤니티에 대한 인센티브는 항상 조정할 수 없다. 그리고 어떤 일이 잘못되면 무엇을 잃어버린 사람들은 그들의 운명을 온전하게 받아들이는 것에 만족하지 않을 것이다.

신뢰가 결과에 대한 자신감 이상을 의미하지 않는다면 인간의 복잡성을 다룰 필요없이 신뢰를 가질 수 있다. 하지만 그것은 신뢰가 아니다. 신뢰를 연구해 온 철학자, 심리학자, 사회학자, 경영학자는 하나의 정의에 동의하지 않을 수도 있지만 일반적으로 신뢰는 어느 정도의 불확실성이나 취약성을 내포한다고 결론짓는다. 로널드 레이건Ronald Reagan 전 대통령이 즐겨 쓰는 러시아 속담인 "믿어라. 그러나 검증하라"가 무의미하다는 비판을 받는 것도 이 때문이다.[16] 「워싱턴포스트Washington Post」 칼럼니스트 바튼 스와임Barton Swaim은 "믿으면 검증을 주장하지 않는 반면, 검증을 주장하면 분명히 신뢰하지 않는다"라고 했다. 블록체인은 검증을 위한 독창적인 해결책이지만 그것만으로는 충분하지 않다. 블록체인 기반 시스템을 통해 확고한 신뢰를 증진하는 데 필요한 것이 이 책의 주제다.

논리적으로 중앙화, 조직적으로 분산화

블록체인의 기본 기능은 서로를 신뢰할 수 없는 당사자 간에 정보를 안정적으로 공유하는 것이다. 즉 모든 사람이 원장 사본을 가질 수 있으며 중앙 관리자나 마스터 버전이 없어도 모든 복사본이 동일하게 유지될 수 있다. 이 과정의 기술적 용어는 '합의consensus'다. 벤처 투자가인 유니온 스퀘어 벤처스Union Square Ventures의 앨버트 벵거Albert Wenger는 블록체인을 논리적으로 중앙집권화했지만(단 하나의 원장만 있음) 조직적으로 분산시켰다고(관련 없는 많은 개체가 그 원장의 사본을 유지할 수 있음) 말한다.[17]

블록체인 시스템에서는 한 장소에서 원장에 거래를 맡기는 행위는 어디에서나 그렇게 행해진다. 그림 0.2와 같이 토마스 제퍼슨Thomas Jefferson이 서신의 복사본을 만들 때 사용했던 '폴리그래프polygraph'(거짓말 탐지기와는 관련 없음)라고 불리는 이중 펜 도구를 생각해 보자. 폴리그래프로 사본은 원본과 병렬로 만들어진다. 제3자가 저자의 말을 전할 필요는 없다. 블록체인 및 관련 접근 방식은 해당 모델을 물리적으로 그리고 운영적으로 분산된 많은 사본으로 확장한다.

그림 0.2 토마스 제퍼슨의 폴리그래프

블록체인 네트워크의 노드는 동기화된 상태를 유지하려고 지속적으로 통신한다. 마스터 사본을 신뢰하지 않고 합의를 유지하는 것은 어려운 작업이다. 성공적이라면 이 접근 방식은 중앙 집중식 원장의 중요한 제한 사항을 해결한다. 하나의 노드가 마스터 레코드를 유지하면 시스템의 단일 장애 지점이 된다. 사용자는 자신이 보는 정보가 자신의 통제 범위를 벗어나 있기 때문에 정확하다고 확신할 수 없다. 중앙 제어 지점 또는 중개자는 매우 강력해질 수 있으며 그 힘을 오용할 수 있다. 반면에 각 조직이(대부분의 기업 재무 기록과 마찬가지로) 자체적인 원장을 유지한다면 모든 거래는 적어도 두 번은 독립적으로 기록된다. 예를 들어 회사가 공급업자에게 돈을 지불하거나 은행이 다른 은행 고객의 수표를 현금으로 바꿀 때마다 그들의 원장은 동기화해야 한다. 이로 인해 복잡성, 지연, 오류 가능성이 발생한다.

추적 방법에 있어 겉보기에 평범해 보이는 변화로부터 많은 기회가 발생한다. 예를 들어 통화는 사람들이 그들의 동전이 유효하고 위조가 제한되며 은행 잔액이 정확하다고 믿는 것에 의존한다. 경제인류학자 데이비드 그래버David Graeber는 "통화 단위의 가치는 물체의 가치 측정이 아니라 다른 사람에 대한 신뢰의 척도"라고 말했다. 현대 세계에서 이러한 신뢰는 금융 서비스 회사, 중앙 은행, 법 집행기관 그리고 전산화된 절차에 대한 신뢰를 갖는 것을 의미하는데 이는 국경을 넘어 더 많은 당사자와의 거래로 인해 점점 더 어려워지고 있다. 첫 번째 블록체인 애플리케이션은 이 모든 것을 일종의 개인적이고 분산화된 돈의 형태인 비트코인으로 대체하려고 했다.

비트코인 시스템에 관한 가장 놀라운 사실은 출시 후 10년 동안 위험에 처하기 전에 수정된 초기 버그 몇 개를 제외하고는 그대로 유지됐다는 것이다. 비트코인 원장은 수십억 달러 상당의 통화를 포함하고 있는 투명한 은행 금고다. 기술의 참신함과 커뮤니티의 비정규성 및 범죄자들이 문자 그대로 돈을 찍어 내는 시스템을 공격하려는 엄청난 유혹에도 비트코인 합의 네트워크의 무결성은 결코 침해되지 않았다. 이것은 아무도 속지 않았다는 것을 의미하지 않는다.[18] 도둑들은 토큰이 사용자나 서비스 제공업체의 손에 들어간 후 약점을 악용해 수십억 달러 상당의 비트코인과 다른 암호통화를 훔쳐 달아났다. 암호통화의 성공은 새로운 해결책을 요구하는 새로운 문제들을 야기한다.

디지털 코인은 무기명 수단으로 일반 현금과 마찬가지로 그 자체로 가치가 있다는 것을 의미한다. 희소 상품에 대한 소유권, 네트워크상의 저장 또는 컴퓨팅 파워 또는 애플리케이션 사용에 대한 접근과 같은 모든 가치 있는 권리에도 동일한 접근 방식을 적용할 수 있다. 그리고 이러한 디지털 토큰을 통한 가치 교환이 없더라도 하나의 공유 원장을 갖는 것은 여러 조직의 기록 보존 활동 분야에 가치를 더할 수 있다.

잠재적인 영향은 놀랍다. 블록체인 분산 모델은 시간이 지남에 따라 탈중앙화 애플리케이션 및 서비스의 새로운 경제성을 촉진할 수 있다. 이들 중 일부는 소셜 네트워크 및 전자상거래 시장과 같은 기존 플랫폼과 경쟁할 수 있다. 예측 시장과 같은 새로운 솔루션을 포함하는 플랫폼도 있다.

영향력 있는 회사인 안드레센 호로위츠Andreessen Horowitz의 벤처 투자가 크리스 딕슨Chris Dixon은 "돈은 현실 세계의 기관과 사람들을 조직하는 데 유용하다"라고 말한다. "이제 우리는 인터넷에 돈의 원천을 갖게 됐다. 이제야 그 돈이 유용할 수 있는 모든 방법을 발견하고 있는 중이다."[19]

위대한 기술 혁신의 전체적인 궤적은 오직 사후적 판단에서 관찰될 수 있다. 당시 결정적으로 보이는 시장 변동은 대수롭지 않거나 오해의 소지가 있는 것으로 판명될 수 있다. 그러나 장기적으로 기술은 실제 문제를 해결하고 실질적인 가치를 창출할 때 성공한다. 조만간 비옥한 조건을 발견하게 될 것이다. 블록체인이 비즈니스와 사회에 미치는 궁극적인 영향은 새로운 신뢰 아키텍처가 가져올 효과에 달려 있다.

법률과 양자 사상

기술 혁신의 비즈니스 계정에서 종종 누락되는 또 다른 요소는 바로 법률이다. 법률과 블록체인과의 관계는 그 지지자들과 비평가들 모두에게 널리 오해받고 있다. 블록체인은 급진적인 무법천지의 기술이 아니라 급진적인 신뢰의 기술이다. 또한 전 세계에서 법의 적용을 결정적으로 축소시킬 완전한 대안을 나타내지는 않는다. 블록체인 기반 시스템의 규제 여부와 방법은 해결해야 할 중요한 과제이지만 훨씬 더 중요한 것은 블록체인이 어떻게 규제하는지에 대한 문제다. 이러한 시스템은 법과 거버넌스의 메커니즘으로 작동하며, 기존의 시스템과 상호 작용할 것이다. 보편적인 대답은 없을 것이다. 그리고 대부분의 경우 블록체인 기술은 기존의 법적 체제를 보완하거나 보완할 가능성이 높지만 대체할 수는 없다.

'양자 사상Quantum thought'은 양자역학에서 빛이 입자와 파동으로 동시에 존재한다는 기묘한 발견과 유사하게 상호 모순되는 2개의 아이디어를 동시에 고려하는 닉 스자보Nick Szabo의 용어다.[20] 스자보는 블록체인 관련 시스템의 중요한 요소인 스마트 컨트랙트를 개념화한 컴퓨터 과학자다. 그는 기존 분야에서 새로운 개념을 만들고자 이러한 정신적 접근이 중요하다고 주장한다.[21] 블록체인 기술은 다른 지식기관 중에서도 암호학, 컴퓨터 과학, 경제학, 정치 이론을 기반으로 한다. 지지자이든 비평자이든 한 가지 차원에 집착하는 사람들은 결정적으로 중요한 다른 요소들을 놓치는 경향이 있다.

변호사들도 대안의 주장에 매우 익숙하다. "재판장님, 제 의뢰인은 범행 현장에서 수 킬로미터 떨어진 곳에 있었습니다. 그러나 만약 그가 그곳에 있었다면 그는 총을 쏘지 않았을 겁니다. 그리고 만약 총을 쏘았다면 정당방위였을 겁니다." 이처럼 조롱하는 추론 방식은 불확실성에 직면해 있을 때 가치 있는 지적 자세다. 판사나 배심원이 결과를 결정하겠지만, 그렇게 되기 전까지 어떤 가능성도 충분히 인식하지 못하는 것은 실수다. 때로는 예기치 못한 일이 일어난다. 때때로 그것은 다른 가정에 근거한 결정의 결과로 일어난다. 기술자들은 결정론적 논리와 계산 가능한 확률의 세계에 살고 있지만, 변호사들은 예측 불가능성, 불복종, 심지어 재난의 가능성 속에 살고 있다.

법은 블록체인 공동체에 많은 기여를 한다. 약속대로 암호화가 작동하더라도 자금 세탁, 소비자 보호 및 재무 안정성에 대한 우려는 사라지지 않는다. 비밀스럽게 자금을 옮기는 새로운 메커니즘이 생겼을 때 세금은 불필요해지지는 않는다. 컴퓨터는 사람의 개입 없이 거래를 실행할 수 있기 때문에 분쟁은 사라지지 않는다. 나쁜 행위자들은 나쁜 행동을 할 것이다. 이러한 모든 시나리오는 법적 또는 규제적 조치를 요구하게 될 것이다. 일부는 정당화될 것이다. 만약 지역사회가 법적 의무 준수를 보장하기 위한 모든 노력을 단호히 거부한다면, 블록체인 기술은 온라인상의 어두운 공간에서 활동하지만 주류 경제와는 거의 무관한 불법 기술이 될 것이다. 그것은 비극적인 잠재력의 낭비일 것이다.

동시에 블록체인은 법조계에 중요한 교훈을 준다. 비트코인은 책임자가 없는 분산 네트워크가 장기간에 걸쳐 붕괴와 가치 확장을 피할 수 있을 만큼 충분히 스스로를 통제할 수 있음을 보여 준다. 이전에 권력 위임 또는 긴밀한 관계가 필요했던 신뢰는 오픈소스 소프트웨어를 실행하는 독립적 행위자들의 모임에서 발생할 수 있다. 여기서 법이 할 수 있는 가장 중요한 기여는 어떤 특정한 규칙 집합이 아니라 규칙 제정과 규칙 집행의 법리적 규율, 또는 흔히 '거버넌스governance'라고 불리는 것이다. 블록체인 기술과 시스템을 구축하는 커뮤니티는 여러 가지 면에서 스스로를 통제할 수 있지만 이 도전을 진지하게 받아들일 경우에만 가능하다. 규제 기관은 또한 기술을 활용해 효율성을 향상시킬 수 있다. 대안으로, 잘못 고려된 규제 조치는 블록체인 활동을 다른 나라에 밀어넣고 그것을 지하로 보내고 그 궤도에서 가치 있는 혁신을 중단시킬 수 있다.

급변하는 환경에서는 너무 일찍 규제하는 것과 너무 늦게 규제하는 것 둘 다 위험이 있다. 가장 좋은 방법은 양자 사고를 사용해 각각의 위험을 평가하는 것이다. 법과 블록체인은 끊임없이 변화무쌍한 춤에 참여해야 한다. 이것은 어떤 가치가 그들의 관계를 형성해야 하는가에 대한 의문을 일으킨다. 세상에 구현된 기술은 결코 중립적이지 않다. 전환적인 혁신은 기술 구조뿐만 아니라 이들이 운영되는 법적 체제를 기반으로 해 다양한 영향을 미칠 수 있다. 초기에 내린 결정은 큰 영향을 미친다. 아키텍처와 법적 환경은 일단 자리를 잡고 나면 변경하기가 더 어려워지는 경우가 많다.

앞에 놓인 길

이 책은 세 부분으로 구성돼 있다. 1부에서는 블록체인이 어디서 왔는지, 어떻게 작동하는지 그리고 가능하게 하는 것이 무엇인지를 설명한다. 그 얘기의 첫 번째 차원은 기술적인 것이다. 블록체인은 사토시 나카모토Satoshi Nakamoto의 교묘한 디자인으로 오랫동안 생각했던 디지털 현금의 꿈을 실현했고, 허가형 원장과 스마트 컨트랙트 등의 확장은 더욱 발전시켰다. 두 번째 범위에서는 블록체인을 새로운 신뢰 아키텍처로 얘기한다. 신뢰는 매우 강력한 현상이다. 그 개념에 대한 수세기 동안의 지적 담론에도 불구하고 그것의 미묘한 점은 종종 간과된다. 블록체인은 신뢰하지 않고 신뢰를 창출한다고 주장한다. 진실은 더욱 복잡하다(하지만 그보다 더 흥미로운 것은 없다). 얘기의 세 번째 범위에서는 블록체인 현상의 비즈니스적 영향에 관한 것이다. 과대 광고와 투기 열풍에도 불구하고 분산 원장의 기술에 대한 실제적인 가치 제안이 있다. 그러나 블록체인 기회의 범위는 기술만으로는 극복할 수 없는 격차를 드러낸다. 분산 신뢰의 약속이 깨지는 사례는 이미 여러 차례 있었다.

2부에서는 블록체인이 이른바 거버넌스, 법과 규제를 우회하도록 설계됐다고 하는 점에서 이러한 문제들의 해결책을 찾는다. 블록체인 기술의 독특한 특성이 반영돼 새로운 것처럼 보이지만, 역사적으로 반복되는 문제일 뿐이다. 1990년대에 인터넷이 처음으로 대중매체가 됐을 때 인터넷은 탈중앙화된 온라인 커뮤니티에 대한 법과의 관계에 대해 놀라울 정도로 유사한 의문을 제기했다. 법학자들은 오늘날의 블록체인 토론 참여자들에게 놀랄 만큼 비슷한 반응을 보였다. 그렇다면 지금 최선의 해답은 기술의 우위를 축하하거나 그 기술을 무시하는 것이 아니다. 분산 원장의 핵심은 법적 기술이다. 이는 행동을 통제하는 규칙을 조정하고 시행하기 위한 메커니즘이다. 그들의 강점과 약점은 동일한 목표를 달성하기 위한 다른 메커니즘과 비교해 평가돼야 한다.

3부는 미래에 관해 논의한다. 그것은 양쪽 방향에서 법과 분산 원장 사이의 격차를 메우기 위한 구체적인 단계를 식별한다. 일부는 이미 개발 중에 있고 다른 것들은 잠재적인 문제들이 풍토병이 되기 전에 해결하고자 집단행동을 요구할 것이다. 이 책의 마지막 장에서는 블록체인이 새로운 신뢰 아키텍처의 토대가 된다면 어떻게 인터넷 자체에 활력을 불어넣을 수 있을지 살펴본다. 인터넷이 발달하면서 사회적으로 확산되고 있는 신뢰 위기에 대한 해결책이 아니라 문제의 일부가 됐다. 블록체인 자체만으로는 크게 벌어진 신뢰 격차를 좁힐 수 없지만 새로운 희망을 제시한다. 이러한 희망을 실현하려면 기술 혁신가와 정부 모두가 올바른 결정을 내려야 한다. 이는 이 책이 제공하려는 신뢰는 물론 블록체인이 법과 어떻게 관련되는지를 명확히 이해해야만 가능하다.

이 얘기는 치명적인 사이버 절도에 대응하기 위한 3개 대륙의 필사적인 노력부터 다국적 소매상들을 공급하는 중국 농장, 구글Google 취리히Zurich 사무실에서 일하는 똑똑하지만 논란에 휩싸인 영국인 엔지니어 그리고 그 사이에 있는 많은 장소에 이르기까지 전 세계로 우리를 안내할 것이다. 발전이 매우 빠르게 진행돼 이 책을 읽을 즈음에 일부 사례는 최신 정보가 아닐 수도 있다. 오늘날 두드러진 신생 기업들은 장기적으로 생존하지 못할 수 있다. 그러나 시대를 초월한 주제들도 있다. 블록체인 얘기를 단순한 기술이 아닌 신뢰의 얘기로 보는 것은 지속 가능한 측면과 일시적인 측면을 구분하는 데 도움이 된다.

블록체인은 일종의 외계 기술처럼 보이거나 또는 지금 뜬금없이 수면 위로 떠오르는 미래의 인공물처럼 보일 수 있다. 이를 법과 신뢰의 엔진으로 놓고 보면 이 현상을 믿고 의지하는 데 도움이 된다. 블록체인 관련 기술을 기반으로 하는 시스템이 그 방대한 잠재력을 얼마나 잘 실현하느냐는 깊고 친숙한 도전들에 어떻게 잘 대처하는지에 달려 있다.

마지막 남부 동맹군의 항복으로 남북전쟁이 끝난 지 2주 만에 월가의 버튼우드 나무는 폭풍우 속에서 쓰러졌다. 그때까지 버튼우드 나무는 잘 알려진 랜드마크였고 미국이 세계 금융 강국으로 부상한 상징이었다. 그 증권 중개인들이 협약을 맺은 지 73년 동안 많은 변화가 있었다. 그 당시 건국이 얼마 남지 않은 나라가 이제 가장 참혹한 갈등에서 벗어나고 있었다. 이후 세기 반 동안 훨씬 더 많은 것이 바뀔 것이다. 월 스트리트 커뮤니티 전체가 커피숍에 들어갈 때 유용했던 신뢰는 오늘날 필요한 것과는 상당히 다르다.

버튼우드 나무는 1865년 이후로 사라졌지만 그 메아리는 새로운 신뢰 아키텍처를 정의하는 코드에 남아 있다. 블록체인은 분기 노드의 수학적 구조를 사용해 구성된다. 그림 0.3과 같이 '해시 트리hash tree' 또는 '머클 트리Merkle tree'라고 불린다.

머클 트리를 사용하면 대규모 데이터 구조의 무결성을 효율적으로 검증할 수 있다. 암호학자 랠프 머클Ralph Merkle은 1979년 이 개념에 대한 특허를 출원했다. 2002년 특허 만료로 개발자들은 이 개념을 오픈소스 소프트웨어에 자유롭게 통합할 수 있었다. 6년 후 이것은 사토시 나카모토가 비트코인을 만들려고 조립한 기존의 기술 중 하나다. 원래의 나무tree가 편리한 만남의 장소 역할을 했던 곳에서 이 나무는 독립적인 목소리의 불협화음으로부터 신뢰할 수 있는 디지털 기록을 결합하고 있다. 그 중요성이 전임자의 의미와 일치하는지 여부는 아직 알 수 없다.

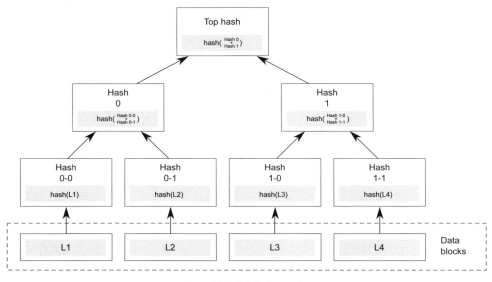

그림 0.3 블록체인의 머클 트리 구조

블록체인, 법률, 신뢰의 역사는 여전히 진행형이다. 아마도 이것은 우리 시대에서 중요한 이야기들 중 하나일 것이다.

용어 해설

블록체인 기술은 빠르게 발전하는 분야다. 단어들은 종종 일관성 없이 사용된다.[22] 나는 비전문가인 독자들이 접근할 수 있도록 기술적으로 정확한 용어를 사용하려고 노력했다.

'블록체인(blockchain)'(때로는 '블록 체인(block chain)'으로 표현되기도 한다)은 연결된 순차적 정보 덩어리를 이용한 데이터 저장 시스템이다. 말 그대로 불변의 거래 원장을 만들려고 고안된 일련의 블록들의 체인이다. 내가 '블록체인 네트워크' 또는 '블록체인 시스템'이라고 부르는 것은 '합의(consensus)'라고 하는 일관된 상태로 블록체인을 유지하는 소프트웨어를 실행하는 컴퓨터의 집합체다. '분산 원장(Distributed ledger)'은 블록체인 및 유사한 합의 기반 시스템을 가리키는 보다 일반적인 용어다. '더 블록체인(The blockchain)'은 뭔가 잘못된 명칭이다. 그러나 분산원장 네트워크 세계를 묘사하려고 '인터넷(the Internet)'과 같은 일반적인 의미에서 사용된다.

'암호통화(cryptocurrency)'는 중앙은행이 통화 공급을 통제하는 것이 아니라 암호화를 기반으로하는 통화다. 일부 규제 기관은 비트코인과 같은 시스템을 '가상통화(virtual currencies)'라고 부르기를 선호하며 '디지털 통화(digital currency)'는 정부가 발행하는 전통적인 '명목(fiat)'통화로 표시돼야 한다고 주장한다. 그러나 가상통화에는 비디오 게임의 빈번한 비행 마일리지와 보상 포인트와 같이 통화와의 연결만 제한된 비트코인 이전의 시스템이 다수 포함돼 있다.

암호통화는 명목 통화의 본질적인 특징을 갖고 있지만 정부의 개입 없이 운영된다. 따라서 '디지털 통화(digital currency)'를 통용어로 인정한 국제결제은행(Bank for International Settlements)의 접근 방식을 선호한다. 마지막으로 비트코인(Bitcoin)은 네트워크를 설명할 때 대문자로 시작하지만 통화 단위를 언급할 때는 달러(dollars)나 위안화(yuan)와 같이 대문자로 시작하지 않는다.

1부

아홉 페이지의 혁명

1장_ 신뢰의 도전

신뢰에 의존하지 않고

"우리는 신뢰에 의존하지 않는 전자거래 시스템을 제안했다." 이렇게 2008년 할로윈에 암호화 온라인 메일링 리스트에 게시된 9페이지 분량 문서의 결론 섹션이 시작된다. "비트코인: 피어투피어 전자현금시스템Bitcoin: A Peer-to-Peer Electronic Cash System"이라는 제목의 논문은 사토시 나카모토(가명)를 저자로 기재했다.[1] 상당히 노력했음에도 비트코인 창조자의 신원은 결정적으로 밝혀진 적이 없다.[2] 그의 소식은 2011년에 마지막으로 들었다. 아이러니하게도 탈중앙화 선지자에게 있어 일본어 성인 '나카모토'는 '중앙의 기원'을 의미한다.

사토시가 누구였든 한 가지는 분명하다. 그나 그녀, 또는 그들은 완전히 틀렸다.[3] 신뢰는 비트코인뿐만 아니라 블록체인 및 분산 원장 솔루션의 물결도 핵심이기도 하다. 단지 '신뢰trust' 또는 '신뢰할 수 있는trusted'이라는 단어가 짧은 논문에 13번 나타나기 때문만은 아니다.

비트코인은 신뢰받지 못하면 무용지물이 될 것이다. 비트코인 이후 암호통화의 가치가 놀랍게 상승하는 것은 개인적으로 운영하는 분산된 디지털 원장에 대한 기록이 금전만큼이나 실제적이라는 것을 전적으로 신뢰하려는 사람들의 의지에 기반을 두고 있기 때문이다. 수백 개의 비금융, 블록체인 기반의 스타트업과 기업 블록체인 프로젝트도 이와 비슷한 믿음에 의존한다. 분산 원장 네트워크는 그렇지 않으면 서로를 충분히 신뢰하지 못할 공동체를 하나로 모은다. 「이코노미스트The Economist」의 커버스토리 제목에 따르면 '신뢰하는 기계trust machines'다.[4] 비트코인의 블록체인 메커니즘은 신뢰의 혁명을 일으켰을 뿐 그리 빨리는 아니었다.

신뢰의 위기

15년 동안 홍보 회사인 에델만Edelman은 정부, 기업, 미디어에 대한 신뢰를 전 세계적으로 조사해 왔다. 다보스Davos에서 열린 세계경제포럼World Economic Forum 연례총회에서 발표된 연례보고서는 사회적 신뢰 패턴에 대한 상세한 개요를 제공했다. 그 상황은 격려가 되지 않았다. 신탁지수 대부분이 한동안 하락세를 보였다. 최근에는 신뢰의 침식이 가속화되고 있다. 2017년 에델만 트러스트 바로미터Edelman Trust Barometer 보고서는 '신뢰의 파동Implosion of Trust'이라는 제목을 붙였다.[5] 일반 인구의 15%만이 '시스템'이 작동하고 있다고 믿는다. 설문 조사에서 드러난 '심각한 신뢰의 위기'는 깊고 넓었다. 그것은 정부, 언론, 기업, 비정부기구NGO, Nongovernmental Organization를 포함한 모든 범주의 기관에 걸쳐 확장되며 정보화된 대중과 일반대중 모두에게 공유된다.

다른 최근의 설문조사에서는 특히 미국에서 유사한 결과를 제공했다.[6] 퓨리서치 센터Pew Research Center의 한 여론조사에서 이 회의론을 새로운 차원으로 끌어올린 대통령 선거를 1년 앞두고 2015년에 미국인 5명 중 1명만이 정부를 신뢰한다고 말했다.[7] 그리고 미국인들은 서로를 훨씬 더 신뢰하지 않는 것 같다. 2013년 초 AP통신 여론조사에서 대부분의 사람들을 신뢰할 수 있다고 말한 미국인은 3분의 1에 불과했는데 이는 1972년 미국 종합사회조사 기관General Social Survey이 처음 이 질문을 던졌을 때의 절반과 비교된다.[8] 기록상 최고치인 거의 3분의 2는 사람들을 대할 때 "너무 안심해서는 안 된다"라고 말했다. 시사문제를 연구하는 사람은 아무도 이러한 통계에 놀라지 않을 것이다.

현대의 신뢰 위기는 수년 동안 발전해 온 패턴의 정점이다. 밀레니엄 시대에 출판된 영향력 있는 베스트셀러 두 권, 로버트 퍼트남Robert Putnam의『나 홀로 볼링Bowling Alone』(페이퍼로드, 2009)과 프랜시스 후쿠야마Francis Fukuyama의 『트러스트Trust』(한국경제신문, 1996)는 사회적 신뢰의 분열을 경고했다. 퍼트남은 설문조사와 다른 연구들을 이용해 개인 볼링에 비해 볼링 리그의 감소로 대표되는 미국의 지역 신뢰망의 침식을 강조했다.[9] 그는 이것을 사회병리학의 성장을 설명하는 위험한 발전으로 봤다. 5년 전 후쿠야마도 마찬가지로 세계적으로, 특히 현대 미국에서 신뢰의 위기에 대한 경종을 울렸었다.[10] 그는 엄격한 개인주의라는 평판에도 불구하고 미국은 실제로 높은 수준의 상호 의존성으로부터 이익을 얻었다고 지적했다. 하지만 그것은 변화하는 것처럼 보인다. 후쿠야마, 퍼트남 등의 작가들이 20년 전 경고했던 신뢰 위기가 이제 현실로 다가왔다. 결과는 끔찍할 수도 있다.

우리 모두는 매일 신뢰를 바탕으로 결정을 내린다. 내가 이 차의 뒷좌석에 타야 할까? 내가 사고 싶은 포장된 참치에 치명적인 바이러스가 있는가? 이 사람하고 데이트할까? 내 컴퓨터 화면의 이 박스에 내 신용카드 번호를 입력해야 하는가? 인간 상호 작용은 거의 없고 관련된 신뢰의 질에 크게 의존하지 않는 비즈니스 거래는 여전히 적다.[11] 사회학자 니클라스 루만Niklas Luhmann에 따르면 신뢰는 인간 사회 자체를 가능하게 한다.[12] 신뢰가 없다면 우리가 마주친 모든 사람의 신뢰성을 확인하고 확보해야 할 것이다. 그것은 불가능한 일이 될 것이다. 신뢰는 사회적, 비즈니스적 상호 작용을 윤활하는 오일이며 현대 세계의 무한한 복잡성을 다루기 쉽게 만드는 요소다.

그러나 신뢰는 관문 그 이상의 의미를 지닌다. 그 결과도 있다. 신뢰는 잠재적으로 매우 중요한 방식으로 상호 작용을 형성한다. 신뢰받는 사람은 강력하다. 그렇지 않은 사람들은 매 순간 더 열심히 일해야만 다른 사람들의 신뢰를 얻을 수 있어 그들을 더 불리하게 만든다. 그러므로 신뢰의 범위를 바꾸는 시스템은 사회를 변화시킨다. 신뢰는 국가 경제 성과의 거시적 구조와 개인과 기업 상호 작용의 미시적 구조를 모두 형성한다. 전 세계에서는 신뢰도가 높은 사회가 신뢰도가 낮은 사회를 능가한다.[13] 비즈니스 학자들

도 마찬가지로 신뢰도가 높은 기업의 실적이 더 좋다는 것을 경험적으로 발견한다.[14]

신뢰는 사회적 자본으로서의 기능을 한다. 그것은 사회적 상호 작용과 비즈니스 거래를 용이하게 하는 영업권의 비축량을 창출한다. 이로써 사회의 부는 증가하게 된다.[15]

신뢰는 가족과 소규모 지역사회의 좁은 범위에서 비롯됐다. 그러나 현대 사회에서 그러한 영역들에 대한 상호 작용을 제한하는 것은 그야말로 불가능하다. 신뢰가 높은 사회는 시민들에게 낯선 사람들에게 신뢰를 줄 수 있는 자신감을 주는 문화, 사회 규범 및 법률 제도를 발전시켰다. 신뢰도가 높은 환경에서는 강요적 규제와 강제적인 집행의 필요성이 줄어든다. 왜냐하면 사람들은 규제 없이 행동하려고 하기 때문이다. 대부분의 사람들은 대부분 신뢰할 수 있다. 그리고 그렇지 않을 때 법적 제재와 사회적 압력의 조합은 위법 행위를 해결할 수 있다.

경제적인 측면에서 신뢰는 거래 비용을 줄여 준다. 그것은 당사자들이 정보를 얻고 그들이 거래하는 사람들의 행동을 감시하는 비용으로부터 해방시킨다.[16] 신뢰 관계는 신뢰할 수 없는 관계보다 유연한 경향이 있다. 당사자가 허용할 수 있는 행동을 구성하는 것을 상세히 명시할 필요가 없기 때문이다. 이는 결국 성과를 향상시킨다.

노벨상 수상 경제학자 로널드 코스Ronald Coase의 영향력 있는 '기업의 이론theory of the firm'은 신뢰의 한계에 대한 반응으로 이해될 수 있다.[17] 기업들은 계층적 관리와 통제 구조를 부과한다. 그렇지 않으면 직원이나 파트너가 안정적으로 행동한다고 믿을 수 없기 때문이다. 만약 더 많은 신뢰가 있다면 그것은 가치 있는 새로운 사업 계획이 번창할 수 있을 것이다. 공유 경제 이론가인 레이첼 보츠만Rachel Botsman은 오늘날 일어나고 있는 일이 다음과 같다고 믿는다. "우리는 분산 네트워크와 협업 시장 시대의 비즈니스 바퀴에 기름을 바르고 사람 대 사람 관계를 촉진시킬 수 있는 신뢰의 유형을 발명하고 있다."[18]

신뢰는 진정한 선善으로 보인다. 그렇다면 코스Coase의 동료 경제학자인 노벨상 수상자 올리버 윌리엄슨Oliver Williamson은 왜 신뢰를 '분산적이고 실망스러운 개념'이라고 선언하는가?[19] 블록체인의 창시자가 위대한 발명이 시작된 직후 "기존 통화의 근본 문제는 그것을 작동시키는 데 필요한 모든 신뢰"라고 쓴 이유는 무엇일까?[20] 그리고 원래 비트코인 소프트웨어 코드를 검토한 암호학자 레이 딜링거Ray Dillinger는 왜 신뢰를 '거의 외설'이라고 부를까?[21]

신뢰 생각보다 복잡하다. 만약 우리가 블록체인의 잠재력과 위험을 이해하려면 현대 신뢰의 개념과 그 표현을 현대 세계에서 살펴보는 것부터 시작해야 한다.

신뢰는 '그것이 어떤 것인지는 보면 알 수 있다'는 개념 중 하나다. 자세히 들여다보면 정확히 정의하기가 몹시 어렵다. 비즈니스 윤리학자 라루 톤 호스머Larue Tone Hosmer는 "인간의 행위에 대한 신뢰의 중요성에 대한 광범위한 합의가 있는 것처럼 보이지만 … 그 구조의 적절한 정의에 대한 동등하게 광범위한 합의가 이뤄지지 않았다"라고 지적했다.[22] 지난 수십 년 동안 경영학, 심리학, 철학 그리고 다른 분야의 학자들은 신뢰의 의미에 관한 상당한 문헌을 개발했다.[23] 이 학문은 신뢰의 중요성과 그것의 필수적인 요소들을 모두 밝혀 준다.

신뢰는 이진법이 아니다. 신뢰가 완전히 결여된 경우는 드물다. 만약 먼저 검증하지 않고 어떤 것도 당연하게 받아들일 수 없다면 하루라도 버티기 힘들 것이다. 대신 신뢰의 정도가 다르다. 퍼트남은 친밀한 사회적 관계에서 비롯되는 '두터운thick' 신뢰와 전반적인 사회의 '미묘한thin' 신뢰를 구분한다.[24] 후쿠야마는 신뢰도가 높은 사회와 신뢰도가 낮은 사회를 구분한다.[25] 경영학자 제이 바니Jay Barney와 마크 한센Mark Hansen은 '강력한' 신뢰(성과 보장이 뒷받침되지 않는), '반강력한' 신뢰(당사자들이 집행 메커니즘을 만들지만 잠재적 실패의 대상이 되는 경우), '약한' 신뢰(법이나 다른 메커니즘이 성과를 보장하는 경우)를 구분한다.[26] 페르난도 플로레스Fernando Flores와 로버트 솔로몬Robert Solomon은 순수한 믿음을 바탕으로 한 '순진한naïve' 신뢰와 관계에 기반을 둔 '진정한authentic' 신뢰로 구분한다.[27] 신뢰는 여러 차원에 따른 영역에서 볼 수 있다.

신뢰의 정의

신뢰에 대한 단순한 정의는 인지적 위험 평가다. 내가 이 사람이나 조직에 의지하는 것이 정당한가?[28] 나는 조종사가 비행기를 목적지까지 안전하게 비행할 것을 신뢰한다. 왜냐하면 사고가 매우 드물다는 것을 알고 있기 때문이다. 나는 내 신용카드를 식당의 웨이터에게 건넨다. 왜냐하면 나는 그녀가 무단으로 요금을 지불하려고 신용카드를 사용하지 않을 것이라고 합리적으로 추측하기 때문이다(그리고 만약 그녀가 그렇게 한다면 내 신용카드 회사는 이를 취소할 것이다). 경제학자 올리버 윌리엄슨은 이 현상을 합리적 계산의 대상이 되기 때문에 "계산적calculativeness"이라고 부른다.[29] 만약 내가 자동차 열쇠를 주차요원에게 준다면 그 또는 그녀가 내 자동차를 훔칠 경우 잠재적인 손실은 클지 모르지만 그럴 가능성이 낮고 감시하기가 쉬우며 법 집행이나 보험을 통해 온전하게 만들 수 있을 것이다. 반면 내가 이메일로 만난 나이지리아 왕자에게 내 생활비를 송금해 달라는 부탁을 받는다면 앞으로 다가올 대가에 대해 꽤 확신할 수 있다.

인지적 차원이 중요하지만 신뢰의 전체를 나타낼 수는 없다.[30] 그렇지 않으면 신뢰는 이성적인 의존에 지나지 않을 것이다. 이것이 신뢰와 검증의 경계선이다. 상세하고 감사된 재무제표와 광범위한 담보물을 제공하라고 주장하는 대출기관은 상환에 대해 확신을 가질 수 있지만 아무도 이를 신뢰의 관계라고 부르지 않을 것이다. 대출기관이 서류 없이 오랜 고객에게 대출을 승인하는 경우 그것은 고객에 대한 이전의 경험에서 얻은 정보로 인해 진정한 신뢰가 아닌 합리적이고 자기 이익에 부합하는 결정이 되기 때문일 수 있다. 이것이 바로 윌리엄슨Williamson의 신뢰와 계산을 구분하는 이유였다.

그러나 인지 위험 평가가 설명할 수 없는 방식으로 행동하기도 한다. 나이지리아 이메일 사기에 응답하거나 돈을 갚지 않을 것 같은 친구들에게 돈을 빌려주는 사람들도 있다. 그리고 후쿠야마가 강조한 것처럼 신뢰율은 사회마다 다르기 때문에 보다 깊은 문화적 요인과 그 밖의 다른 요인들이 작용하고 있음을 시사한다. 일부 국가에서는 전차와 버스가 자율시행제도로 운행된다. 탑승자들은 돈을 입금하거나 카드를 긁어서 결제할 것으로 예상되지만 그들이 그렇게 하는지 확인하는 차장은 없다. 어쨌든 거의 모든 사람이 돈을 지불한다. 다른 국가에서는 이러한 제도가 만연한 미지불을 초래할 것이다. 집행 수준만으로는 그 차이를 설명할 수 없다.

행동 경제학자들은 다양한 '죄수의 딜레마' 실험을 통해 합리적 전략이 아니라도 사람들이 서로 신뢰하는 경향이 있음을 보여 줬다.[31] 현장 연구는 또한 신뢰가 합리적 행위자의 관점에서 다루기 어려운 갈등을 극복하는 많은 실제 사례를 강조한다.[32] 문명이 그렇지 않으면 기능하지 않을 가능성이 있기 때문에 우리는 신뢰에 대한 선입견이 있다. 후쿠야마는 모든 경제활동의 20%가 합리적인 용어로 설명될 수 없으며 현대 사회에서도 상호주의, 도덕적 의무, 공동체에 대한 의무 같은 것에 뿌리를 두고 있다고 생각한다.[33]

게다가 합리적인 계산에 한정돼 있는 신뢰의 개념에는 공허하고 만족스럽지 못한 무언가가 있다. 보츠만은 이렇게 말했다. "신뢰가 합리적이고 예측 가능하게 만들지 않으며 신뢰가 우리에게 무엇을 할 수 있고, 우리가 다른 사람들과 어떻게 연결되도록 하는지에 대한 인간의 본질에 실제로 도달하지 못한다."[34] 우버Uber, 리프트Lyft, 에어비앤비Airbnb가 평판 점수를 제공한다는 사실은 사람들이 낯선 사람의 차나 아파트에 들어가도록 부추긴다. 그러나 그 위험한 행동은 여전히 인간의 선함에 대한 어느 정도의 믿음이 필요하다. 위험이 불확실하거나 심지어 합리적으로 정당화되지 않은 경우에도 신뢰하려는 이러한 의지는 신뢰를 매우 강력하게 만드는 파급 효과를 발생시킨다. 합리적인 위험성 평가 이상으로 나를 신뢰한다면 나도 당신을 위해 똑같이 할 가능성이 더 높다.[35] 그리고 감시나 집행 메커니즘을 무시할 수 있다면 비용은 떨어지고 거래는 증가한다.

철학자들은 이 비합리적 요소를 신뢰의 '정서적 차원'이라고 부른다.[36] 타인에 대한 낙관적인 성향은 전략적 동기를 벗어난 행동을 한다. 그것은 행위자의 선의에 대한 기대다.[37] 3명의 경영학자에 따르면 인지적 신뢰와 비교할 때 이러한 신뢰의 형태는 사회적, 감정적 요인을 포함하는 '더 복잡한 심리 상태'라고 할 수 있다.[38] 그것은 단순한 행동만이 아니라 동기와 관련된 신뢰의 측면이다.[39] 흔히 그렇듯이 당사자들이 비용과 이익을 정확하게 추정할 수 없을 때 이러한 신뢰의 차원은 중요해진다. 데이비드 루이스David Lewis와 앤드류 위거트Andrew Weigert의 말에 따르면 "신뢰는 예측이 끝나는 곳에서 시작된다."[40]

정서적인 신뢰에는 도덕적 측면도 있다.[41] 그것은 단순히 사리사욕이 아니라 선함의 표현으로서의 신뢰다. 퍼트남은 신뢰하는 사람들은 "전반적으로 좋은 시민"이라고 말한다.[42] 그리고 후쿠야마는 신뢰를 "공동체 구성원들에 의해 내재된 일련의 윤리적 습관과 상호 도덕적 의무의 집합"이라고 설명한다.[43] 합리적인 계산을 넘어 다른 사람을 신뢰하려는 의지는 원칙이 결론보다 더 중요하다는 것을 보여 준다. 비즈니스 맥락에서도 우리는 체납자이지만 동정적인 대출자에게 그럴 권리가 생겼을 때 압류하는 것보다는 또 다른 기회를 주는 은행을 좋게 생각한다.

이 모든 것에는 함정이 있다. 허먼 멜빌Herman Melville의 등장인물 중 한 명은 인지적 위험 평가의 대안을 비판함으로써 정서적 신뢰의 호소력을 포착한다. "의문, 의심, 증명, 이 모든 짐을 지고 오랫동안 당신과 함께해야 한다는 것은 … 그건 악이다!" 이야기하는 사람은 멜빌Melville의 마지막 소설 『사기꾼The Confidence-Man』(지식의 날개, 2019)의 주인공이다. 미시시피Mississippi 증기선에서 다양한 사기를 통해 그는 신뢰가 신뢰할 수 없는 사람들에게 어떻게 이용될 수 있는지를 보여 준다. 신뢰는 성과에 대한 확실한 보장이 아니다. 신뢰는 신뢰하는 사람에게 취약하다는 것을 뜻한다.[45]

엔지니어에게 취약성은 예방해야 할 보안 결함이다. 여기서는 보다 정확한 의미로 이 용어를 사용한다. 즉 해를 입을 가능성에 노출되는 것을 뜻한다. 성공으로 인한 비교우위에 있는 취약성의 피해는 다음과 같다. 상관되지만 동일하지는 않다. 그리고 결과는 장부의 한쪽 면만을 나타낸다. 차를 운전하면 사고에 취약해지지만 대부분의 사람들은 이 트레이드오프trade-off가 그만한 가치가 있다고 생각한다. 16세 아이에게 열쇠를 주는 것은 올바른 결정이 아닐 수도 있다. 대부분의 렌터카 회사들은 25세 미만의 사람을 거부하지만 부모들은 일반적으로 이 취약성을 받아들이기에 충분한 믿음을 갖고 있다. 신뢰 관계의 외부 효과는 보험 비용의 보험 통계적 고려를 넘어 확장된다. 게임 이론적인 용어로, 당신의 취약성은 상대방에게 죄수의 딜레마 상황에서 가능한 한 최선의 결과를 만들어 내면서 유사한 신뢰 전략을 성공적으로 사용할 수 있다는 신호를 보낸다.

신뢰하기로 결정한 것이 합리적이다 하더라도 그것이 나쁜 결정이 될 위험이 있다. 윤리학자 아네트 바이어Annette Baier에 따르면 신뢰는 "신뢰자가 아끼는 것을 다른 사람(기업, 국가 등 자연적이거나 인위적인 것)이 돌보게 하는 것은, 여기서 '돌봄'은 재량권의 행사를 포함한다"라고 한다.[46] 그리고 이 재량권은 검증 노력에도 불구하고 수탁자가 신뢰할 수 없는 것으로 판명될 수 있음을 암시한다. 경제학자 제레미 립Jeremy Yip과 모리스 슈바이처Maurice Schweitzer는 "가장 심각한 비윤리적인 행동 중 일부는 개인들이 신뢰를 이용하기 때문에 발생한다"라고 말했다.[47] 신뢰는 신뢰성trustworthiness과 구별된다. 그러나 우리는 어쨌든 신뢰한다.[48] 18세기 비평가이자 사전 작가인 사무엘 존슨Samuel Johnson은 "믿지 않는 것보다 속는 것이 때로는 더 행복하다"라고 말했다.[49]

신뢰는 직접적인 위반, 기회주의적 행동, 시스템적 붕괴의 세 가지 방법으로 실패할 수 있다. 각각은 블록체인의 맥락에 나타날 것이다.

신뢰 위반이 가장 확실한 예다. 불필요한 작업에 비용을 청구하는 정비사, 사탕을 잡아달라고 부탁했지만 대신 먹는 친구, 학생을 성추행하는 교사, 모두 신뢰하는 사람의 취약성을 이용해 피해를 입힌다. 일부 신뢰 위반은 심각한 법적, 윤리적 결과를 초래하지만 다른 경우에는 신뢰 상실 자체가 주요 결과다. 모리스 슈바이처Maurice Schweitzer와 와튼 스쿨Wharton School 동료 2명의 실험 연구에 따르면 신뢰할 수 없는 행동을 하는 사람이 사과하고 앞으로 신뢰할 수 있는 방식으로 행동한다면 신뢰를 회복할 수 있다.[50] 그러나 그들은 불안정한 행동이 속임수를 수반할 때 신뢰를 회복하기 어렵다는 것을 발견했다.[51] 이것이 신뢰 파괴의 두 번째 범주인 기회주의의 토대다.

'기회주의'란 비대칭적인 정보를 이용해 합의의 정신을 깨뜨리는 것을 뜻하지만 반드시 합의를 위반하는 문구는 아니다.[52] 기회주의자는 필요한 선의를 행사하는 것이 아니라 의뢰인을 이용하기 때문에 신뢰할 수 없다. 법원은 여러 가지 법적 교리를 사용해 계약 거래에서 기회주의를 다루며 성공을 거뒀다.[53] 그리고 기회주의적 행동을 규제하는 것은 현대 주류 이론에 따른 기업법의 중심 목표다. 이 이론에 따르면 기업 지배구조는 주주와 경영자 사이의 본인/대리인 관계에서 기회주의의 가능성에 대응한다.[54] 이러한 경영자들은 직원들을 감시해야 하며 거래 비용을 부과해야 한다.[55]

마지막으로 신뢰가 실패하는 경우가 있는데 이는 합의 당사자들이 반드시 신뢰할 수 없기 때문이 아니라 환경이 신뢰하기에는 비현실적이기 때문이다. 누구도 신뢰할 수 없게 만드는 구조적인 실패가 있다. 톰 타일러Tom Tyle는 형사사법제도의 불공정한 행정이 얼마나 신뢰를 훼손하고 따라서 준법성을 훼손하는지를 상세히 설명했다.[56] 강력한 법이나 재산권이 없는 나라에서는 문제가 더 심각하다. 페루의 경제학자 에르난도 데 소토Hernando de Soto에 따르면 빈곤한 자들의 재산권에 대한 강제력이 보장되지 않는 개발도상국에서는 시장 경제가 창출되지 않는다.[57]

관계가 조직적이든 정치적이든 관계없이 너무 많은 경계를 넘을 때 체계적인 신뢰도 무너질 수 있다. 공통의 법적 환경이나 비즈니스 구조가 없으면 신뢰의 기준을 설정하는 거래 비용이 너무 클 수 있다. 그리고 신뢰 플랫폼 자체가 훼손되면 신뢰가 무너진다. 신용조사기관 에퀴팩스Equifax가 2017년 9월에 1억 4,000만 명이 넘는 미국인의 개인정보가 서버에서 유출됐다는 사실을 인정했을 때 신용 및 신원 서비스 전반에 대한 신뢰 수준을 낮췄다.[58] 그 이전에도 2016년 미 상무부의 연구에 따르면 미국인의 거의 절반이 보안 또는 개인정보 보호 문제로 인해 전자상거래 서비스 사용을 주저하고 있는 것으로 나타났다.[59]

따라서 신뢰는 양면의 동전이다. 한편으로는 이성과 감정 요소가 결합에 뿌리를 둔 믿음이 있고 다른 한편으로는 통제되지 않는 위험의 수용이 있다. 조직 행동 학자인 로저 메이어Roger Mayer와 그의 공동 저자는 자주 인용되는 기사에서 여러 분야에 걸친 신뢰의 개념을 조사하고 통합적인 정의를 제안했다. "[신뢰]는 상대방이 다른 부분을 감시하거나 통제할 수 있는 능력과 상관없이 신탁자에게 중요한 특정 행동을 수행할 것이라는 기대에 근거해 상대방의 행동에 취약하게 되는 당사자의 의지다."[60]

간단히 말해서 신뢰는 자신감의 취약성이다.[61] 신뢰의 이점은 보츠만이 말하는 '알려지지 않은 사람들과의 자신감 있는 관계'를 자극하는 능력에서 비롯된다.[62] 이것은 또한 비용을 발생시킨다. 야누스Janus가 직면한 신뢰의 측면은 (위험뿐만 아니라 힘의 원천인) 비트코인 백서의 저자가 왜 그렇게 불쾌하다고 여겼는지를 설명해 준다. 취약성 없이는 신뢰가 없다. 그리고 취약성은 전통적으로 다른 사람들에게 권력을 포기하는 것을 뜻한다. 당신은 은행에 당신의 돈을 통제할 수 있는 권한을 부여함으로써 은행을 신뢰한다. 당신은 사기꾼과 똑같은 일을 한다.

신뢰 아키텍처: P2P, 리바이어던, 중개자

시스템을 형성하는 설계 결정의 집합을 '아키텍처architecture'라고 한다. 아키텍처는 바로 권력power이다. 왜냐하면 인간 상호 작용의 한계를 정의하기 때문이다. 이웃의 물리적 구조가 공동체의 성격을 결정하는 것처럼 통신 네트워크 및 정보 시스템의 디지털 아키텍처는 온라인에서 혁신, 창의성, 자유로운 표현의 기회를 형성한다.[63] 기술의 경우 아키텍처는 시스템 구성 요소가 서로 상호 작용하는 방식을 설명한다.[64]

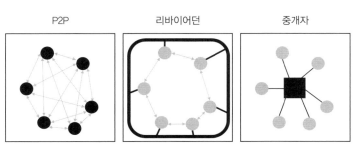

그림 1.1 세 가지 확립된 신뢰 아키텍처의 상징적 표현.
각각의 검은색 요소는 신뢰할 수 있는 구성 요소다.

신뢰에도 아키텍처가 있다. 사람들이 다양한 방식으로 신뢰하는 경향이 있는 것처럼 신뢰를 형성하는 방법은 여러 가지가 있다. 이러한 아키텍처는 신뢰를 나타내기 위한 제도적 구조를 설명한다.[65] 뉴욕 대학교New York University의 디지털 경제 전문가 아룬 순다라자란Arun Sundarajaran은 "역사를 돌이켜보면 세계 경제 활동이 대규모 확장될 때마다 대체로 새로운 형태의 신뢰 형성에 의해 유발된 것이다"라고 말했다.[66]

그림 1.1에서 볼 수 있듯이 시간이 지남에 따라 P2PPeer-to-Peer, 리바이어던Leviathan, 중개자intermediary와 같은 세 가지 주요 신뢰 아키텍처가 개발됐다.[67]

첫 번째 아키텍처인 P2P 신뢰는 관계 및 공유된 윤리적 규범을 기반으로 한다. '나는 당신을 믿기 때문에 당신을 신뢰한다.' 이것은 최초로 만들어진 인간의 신뢰 구조였다. 가족과 씨족 간의 대인 관계 신뢰는 국가의 부상보다 오래 전부터 존재했다. 그러나 P2P 신뢰 아키텍처는 오늘날에도 지속되고 있다. 효과적인 거버넌스 메커니즘을 채택하면 공유된 사회적 규범을 가진 공동체에서 발전할 수 있다. 이것은 노벨상 수상자인 엘리너 오스트롬Elinor Ostrom 등이 탐구한 '공동 체제commons regimes'의 영역으로서 공식적인 법 규칙 없이도 질서를 유지할 수 있다.[68] 자율 거버넌스를 위한 일련의 원칙을 준수하고 문제를 해결하고자 조정하는 개인 및 커뮤니티의 유연성으로 충분할 수 있다.

P2P 신뢰는 순간의 편리함보다는 상호간의 약속과 인간관계를 기반으로 하기 때문에 두터운 경향이 있다. 그러나 상대적으로 작은 반경을 갖고 있다. 낯선 P2P를 신뢰할 수 있지만 중요하지 않은 거래(예: 편의점에서 구매 등)에만 가능하다. 예를 들어 오스트롬의 말에 따르면 '집단행동과 자치제도Governing the commons'에 대한 설계 규칙은 명확한 그룹 경계와 규칙의 영향을 받는 사람들이 규칙을 수정하는 데 참여할 수 있는 기회를 요구한다.

최근 요하이 벤클러Yochai Benkler 및 브렛 프리쉬먼Brett Frischmann과 같은 인터넷 법률 학자들은 위키피디아Wikipedia, 오픈소스 소프트웨어 커뮤니티, 레딧Reddit과 같은 사용자 관리 콘텐츠 사이트, WiFi 무면허 무선 기술과 같은 시스템에 대해 공동 체제commons regimes가 온라인에서 어떻게 운영되는지 보여 줬다.[69] 이러한 모델은 P2P 신뢰의 범위를 확장한다. 그러나 여전히 복잡하고 비개인적인 시장에서 거의 존재하지 않는 공식 규칙과 공동 표준의 조합에 의존한다.

두 번째 주요 신뢰 아키텍처는 17세기 철학자 토마스 홉스Thomas Hobbes에게서 '리바이어던Leviathan'이라는 이름을 차용했다. 그는 신뢰라는 용어를 명시적으로 사용하는 경우는 거의 없었지만 신뢰를 문명 창조의 주요 동력으로 생각했다. 그는 자연 상태에서 인생은 "고독하고, 가난하고, 고약하고, 잔인하며, 짧다"라고 주장한 것으로 유명하다.[70] 모든 사람들은 다른 사람들이 속이거나 훔치지 않을까 걱정해야 하기 때문에 거래나 개인적인 노력의 투자로부터 이익을 얻을 수 없다.

이러한 '만인에 대한 만인의 전쟁'을 피하려고 홉스는 문명 사회가 폭력의 정당한 사용에 대한 독점권을 국가에 부여하는 일회성 거래를 한다고 상상했다. 일단 이런 일이 벌어지면 홉스의 신화적이고 강력한 리바이어던인 국가는 사적 계약과 재산권을 집행할 수 있다. 스스로를 도울 수 있는 자신의 힘에 근거하지 않은 위반에 대한 처벌이 있다는 사실을 알고 있는 개인과 조직은 신뢰 관계에 내재된 위험을 감수하는 것을 편하게 느낀다.

리바이어던 신뢰를 통해, 국가 또는 다른 강력한 중앙 기관은 다른 사람들이 힘이나 속임수를 통해 자신의 의지를 강요하는 것을 방지하려고 주로 배후에서 운영된다. 권력을 직접 행사하는 경우는 드물고 직접 행사할 때는 주로 법 집행이나 군사 활동을 통해 사회 안정에 대한 기본 수준의 신뢰를 유지하고자 이뤄진다.

사람들이 보는 리바이어던 신뢰 아키텍처의 주요 요소는 참여 및 분쟁 해결을 위한 관료적 규칙이다. 법 체계는 교리를 앞세워 임의의 국가 권력에 대한 제약을 정의한다. 그것이 실패하면 신뢰도 무너진다. 사회심리학자 톰 타일러Tom Tyler는 다른 인종 집단의 구성원들을 대상으로 형사 사법 제도와의 상호 작용을 조사했다. 그는 법이 절차적 공정성에 기초해 작동한다고 인식할 때만 사람들이 법을 따르는 경향이 있다는 것을 발견했다.[71]

전통적으로 신뢰가 구조화되는 마지막 주요 방법은 중개자를 통하는 것이다. 이 협정에서 거래를 구조화하고자 지역 규칙과 중개자의 명성은 사회적 규범과 정부에서 발행한 법률을 대신한다.[72] 중개자는 개인이 권력이나 통제권을 넘겨주도록 유도하는 가치 있는 서비스를 제공한다. 예를 들어 익스피리언Experian 및 에퀴팩스Equifax와 같은 신용평가기관은 대출과 같은 거래를 가능하게 하기 때문에 막강한 권한을 행사한다. 적어도 역사적으로 개별 대출기관은 개인의 신용도를 평가하는 데 필요한 데이터를 축적하는 데 훨씬 더 많은 어려움을 겪었다.

이 협정에서 활동을 가능하게 하는 것은 양측의 활동을 집계하는 중개인의 능력이다. 금융 서비스 관계는 중개자 신뢰의 좋은 예다.[73] 시중 은행들은 예금자와 차입자 사이의 거래 흐름의 중간에 위치하며 그 과정에서 이자를 생성하고 지불한다. 투자 은행은 자본시장에서 금융 거래를 구조화하고 중개한다. 금융 서비스는 현재 미국 전체 기업 이익의 약 30%를 창출하고 있으며 모두 이러한 중개 기능을 기반으로 한다.[74]

중개자 신뢰는 특히 온라인상에서 중요하다.[75] 광고주들은 광고에 대한 투명한 가격 책정 및 실적 측정 항목을 보여 주기 때문에 구글을 신뢰하는 반면, 사용자는 관련성이 있다고 생각되는 광고로 둘러싸인 고품질 검색 결과를 제공하기 때문에 구글을 신뢰한다. 아마존Amazon과 이베이eBay는 거래를 위한 신뢰할 수 있는 환경을 만든다. 우버와 에어비앤비는 사용자가 다른 방식으로는 결코 경험할 수 없는 방식으로 낯선 사람과 상호 작용할 수 있는 교통과 숙박 시장을 만들고 있다. 이들은 종종 P2P로 표현되지만 사용자들은 실제로 개인적인 관계나 커뮤니티 정의 거버넌스 체제가 아닌 플랫폼을 신뢰하고 있다.

이러한 모든 아키텍처는 사용자가 신뢰의 이점을 얻으려고 약간의 자유를 포기하는 신뢰 절충을 초래한다. P2P 신뢰에서는 공동체의 규범에 주의를 기울여야 한다. 리바이어던 신뢰에서는 국가에 복종한다. 그리고 중개자 신뢰를 바탕으로 벽으로 둘러싸인 정원에 스스로를 가두고 개인 데이터에 대한 통제권을 포기해야 한다. 최근 구글, 페이스북Facebook과 같은 온라인 플랫폼의 힘에 대한 논쟁은 이러한 우려를 반영한다.[76] 이러한 플랫폼은 정보 다이어트를 형성해 사용자가 세상을 보는 방식을 통제하고, 중개 기능을 통해 시장을 통제한다. 네트워크 효과는 경쟁자들이 그들의 지배력을 약화시키는 것을 어렵게 만든다. 이 문제는 11장에서 더 깊이 있게 탐구될 것이다.

신뢰할 수 없는 신뢰

블록체인은 기존 모델 중 어느 것도 포함하지 않는 새로운 종류의 신뢰를 만들어 낸다. 저명한 벤처 자본가이자 링크드인LinkedIn 설립자인 리드 호프만Reid Hoffman은 이를 '신뢰할 수 없는 신뢰'라고 표현했다.[77] 이 문구는 유행하고 있다.[78]

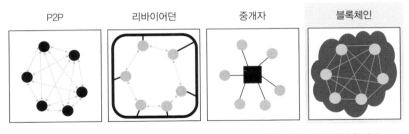

| P2P | 리바이어던 | 중개자 | 블록체인 |

그림 1.2 블록체인의 '신뢰할 수 없는' 신뢰 아키텍처는 대안에 비해 어떤 개인 참여자도 신뢰하지 않는 상황에서 네트워크의 신뢰를 촉진한다.

이것은 모순처럼 들리지만 양쪽 모두가 중요하다. 암호통화와 분산 원장이 신뢰를 불러일으키지 않는다면 실패할 것이다. 그러나 정부나 강력한 중개자를 통해 대리 신뢰를 얻었다면 현 상태와 크게 다르지 않을 것이다.

블록체인 네트워크에서는 네트워크 자체의 출력을 제외하고는 아무것도 신뢰할 수 있는 것으로 간주되지 않는다. 이 독특한 배열은 블록체인이 법률, 규제, 거버넌스와 상호 작용하기 위한 환경을 정의한다.

어떤 거래에서든 신뢰할 수 있는 상대방, 중개자, 분쟁 해결 메커니즘이라는 세 가지 요소가 있다.[79] 블록체인은 세 가지 모두를 소프트웨어 코드로 대체하려고 한다. 사람들은 임의의 디지털 키를 통해 표현되는데 이는 인간이 신뢰성을 평가하려고 사용하는 상황별 요소들을 제거한다. 거래 플랫폼은 순전히 돈을 위해 그 안에 있는 알 수 없는 참여자들에 의해 운영되는 탈중앙화 기계다. 그리고 분쟁 해결은 사전 정의된 알고리듬을 실행하는 '스마트 컨트랙트smart contract'를 통해 이뤄진다. 거래를 유효하게 만드는 것은 상대방이 수학적으로 확인할 수 있는 암호화 증거다. 따라서 비트코인 애호가들 사이에서 통용되는 '우리가 신뢰하는 증거로in proof we trust'라는 말은 미국 은행권의 전설 '우리가 믿는 신 아래In God We Trust'와는 대조적이다.

온라인 거래는 이미 암호화 및 알고리듬 평판 시스템에 의존하고 있다. 아마존닷컴Amazon.com에서 물건을 구매하거나 페이스북을 사용해 친구들과 소식을 접할 때마다 대부분 자동화된 소프트웨어 기반 시스템을 신뢰하고 있는 것이다. 직불카드를 ATM에 꽂고 슬롯에서 현금을 받는 경우에도 기계가 본질적으로 사람의 일을 대신할 것이라고 신뢰하고 있다.

중요한 점은 기계를 신뢰하는 것이다. 우리는 컴퓨터가 인간의 기록 관리처럼 어리석거나 느리거나 건망증이 있거나 편향되지 않을 것이라는 확신을 갖고 있다. 이는 컴퓨터가 잘하는 일이다. 빠르고 일관되게 프로그램을 실행한다. 그러나 기계가 전통적으로 하지 않거나 할 수 없는 일이 있다. 블록체인은 원장 항목의 신뢰성에 대한 확신을 불러일으키는 것 이상을 수행한다. 블록체인은 자체적인 조건으로 검토돼야 하는 특정한 종류의 신뢰를 생성한다.

블록체인에 대한 신뢰는 무형이다. 비트코인은 분산 원장의 트랜잭션 레코드 집합일 뿐이므로 볼 수 없다. 하지만 이는 오늘날의 세계에서 별로 독특하지 않다. 우리는 은행 계좌가 실제 돈을 나타내고 주식 매입은 전자적으로 보더라도 실제 지분을 나타낸다는 사실을 인정한다. 저작권, 상표, 특허와 같은 지적 재산권은 경쟁 우위의 귀중한 원천이자 그 자체로 양도할 수 있는 자산이다. 또한 무형성은 모든 온라인 상호 작용에서의 표준 문제다.[80]

블록체인 신뢰의 더 중요한 측면은 제도적 참여자와 신뢰할 수 있는 시스템 간의 연결을 끊는다는 것이다. 암호통화 거래를 유효한 수단으로 받아들이는 것은 개별 참가자나 상위 권한을 반드시 신뢰할 필요 없이 해당 기반이 되는 네트워크를 신뢰하는 것이다.[81] 분산된 독립 컴퓨터 집합의 합의를 원장의 실제 상태로 받아들일 수 있다. 가장 단순한 형태로 이것은 블록체인과 분산 원장 기술의 신뢰 혁명이다. 이는 기계의 인간 주인으로부터 신뢰를 빼내어 기계 집단에 신뢰를 부여한다.

기업과 정부의 통제가 없는 세상을 원하는 사람들은 항상 있어 왔다. 개인용 컴퓨터 혁명의 주요 인물들은 1960년대의 반문화적 가치에 영향을 받았다. 한 세대 후 인터넷의 발전에 기여한 많은 사람은 인터넷을 국가의 개입 없이 전 세계 사람들을 직접 연결하는 방법으로 봤다. 작지만 정교한 사이퍼펑크Cypherpunk 운동은 이 비전을 구현하려는 기술적 솔루션을 모색했다.[82] 그것은 인터넷을 국가의 무거운 손길조차도 암호학의 기초가 되는 수학 법칙과 패킷 교환 데이터 네트워크의 기초가 되는 소프트웨어 공학에 양보해야 한다는 증거로 봤다. 썬 마이크로시스템즈Sun Microsystems의 초기 엔지니어인 존 길모어John Gilmore는 "인터넷은 검열을 피해로 해석하고 이를 우회하는 경로"라고 선언한 것으로 유명하다.[83]

현 시대는 기업과 정부에 대한 신뢰가 크게 흔들리는 반면, 변화의 원동력으로서의 기술에 대한 믿음은 변함이 없는 시대다. 이것은 전자를 구식으로 만들려고 후자를 사용하는 것처럼 보이는 접근 방식을 위한 완벽한 환경이다. 하이퍼레저Hyperledger 오픈소스 분산 원장 컨소시엄의 전무 이사인 브라이언 벨렌도프Brian Behlendorf는 "블록체인 기술을 통해 신뢰가 떨어지는 환경에서 비즈니스를 수행할 수 있다"라고 말했다.[84] 이것은 현재의 역사적 순간에 적합한 신뢰 아키텍처다.

그러나 리드 호프만의 멋진 표현과 달리 블록체인은 완전히 신뢰할 수 없다. 이것은 정당한 신뢰를 증진시킬 수 있지만 취약성이 없는 것은 아니다. 사토시 나카모토와 그의 추종자들이 만든 것은 실제로 강력하지만 불완전한 새로운 유형의 신뢰성이었다.

블록체인 신뢰는 모순이 아니다. 이는 그 자체로 검토할 가치가 있는 독특한 현상이다. 이렇게 하는 것은 블록체인 기술이 어떻게 작동하는지뿐만 아니라 왜 성공할 것이며 어디에서 실패할 것인지 이해하는 관건이기도 하다.

大信不死Too Trusted to Fail**?**

문 앞에 각각 서 있는 2명의 경비원과 관련된 유명한 논리 퍼즐이 있다. 한 문은 재물로, 다른 문은 죽음으로 인도한다. 경비원에게 질문을 해서 올바른 문을 선택해야 한다. 한 경비원은 항상 진실되게 대답한다. 다른 하나는 항상 거짓말을 한다. 요점은 어느 것이 어느 것인지 모른다는 것이다. 이 퍼즐은 처음에는 불가능해 보인다. 당신은 그들의 대답이 진실한 것인지 아닌지 결코 알 수 없을 것이다. 그러나 우아한 해결책이 있다. 한 경비원에게 다른 경비원이 어느 문을 추천할 것인지 물어 보라. 답이 무엇이든 반대편 문을 통과하라. 진실한 경비병은 당신에게 죽음의 문을 가리킬 것이다. 그것이 거짓말쟁이가 할 것이기 때문이다. 거짓말쟁이는 진실한 사람이 당신을 재물의 문으로 인도할 줄 알고 죽음의 문을 가리킬 것이다. 다른 하나를 선택하라.

사토시 나카모토는 이와 유사한 접근 방식을 사용해 디지털 현금의 퍼즐을 풀었으며 이를 통해 새로운 신뢰 아키텍처를 개발했다. 바로 문제를 반전시키는 것이다. 사람들이 탈중앙화 디지털 화폐로 자신 있게 지불하는 메커니즘은 사람들에게 돈을 지불하는 것이다. 비트코인은 돈을 순전히 시스템의 출력으로 취급하기보다는 입력으로 사용한다.

2008년에 사토시가 자신의 아이디어를 온라인에 게시했을 때 초기 댓글을 단 몇 명만이 즉각적으로 흥분했다. 비트코인 백서는 여러 면에서 이전 작업의 파생물임을 분명히 했고 정부의 감독 없이 가치를 신뢰할 수 있는 디지털 통화를 만드는 것이 커뮤니티에서 친숙한 목표였다. 오늘날 이 백서는 세계적인 기술 혁명을 위한 기초 문서로서 경외심을 갖게 하고 있다. 블록체인, 암호통화, 스마트 컨트랙트, 허가형 원장 개발의 물결이 뒤따랐다. 이 급성장하는 운동의 잠재력과 도전을 이해하려면 먼저 비트코인과 이것이 어떻게 생겨났는지 이해해야 한다.

블록체인은 금융 기술 그 이상이다. 그러나 블록체인이 출발점이었다. 그리고 모든 의도와 목적을 위해 금융의 변혁적 혁신은 다른 모든 부문에서도 변혁이 된다. 정량화된 가치 교환의 기반인 화폐는 세상을 돌아가게 한다. 역사학자 유발 노아 하라리Yuval Noah Harari의 말에 따르면 "돈은 지금까지 만들어진 상호 신뢰의 가장 보편적이고 가장 효율적인 시스템이다."[1] 독일 경제학자 게오르크 프리드리히 크나프Georg Friedrich Knapp가 100년 전 국가 화폐 이론State Theory of Money에서 설명했듯이 화폐를 가치 있게 만드는 것은 동전에 들어 있는 귀금속과 같은 물리적 자산의 고유한 가치가 아니기 때문이다.[2] 이를 받아들이는 것은 다른 사람들의 의지다. 돈은 본질적으로 순수한 신뢰의 공식화다.

비트코인과 같은 암호통화는 어떤 유형적인 것에도 기반을 두지 않기 때문에 필연적으로 가치가 없다고 주장하는 회의론자들은 통화를 자산으로 착각한다. 오늘날 세계의 어떤 주요 통화도 유형적인 것에 기반을 두지 않는다. 사실 미국은 포트 녹스Fort Knox에 엄청난 양의 금을 비축하고 있다. 그러나 실제 제임스 본드James Bond로 유명한 오리크 골드핑거Auric Goldfinger가 이 모든 것을 훔쳤다 하더라도 자동 현금인출기와 식료품점 점원들은 달러 지폐를 받는 것을 멈추지 않을 것이다. 세계 대부분의 사람들이 종이 조각과 심지어 더 추상적인 디지털 표현을 통화로 신뢰할 수 있다면 비트코인과 같이 암호학적으로 정의된 통화에 대해서도 그렇게 할 수 없는 원칙적인 이유가 없다. 이 모든 것은 관련 통화 시스템이 필요한 신뢰를 불러일으키는지 여부에 달려 있다. 특정 암호통화는 가격이 폭락하고 심지어 가치가 0이 될 수도 있지만 이는 암호통화가 본질적으로 전혀 가치가 없다고 말하는 것과는 다르다.

돈이 가치의 추상화를 나타낸다는 사실은 비트코인과 블록체인의 두 번째의 의미를 담고 있다. 현대 금융은 가장 견고한 자산, 예를 들어 집 한 채를 알고리듬 거래 엔진을 통해 전 세계 파생 상품 거래자들의 화면을 가로질러 휙휙 지나가는 담보대출 채권으로 전환시킬 수 있다. 이러한 약정이 점점 더 복잡해짐에 따라 실물자산과 금융상품 간의 관계는 점점 약화된다. 이것이 금융가들이 말하는 '증권화securitization'의 유망한 전망이다.

이 과정은 2008년 금융 위기로 무너졌다. 세계 최고의 투자자, 은행가, 규제 기관이 보기에 완벽한 계획으로 보였던 것이 거의 하룻밤 사이에 붕괴됐다. 분명히 악용도 있었고, 그러한 악용에서 그들의 역할에 대해 더 가혹한 처벌을 받았어야 했던 회사들이 있었다. 그러나 탐욕은 금융권에서 드문 일이 아니다. 이것이 정상적인 상황이다. 시스템적 위험이 위기를 너무 끔찍하게 만들었다. 수천 개의 개별 주택담보대출 묶음처럼 다양하고 단절된 것으로 보였던 상품들이 갑자기 높은 상관관계를 보였다. 일부 은행과 은행가들을 신뢰할 수 없었다는 것은 놀라울 일이 아닐 뿐만 아니라 현대 금융의 본질은 더 이상 믿을 수 없다는 것이었다. 금융 세계는 보이는 것처럼 분산되지 않았다. 그리고 돈을 믿을 수 없다면 무엇을 믿을 수 있겠는가?

2008년의 시스템은 거래 활동이 이러한 거래의 기초가 되는 실물 자산과 분리됐기 때문에 매우 취약했다. 선물이나 옵션과 같은 파생 금융 상품은 오랜 역사를 갖고 있지만 최근 수십 년 동안 거래량과 복잡성이 폭발적으로 증가했다. 이는 금융 부문의 초기 위기가 어떻게 해결됐는지에 대한 결과다. 이 결과는 훨씬 적은 수의 헤드라인을 장식했고 깔끔한 해결책을 가진 것처럼 보였다. 그러나 이것은 나중에 재앙을 맞을 수 있는 기반을 다져 줬다. 그리고 다시 한번, 핵심 주제는 신뢰였다.

1792년의 버튼우드 협정은 P2P 신뢰의 표현이었다. 증권 중개인들이 버튼우드 나무 아래에 모인 것은 특별한 지위가 있어서가 아니라 현대 게임 이론가들이 '셸링 포인트Schelling point'라고 부르는 곳이었기 때문이다. 즉 누군가가 회의를 위해 선택하기를 기대하는 논리적인 장소였다.[3] 그들은 서로 모르는 사람이 아니기 때문에 다른 상인들과 거래하지 않기로 하고, 서로 균일한 수수료를 부과하기로 합의했다. 그들은 모두 서로를 알고 있었고 공동체의 결속력에 자신이 있었다. 그들 중 누구라도 협정을 탈퇴하고 독립적인 경매인을 통해 거래함으로써 적어도 단기적으로는 이익을 얻었을 것이다. 그러나 장기적으로는 그들이 거래 조건을 집단적으로 통제하는 것이 더 나으리라는 것을 알고 있었다. 그들은 경쟁자들이 그들의 친구이자 이웃이기 때문에 거래를 고수할 것이라고 믿었다.

버튼우드 협정Buttonwood Agreement에 기반한 기관인 뉴욕증권거래소NYSE는 세계에서 가장 강력한 금융 시장으로 성장할 것이다. 오늘날 회사가 NYSE에 상장돼 있다는 사실은 그 정당성을 존중하기에 충분한 증거다. 상장된 주식을 매수할 수 있을 만큼 충분한 자신감을 느끼려고 거래소의 회원 조직이나 지배구조 메커니즘에 대해 아무것도 알 필요가 없다. 오늘날 NYSE는 중개 신뢰의 강력한 표현이다.

표면적으로 월 스트리트는 세계에서 가장 확장성이 높은 거래 시장 중 하나다. 주식 거래량은 수십 년 전만 해도 전례가 없었던 수준으로 증가했다. 거래를 처리하는 거래소와 이들을 대상으로 하는 거래업체들은 모두 오랫동안 전산화돼 왔으며 이러한 컴퓨터 네트워크는 더 많은 용량과 새로운 기술로 자주 업데이트된다. 그러나 더 깊이 파고 들면 시스템이 상당히 덜 발전된 것처럼 보인다.

월 스트리트의 핵심은 회사의 주식을 발행하고 추적하는 과정이다. 회사는 얼마나 많은 주식을 발행했고 현재 누가 그 주식을 소유하고 있는가? 1970년대까지 주식 소유권은 종이 증명서를 통해 추적됐다. 그것은 P2P 신뢰와 물리적으로 동등했다. 모든 거래는 인증서 전송에 표현되는 직접적인 관계를 기반으로 해야 했다.

거래량이 증가함에 따라 이러한 구조는 점점 불안정해졌다. 한때 배달원들은 증권 증서를 가득 실은 수레로 맨해튼 아래를 누비고 다니면서 거래를 성사시키려고 증권사 사이를 이동했다.[4] 거래는 전화나 전산 시스템을 통해 순식간에 이루어질 수 있지만 실제 가치 있는 것인 주권은 버튼우드 협정 당시와 같은 방식으로 움직였다. 지연과 오류가 너무 심해져서 NYSE는 사실상 중단됐다.

'서류 작업 위기'로 알려진 문제에 대한 해결책은 중개 회사가 거래를 '정리net'할 수 있도록 허용하는 것이었다.[5] 모건스탠리Morgan Stanley 고객이 메릴린치Merrill Lynch 고객으로부터 하루에 1,000주를 구매하고 메릴린치 고객이 모건스탠리 고객으로부터 동일한 주식 1,000주를 구매했다면 두 회사 간에 2,000주를 이전할 필요가 없었다. 거래는 단순히 상쇄된다. 각 회사는 고객 보유에 대한 자체 기록을 보관했지만 시스템에는 모든 주권을 보관하는 중앙 보관소가 필요했다. 이 조직은 이 책의 서문에서 언급한 증권예탁결제원DTCC, Depository Trust & Clearing Corporation이다. DTCC와 그 자회사인 Cede & Company는 기술적으로 미국에서 거래되는 거의 모든 주식의 기록 소유자다. 투자자가 주식을 구매할 때 실제로는 DTCC에 보유된 주식에 대한 청구권을 구매하는 것이다. 다른 주요 금융 센터에도 유사한 증권중앙예탁기관CSD, Central Securities Depository이 있다.

CSD로의 전환은 금융의 탈물질화에서 중요한 단계였다. 1971년 미국의 금본위제 폐지 결정은 정부의 전적인 믿음과 신용 외에는 공식적으로 달러의 구매력을 뒷받침하는 것이 없음을 의미했다. 실용적인 측면에서 달러는 한동안 귀금속을 대체하지 않았지만 이 단계는 추상적인 가치를 나타내는 토큰에 불과하다는 것을 공식적으로 인정한 것이다. DTCC는 주식에 대해서도 같은 조치를 수행해 주식 소유권의 추상적인 권리를 증서의 인스턴스화로부터 분리했다. 거기서부터 자산을 증권화할 수 있다는 생각, 즉 훨씬 더 복잡한 방법으로 거래되고 재배치돼야 할 금융권과 의무의 집합으로 대표되는 것은 느리지만 상당히 직선적이었다.

증권화의 정점은 21세기로 접어들면서 신용부도스왑credit default swap 및 주택담보대출mortgage 의무와 같은 상품의 출현이었다. 이러한 이국적인 합의는 주택과 같은 일반 자산에 대한 지불금 비율을 분할하고 재계산함으로써 수조 달러의 명목 가치를 가진 시장을 만들었다.[6] 금융 마법사들은 음악이 멈추고 금융 시스템이 거의 붕괴될 때까지 엄청난 수준의 종이 부paper wealth

를 창출하려고 이러한 혁신의 한계를 밀어붙였다.

2008년의 글로벌 금융 위기는 갑작스럽고 파괴적이었다. 미국과 다른 주요 선진국의 경제 호황은 거의 하룻밤 사이에 깊고 고통스러운 경기 침체로 바뀌었다. 주택담보대출의 채무 불이행은 급증했고 금융 시스템의 유동성은 급감했다. 전 세계 주식 시장이 폭락했다. 리먼 브러더스Lehman Brothers, 베어 스턴스Bear Stearns 등 월 스트리트의 기둥이 무너졌고, 나머지는 정부의 비상 개입을 통해서만 구할 수 있었다. 전염병은 세계 최대 보험사인 AIG와 정부가 지원하는 주택담보대출 구매자인 패니 메이Fannie Mae를 포함해 경제에서 가장 신뢰할 수 있는 일부 기관으로 확산됐다. 회복에는 수년이 걸렸다.

위기의 직접적인 원인이 됐던 것은 감당할 수 없을 만큼 치솟는 주택 가격, 금융 서비스 회사들의 과도한 레버리지와 투기, 주택담보대출이 시스템적 리스크가 과소 평가됐던 합성 증권으로 증권화된 것이었다. 그러나 이러한 설명은 피해 규모를 설명하지 못한다. 경제학자 파올라 사피엔자Paola Sapienza와 루이지 징갈레스Luigi Zingales는 위기의 속도와 깊이를 설명하려고 다음과 같은 놀라운 논제를 제시했다.

> 2008년의 마지막 몇 달 동안 중요한 것이 파괴됐다. 벽돌과 모르타르로 만들어지지 않았더라도 생산에 중요한 자산이다. 이 자산은 표준 국민 계정 통계나 표준 경제 모델에 포함되지 않지만 노벨상 수상자인 캐네스 애로우(Kenneth Arrow)는 이 자산의 부재가 세계의 경제가 낙후된 주요 원인이라고 주장했다. 이 자산은 신뢰다.[7]

설문 조사에 따르면 사피엔자와 징갈레스는 위기가 전개될수록 주식 시장에 대한 투자자의 신뢰가 크게 떨어진다는 사실을 발견했다. 더욱 중요한 것은 투자자들이 리먼 브러더스의 몰락이 금융 시스템 전반에 걸쳐 잠재적인 연쇄 작용을 일으킨 후 정부의 대응을 완전히 신뢰하지 않았다는 점이다. 대규모 정부 구제 금융으로 은행 및 관련 기업들은 '대마불사大馬不死, too big to fail'로 간주되는 반면, 주택 소유자는 절대 받지 말았어야 하는 주택담보대출

채무 불이행으로 인해 제한된 지원만 받았다. 당시 미국 재무장관 행크 폴슨 Hank Paulson은 투자은행 골드만 삭스의 회장이었다. 사피엔자와 징갈레스의 연구에서 설문 응답자는 폴슨과 그의 정부 동료들이 대중이 아닌 과거 월 스트리트 동료들의 이익을 위해 기여했다고 비판했다.

이 기간 동안 금융 부문에 대한 신뢰 상실은 만연했지만 위기 이전과 위기 동안에 정부의 인식된 실패는 특히 파괴적이었다. 실패만으로 반드시 신뢰가 무너지는 것은 아니다. 상승하는 주식 시장도 하락할 수 있다는 사실에 아무도 놀라지 않았다. 그리고 자본주의의 본질은 이윤을 위해 위험을 감수하는 기업이 어떤 경우에는 파산할 수 있다는 것이다. 그러나 어느 시점에서 시장의 보이지 않는 손이 너무 심하게 흔들리면 정부의 보이는 손이 나서야 한다. 1930년대 대공황 이후 등장한 중앙 은행과 규제 기관은 이러한 지원 역할을 위해 설계됐다. 그러나 2008년에는 위기를 막지 못했고 어떤 면에서는 상황을 더 악화시키기까지 했다.

주택 소유자와 그 결과로 고통받는 다른 사람들이 아니라 위기를 일으킨 은행을 지원하면서 규제 당국은 도덕적 해이의 조건을 만들었다. 은행가는 위험한 행동으로 인한 모든 이익을 누렸지만 손실의 일부만 경험했다. 그것은 그들이 다시 같은 과정을 다시 밟을 가능성을 증가시켰다. 경제적인 측면에서 보면 재정적 안정성과 같은 특정 속성을 출발점으로 삼고 이를 지배적인 전략으로 만들기 위한 인센티브 구조를 구성하는 게임 이론의 한 분야에서 메커니즘 설계에 실패가 있었다.

위기의 고통스러운 경험에서 얻은 한 가지 교훈은 시스템이 고장나서 고쳐야 한다는 것이었다. 이것은 일반적으로 투자 및 정치 공동체의 결론이었다. 2008년 연쇄 실패의 재발을 방지하려고 미국의 도드-프랭크법Dodd-Frank Act과 같은 개혁과 새로운 체계적 위험 통제가 도입됐다.[8]

하지만 더 어두운 해석도 가능하다. 아마도 그 시스템을 고칠 수 없을 것이다. 아마도 단기적인 이익 극대화에 관심이 있는 은행가는 사회의 장기적 공익을 위해 행동할 것이라고 신뢰할 수 없다. 금융 서비스가 경제에 미치는 중요성을 감안하면 어느 정도의 위험은 항상 일반 시민에게 사회화되고 위험을 부담하는 수익은 금융업자만 얻을 수 있을 것이다. 아마도 정부는 진정으로 정직한 중개인 역할을 할 능력도 없고 관심도 없을 것이다. 이런 상황이라면 시스템 자체를 신뢰할 수 없음을 의미한다. 그것은 근본적으로 인간에 의존한다. 신뢰를 생성하는 의사 결정자들은 실수하기 쉽고, 비효율적이며 잠재적으로 편향돼 있다. 유일한 대안은 제거하는 것이다.

따라서 금융 위기는 기존의 모든 신뢰 구조의 한계를 보여 줬다. P2P 관계는 현재의 수요를 충족하도록 확장할 수 없었다. 중개자들은 비실물화를 허용했지만 결국에는 실패하기에는 너무 크고 충분히 인식하지 못하는 위험을 감수할 수 있는 동기를 부여받은 금융 서비스 조직을 만들었다. 그리고 사적인 상호 작용 뒤에 서 있는 리바이어던인 번갈아 무력하고 문제의 일부분인 것으로 밝혀졌다. 새로운 접근을 위한 무대가 마련됐다.

태초에 비트코인이 있었다

가치 있는 혁신조차도 수용적인 환경에서만 시작될 것이다. 기본적인 아이디어를 도출시키고 발전시키려면 인적 네트워크와 재정적 지원이 필요하다. 그리고 혁신이 열리려면 잠재된 수요가 있어야 한다. 타이밍은 매우 중요하며 운에 크게 좌우된다. 상거래와 미디어를 변화시키려는 큰 꿈을 가진 신생기업들은 2001년 닷컴 불황으로 휩쓸려 갔지만 오늘날에는 같은 개념이 수십억 달러 규모 기업들의 토대를 이루고 있다.

리먼 브러더스가 파산한 지 6주 후인 2008년 가을은 비트코인 백서가 등장하기에 완벽한 시기였다. 물론 사토시 나카모토는 그 이전에 이 개념을 개발하고 있었다. 백서의 서문에는 거시경제적 위험에 대해서 아무 말도 하지 않았다. 대신 전자 지불에 대한 미시적 수준의 신뢰 문제부터 시작한다.

인터넷 상거래는 전자 지불을 처리하고자 신뢰할 수 있는 제3자 역할을 하는 금융 기관에 거의 전적으로 의존하게 됐다. 시스템은 대부분의 거래에 대

해 충분히 잘 작동하지만 여전히 신뢰 기반 모델의 고유한 결함으로 인해 어려움을 겪고 있다.[9]

이것은 강력한 혁신의 근거로 다소 지루하고 추상적으로 들린다. 하지만 이것은 실제로 2008년 세계 경제를 무너뜨린 것과 같은 문제다. 거래 당사자들은 반드시 중개인에게 신세를 진다. 만약 이러한 중개자에 대한 신뢰가 잘못된 것으로 판명되면 당사자들 스스로는 의지할 수단이 거의 또는 아예 없을 것이다. 법과 규정은 사설 중개인이 신뢰할 수 있도록 하려고 만들어졌다. 같은 기본적인 제한을 받는 또 다른 종류의 기관인 정부에도 마찬가지다. 시스템은 검열, 부패, 독점 또는 사기의 경우 작동하지 않을 때까지 대부분의 경우 잘 작동한다.

따라서 비트코인의 동기는 금융 중개자 또는 정부의 개입 없이 신뢰할 수 있는 전자 지불을 허용하는 통화다. 사토시 나카모토가 비트코인을 개발할 때 어떤 생각을 했는지에 관계없이 독자들은 시사적인 사건의 렌즈를 통해 그의 논문을 이해했을 것이다. 점점 더 많은 커뮤니티가 이 운영체제의 잠재력을 봤다. 신뢰할 수 없는 금융 세계에서 신뢰를 얻을 수 있는 마지막이자 최고의 희망처럼 보였다.

비트코인이 해결한 기술적 과제는 학술적 컴퓨터 과학 연구에서 흔히 볼 수 있다. 사토시 나카모토 해결책의 거의 모든 구성 요소는 이전 연구에서 채택됐다. 컴퓨터 과학자인 아르빈드 나라야난Arvind Narayanan과 제리미 클라크Jeremy Clark는 "나카모토의 천재성은 비트코인의 개별 구성 요소가 아니라 시스템에 생명을 불어넣고자 서로 맞물리는 복잡한 방식에 있다"라고 설명한다.[10] 일반적으로 비트코인은 암호화, 디지털 통화 및 분산 시스템의 세 가지 기반에 의존한다.

암호화는 보안 통신의 과학이다.[11] 수천 년 전으로 거슬러 올라가지만 컴퓨터 시대에 꽃이 피었다. 암호학의 힘은 응용 수학의 한 형태라는 것이다. 이 주장은 공식적으로 입증될 수 있고 그 알고리듬은 매년 전력이 증가하는 컴퓨터를 통해 구현된다. 모든 온라인 구매는 신용카드 정보가 판매자에게 안전하게 전송되는지 확인하는 암호화 디지털 서명의 보안에 달려 있다. 암호화의 한 측면은 암호화로, 공격자가 키 없이는 비밀 정보를 얻기 어렵게 만든다. 비트코인은 사실 정보를 비밀로 유지하려고 암호화를 사용하지 않는다. 거래를 숨기는 것이 아니라 안전하고 신뢰할 수 있도록 하고자 설계됐다. 이를 위해 암호화 기술을 체계적으로 사용한다.

비트코인 소유자는 암호화 개인 키를 통해 식별되며 이는 소유자에게만 접근을 허용하는 비밀 문자열이다.[12] 결과적으로 시스템은 반익명으로 작동한다.[13] 모든 비트코인 거래는 개인 키로 디지털 서명되므로 누구나 해당 거래가 해당 당사자에 의해 만들어졌는지 확인할 수 있다. 비트코인 원장에는 실제 코인이 없다. 우리가 '코인'이라고 부르는 것은 공식적으로 검증된 거래를 나타내는 디지털 서명의 체인이다. 비트코인은 이전 거래의 소비되지 않은 출력이다.

가치 또는 통화의 안전한 교환은 암호화에 익숙한 애플리케이션이다. 암호학자 데이비드 차움David Chaum은 1982년에 발표된 논문에서 최초의 안전한 디지털 통화 시스템을 설명했다.[14] 그것은 비트코인이 나오기 25년 전이었고 인터넷이 상업 활동에 널리 사용되기 10여 년 전의 일이다. 그 사이에 수많은 다른 시스템이 제안됐으며 그중 일부를 구현하려는 진지한 시도가 있었다. 차움은 자신의 아이디어를 구현하려고 1990년대 후반에 디지캐시 Digicash라는 회사를 시작했으며 이골드E-Gold 및 리버티 리저브Liberty Reserve를 비롯한 다양한 방식을 사용했다.[15] 어떤 규모에서도 성공하지 못했다. 그리고 규제 당국은 특히 2001년 9월 11일 공격 이후 테러와 같은 불법 활동에 자금을 조달하는 데 사용할 수 있는 익명의 비공개 통화에 대해 어두운 견해를 보였다.

그럼에도 활동적인 글로벌 커뮤니티는 계속해서 문제를 연구했다. 국제금융암호협회International Financial Cryptography Association는 1997년 카리브해 조세 피난처에서 금융 암호학 콘퍼런스를 개최하기 시작했다.[16] 그곳과 다른 곳에서 암호학자들은 우호적인 은행가 및 기업가와 함께 기관이나 정부에 대한 중앙 집중식 신뢰를 분산된 암호 접근 방식으로 대체할 수 있는 기술적 메커니즘을 고안했다. 이러한 개척자들이 개발한 많은 기술이 비트코인으로 발전했다.

비트코인은 초기의 주요 디지털 현금 시스템과 다른 방식으로 분산됐다. 그들은 중앙 서버에 의존해 통화 흐름을 관리했다. 이러한 서버들이 안전하고 신뢰할 수 있다고 해도 시스템 폐쇄에 관심이 있는 규제 당국과 시스템 악용에 관심이 있는 도둑 모두에게 공격 대상이 됐다. 대신 비트코인은 분산된 방식으로 통신하는 검증 노드의 P2P 네트워크를 사용했다.

1982년에는 컴퓨터 네트워크가 마스터 컨트롤러 없이 일관되게 작동할 수 있다는 논쟁의 여지가 있는 아이디어가 의심스러웠을 수도 있다. 그러나 2008년까지 인터넷이 잘 구축됐을 뿐만 아니라 분산 시스템에 대한 아이디어도 확립됐다. 냅스터Napster 및 이와 유사한 P2P 파일 공유 서비스는 저작권 침해에 기여했다는 이유로 소송이 제기되기 전인 1990년대 후반에 음악 산업을 잠시 위협했다.[17] 다른 사람들은 파일 저장, 실시간 통신, 기타 다양한 콘텍스트에 동일한 기술을 적용했다. 공유 거래 원장 및 검증을 위한 안전한 집단 투표 시스템과 같은 블록체인 접근 방식의 많은 핵심 요소는 이전의 분산 시스템 연구를 기반으로 했다.[18]

비트코인 백서에서 사토시 나카모토는 공유 원장을 위한 P2P 검증 네트워크와 함께 암호화된 보안 디지털 현금을 결합해 몇 가지 우아한 수정 사항을 추가했다. 그 후 몇 달 동안 그는 디지털 현금 애호가들과 온라인 대화에 참여했다. 그들은 백서에 설명된 개념을 구현할 수 있는 소프트웨어 코드를 신속하게 제작했다. 2009년 1월 3일 비트코인 기록의 첫 번째 블록이 검증됐다(첫 번째 실제 트랜잭션은 9일 후에 발생했다). 사토시는 당시의 금융 위기를 억제하려고 진행 중인 노력에 대한 뉴스 기사를 인용해 "타임스Times 2009년 1월 3일 은행들의 두 번째 구제금융 위기에 처한 재무장관The Times 03/Jan/2009 Chancellor on brink of second bailout for banks"이라는 문구를 '제네시스 블록genesis block'에 포함시켰다. 시사하는 바는 명확했다. 비트코인은 새롭고 건전한 형태의 돈이 될 것이다. 세계의 은행과 정부는 실패했지만 컴퓨터 과학은 더 잘할 수 있다.

비트코인은 디지털 현금을 현실화했다. 지지자들은 트랜잭션을 검증하려고 채굴 노드를 운영하기 시작했다. 수십, 수백, 수천 명의 개발자가 사토시가 설명한 핵심 플랫폼을 중심으로 소프트웨어, 서비스, 특수 하드웨어를 구축하기 시작했다. 소프트웨어 코드는 확장 및 개선돼 버그가 제거되고 성능이 향상됐다. 몇몇 회사는 전통적인 화폐 대신 비트코인을 받아들이기 시작했다. 다른 사람들은 왔다갔다하며 거래하려고 거래소를 만들었다.

비트코인의 가격은 시장에 의해 책정된다. 구매자가 다른 통화로 거래하고자 하는 가치가 있다. 비트코인의 가치는 요동치고 때로는 폭락하기도 했다. 그러나 시간이 지남에 따라 사람들은 지속적으로 구매할 의향이 있다는 것을 입증해 왔다. 이 사실은 2013년과 2017년 투기 기간 동안의 급격한 가격 상승보다 더 중요하다. 물론 비트코인의 자산 가치[19]는 최고조에 달하더라도 미화 3조 달러의 통화 공급량과는 거리가 멀고 그 궤적은 여전히 불확실하다. 그러나 현재까지의 성공은 놀라운 성과다. S&H 그린 스탬프S&H Green Stamps에서 죄수들 사이에서 거래되는 담배에 이르기까지 이미 개인이 발행한 통화가 많이 있지만 비트코인만큼 광범위하게 사용되고 완전히 분산되며 암호화를 통해 보호되는 통화는 없었다.

나카모토 합의

사토시 나카모토는 암호학자들에게 '비잔틴 장군의 난제Byzantine Generals Problem'에 대한 새로운 해결책을 제시했다.[20] 그 은유(그림 2.1 참고)는 한 무리의 장군이 도시에 대한 공격을 조정해야 한다는 것이다. 그러나 그 구성원들은 그들 중 한 명 이상이 배신자가 아닌지 또는 그들이 교환하는 메시지가 충실하게 전달됐는지 확신할 수 없다. 장군들이 용인하면서도 공격을 정확하게 계획할 수 있는 부정직한 메시지의 가장 높은 비율은 무엇일까? 대부분의 네트워크가 신뢰할 수 없다면 상황은 절망적이다. 장군들은 이상적으로는 다수의 견해를 반영하는 전략을 수립할 방법이 필요하다. 그러나 그들은 그들이 보는 메시지에만 의존할 수 있고, 신뢰할 수 있는 중앙 기관은 의존할 수 없다.

그림 2.1 장군들이 신뢰할 수 있는 의사소통 수단 없이 공격을 조정해야 하는 비잔틴 장군의 문제

비잔틴 장군의 난제는 비트코인 네트워크 참가자들이 그들이 보는 거래 원장이 네트워크의 대다수 견해를 나타내는지 확인하는 방법과 유사하다. 이 문제에 대한 해결책은 '비잔틴 장애 허용BFT, Byzantine Fault-Tolerant 알고리듬' 으로 알려져 있는데 이는 비잔틴 장군들이 받은 정보 중 일부에 결함이 있을 수 있음에도 합의에 대한 그들의 견해를 신뢰할 수 있게 해주기 때문이다. 비트코인 이전의 연구 문헌에서 다수의 BFT 알고리듬이 개발됐다. 이것들은 일반적으로 네트워크 참가자 간의 일종의 보안 투표 메커니즘이 포함된다. 그러나 학문적 관심은 줄어들었고 이러한 아이디어의 상업적 적용은 거의 없었다.

비트코인의 해결책은 나카모토 합의Nakamoto Consensus다.[21] 예를 들어 합의를 보장하는 강력한 수단이 없으면 비트코인 참여자는 동일한 비트코인을 여러 번 사용하거나('이중 지출 문제'로 알려짐) 실제보다 더 많은 통화를 갖고 있다고 주장할 수 있다. 디지털 시스템에 대한 대부분의 합의 접근 방식의 문제점은 거의 무한한 수의 가짜 네트워크 노드를 쉽게 만들 수 있다는 것이다. 모든 노드가 한 표를 얻는다면 파렴치한 행위자는 신원을 확인할 중앙 등록부가 없기 때문에 여러 번 투표할 것이다. 이것은 다중 인격 장애를 가진 여성이 아찔할 정도로 여러 개의 신분을 가장한 사례를 다룬 1970년대 시대의 책과 영화에서 '시빌 공격Sybil attack'으로 알려져 있다.[22] 대부분의 실제 사용자가 정직하더라도 공격자는 네트워크를 지배하고 시스템에 자체적인 잘못된 합의를 부과하기에 충분한 노드를 생성할 수 있다.

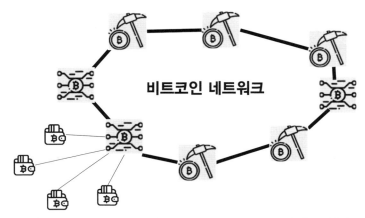

그림 2.2 비트코인 네트워크의 전체 노드는 블록체인의 완전한 사본을 유지한다.
일부는 10분마다 새로운 블록을 검증하려고 경쟁하는 채굴자들이다. 대부분의 최종 사용자는
전체 노드를 통해 유지 관리되는 지갑(흔히 거래소에서 제공)을 사용한다.

사토시의 해결책은 암호화 기술과 게임 이론의 통찰력을 결합했다.[23] 다른 BFT 프로토콜과 마찬가지로 비트코인의 합의는 원장 업데이트에 투표해 자신을 표현하는 행위자 네트워크(그림 2.2 참고)에 의해 결정된다.[24] 사토시의 버전에서 이 행위자들은 비트코인 거래의 일부를 확인할 수 있는 권리를 놓고 경쟁하는 '채굴mining'이라고 알려진 과정에 참여한다.[25] 채굴은 각 복권의 승자가 다음 블록의 유효성을 확인해야 하는 일종의 반복 복권의 유형이다. 하지만 매번 승자는 무작위이므로 악의적인 행위자가 합의를 정의할 것이라고 장담할 수 없다. 다른 모든 전체 노드는 원장을 독립적으로 검사해 새 블록이 합법적인지 확인한다.

이러한 프로토콜의 주요 제한 사항은 시빌 공격의 가능성이다. 신뢰할 수

없는 것이 쉽고 보람이 있다면 누군가는 그렇게 할 것이다. 부정행위자들 수백만 개의 인공 노드를 만들고 복권에 당첨될 확률을 크게 높일 것이다. 따라서 비트코인의 다음 핵심 기술인 작업증명이 뒤따른다.[26] 작업증명은 투표에 비용을 비싸게 만든다. 비트코인의 작업증명 시스템은 채굴자가 '해시'로 알려진 단방향 기능과 관련된 임의의 암호화 퍼즐을 풀도록 요구한다.[27] 파일을 해시로 변환하는 것은 쉽지만 해시에서 원본 파일로 되돌리는 것은 엄청난 시행착오를 거치지 않는 한 사실상 불가능하다. 사토시 나카모토는 몇 년 전에 발표된 이메일 스팸에 제안된 해결책인 해시캐시[HashCash]에서 해시 퍼즐 아이디어를 빌렸다.[28]

작업증명 시스템에서 어떤 채굴자가 복권에 당첨될 확률은 문제에 할애하는 처리량에 비례한다. 경쟁 수준을 고려할 때 각 투표를 할 때마다 대규모적이고 증가하는 컴퓨팅 파워가 필요한데 이는 시빌 공격을 저지하기에 비용이 충분하다.[29] 이는 다음 블록의 유효성을 검증할 수 있는 권리를 획득할 기회를 높일 수 있는 유일한 방법이다. 부정행위의 이점은 비용보다 적다. 시스템은 해싱 문제의 난이도를 주기적으로 조정하므로 대략 10분에 한 번씩 유효한 해결책이 생성된다.[30] 결과적으로 컴퓨팅 기술의 향상이나 채굴 하드웨어 투자의 현저한 증가는 시스템을 손상시키지 않는다.

그림 2.3 비트코인 블록체인의 단순화된 구조

나카모토 합의는 각 개별 거래와 전체 원장의 무결성을 확인한다. 이는 트랜잭션을 블록으로 집계해 이 책의 서문의 그림 0.3에 설명된 머클 트리 구조를 사용해 구성한다.[31] 검증된 각 블록은 이전 블록의 해시로 암호화 서명되며 이는 새로운 블록이 추가될 때 모든 노드가 독립적으로 확인하는 순차적 블록의 보안 체인을 생성한다.

때때로 두 노드는 해싱 문제를 거의 동시에 해결하거나 누군가 속임수를 시도하기 때문에 서로 다른 체인을 제안한다. 이러한 상황에서 가장 긴 체인은 시스템의 합의 상태를 나타낸다.[32] 모든 것이 설계된 대로 진행된다고 가정하면 전체 네트워크에서 전체 컴퓨팅 파워의 과반수를 차지하는 공격자('51% 공격'으로 알려져 있음)만이 사기성 블록이 있는 가장 긴 체인을 '포크fork' 할 수 있다(그림 2.4 참고).[33] 노드는 매번 블록체인을 재검증하기 때문에 이전 블록을 변경하는 것은 이후에 새 블록이 추가됨에 따라 점점 더 어려워진다.

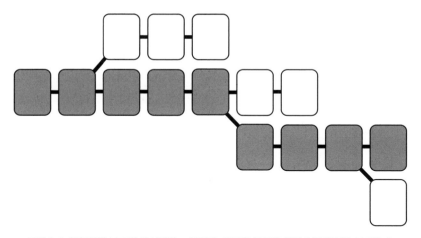

그림 2.4 블록체인 포크의 양식화된 그림이다. 어두운 블록은 합의 블록체인을 나타낸다. 밝은 블록은 합의에 의해 거부된 잠재적인 포크다.

비트코인과 같은 공개public 블록체인은 네트워크를 통해 모든 거래를 브로드캐스트하며 완전히 투명하다.[34] 네트워크의 모든 전체 노드는 제네시스genesis 블록까지 전체 트랜잭션 기록의 복사본을 유지 관리하며 현재 크기는

100기가바이트가 넘는다.[35] 오늘날 개인 사용자는 일반적으로 산업용 수준의 컴퓨팅 성능이 필요하기 때문에 채굴자 역할을 하지 않는다. 개인은 일반적으로 전체 노드full node를 운영하기보다 지갑 서비스 또는 가벼운 클라이언트 서비스를 통해 연결하므로 이를 위해서는 약간의 기술적 정교함이 필요하다.[36]

비트코인 블록체인의 콘텐츠는 누구나 이용할 수 있을 뿐만 아니라 관련 소프트웨어는 오픈소스이며 자유롭게 사용할 수 있다. 비트코인은 검열과 조작에 모두 저항하도록 설계됐다.[37] 정부가 조작하거나 차단할 수 있는 중앙 통제 지점이 없고 한 번 거래가 기록되면 쉽게 변경할 수 없다. 사용자 A는 사용자 B에게 비트코인을 보낼 수 있고 사용자 B는 일부 또는 전체를 되돌려 보낼 수 있지만 사용자 A, 채굴자 또는 다른 사람이 초기 전송을 되돌릴 수 있는 쉬운 방법은 없다.[38] 원장 변조 시도는 공개 블록체인 기록을 보면 쉽게 식별할 수 있다.

나카모토 합의의 마지막 핵심은 게임 이론 또는 심리적 차원이다. 채굴자들은 왜 신경을 써야 할까? 작업증명은 말 그대로 비용이 많이 든다. 즉 값비싼 컴퓨팅 하드웨어와 훨씬 더 비싼 대규모의 전기가 필요하다. 이타주의는 채굴자들로 하여금 블록 검증을 수행하도록 장려하기에 충분하지 않을 것이다.

여기에 나카모토 사토시의 화려한 반전이 있다. 블록을 성공적으로 검증한 채굴자는 가치 있는 통화인 비트코인으로 보상을 받는다. 사실 이는 더 많은 비트코인이 생성되는 유일한 방법이다. 이것은 통화가 중앙 은행 없이 통화 공급에 들어갈 수 있는 방법을 포함해 여러 가지 문제를 해결한다. 새로운 비트코인은 블록 보상 메커니즘을 통해 세상에 들어오며 시간이 지남에 따라 속도가 감소한다.[39] 2016년 중반부터 보상은 12.5비트코인이었다. 2020년경에 다시 자동으로 반으로 줄어들었다. 따라서 채굴자들은 순전히 자신의 이익을 위해 행동하지만 그렇게 함으로써 사회적으로 유익한 역할을 수행한다. 사토시의 설계에서는 시간이 지남에 따라 블록 보상이 자동으로 감소하므로 트랜잭션을 보내는 사람들의 자발적 수수료가 점차적으로 이를 대체한다.

비트코인은 시스템의 출력이자 입력이기 때문에 비트코인 네트워크를 디지털 통화를 지원하도록 설계된 신뢰 인프라와 신뢰 인프라를 지원하도록 설계된 디지털 통화로 동등하게 설명할 수 있다. 채굴은 네트워크를 보호한다. 채굴자가 블록 보상과 거래 수수료를 얻으려고 더 많은 돈을 쓸수록 악의적인 에이전트가 이를 압도하고 네트워크를 파괴하는 것은 더 많은 비용이 들 것이다. '암호경제학cryptoeconomics'이라는 용어는 암호 보안과 경제적 인센티브를 결합한 이 새로운 시행 메커니즘을 설명한다.[40]

암호통화의 중요성

우리가 돈이라고 생각하는 것은 사회의 건설에 대해 많은 것을 말해 준다. 영국의 경제학자 허버트 프랭클Herbert Frankel은 그의 저서 『Two Philosophies of Money』(Oxford: B. Blackwell, 1977)에서 다음과 같이 썼다.

> 따라서 돈에 대한 신뢰, 즉 누가 정의를 내리느냐에 대한 신뢰는 화폐 질서의 유지에 대한 신뢰를 의미한다. 이것은 단지 특정한 개인의 권리, 부채 또는 의무가 어떻게 다뤄지는가의 문제가 아니다. 여기서 문제가 되는 것은 훨씬 더 기본적인 질문이다. 품격이 안정되고 신뢰할 수 있는 사회는 어떻게 유지되고 계속해서 신뢰할 수 있는가?[41]

비트코인에 대한 초기 관심은 글로벌, 개인, 디지털 통화로서의 위상에 집중됐다. 통화 거래는 엄격하게 규제된다.[42] 비트코인은 정부에 의해 발행되거나 통제되지 않는 돈에 대한 (일부에게는) 감탄을 자아내는 전망을 불러일으켰다. 이는 부패한 정부가 압류할 수 없는 보다 효율적인 국경 간 지불 및 금융 자산을 허용할 수 있다. 심지어 세계 금융 시스템의 민주화와 효율성을 높이는 수단이 될 수도 있다. 이론적으로 비트코인으로 거래할 때 금융 중개인이 밀집할 필요가 없다. 모든 거래는 시스템의 합의 상태에 반영된다.

반면에 정부에서 발행하거나 규제하지 않는 통화는 불법, 소비자 남용, 금융 투기의 피난처가 될 수 있다.[43] 한동안 비트코인은 다소 불미스러운 평판을 받았다. 2장의 앞부분에서 언급했듯이 정부와 은행 시스템의 통제를 벗어난 글로벌 통화의 명백한 사용 중 하나는 불법 활동이다. 또한 비트코인 네트워크는 실제 신원을 증명할 필요가 없는 개인 암호키를 기반으로 하기 때문에 테러 자금 조달을 방지하고 제재를 시행하려고 고안된 자금 세탁 방지AML, Anti-money laundering 통제와 고객 신원 확인KYC, Know Your Customer 규정을 우회할 수 있다.

마약 및 기타 밀수품과 관련된 거래에 주로 사용되는 비트코인 기반 시장인 실크로드Silk Road가 가장 눈길을 끄는 사례였다.[44] 실크로드는 결국 미국 연방수사국FBI에 의해 폐쇄됐고 이를 만든 로스 울브리히트Ross Ulbricht는 종신형을 선고받았다(현재 콜로라도에 있는 연방 교도소에 수감돼 있다). 그러나 실크로드는 3년간의 운영 기간에 950만 비트코인 상당의 매출을 처리했다.[45] 당시 유통된 총 비트코인이 1,200만 개 미만이었다는 것은 그 숫자가 얼마나 큰지 알 수 있다. 또 다른 서비스인 사토시 다이스Satoshi Dice는 2012년에 온라인 도박 게임을 위해 180만 비트코인을 처리했는데 이 게임은 많은 사법 관할 구역에서 불법이었다.[46] 따라서 처음 몇 년 동안은 비트코인을 둘러싼 불법성의 오점은 정당화되지 않았다.

그러나 탈중앙화 통화가 악의적인 행위자들에게 힘을 실어 줄 수 있다고 해서 반드시 그렇게 될 것이라는 의미는 아니다. 상당한 가격 변동에도 이용자들은 비트코인을 통화로 계속 신뢰하고 있으며 오버스탁Overstock.com 및 익스피디아Expedia와 같은 합법적인 비즈니스에서 받아들여지고 있다. 비트코인과 그 파생상품에 대한 거래 활동은 훨씬 더 활발하다. 규제 당국은 비트코인 서비스 제공자가 이용자들에 대한 책임을 지도록 하기 위한 규칙을 개발하고 있다. 개발자는 규정 준수를 위해 비트코인 및 기타 블록체인 기반 시스템 위에서 작동할 수 있는 신원 계층을 만들고 있다.[47] 사실 그것들은 실제로 자금 세탁을 방지하려는 중요한 메커니즘으로 판명될 수 있다. 2016년

5월 골드만 삭스 보고서에 따르면 계정 및 결제 정보를 블록체인에 저장하면 데이터 품질이 향상되고 규정 준수 비용이 줄어들어 연간 30억~50억 달러의 자금 세탁 방지 비용을 절감할 수 있다.[48]

암호통화 애호가는 디지털 토큰이 신용카드와 마찬가지로 전 세계 사람들이 모든 종류의 금융 결제에 널리 받아들여질 것으로 예상한다. 다른 사람들은 비트코인이 금을 대체해 정부가 발행하는 통화의 불확실성에 대한 우선적인 헤지hedge 수단이 될 것이라고 추측한다. 그중 하나 또는 둘 모두가 여전히 발생할 수 있지만 그러한 가능성은 아직 몇 년 떨어져 있다. 전통적인 화폐 또는 귀금속의 지위를 달성하는 모든 암호통화에는 매우 심각한 기술적, 운영 및 규제 장벽이 있다. 다양한 기업이 이를 수용하고 있음에도 비트코인은 많은 애호가가 예측한 것처럼 소비자 지불을 위한 인기 있는 통화가 될 조짐을 보이지 않았다.

일부 사람들은 어떤 정부도 세상을 변화시키는 혁신을 검열하거나 방해할 수 없는 통화를 찾는다. 토론 게시판에서 지지자들은 국가 통화의 실패로 인해 세계 경제에서 주요 교환 매체가 비트코인으로 빠르게 전환되는 '하이퍼비트코인화hyperbitcoinization'에 대해 이야기한다.[49] 대부분의 사람들은 이러한 시나리오에 회의적이다. 가까운 미래에 암호통화의 가치는 법정 화폐에 고정될 것이다.[50]

오늘날 암호통화가 정부 발행 화폐보다 더 매력적으로 보일 만한 몇 가지 사례가 있다. 예를 들어 짐바브웨Zimbabwe는 2008년 통화의 초인플레이션 이후 미국 달러로 전환했지만 달러가 부족해지면서 점점 더 많은 시민과 기업이 비트코인으로 눈을 돌리고 있다.[51] 아르헨티나와 베네수엘라와 같이 초인플레이션에 직면한 라틴 아메리카 국가들은 지불을 위해 비트코인을 가장 적극적으로 채택했다.[52] 2015년에 심각한 긴축 조치를 취해야 한다는 압력을 받은 그리스 좌파 시리자Syriza 연합은 유로를 통화로 포기하고 비트코인으로 전환하는 것을 심각하게 고려했다.[53] 그러나 이러한 국가에서는 전통적인 통화를 훼손하는 그 혼란과 부패가 탈중앙화 암호통화 대체 방안의 대중적인 채택을 조율하기 어렵게 만든다.

중앙 은행이 잘 작동하는 국가는 유동성과 투명성을 높이려고 통화를 토큰화하는 것을 고려하고 있다.[54] 싱가포르는 이미 싱가포르 달러의 그림자 버전을 실험해 은행 간 지불 거래를 분산 원장에 기록하기 위한 프로토타입을 만들었다.[55] 국제통화기금IMF, International Monetary Fund의 크리스틴 라가르드Christine Lagarde 총재는 다음과 같은 사실을 인정했다.

> 시민들은 언젠가는 가상통화를 선호하게 될 것이다. 왜냐하면 결제 위험, 청산 지연, 중앙 등록, 계좌와 신원을 확인하는 중개자가 없이 잠재적으로 현금과 동일한 비용과 편리함을 제공하기 때문이다. 민간 발행 가상통화가 여전히 위험하고 불안정한 상태를 유지한다면 시민들은 중앙 은행에 디지털 형식의 법정 화폐를 제공하도록 요청할 수도 있다.[56]

토큰화는 어떤 면에서 지난 세기의 금본위제에서 큰 변화와 유사한 중요한 발전이 될 수 있다. 그것은 긍정적이든 부정적이든 광범위한 결과를 가져올 것이다. 예를 들어 영란은행은 중앙 은행 디지털 통화가 시중 은행의 예금을 빠르게 이동시켜 자본을 박탈하고 잠재적으로 금융 시스템을 마비시킬 수 있다는 우려를 표명했다.[57]

이러한 노력에는 주로 정부가 비트코인과 같은 탈중앙화, 사설, 반익명 시스템을 사용하지 않고 신원 확인 메커니즘으로 자체 암호통화를 발행하는 것이 포함된다. 아이러니하게도 중앙 은행 디지털 통화를 개발하려고 가장 빠르게 움직이는 국가는 더 권위주의적인 국가들로, 공통 원장에 대한 보편적인 감시를 통해 이점을 본다.[58] 현금을 대체하는 추적 가능한 암호통화는 실제로 금융 거래의 익명성 측면에서 한 발짝 뒤로 물러날 것이다.

비트코인을 명목화폐의 철폐를 향한 돌이킬 수 없는 움직임으로 보는지 여부, 대안적인 민간 글로벌 금융 시스템의 초창기, 흥미롭지만 본질적으로 실패한 디지털 현금 시도, 위험한 위협, 사기 또는 기타 어떤 것으로 보는지 여부는 주로 이전의 신념에 달려 있다. 비트코인은 실제로 존재하지만 그 궁극적인 영향은 여전히 불확실하다. 그럼에도 돈의 영역은 너무 방대해서 이 분야의 많은 부분을 차지하지 않아도 비트코인이 중대한 글로벌 영향을 미칠 수 있다. 그리고 비트코인의 영향력은 사토시 나카모토의 백서가 촉발한 더 큰 혁명에 비하면 미미하다. 분산 네트워크에서 발행한 돈을 신뢰할 수 있다면 그러한 네트워크가 관리할 수 있는 다른 어떤 것도 신뢰할 수 있다. 3장에서는 이러한 가능성을 탐구한다.

그들이 사이펀 생명 주문을 약화시켰을 때 모든 것이 시작됐다

월드 오브 워크래프트World of Warcraft는 전성기 시절 1,200만 명의 유료 플레이어를 보유했던 역사상 가장 성공한 게임 중 하나다. 2010년 게임의 정기적인 미세 조정의 일환으로 개발자는 흑마법사Warlock 종족에 대한 인기 있던 공격 기술을 약화시켰고 이는 운명적인 결정이었다. 당시 캐나다의 뛰어난 고등학생이었던 비탈릭 부테린Vitalik Buterin은 이 움직임에 혐오감을 느낀 하드코어 플레이어 중 1명이었다. 이를 "중앙화된 서비스가 불러온 참상"[1]의 예라고 여긴 비탈릭은 게임을 접고 시간을 쏟을 만한 다른 취미거리를 찾아 헤매다 비트코인을 발견했다. 그는 빠르게 비트코인의 매력에 빠져들었고, 머지않아 디지털 화폐가 너무 제한적이라는 것을 깨달았다. 그는 "전 세계를 돌아다니며 수많은 암호통화 프로젝트를 탐구하다 보니 많은 사람이 비트코인의 구체적인 응용과 비트코인 사용의 일반화에 대해 걱정하고 있었다"라고 언급하기도 했다.[2] 당시 19세였던 그는 결국 사토시 나카모토가 시작한 혁명을 자신이 이어 마무리짓겠다고 굳게 다짐한다.

부테린은 성공했다고 볼 수 있다. 그가 시작한 이더리움Ethereum 프로젝트가 블록체인의 새로운 장을 여는 데 큰 몫을 했으니 말이다. 새로운 시작과 함께 사람들에게는 생소하면서도 특이할 수 있는 이 기술이 신문 1면을 장식하기도 했으며 산업계뿐만 아니라 정치, 경제계의 거장들에게도 중요한 주제로 거듭나게 된다. 이에 투자가 증가했고 이는 긍정적, 부정적인 영향을 모두 일으켰다. 2010년에 암호통화인 비트코인으로 피자를 살 수 있었다는 것도 굉장한 성과이지만 현재는 수십억 달러, 향후 수백억 달러가 될 글로벌 사업 생태계를 지원하는 분산 원장을 구현하면서 훨씬 큰 성과를 보여 줬다.

역사적으로는 비트코인이 블록체인의 시대를 열었다고 하지만 사실 이는 관련 개념의 일부만을 나타낼 뿐이다. 더 크게 접근을 하자면 '분산 원장 distributed ledger'이 새로운 시대를 연 것이다. 처음 분산 원장 시스템을 광범위하게 활용한 것이 바로 비트코인이다.[3]

예를 들어 보자. 비트코인을 20개를 보유하고 있던 누군가가 그중 5개를 나에게 보냈다고 주장한다. 그렇다면 나는 그것을 어떻게 확인할 수 있을까? 확인했다고 하더라도 내가 받은 것이 진짜 비트코인인지 혹은 정당하게 취득한 것인지 어떻게 알 수 있을까? 자산을 거래할 때는 상호 간의 동의가 이뤄진 기록 체계가 필요하다. 이러한 예시를 활용해 비트코인과 그와 관련된 기술들에 접근하면 관련 기술이 가진 잠재력이 디지털 화폐보다 훨씬 높은 가치를 지닌다는 것을 이해하는 데 도움이 된다.

원장이란 말 그대로 거래를 기록한 장부로서 흔히 알고 있는 원장은 아마도 회계에서 사용되는 복식부기 장부일 것이다. 그렇다고 해서 장부가 기업들의 재정 상태를 기록하고 보고하기 위한 용도에 국한되는 것은 아니다. 부동산 시장에서는 토지 소유권 등기부가 반드시 필요하며 민주주의를 위해서는 투표수를 집계하는 데 사용할 원장이 필요하며 저작권의 경우 공적 공유나 사적 소유와 관련한 기록을 모두 등록하고 관리하는 데 원장이 반드시 필요하다. 많은 기업이 장부에 의존하는데 이는 재정적인 부분을 관리하는 것뿐만 아니라 내부 관계자들이나 외부 협력자들과의 관계, 공급망, 사무부서, 고객 관리에 있어서도 필수적이기 때문이다. 영향력 있는 사회학자인 막스 베버Max Weber와 베르너 좀바르트Werner Sombart는 복식부기 장부는 현대 자본주의의 토대라 주장하기도 했다. 베버는 "현재 자본주의가 존재하는 것은 일반적으로 합리적인 자본 회계를 전제로 하기 때문이다"라고 언급했다.[4]

원장은 기록이라는 행위의 기본적인 체계를 설립한 것으로서 신뢰할 수 있는 소유권의 기록과 자산 유동성을 통해 재산권을 강화시킨다. 원장은 그런 권리들이 점점 더 복잡한 계약들로 세분화 및 거래돼 유통될 수 있도록 한다. 일반회계기준GAAP, Generally Accepted Accounting Principles과 같은 규정이 원장에 더불어 적용될 수 있으며 감사/기록 규정, 내부 통제 및 많은 것이 함께 활용될 수 있다. 수기로 이뤄지던 기록 보존이 컴퓨터로, 컴퓨터에서 디지털 네트워크로 진보한 만큼 원장의 범위도 그만큼 넓어졌다. 현대 사회에서는 전 세계적으로 수많은 경제적 거래와 자산 유통이 이뤄지고 있으며 그 속에서 원장의 역할은 그 어떤 때보다 중요해졌다.

블록체인 시스템은 네트워크상의 원장이라고 볼 수 있다. 신생 기업 리플Ripple은 '가치 인터넷Internet of Value'이라는 용어를 처음으로 사용해 이러한 변화에 빗대어 표현했다.[5] 인터넷이 정보 교류를 위한 목적으로 네트워크를 사용하듯 블록체인은 자산을 거래하려고 네트워크를 사용한다. 우리가 사용하는 화폐는 자산의 종류 중 하나일 뿐이며 다이아몬드 목걸이나 주식, 상표, 콘서트 티켓도 모두 자산에 해당한다. 현재는 데이터도 자산으로서 가치를 지니는 세상이다. 구글은 세계에서 가장 큰 수익 구조를 갖춘 기업 중 하나로 데이터 수집이나 분석을 가치 있는 서비스에 적용시키는 능력을 갖고 있다. 분산 원장은 중앙화 통제의 약점은 극복하면서 이와 비슷한 수준의 데이터 집계를 해낼 수 있는 가능성을 갖고 있다.

비트코인은 첫 출시 당시까지만 해도 한 가지 기능에 국한돼 있었다. 바로 암호통화 지불 거래 기능이다. 반면에 이더리움은 역동적인 원장으로 도약했으며 이론상으로 소프트웨어에 코딩이 가능한 애플리케이션에서는 모두 사용할 수 있다. 이러한 환경에서 플랫폼은 애플리케이션과 구분될 수 있다. 스프레드시트의 경우 그 자체로 원장이면서 동시에 원장을 실행할 수 있는 소프트웨어 애플리케이션이다. 아마존 웹 서비스Amazon Web Service와 같은 클라우드 전산 플랫폼은 애플리케이션이나 그 외 운영되는 서비스와는 차별화된다. 이처럼 비트코인 네트워크 플랫폼도 원래는 비트코인 지불 화폐와 구분하기 어려웠으나 개방형 블록체인 네트워크가 탈중앙화 애플리케이션DApp, Decentralized application 중 일부의 토대가 됐다.

2010년으로 돌아가 보자. 사토시 나카모토와 그 외 비트코인 개발자들이 온라인상에서 디지털 화폐 이상의 블록체인 기술 적용 범위에 대해 토론을 한 적이 있다.[6] 해당 토론을 통해 나오게 된 초기 시스템인 네임코인Namecoin 은 인터넷 도메인 이름 등록 검열에 저항하는데 이는 비트코인 지불 시 나타나는 방식과 동일하다. 네임코인은 2011년 비트코인 코드 기반의 일부로 처음 출시됐다.[7] 비트코인 원장에 계속해서 정보를 기록하며 새로운 암호통화나 더 역동적인 기능을 만드는 방법도 있다. 비트코인은 1억분의 1코인까지 세분화될 수 있으며 이 단위를 '사토시Satoshi'라고 한다. 가치 없는 코인 조각에 태그를 지정하거나 '색상'을 지정해 다른 자산을 대신하거나 심지어 실질적으로 사용할 수 있는 알트코인alternative coin을 나타낼 수 있다.[8]

비트코인이 거래 유효성을 보장할 수 있다는 측면에 암호통화 네트워크가 의존하는 것과 마찬가지로 '병합 채굴merge mining'과 '동결형 사이드체인 pegged sidechains'이라는 프로세스들이 파생된다.[9] 이러한 접근은 비트코인의 합의 네트워크가 새로운 목적을 위해 발생시키는 신뢰성을 빌려 오는 것과 같은 효과를 보인다.

비트코인 원장을 토대로 발전을 지향하는 이들도 있었지만 일부는 새로운 암호통화 시스템을 완전히 새로 만드는 것을 구상했고 결국 '비트코인 2.0' 네트워크는 비트코인 설계 목표와는 거리가 멀어졌다. 지불보다 다른 것에 더 중점을 둬 다뤘고 제3자나 양쪽 모두의 신뢰에 대한 제한을 완화했다. 2012년 리플이 출시되면서 비트코인이 지불에 더 집중하는 데 도움이 됐지만 해외로 자금을 더 효율적으로 운반하는 데 관심이 있던 은행권에 사용되는 고신뢰도의 검증 노드 수는 제한적이었다. 그리고 2015년 이더리움 네트워크의 범용 시스템이 구동된다.[10] 그 외 암호통화 플랫폼들이 또 다른 영역으로의 확장을 추진하고 있다. 예를 들어 모네로Monero나 대시Dash, 지캐시ZCash 등의 암호통화는 비트코인보다 강화된 익명성을 보장한다. 네오NEO나 큐텀 Qtum의 경우 스스로를 '아시아의 블록체인'이라고 부르며 상대적으로 암호통화에 관심이 많은 아시아를 이점으로 활용하려고 입지를 다지는 중이다.

현재 수십 가지의 개방형 블록체인 네트워크가 운영되고 있다. 이는 그저 빙산의 일각일 뿐이다. 2017년 후반에는 오픈소스 소프트웨어 저장소인 깃 허브Github에서 거의 8만 개가 넘는 수준의 블록체인 프로젝트가 진행됐다.[11] 한 사이트는 1,500개가 넘는 암호통화 토큰을 2018년 4월부터 제공했으며 해당 토큰들은 보통 이더리움이나 그 외 합의 플랫폼에서 거래되고 있었다.[12] 그러한 토큰들은 다양한 기능을 가진 경우가 많다. 예를 들어 신생 기업인 브레이브Brave의 베이직 어텐션 토큰BAT, Basic Attention Token은 이용자들이 타깃 광고를 시청했을 때 주어지는 보상으로 활용됐다. 행성 간 파일 시스템 IPFS, Inter Planetary File System과 연관된 파일코인Filecoin 토큰은 하드 드라이브 공간을 분산된 클라우드 저장 공간으로 나눠 사용하는 이용자들에게 보상으로 주어졌으며 뉴메라이Numerai는 헤지펀드를 통해 가동되는 성공적인 알고리듬 등을 제시하는 데이터 과학자들에게 보상으로 주어졌다. 언닷컴Earn.com 은 진행하는 설문조사나 이메일 답변에 참여하는 이용자들에게 토큰을 제공하는 소셜 네트워크다.[13]

이른바 비트코인 맥시멀리스트maximalist들은 비트코인의 긴 역사와 채굴에 특화된 프로세싱 화력이 낳는 강한 보안 능력 덕분에 모든 암호통화 플랫폼 중 최고가 될 것이라고 주장한다. 그들은 다른 플랫폼에 투자를 하는 것이 비트코인 성장에 방해가 된다고 생각한다. 이와 반대되는 의견을 가진 사람들은 비트코인을 암호통화와 분산 원장 기술의 개념을 설명하기 위한 것 정도로 보고 있으며 다른 플랫폼들이 비트코인의 기능을 넘어서면 머지않아 뒤처질 것이라 보고 있다.

주요 문제점 중 하나는 바로 확장성이다. 거래 활동이 증가한 만큼 비트코인 네트워크의 처리 능력이 느려졌다. 이제 거래를 처리하려는 이들은 어쩔 수 없이 추가 비용으로 채굴자들에게 인센티브를 제공하고 신속한 처리를 요구한다. 사토시 나카모토의 기존 설계상으로는 비트코인의 블록 보상이 점차 감소할 때 거래 비용이 증가하는 상황이 발생하지만 2017년 그들은 대부분의 트랜잭션당 비용을 10달러 이상으로 올려 버렸다. 비트코인 확장 기획안으로는 몇 가지가 존재하는데 그중 하나는 대부분의 트랜잭션들을 블록체인에서 처리하지 않고 합의 절차에 의존하는 것이다. 비트코인을 개선 및 발전시키는 것이 설계 단계에서부터 더 나은 확장성을 고려한 다른 네트워크로 갈아타는 것보다 나을 것인지에 대한 문제는 아직 미결 문제로 남아 있다.

비트코인에는 작업증명proof-of-work 시스템이라는 문제도 존재한다. 이와 같은 프로세싱 능력은 불필요한 비용을 야기한다. 비트코인의 가치가 증가하는 만큼 채굴자들은 블록 보상을 위해 더 많은 자금을 투자할 마음을 먹는다. 채굴에 필요한 방대한 양의 전력 소비량은 비트코인이 에너지 생산 요구량 및 탄소 배출량에도 점점 높은 기여를 하도록 한다. 2017년 비트코인 가격이 인상되면서 한 건의 거래당 소비되는 전력이 미국의 한 가정에서 일주일 동안 소비하는 전력량과 맞먹는다는 예상 수치가 나왔다.[14] 한 분석가는 2020년까지 덴마크가 국가 차원에서 소비하는 전력량이 비트코인 네트워크가 소비하는 양과 동일할 것이라는 의견을 제시했다.[15] 기후 변화의 시대인 지금, 이는 매우 중대한 사안이다. 또한 6장에서 설명할 예정이지만 채굴은 적은 수의 강력한 공동체들로 크게 통합됐으며 이는 많은 우려를 낳고 있다.

개방형 블록체인 네트워크를 대체할 합의 접근 방식 중 가장 유력한 후보는 지분증명POS, Proof of Stake 방식이다. 채굴을 진행하는 대신 POS 암호통화 소유자들은 트랜잭션을 유효화하고자 소유 지분 중 일부를 스테이킹해 경쟁해야 한다. 네트워크 내의 대다수가 그들의 블록을 거부할 경우 스테이킹된 화폐는 그대로 파괴돼 무의미해진다. 블록 유효화가 성공하면 유효화를 진행한 당사자가 보상을 얻을 수 있다. POS는 채굴의 비용—이익 균형 모델을 모방하지만 채굴과 같은 처리 작업이 필요하지 않다. 고비용의 전산 능력을 들여 책임을 증명하는 대신 블록을 유효화하려고 투자하는 자원이 가치를 잃는 위험을 감수하는 것이다. 이렇듯 POS는 행위를 촉진하는 기본 원칙이 게임 이론적인 인센티브에 기대고 있다.

일부 블록체인 네트워크는 이미 POS로 구동되고 있다. 그중 가장 널리 알려진 것이 바로 이더리움으로, 이더리움은 기존의 작업증명PoW, Proof of Work 방식을 캐스퍼Casper라고 불리는 POS 방식으로 전환하는 데에 많은 공을 들였다. 스팀잇Steem.it과 EOS 같은 기타 블록체인 시스템은 지분증명의 일종인 위임지분증명DPoS, Delegated Proof of Stake을 사용한다. 이는 토큰 소유자들이 대표들 중 블록을 유효화할 사람을 투표하는 체제다. POS는 보안의 측면에서 아직 작업증명과 같은 운영상의 기록 추적이 불가능하다. 또한 소수의 권력 통합을 더욱 촉진해 다량의 암호통화를 보유한 사람들에게 더 큰 이익을 가져올 수 있다는 우려도 있으며 시스템 자체가 조작될 수 있다는 우려까지 나오고 있다. 모든 경제 체제가 그러하듯 현실의 다양한 참여자가 보여 주는 행동 양식 및 이와 관련된 계산 결과는 이론과 다를 확률이 매우 크다.

블록체인 기술 및 암호통화에 대한 관심이 폭발적으로 증가하는 만큼 개발자들은 여러 가지 다른 합의 접근 방식을 연구하고 있다. 디피니티Dfinity와 알고랜드Algorand를 예로 들자면 비트코인의 번거로운 채굴 과정이나 리스크를 동반한 스테이킹을 제외하고 신규 암호화 방식을 통해 블록당 무작위로 검증자 그룹을 선발한다. 해시그래프Hashgraph는 거래 정보와 정확도에 대한 투표를 '가십gossip' 프로토콜을 기반으로 네트워크 노드에 전파한다. 치아Chia는 작업증명의 고비용 전산 처리를 사용 가능한 하드드라이브 공간에 대한 증명으로 대체한다. 네트워크 연동 기기 제어를 위한 IoT 시스템인 아이오타IOTA는 블록체인 데이터 체계를 '탱글tangle'이란 것으로 대체하는데 이는 제한된 연산 능력으로도 방대한 수의 노드에 대해 기존 체계보다 우수한 성능을 발휘한다.[16]

위의 예시를 포함해 다른 여러 가지 기술들이 이미 상용화된 솔루션에 비해 향상된 능력과 보안성을 보장한다. MIT 크립토그래퍼cryptographer인 알고랜드의 실비오 미칼리Silvio Micali나 현재 상용화된 비트토렌트BitTorrent의 파일 공유 프로토콜을 개발한 치아의 브람 코헨Bram Cohen과 같이 인상적인 기술적 뒷받침을 보유한 이들이 몇몇 존재한다. 이러한 다양성에도 새로운 접근 방식의 대부분이 비트코인에서 파생돼 나왔다고 볼 수 있다. 그들은 중앙화된 서비스나 개입 없이 네트워크상의 신뢰할 수 있는 공통된 진실을 생성한다.

신규 시스템들 중 실제로 검증된 것이나 비트코인과 이더리움에 비교할 만한 성과를 보인 것이 아직은 없는 실정이다. 어떤 접근 방식이 더 성공적일지 미리 결론을 내기에는 아직 너무 이르다고 할 수 있다. 혁신이 일어나는 과정 속에는 언제나 실수나 잘못된 판단이 함께한다. 가장 주목해야 할 것은 블록체인 관련 합의 기술의 고도화와 다양성을 통한 혁신이다. 사실 놀라운 점은 폭발적으로 증가한 거래 활동이 신생 기업에 국한되지 않는다는 것이다. 이제 암호통화는 세계에서 가장 영향력 있는 기업들도 활용할 정도로 성장했다.

허가형 원장

이론상 누구든 비트코인 네트워크 안에서 풀full 노드 구동, 암호통화 채굴 및 거래 확인 등이 가능하다. 네트워크상에서 사용자가 포춘Fortune 선정 500대 기업인지, 수배된 국제 범죄자인지 구분하는 것은 불가능하다.[17] 네트워크 자체가 오픈소스 소프트웨어를 가동하고 있는 세계 곳곳의 컴퓨터에 분산돼 있기 때문에 정부 차원에서 비트코인 블록체인의 콘텐츠를 검열하는 것이 불가능한 것이다. 분산돼 있는 컴퓨터 대부분이 오프라인으로 전환돼도 시스템 자체는 멈추지 않는다. 한 개인이 채굴 인프라 대부분을 쥐고 조작하는 것과 같은 특이한 경우가 아닌 이상 네트워크의 방향성을 조작하는 것 역시 불가능하다. 모든 사람이 네트워크에 동일한 접근 권한을 가지며 이전 거래에 대해 동일한 투명성을 보장받는다.

이러한 탈중앙화에는 비용이 수반되는데 그중 하나는 성능과 관련돼 있다. 모든 거래를 전체 네트워크 노드에 전파하는 경우 기존 데이터베이스에 비해 엄청난 고정 비용이 발생한다. 또 다른 문제는 이용과 관련한 것으로 특정 애플리케이션과 사용자의 경우 개방된 접근 권한이나 이전 거래 내역의 완전한 투명성을 전혀 기대할 수 없다. 정부 규제 산업을 예로 들면 상대방의 신원 파악과 관련해 법적 요구 사항이 있을 수 있다. 또한 특정 거래의 경우 기밀 유지를 위한 계약상 규정이 있을 수 있다. 유럽에서는 일반 데이터 보호 규정GDPR, General Data Protection Regulation에 따라 개인정보에 한해 기록되지 않을 권리를 보장하며 이로 인해 데이터 처리 담당자들은 특정 정보에 관해 요청 시 삭제해야 할 의무를 갖게 된다[18]. 위의 사항이나 정보에 대한 권리를 다루는 GDPR 체계는 개방형 블록체인 네트워크의 비가역적인 거래 원장과 일치하는 것이 매우 어려울 것으로 보인다.[19]

이러한 비용은 특정 용도에 한해 더 강한 검열 저항성과 가상 경제 보안을 수립하고자 충분히 치를 만한 대가일 수 있다. 그리고 이런 대가들은 시간이 지남에 따라 블록체인 네트워크의 성능 향상을 위한 신기술들이 등장하며 점점 감소할 가능성이 있다. 하지만 분산 원장의 잠재적 사용자 중 다수의 계층이 효율을 위해 제한된 수준의 탈중앙화 거래를 지향한다.

비트코인은 작업증명 이외에도 비잔틴 장애 허용[BFT] 알고리듬에 대한 관심을 다시금 불러일으켰다. 그 여파로 새로운 계층의 분산 원장 개발이 촉진됐다. 새롭게 등장한 분산 원장 역시 단일 개체가 네트워크를 조작할 수 없다는 전제하에 탈중앙화 돼 있다. 하지만 조정 기관으로부터 허가받은 승인된 관계자들은 거래를 증명하거나 새로운 거래를 제시하고 경우에 따라서는 원장을 확인할 수 도 있다. 하이퍼레저의 전무이사 브라이언 벨렌도프는 이 개념을 '최소 기능 중앙화'라 부른다.[20] 블록체인에 해당 접근 방식을 최초로 적용한 이들은 세계 굴지의 대기업들이다. IBM, 마이크로소프트[Microsoft], PWC, 오라클[Oracle], HPE와 같은 주요 소프트웨어 및 서비스 회사들 역시 이러한 추세에 편승해 있다.

기업이 분산 원장 시스템을 활용해서 하려는 많은 일은 신원이 확인된 이들로 구성된 상대적으로 작은 네트워크와 관련이 있다. 예를 들어 온라인 광고 사기 비율을 줄이고 싶어하는 광고업체나 출판사는 익명성에 완전히 가려진 사람들이 참여하는 것을 원하지 않을 것이다. 이러한 컨소시엄 상황에서는 허가된 노드로부터의 네트워크 접속만을 허용하는 또 다른 분산 원장 시스템을 통해 블록체인 기반 시스템의 다양한 이점을 취할 수 있다.[21] 이러한 시스템을 '허가형, 비공개, 또는 컨소시엄' 원장이라 한다.

허가형 네트워크 개발을 주도하고 있는 두 조직은 하이퍼레저와 R3이다.[22] 하이퍼레저는 IBM의 초기 작업을 기반으로 다양한 기능을 제공하는 분산 원장 패키지 묶음을 운영하는데 그중 가장 주목할 만한 것은 하이퍼레저 패브릭Hyperledger Fabric이다. 하이퍼레저의 솔루션은 모듈화 전략을 기반으로 설계됐다. 허가형 네트워크는 하이퍼레저 버로우Hyperledger Burrow의 스마트 컨트랙트smart contract 집행 엔진이나 하이퍼레저 인디Hyperledger Indy의 사용자 제어 신원 모듈에 연결할 수 있고 또는 다른 솔루션에 접속해 사용할 수 있다. 또한 필요에 따라 다른 합의 체제로 전환할 수도 있다.

하이퍼레저는 오픈소스 기술을 표준화하고 기업과 개발자 사이의 접점을 만들기 위한 일을 수행하는 비영리 리눅스 재단의 프로젝트다. 하이퍼레저의 수장 브라이언 벨렌도프Brian Behlendorf는 저명한 인터넷, 오픈소스 기술자로, 그는 오바마 정권, 세계경제포럼, 페이팔 공동창업자인 피터 티엘Peter Thiel의 벤처 캐피털 등과 협업하기도 전에 이미 웹서버 소프트웨어 시장을 선도하는 아파치Apache를 개발한 경력이 있다.

R3는 주요 금융 기업을 포함해 80개 이상의 대기업을 운영하는 컨소시움 영리단체다.[23] R3의 코다Corda 플랫폼은 분산 원장 기술을 활용해 금융 기관들이 작성한 계약서, 현금, 보안 등의 관련 문제들을 관리한다. R3의 리차드 겐달 브라운Richard Gendal Brown이 자신의 블로그에서 설명한 바 있지만 금융 산업은 해당 산업 내 기업들 간에 체결된 약정으로 정의될 수 있으며 해당 기업들은 모두 공통적인 문제에 직면해 있다. 보통 두 당사자 간에 체결되는 계약은 외부 시스템에 기록되는데 해당 시스템이 계약에 문제가 있다고 판단하는 경우 이를 해결하는 데 엄청난 비용이 들어간다.[24] 코다는 분산 원장을 활용해 금융 기관들 사이에 체결된 계약을 공유한다. 해당 플랫폼은 현 법률 체제를 보완하는 목적으로 만들어졌기 때문에 인증된 기관들만이 네트워크에 참여할 수 있다. 거래를 기록하는 데이터 체계가 블록체인보다 표준 관계형 데이터베이스에 더 가깝다고 볼 수 있으며 합의 시스템은 기존 체계에 가까운 BFT 알고리듬을 사용한다. 거래 정보에 대한 실시간 접근 권한을 가지며 코다에서 '감독 관찰 노드'라 불리는 노드를 운영하는 규제 기관은 시스템을 통해 해당 프로세스에 참여시킬 수 있다. 코다나 하이퍼레저 패브릭과 같은 허가형 네트워크는 보통 작업증명이 필요하지 않다. 네트워크 참여자들의 신원에 대한 신뢰도를 유지하기 때문이다. 그렇기에 비싸고 공간

적 제약이 있는 채굴 프로세스를 피할 수 있다. 이를 통해 얻을 수 있는 혜택은 허가형 원장의 보안 유지나 검열 저항성에 따라 달라지며 시간이 지남에 따라 작업증명이 가진 문제들이 기술의 발달과 함께 어느 정도 완화되는지에 따라서도 달라진다. 해당 프로젝트의 목적은 분산 원장 애플리케이션 지원이므로 전용 암호통화 토큰이 필요하지 않다. 리플은 허가형 네트워크와 XRP 통화를 통합해 거래할 수 있도록 했으나 채굴로는 생성되지 않도록 만들었다.

개방형 원장 및 허가형 원장을 지지하는 이들 사이에는 거의 전쟁과 같은 기류가 흐르고 있다. 비트코인이나 이더리움 같은 개방형 네트워크를 지지하는 사람들이 허가형 네트워크는 본질적으로 데이터베이스에 불과하다고 주장하고 있기 때문이다. 유니언 스퀘어 벤처Union Square Ventures의 파트너인 알버트 웬저Albert Wenger가 주장하는 바는 신뢰성을 보장할 수 있는 특정 인물이 반드시 존재해야 한다면 여전히 현 상황의 일부분일 뿐이라는 것이다.[25] 분산 원장이 어느 정도의 성능 향상을 가져올 수는 있지만 이를 통한 산업 체계의 변화나 급격한 혁신은 기대하기 어렵다. 게다가 컨소시엄이 접근을 통제하기 때문에 허가형 원장이 권력을 가진 자들에게 오히려 더 큰 힘을 더 실어 줄 수 있다고 주장하는 이들도 있다. 개방형 네트워크를 지지하는 사람들은 허가형 네트워크는 현재 논란거리 자체가 돼서도 안 된다고 말한다. 특히 R3와 같이 데이터 저장 시 순차적 고리 형태의 블록을 사용하는 것도 아니기 때문에 그렇게 단순히 블록체인으로 분류될 수 없다고 보는 것이다.

반면에 허가형 네트워크 지지자들은 기존 데이터베이스 기술과 분산 원장 사이엔 엄청난 격차가 존재한다고 말한다. 일반적으로 데이터베이스는 모든 노드가 기업 내 신뢰할 수 있는 자에 의해 운영되는 것을 전제로 하므로 여러 장치를 통해 배포 및 연동을 할 수 있다. 이런 연동 알고리듬은 기계의 오작동이나 고장을 대비해 설계된 것으로서 기계가 독자적으로 명령을 어기고 네트워크를 훼손하는 것을 염두에 둔 사항은 아니다.[26]

이에 비해 분산 원장은 상호 간 신뢰가 없는 자들에 의해 노드가 운영되며 언제든지 서로가 적이 될 수 있다고 가정한다. 싱가포르의 R3 연구 이사인 안토니 루이스Antony Lewis는 이를 공유 데이터와 공유 통제의 차이라고 설명한다.[27] 기존 데이터베이스는 데이터를 공유한다. 하지만 공유됨과 동시에 데이터를 공유한 자들은 해당 데이터베이스를 운영하는 집단에 의해 통제 권한을 잃게 된다. 운영자가 원하는 경우 언제든 정보에 접근하고 정보를 변경할 수 있는 기술적 능력을 갖고 있기 때문이다. 이에 반해 분산 원장은 통제 권한을 공유한다. 데이터를 공유한 개인이나 집단은 데이터를 공유한 후에도 자신의 데이터에 대한 통제 권한을 그대로 유지할 수 있다. 다른 사용자들이 데이터를 공유하고 약관에 따라 해당 데이터를 사용할 수는 있지만 통제 권한은 여전히 공유한 자에게 있는 것이다.

누구도 통제 권한을 빼앗거나 무효화할 수 없다. 기존 데이터베이스가 이론상 허가형 원장에 정보를 보관하지 못한다는 것을 의미하지는 않는다. 실제 데이터베이스를 보관하지 않을 뿐이다. 블록체인 기반의 데이터베이스 신생 기업인 빅체인DB BigChainDB의 CEO 브루스 폰Bruce Pon은 자동차 산업에서 적용된 내용을 예로 설명한다.[28] 보쉬Bosch와 같은 대기업 수준의 납품 업체는 공급하는 모든 부품에 대한 데이터베이스를 보유하고 있지만 해당 데이터의 통제 권한은 양도하지 않는다. 자동차 제조업체나 유통업체, 그 외 거래 업체들은 데이터 접근 권한이 필요하면 보쉬의 자체적 애플리케이션 인터페이스에 따라 기업의 자체적 데이터베이스에 필요한 데이터를 추출해야 한다. 필요한 거래 업체가 개별적으로 진행해야 하는 과정인 것이다. 게다가 시스템상 데이터에 불일치하는 내용이 있다면 해당 문제 역시 해결이 필요하다.

하지만 분산 원장을 활용하는 경우 네트워크 참여자 모두 변경이 불가한 정보를 공유할 수 있다. 변경이 불가한 정보를 변경한 기록이 발생하는 경우 변경에 대한 기록이 공유된 모든 장부에 동시에 남겨진다. 참고로 참여자 모두가 데이터에 대한 통제 권한을 가진다. 보쉬의 경우를 다시 예로 들면 분산 원장에 이미 작성된 정보를 완전히 새로 작성하거나 일부 수정하기를 원한다면 바로 원장에 수정을 진행하면 된다. 제3업체의 관리 능력이나 제조업체의 재고 기록에만 의존할 필요가 없게 되는 것이다.

R3나 하이퍼레저 패브릭과 같은 허가형 원장 솔루션은 집단 간에 공유된 원장을 지원하는 목적으로 개발됐다. 경쟁사 역시 사용할 것이지만 이를 신경쓸 필요는 전혀 없다. 해당 솔루션은 누가 원장에 기록된 정보를 보고 관리해야 하는지에 대한 세분화된 통제 기능을 제공하는데 이를 통해 모든 노드에 내용을 전달해야 하는 수고를 줄여 추가적으로 성과가 개선되는 효과도 준다. 대부분 수년간의 연구를 바탕으로 한 BFT 알고리듬을 기반으로 한다. 허가형 원장 커뮤니티는 허가형 원장의 솔루션이 개방형 작업증명 네트워크에서 요구하는 보안성의 수준이거나 혹은 그 이상이라고 얘기한다.

개방형 원장과 허가형 원장 중 무엇을 선택할지는 크게 어떠한 문제를 해결하고자 하는지 그리고 솔루션에 걸려 있는 제약이 무엇인지에 따라 달라진다. 금융 서비스 업체에 블록체인 기술 솔루션을 제공하는 기업인 체인Chain의 CEO 애덤 루드윈Adam Ludwin은 다음과 같이 말했다. "완전 분산 솔루션의 가치, 보통 개방형 네트워크로 여겨지는 이것은 관련 시장에서 검열 저항력에 대한 이용자 그룹의 니즈가 어느 정도인지에 달려 있다."[29] 비트코인은 정부의 화폐에 대한 제약으로부터 탈피하기 위한 목적으로 개발된 만큼 다른 맥락에서도 이러한 이유가 존재할 수 있다. 왜 사람들이 분산된 접근 방식을 원하며 이러한 접근이 필요한지에 대한 이유는 각기 다를 것이다.

2016년부터 2017년 사이 허가형 네트워크는 분산 원장 기술에 대한 기업과 정부의 개입이 크게 증가함에 있어 중대한 요소가 됐다. 이로 인해 블록체인이라는 개념이 정당화되는 큰 계기가 됐으며 대중적인 암호통화 가치가 폭등하는 데도 큰 역할을 했다. 그리고 이 두 가지는 서로 융합이 된다. 이때 이더리움 소프트웨어의 포크인 JP모건JPMorgan의 쿼럼 시스템Quorum system은 개인정보 보호와 허가형 통제 기능을 추가한다.[30] 비트퓨리Bitfury의 엑소넘Exonum은 개방형 비트코인 원장에 주기적으로 거래를 묶는 허가형 블록체인이다. 이더리움 기업 연합EEA, Enterprise Ethereum Alliance은 이더리움을 기업의 사용 목적에 맞게 만드는 데 초점을 두고 있다. 하이퍼레저 패브릭의 경우 향후 개방형 블록체인 네트워크를 기반으로 구동될 수 있도록 다른 합의 구조에 연결할 수 있을 것이다.

시리얼 기술 기업가이자 서클 인터넷 파이낸셜^{Circle Internet Financial}의 CEO 제레미 얼레어^{Jeremy Allaire}는 다음과 같이 예측했다. "시간이 갈수록 개방형 네트워크의 승리는 더욱 확실해질 것이다. 클라우드 컴퓨팅이 바로 그 증거다."[31] 다양한 애플리케이션의 유행을 최초로 이끈 콜드 퓨전^{Cold Fusion}의 애플리케이션 서버 기술을 구현한 경력이 있는 그는 분산 원장 기술이 인터넷이 발달한 역사와 같은 길을 걸을 것이라 보고 있다. 대기업과 정부는 개방형 네트워크의 보안이 충분히 강화되기 전까지 사설 인트라넷과 로컬 데이터 보관에 의존했었다. 제레미 얼레어는 "개방형 블록체인의 이점은 보안성이며 그 특징은 내포된 인센티브 시스템에 의해 가능한 것이다. 수탁자 신뢰 애플리케이션들은 점점 더 강력한 보안 체계에 이끌릴 것이다. 가장 안전한 체계는 바로 개방형 블록체인이 될 것이다"라고 말하기도 했다.

해당 분야에 관심을 가진 사람들 역시 비슷한 면모를 보고 있다. 2014년부터 2016년 사이 비트코인 가격이 하락세를 타는 동안 암호통화에 대한 관심이 허가형 네트워크로 쏠렸다. 그 뒤를 이어 암호통화 가격의 폭등과 암호통화 토큰이 세간의 이목을 끌며 혁신적인 네트워크 중심 애플리케이션이 판도를 완전히 뒤집어 놨다. 아마 이것이 마지막 변화는 아닐 것이다. 각 커뮤니티들이 성장하며 서로에게 배우고 사용자들은 모두를 충족시킬 방안을 찾을 것이다. 다만 시간이 조금 걸릴 수는 있다. 여기에는 7장에서 거론되는 거버넌스 시스템 개발이 중요한 요소가 될 것이라고 본다.

스마트 컨트랙트

이제 다른 내용을 살펴보고자 초반에 간략히 언급했던 월드 오브 워크래프트의 한 이용자 이야기로 돌아가보자. 2013년 비탈릭 부테린은 대학 자퇴를 결심한다. 그리고 틸 펠로십^{Thiel Fellowship}이라는 장학금 프로그램을 통해 10만 달러를 손에 쥔 그는 한 프로젝트를 시작한다. 이 프로젝트가 바로 미래의 이더리움 프로젝트다. 이더리움이나 이와 비슷한 다른 시스템들은 스마트 컨트랙트라는 구조를 발전시킴으로써 블록체인이 가진 모든 기회의 문을 열어 줬다.

분산 원장은 원장에 넘겨진 정보를 수동적으로 기록하는 데에 그치지 않고 능동적으로 기능한다. 분산 원장은 합의 시스템의 일부이기 때문에 기록된 거래가 합의에 부합해 완성될 수 있도록 이를 보장해야 한다.[32] 비트코인에서 시스템이 자동으로 금융 거래를 처리하는 것이 이에 해당한다.[33] 거래를 조율하고 안전하게 처리될 수 있도록 하는 동기화 과정이 프로세스에 포함돼 있기 때문에 비트코인을 보내기로 한 거래를 개시한 뒤 이를 어기는 것이 불가능하다. 이것이 스마트 컨트랙트의 기능이자 개념이다. 권리에 대한 구체적인 기술 및 모든 계약상 약정 의무 등 계약 관련 처리는 모두 플랫폼을 통해 이뤄진다. 청산clearing과 결제가 합의 과정 자체와 구분돼 있고 문제가 생기는 경우 법원을 통하는 구조의 기존 거래 방식과는 아주 큰 차이가 있음을 알 수 있다.

스마트 컨트랙트 기능은 분산 원장을 분산된 여러 컴퓨터에 넘겨 보관한다.

사토시 나카모토가 이뤄 낸 혁신에 대해 조금 더 쉽게 말하자면 탈중앙화된 타임스탬핑time-stamping 문제를 해결한 것이다. 이중 지불 문제를 해결하려면 거래가 언제 정확히 이뤄졌는지 기록할 방법이 필요하다. 하지만 탈중앙화된 네트워크에 모든 기계를 연동할 수 있는 마스터 클락master clock과 같은 장치는 존재하지 않는다. 만약 존재한다면 이는 신뢰할 수 있는 제3기관일 것이다.[34] 사실 노드들은 마스터 클락 없이도 다른 노드들이 제공한 타임스탬프를 신뢰할 수 있어야 한다.

작업증명PoW 시스템은 정확한 거래 순서에 따라 합의를 부여한다. 노드역시 어떤 순서로 거래가 이뤄졌는지 검증한다. 따라서 각각의 노드에서 동일한 원장의 복사본을 가지도록 하는 동일한 합의 알고리듬은 각 노드에서 동일한 연산을 같은 순서로 처리하도록 한다. 이는 컴퓨터 과학자들이 '공유 상태shared state'라고 부르는 것으로 어떠한 순간에도 시스템의 상태를 보여 줄 수 있는 사진과 같은 것이다.

스마트 컨트랙트 신생 기업인 심비온트Symbiont와 카운터파티Counterparty의 공동 창업자 아담 크렐렌슈타인Adam Krellenstein에 의하면 블록체인 네트워크는 신뢰할 수 있는 중앙화 시스템 없이 공유 상태를 구현한 현실상 최초의 시스템이다.[35] 이를 통해 무궁무진한 가능성의 세계가 펼쳐졌다. 이제 분산 원장은 컴퓨터가 할 수 있는 모든 일을 탈중앙화된 방식으로 해낼 수 있는 방법이다. 스마트 컨트랙트는 블록체인에서 실행되는 소프트웨어 프로그램과 같은 기능을 한다.[36]

비트코인이 만들어지기도 전인 1990년대 닉 스자보Nick Szabo는 스마트 컨트랙트에 대한 개념을 정립했다. 이 개념은 자판기에 비유할 수 있다.[37] 사람이 자판기에 돈을 넣고 원하는 제품을 누르면 자판기는 해당 제품을 제공한다. 하지만 사람이 기계를 임의로 열려고 하는 경우 제품이 제공되지 않도록 고안돼 있다. 계약 파기에 대비해 보안성을 제공하는 것과 같다. 여기서는 자판기가 계약 그 자체로 굉장히 실용적인 방법이다. 계약서 작성을 위해 사람이 개입할 필요가 없으며 문제가 발생하더라도 법원의 개입이 필요하지 않다.

비트코인이 출시되기 전까지 이러한 개념이 실질적으로 적용된 애플리케이션은 매우 소수였다. 자판기는 가치가 적은 제품들을 판매하며 물리적으로 대면하는 방식으로 작동하고 현금[38](가치 전달 수단)을 받는다는 점에서 스마트 컨트랙트의 프로토타입이라고 할 수 있다. 분산 원장은 비슷한 원리를 디지털로, 네트워크 간에, 어떠한 자산이나 약정이든, 신뢰성이 검증된 관여자 없이 적용되는 것을 가능케 했다. 예를 들어 보험 약정, 융자, 유산, 소프트웨어 라이선스 등은 모두 현재 사람의 개입이 필요한 거래지만 스마트 컨트랙트를 통한다면 충분히 자동화될 수 있다. 비트코인이 어느 정도 영향력을 가진 뒤에도 견고한 스마트 컨트랙트 플랫폼이 도입되기까지는 수년이 걸렸다.

비트코인 프로토콜은 화폐적 기능을 위해 명시적으로 설계됐는데 이로 인해 금융 거래를 지원할 목적으로서의 기능만이 필요했다. 블록체인 거래에 더 높은 수준의 프로그래밍 능력을 더하게 되면 보안 위험이나 기타 복잡한 문제를 고려해야 한다. 소프트웨어 기반 시스템으로 더 많은 것을 할 수 있다는 말은 버그, 악용, 해킹 등에 노출될 기회가 더 많아진다는 것이다. 또한 비트코인은 특정 순간에 소유 중인 특정 암호통화에 대한 공유 상태를 계좌의 형태로 표시할 수 있는 방식이 결여돼 있다. 그 대신 비트코인은 '소비되지 않은 트랜잭션 출력UTXO, Unspent Transaction Output'이라는 다른 형태를 취한다. 개인 키와 연관된 비트코인은 매번 송금 및 입금 거래 전 통합 수치를 도출해야 한다. UTXO는 디지털 화폐보다 더 간단하다고 볼 수 있지만 일반적인 스마트 컨트랙트를 이행하기 번거롭게 만든다.

가장 대중적인 스마트 컨트랙트 플랫폼인 이더리움의 목표는 이러한 제약을 없애는 것이다.[39] 이더리움은 이론상 일반적인 컴퓨터에서 가동되는 어떠한 애플리케이션이든 합의 네트워크를 통해 분산 원장 집행에 사용될 수 있다는 튜링 완전성Turing-complete 프로그래밍 언어를 제공한다.[40] 이더리움은 개발 도구까지 포함해 완전한 스마트 컨트랙트 플랫폼으로 설계됐다. 따라서 이더리움은 구글, 아마존, 이베이의 바탕이 된 애플리케이션 서버 등의 웹 및 여러 가지 소프트웨어 도구들과 마찬가지로 새로운 애플리케이션을 코딩하는 과정을 상대적으로 쉽게 만든다.

스마트 컨트랙트 기술이 어떠한 방식으로 적용될지에 대한 답은 아직 정해져 있지 않다. 스자보의 1997년 논문을 예로 들면 스마트 자동차 리스 과정을 그리고 있다. 운전자가 매월 지불해야 하는 금액을 지불하지 못하게 되면 자동차는 자동으로 작동 중지 상태가 되고 차 키는 은행에게 돌아간다. 리스 계약이 최종 구매를 위한 계약이 아니라면 리스 계약 만기 시에도 동일한 일이 발생하게 되며 구매를 위한 계약의 경우 모든 지불이 완료되는 즉시 은행의 접근 권한이 차단되는 방식이다. 이러한 시스템은 일반적으로 익숙한 종류의 약정이 더 순조롭게 진행될 수 있도록 설계된다. 6장에 기술된 것처럼 자동화된 시행 과정이 너무 앞서 나가게 되면 새로운 문제점을 야기할 가능성도 존재한다.

스마트 컨트랙트는 완전히 새로운 유형의 약정을 허용하게 될 수도 있다. 이더리움 기반으로 설계된 초기 애플리케이션 중 가장 성공적이라고 할 수 있는 예시는 크립토키티CryptoKitties를 들 수 있다. 이는 2017년 후반 출시된 게임이며 네트워크에 트래픽을 가장 많이 발생시키는 소스의 반열에 오르기까지 그리 오랜 시간이 걸리지 않았다.[41] 이 애플리케이션은 만화 고양이의 형태로 특별한 디지털 소장품을 생성해 낸다. 이 고양이들은 각각 스마트 컨트랙트를 집행하는 암호통화 토큰이며 서로 교배를 통해 무작위로 새끼를 낳을 수 있다. 이중 몇 가지는 희소가치가 매우 높은 편인데 최소 한 가지의 토큰이 10만 달러 가치의 암호통화로 수집가에게 거래됐다. 크립토키티는 그리 오래 가지 못하고 사라졌지만 이를 통해 스마트 컨트랙트의 다양한 사용 가능성을 엿볼 수 있다. 복제 불가능하지만 거래 및 변형이 가능한 디지털 자산은 금융이나 다른 사업 영역에서 매우 중요하게 활용될 수 있다.

비트코인과 같은 바탕을 갖는 부테린의 다목적 연산 플랫폼 아이디어는 2013년 후반 이더리움 백서가 출시되자마자 많은 관심을 불러일으켰다. 2014년 개발에 착수됐고 최종적으로 스위스 재단을 통해 공식화됐다. 이더리움은 오늘날 초기 코인 공개라 불리는 당시로서는 참신한 접근 방식을 사용했는데 이는 자금을 조달하려고 출시 이전에 토큰을 판매하는 방식이다.

최근에는 전 세계 이더리움 개발자들의 네트워크가 구축됐다. 이더리움 공동 창업자 조 루빈Joe Lubin이 이끄는 뉴욕 브루클린 기반 소프트웨어 개발 스튜디오 컨센시스Consensys는 수십 개의 이더리움 기반 프로젝트를 품고 있으며, 여러 프로젝트들은 이미 독립된 회사로 거듭났다. 또한 마이크로소프트, JP모건, 인도 정부, 인텔Intel, 시스코Cisco, 마스터카드Mastercard 등 200개 이상의 기관들이 기존에 정립돼 있는 사업 분야에 이더리움 차용을 촉진하려고 형성된 단체인 이더리움 기업 연합EEA의 멤버로 활동하고 있다.[42]

이더리움은 고유의 암호통화를 보유하고 있으며 이를 '이더ether'라고 부른다. 이더는 비트코인 바로 다음으로 가치가 높은 암호통화이지만 그 목적은 투자 유치를 위한 도구나 지불 시스템이 되는 것에 있지 않다. 이더는 '가스gas'라고 일컬어지는 이더리움 시스템 내 교환 불가능한 자원을 구매할 수 있는 유일한 방법이다. 가스는 이더리움 네트워크에서 처리 주기를 구매하는 데 사용된다. 복잡한 스마트 컨트랙트는 더 많은 연산이 필요하기 때문에 더 많은 가스를 소모해야 한다. 또한 하나의 이더리움 스마트 컨트랙트가 소비할 수 있는 가스의 양에는 매우 강한 제약이 걸려 있다.

　이더리움은 두 가지 이유로 이러한 접근 방식을 선택했다. 첫째로 연산은 곧 비용이다. 개방형 블록체인 시스템인 이더리움 네트워크상 모든 검증 노드는 각 스마트 컨트랙트를 처리한다.[43] 시스템은 그 규모를 파악하는 것이 매우 어려운데 스마트 컨트랙트 개발자들이 연산 자원을 과도하게 사용하는 경우 특히 더 그렇다. 아무나 수천 개의 스마트 컨트랙트를 대가 없이 출시할 수 있다면 매우 빠른 시간 안에 시스템이 마비될 것이다. 둘째로 스마트 컨트랙트는 프로그램이다. 버그나 비효율적 요소가 예상치보다 더 많은 연산을 잡아먹을 수 있다. 프로그래머들은 손쉽게 무한 루프들을 만들 수 있다. 이더리움과 같은 튜링 완전 시스템에서 보이는 기본적 제한점은 '정지 문제halting problem'다. 임의의 프로그램이 유한한 단계에서 끝날지 또는 무한하게 반복될지 예상하는 것은 사실상 불가능하다. 가스 비용이나 가스 제한이 존재하지 않는다면 이더리움과 같은 스마트 컨트랙트 시스템은 손쉽게 전복될 수 있다.

　다른 스마트 컨트랙트 시스템들은 비슷한 구조를 통해 프로그램이 흩어지는 것을 방지하며 가스를 네이티브 토큰으로 판매하지 않는 경우에도 마찬가지다. 스마트 컨트랙트는 이더리움과 가장 연관성이 높게 알려져 있지만 허가형 원장 시스템을 포함해 현재 개발 중인 대부분의 주요 블록체인 네트워크들도 탑재한 기능이다. 또한 비트코인 네트워크상에서 온전한 스마트 컨트랙트 기능을 임시로 대체하기 위한 루트스톡Rootstock이라는 프로젝트도 존재한다.[44]

　스마트 컨트랙트는 블록체인 기반 시스템이 디지털 화폐 이상을 지원하는 것을 허용하는 엔진이라 볼 수 있다. 또한 신뢰성 구조로서 블록체인의 중요성을 좋은 의미에서든 나쁜 의미에서든 온전하게 보여 준다. 이러한 사실들이 이전에는 분명하지 않았더라도 누군가 말한 것처럼 '당신과 나의 삶에서 거의 틀림없이 철학적으로 가장 흥미로운 사건'을 통해 분명해졌을 것이다.[45]

The DAO* 사건

2016년도 중반 몇 주 만에 전 세계 1만 1,000명 정도 되는 사람들이 1억 5,000만 달러 가량의 암호통화를 직원, 경영진, 법적 유효성조차 존재하지 않는 가상의 회사에 위탁했다. 이 사건은 "경제 협력의 새로운 패러다임 … 비즈니스의 디지털 민주화"라 불리게 됐다.[46] 블록체인 플랫폼에서 운영되는 스마트 컨트랙트는 법률, 중개인, 개개인의 관계의 자리를 신뢰의 토대로 꿰찼다.

그리고 지옥문이 열렸다.

The DAO 사건이 점점 끝을 향해 갈 때쯤 이더리움 네트워크는 한 해커가 훔친 수천만 달러를 복구하고 명성을 회복하려고 블록체인의 신뢰성과 관련된 핵심 요소 중 하나인 불변성을 깨뜨릴 수밖에 없는 상황에 직면했다. 이 문제에 대해서는 여전히 논쟁이 남아 있다.

모든 이야기의 시작은 독일의 스타트업 슬록잇Slock.it 출신의 이더리움 개발자들이 The DAO라는 분산 크라우드 펀딩 시스템을 만들어 낸 것에 있다.[47] DAO는 탈중앙화된 자율 조직이라는 개념을 적용하려고 설계됐으며 기업 지배구조 및 운영이 스마트 컨트랙트를 통해 자동으로 진행되는 구조다. 사용자들은 이더를 보증으로 삼아 투자받을 프로젝트에 투표할 권리를 주는 토큰을 받는다. 투자를 원하는 기관은 다른 인터페이스를 통해 가입해 충분한 투표를 받을 시 이더를 지불받는다. 새로운 유형의 약정임에도 사용자들은 해당 프로젝트에 매우 빠른 시간 안에 전체 이더 공급량의 약 15%를 보증했다.[48]

모든 게 순조롭게 진행되던 어느 날 무언가 심각하게 잘못된 듯 보이는 사건이 발생한다. 출시된 지 몇 주 만에 한 해커가 The DAO의 코드 중 버그를 악용해 보증된 이더의 3분의 1이 넘는 양을 훔친 것이다.[49] 명백히 자산을 훔치기 위한 시도로 보이지만 사실 그 해킹은 시스템의 규정을 어기지

---

* DAO(Decentralized Autonomous Organization)는 탈중앙화 자율 조직을 뜻하며 The DAO는 프로젝트명이다. 따라서 이 책에서 The DAO와 DAO를 구분해 기재했다.

않고 일련의 스마트 컨트랙트를 통해 진행됐다. 스마트 컨트랙트 시스템의 관점에서 보면 해킹을 통해 진행된 거래는 완전히 합법적이었다. 도둑맞은 자산은 일시적으로 한 계좌에 보관돼 즉시 지급되지 않았지만 기술적으로나 법적으로 시스템을 뒤집어 엎지 않고서 이를 복구하기는 불가능했다. 만약 법원에서 자산을 복구하라는 명령을 내린다 해도 그 명령을 이행할 수 있는 사람은 아무도 없었을 것이다.

이더리움 커뮤니티가 이에 대응하지 못하고 전전긍긍하는 사이 혼란의 시대가 도래했다. 결국 부테린과 이더리움 프로젝트의 리더들이 노드의 대부분에 하드 포크hard fork를 적용시키도록 설득해야 했고 이는 이더리움 블록체인 전체를 분산시켰다. The DAO를 손쉽게 붕괴시키며 이더리움 플랫폼에 대한 신뢰를 약화시키는 이러한 극단적인 방법을 통해서야 결국 도난당한 자본을 회수할 수 있었다.[50]

하드 포크는 호환되지 않는 두 가지 체인을 만든다.[51] 이더리움 재단은 플랫폼의 오픈소스 코드 체계를 유지하는 채굴자들에게 소프트웨어 업데이트를 제공했고 신규 소프트웨어를 실행하는 이들에게 The DAO 해킹은 일어나지 않았다. 블록체인이 화폐 송금을 인식하지 않게 된 것이다. 이를 제외하고 포크에 적용되는 블록체인은 모두 동일했다. 문제가 되는 이더를 제외한 두 블록체인은 같은 이용자와 같은 계정을 가졌다.

대부분의 채굴자들이 새로운 소프트웨어를 문제없이 받아들였지만 논란이 없었던 것은 아니다.[52] 이는 이더리움 거래가 중앙체계의 간섭으로부터 완전히 벗어난 것이 아니라는 뜻이기도 했다. 또한 정부나 다른 중앙 권력들이 분산 원장에 보관된 기록에 영향을 끼치게 될 경우 어떤 문제가 발생할 수 있는지에 대한 우려도 낳게 됐다.[53] 비트코인의 블록체인은 과거에 하드 포크를 진행한 적이 있지만 이는 분산 원장의 무결성을 훼손하는 이중 지불 버그를 수정하기 위한 사안이었다. 이더리움 하드 포크는 정당한 거래들을 소급적으로 무효화했다.

사전 포크 블록체인에 대한 관심은 채굴자들이 떠나고 작업증명에 참여하는 것을 그만두며 시들해질 것이라 예상했지만 그런 일은 일어나지 않았다. 이더리움 재단이 원장을 파괴하려는 것에 불만을 가진 소규모 채굴자들이 이전의 소프트웨어를 계속 사용했다. 한 개발자 그룹이 이더리움 클래식 ETC, Ethereum Classic이라는 이름하에 앞으로 소프트웨어 운영을 맡겠다는 의도를 표출했다.[54] 암호통화 거래들도 ETC를 새로운 포스트 DAO 이더[ETH]와 함께 인정했다.

이 특이한 상황은 보안 및 이중지불 문제와 관련해 새로운 리스크를 유발했다. 또한 이더리움의 블록체인 기반 애플리케이션 플랫폼으로서의 우월한 잠재력을 재평가하는 계기가 된다. 그리고 이더리움 커뮤니티에서는 향후 발생할 수 있는 결함이 중대한 양의 암호통화를 좌우하게 되면 하드 포크가 반복될 수 있는 사안인지 아닌지에 대한 여부를 궁금해 하기 시작했다. 이더리움의 주요 개발자 피터 실라기가 이 경험을 바탕으로 다음과 같이 언급했다. "The DAO를 통해, 스마트 컨트랙트를 만드는 데 예상보다 더 많은 노력이 들어간다는 것을 알 수 있었습니다. …"[55]

사실 필요한 것은 노력 그 이상이었다. The DAO 사건은 직접적으로 블록체인 역시 신뢰의 중요성과 필요성에서 벗어나지 못한다는 것을 보여 줬다. 아날로그 시스템들의 신뢰 의존도를 어느 정도 제거할 수 있지만 곤란한 일이 생길 때 대체 및 대안이 필요하다. 1장에서 설명했듯 신뢰는 확신을 가진 취약성이다. 네트워크의 무결성에 대한 합리적 신념 역시 그 확신의 일부일 뿐이다.

이더리움 커뮤니티는 부테린과 이더리움 재단이 하드 포크에 대한 지원을 충분히 집결시킬 수 있었기에 The DAO 사건을 극복할 수 있었다. 대부분의 개발자나 채굴자들도 어느 정도 기간의 토론을 거쳐 이에 동의했으며 커뮤니티의 다른 멤버들은 '화이트 햇white hat(모의 해킹)' 구상을 통해 자본을 보호했다. 채굴자의 개인적인 관심으로 만들어진 합리적인 계산이나 네트워크의 소프트웨어 코드 모두 이더리움이 어떻게 살아남았는지는 설명하지 못한다. 필요한 것은 신뢰뿐이다.

분산 원장의 이점은 실존한다. 그러나 위험도 공존한다. 더 중요한 것은 이러한 위험들을 더 빠르게 피할 수 있는 지름길이 존재하지 않는다는 것이다. 신뢰할 수 있는 블록체인을 위해서는 인간의 많은 노력이 필요하다. 사회에서 비슷한 중요도를 가진 다른 것들과 같은 이치다. 사람들이 하는 가장 큰 실수는 블록체인 기술을 판타지나 사기라 치부하는 것이 아니라 도리어 순진하게 맹신하는 것이다. 블록체인의 승리는 많은 노력을 통해 블록체인이 가진 가능성을 현실로 구현하는 것에 달려 있다.

4장_ 왜 블록체인인가?

와퍼코인을 너머

패스트푸드 체인은 떠오르는 블록체인 경제의 선두주자로 상상할 수 있는 마지막 회사일 수도 있다. 이것은 확실히 사토시 나카모토가 비트코인을 만들 때 염두에 뒀던 것은 아니었다. 그러나 2017년 여름 버커킹Burger King이 러시아 매장을 위한 암호통화 출시를 발표했다. BBC, 포춘Fortune, CNBC 등 주요 언론 매체들이 앞다퉈 이 소식을 보도했다.[1] 이제 고객은 햄버거를 구매할 때마다 음식으로 교환할 수 있는 가상 토큰을 얻을 수 있다. 버커킹 러시아의 외부 커뮤니케이션 책임자인 이반 셰스토프Ivan Shestov는 이른바 와퍼코인Whoppercoin을 극찬하는 말로 묘사했다. "이제 와퍼는 90개국 사람들이 좋아하는 버거일 뿐만 아니라 투자 도구이기도 하다. 암호통화의 가치는 기하급수적으로 증가할 것으로 예상된다. 지금 와퍼를 먹는 것이 내일의 재정적 번영을 위한 전략이다."[2]

현실은 그다지 흥미롭지 않다. 와퍼코인은 패스트푸드 소비를 세계 최고의 투자 기회로 만들지 않을 것이며 레스토랑을 가상자산 공장으로 바꾸지도 않을 것이다. 와퍼코인은 버거킹과 같은 회사가 항상 운영하는 로열티 프로그램일 뿐이다. 맥도날드McDonalds에서 매년 제공하는 와퍼코인과 모노폴리Monopoly 게임카드 또는 항공사 단골고객 마일리지 사이에는 거의 차이가 없다. 암호통화의 관점은 관심을 끌기 위한 윈도우 드레싱일 뿐이다.

가치가 기하급수적으로 증가하는 와퍼코인의 이미지는 재미있고 무해할 수 있지만 그것을 전형적으로 보여 주는 블록체인 과대 광고는 그렇지 않다. 기존 로열티 포인트에 비해 고객이나 버거킹에게 실질적인 차별화된 가치를 제공하지 않는 와퍼코인이 가격이 크게 올랐다면 투기 거품의 위험한 신호가 될 것이다.[3] 시장은 일시적으로 경제적 현실과 분리될 수 있지만 항상 현실로 돌아온다. 그리고 사람들이 햄버거를 먹으며 부자가 되도록 돕는 것이 블록체인의 좋은 적용이라면 정말로 많은 사람들이 예측했던 세상을 바꾸는 혁신일까?

블록체인이 어떻게 '기업, 정부, 사회를 변화시킬 수 있는지'[4] '우리를 개방, 탈중앙화, 글로벌 통합의 새로운 시대로 이끌고 있는지'[5]에 대한 흥분에 쉽게 사로잡힐 수 있다. 많은 신생 기업과 기존 주요 기업에서 개발 중인 수많은 사용 사례가 있다. 블록체인이 제공하는 기회는 매우 강력하고 파괴적이다. 인기 있는 언론 기사, 백서, 업계의 성명은 블록체인이 기업과 세계 경제의 운영 방식을 바꾸는 정점에 있다고 주장한다.

그리고 아마도 그럴 것이다. 분산 원장 기술의 잠재력은 생각하기에는 너무 방대하다. 블록체인은 혁신 연구자들이 말하는 범용 기술GPT, General-Purpose Technology로 경제의 여러 부문에 동시에 영향을 미칠 수 있을 것으로 보인다.[6] 증기 기관, 전기, 철도, 인터넷과 같은 초기 GPT와 마찬가지로 직접적인 응용을 넘어 많은 파급 효과를 가질 수 있다.

그러나 기술이 혁신적일 수 있고 강력한 지원을 받는다고 해서 약속한 대로 발전한다는 것을 의미하지는 않는다. 얼리 어답터early adopter에게 코앞으로 다가온 것처럼 보이는 것은 실제로 성숙하기까지 10~20년이 걸릴 수 있다. 저명한 미래학자 폴 사포Paul Saffo의 말에 따르면 "선명한 시야를 가까운 거리로 착각하지 마라."[7] 역사는 약속된 채택 수준에 도달하지 못했거나 적당한 진화적 개선으로 흐지부지된 과장된 기술 동향으로 가득 차 있다. 예를 들어 3D 텔레비전을 기억하는가? 1960년대의 컴퓨터 과학자들은 범용 인공지능의 탄생이 불과 10년밖에 남지 않았다고 확신했고 데이비드 차움의 디지캐시는 1990년대 초 유비쿼터스 디지털 소액결제를 약속했다. 최근 두 영역 모두에서 급속한 발전이 있었지만 예상보다 훨씬 늦게 그리고 다른 방식으로 발전하고 있다.

기술 분야에 새로운 트렌드가 나타날 때마다 (놀랍게도 빈번하게) 기업들은 반사광을 즐기며 이 트렌드에 몰려든다. 기업들은 언론 보도 자료와 마이크로소프트 파워포인트 자료를 생성해 그들 자신을 밈^{meme du jour}과 연관시킨다. 주목을 받고 똑똑해 보이고 자금을 유치할 수 있는 좋은 방법이다. 때로는 새로운 개발이 실제로 변혁적인 것으로 드러난다. 다른 때는 그저 유행일 뿐이다. 그리고 종종 이러한 트렌드는 의미가 있지만 이에 대한 기업의 연관성은 겉으로 보기보다 약하다. 이미 블록체인과 인위적으로 연계하는 회사를 지칭하는 '체인워싱^{chainwashing}'이라는 용어가 있다.[8]

이더리움의 ERC20 표준 및 와퍼코인 벤처에서 버거킹의 파트너인 웨이브^{Waves}와 같은 토큰 생성 플랫폼을 사용하면 모든 회사에서 암호통화를 발행하는 것이 비교적 간단하다. 컨소시엄을 만들고 개념 증명 프로젝트를 시작하거나 신생 기업을 발표하는 것이 훨씬 더 쉬우며 그중 어느 것도 서면 소프트웨어나 상당한 재정적 약속이 필요하지 않다. 이러한 계획들 중 일부만이 실제적이고 번창하는 비즈니스 벤처가 될 것이다. 관련된 회사가 클수록 성공에 대한 실질적인 약속 없이 더 많은 실험을 시작할 수 있다. 블록체인 보도 자료와 블록체인 성공 사례를 혼동하지 않는 것이 중요하다.

이 책에서 강조된 예들도 예외는 아니다. 지금부터 5년 후에는 그들 대부분이 종료되거나 실패했을지도 모른다. 물론 기업가나 투자자에게 있어서 승자를 고르는 것은 매우 중요하다. 그러나 자신의 조직에 영향을 미치거나 공공 정책에 영향을 미칠 시장 역학을 이해하려는 사람들에게 중요한 것은 큰 그림이다. 알타비스타^{AltaVista}, 프렌드스터^{Friendster}, 페츠닷컴^{Pets.com}은 실패했지만 검색, 소셜 네트워킹, 전자상거래는 인터넷 경제에 엄청난 기회를 가져왔다.

혁신은 단순히 신기술의 동의어가 아니다. 와튼 스쿨^{Wharton School}의 크리스찬 터위시^{Christian Terwiesch} 교수와 칼 울리히^{Karl Ulrich} 교수가 설명했듯이 혁신은 필요와 솔루션 사이의 새로운 조화다.[9] 새로운 기능의 추진과 시장 수

요의 견인이 모두 필요하다. 둘 중 어느 하나만으로는 부족하다. 지금까지의 논의는 주로 블록체인이 하는 일에 초점을 맞췄다. 4장에서는 어떤 문제를 해결하는지 집중적으로 설명한다. 분산 원장이 실제적이고 실질적인 요구를 더 나은 방식으로 해결할 수 있다면 결국 광범위하게 채택될 것이다. 그렇지 않다면 아무리 과장해도 접근 방식의 본질적인 공허함을 감추지 못할 것이다.

블록체인은 중요한 면에서 정보 저장 메커니즘일 뿐이다. 컴퓨터 기반 정보 저장 및 액세스의 기본 형태인 관계형 데이터베이스 기술은 1970년대부터 사용돼 왔다. 많은 컴퓨터에 데이터베이스를 배포하는 기술도 디지털 현금의 실제 구현과 마찬가지로 수십 년 전에 개발됐다.

그렇다면 처음으로 또는 새로운 방식으로 블록체인 주소 지정이 필요한 것은 무엇인가? 분산 원장 기반 솔루션을 채택하거나 투자하려는 사람은 이 질문을 해야 한다. 이러한 시스템의 이점에는 특히 새로움과 미숙함 때문에 상당한 비용이 수반된다. 기존 기술이 동일한 작업을 수행할 수 있다면 이것이 아마도 최선의 접근 방식일 것이다. 사토시 나카모토는 컴퓨터 과학이나 인간 본성의 근본적인 한계를 극복하지 못했다. 호기심과 열정이 단기적으로는 충분할지 모르지만 장기적으로는 차별화된 장점이 중요하다.

중개인의 지속적인 가치

사토시 나카모토의 백서 이후 10년 동안 캄브리아기 대폭발Cambrian Explosion 활동은 과대 선전과 지속 가능한 가치 창출을 구분하기 어렵게 만든다. 특히 인터넷과 마찬가지로 블록체인은 중개 문제에 대한 최종 해답으로 잘못 인식되고 있다. 온라인 서비스는 여행사, 신문, 기타 전통적인 정보 중개자를 약화시켰지만 또한 그들을 변화시키고 구글, 페이스북, 아마존과 같은 새로운 플랫폼을 도입했다. 중개자와 블록체인의 관계 역시 겉보기보다 복잡하다.

블록체인을 기반으로 하는 많은 애플리케이션의 비즈니스 계획은 중개자 제거를 핵심적인 장점으로 내세운다. 보험사 가이코^{Geico}가 독립 대리점의 수수료를 없애고 정책을 직접 판매함으로써 가격을 15%까지 낮출 수 있다는 것을 깨달은 것처럼 블록체인 기반의 회사들은 중개인과 불필요한 추가 비용을 줄일 것을 약속한다. 그들은 블록체인 원장을 통해 기존 중개자 계층을 당사자 간의 직접 거래로 대체하는 다이어그램을 보여 준다.

불필요한 중개자를 제거하는 것이 블록체인 아키텍처의 상당한 이점이 될 수 있지만 항상 그런 것은 아니다. 일부 중개자는 필수 레거시^{legacy} 시스템에 연결하는 등 새로운 블록체인 기반 플랫폼에서 수행할 수 없는 기능을 수행한다. 백지 한 장으로 시작하는 세상은 신생 기업에게 친숙할 수 있지만 기존 기업들이 네트워크의 일부가 돼야 할 때는 일부 통합이 필요할 것이다. 그리고 암호통화 애플리케이션이 종점에서 법정 화폐와 교환해야 하는 기본 통화에 의존할 때마다 애플리케이션 자체는 새로운 중개 계층을 추가한다. 사용자가 비트코인, 이더 또는 다른 암호통화를 종단 간 사용하려는 경우에는 필요하지 않을 수 있지만 오늘날에는 이런 경우가 매우 드물다. 만약 사람들이 법정 화폐에 관심이 없다면 달러로 표시된 비트코인의 가격 상승에 그다지 흥분하지 않을 것이다.

송금 시장은 블록체인의 탈중개화 및 비용 절감이 일부 사람들이 추측하는 것만큼 극적이거나 빠르지 않을 수 있음을 보여 준다. 선진국의 이민자와 임시 근로자들은 개발도상국의 친척에게 연간 거의 5,000억 달러를 보내며 약 300억 달러의 수수료를 발생시킨다.[10] 이 시나리오는 잠재적인 블록체인 혼란의 좋은 예로 자주 인용되는데 왜냐하면 송금은 암호통화가 불필요하게 만드는 환전을 위해 막대한 수수료를 받는 중개자들이 포함되기 때문이다.[11] 그러나 실제로 이러한 시장을 살펴보면 그 장점이 명확하지 않다. 미국에 있는 누군가가 비트코인을 이용한 블록체인 기반 송금 서비스를 통해 필리핀에 있는 친척들에게 돈을 보낼 때 중간에 시스템에 드나드는 거래 수수료가 여전히 존재한다. 그리고 비트코인의 변동성으로 인해 시세폭은 웨스턴 유니온$^{Western Union}$과 같은 기존 사업자들이 사용하는 직접적인 통화 대 통화 변환보다 높을 수 있다.[12]

송금 서비스를 위한 비교 쇼핑 엔진인 세이브온센드SaveOnSend는 "은행 계좌로 돈을 받는 것과(블록체인 기반 서비스를 이용하는 것과 같이) 현금 대리인으로부터 돈을 받는 것(웨스턴 유니온에서와 같이) 사이에는 사실상 이점이 없다. 대부분의 경우 공급자의 마진은 두 방법 중 어느 것이든 동일하다"라고 주장한다.[13] 개발도상국의 많은 송금 수취인은 더 저렴한 대안이 있는 경우에도 현지 에이전트에게 높은 수수료를 지불하기로 선택해 세금 납부를 회피할 가능성이 높다.[14] 그리고 국제 송금 비용의 대부분은 자금의 국제 전환이 아니라 수취인 측의 물리적 준비와 관련된 것으로 나타났다.[15] 블록체인 기반 송금 회사는 매우 성공적일 수 있지만 성공이 시장 구조에 의해 보장된다고 가정하는 것은 위험하다. 대부분은 이미 송금 이외의 결제 서비스에 초점을 맞추고 있다.

송금 사례에서 알 수 있듯이 혁신은 여러 형태를 취할 수 있다. 시스템이나 프로세스의 한 구성 요소가 점진적으로 개선되면 성능이 향상되지만 새로운 비즈니스 기회가 창출될 가능성은 낮다. 반면에 기술 전략가인 레베카 헨더슨Rebecca Henderson과 킴 클라크Kim Clark가 아키텍처 혁신이라고 부르는 것 즉 '기존 구성 요소를 새로운 방식으로 연결하고자 구축된 시스템의 재구성'은 산업 구조를 혼란에 빠뜨릴 수 있는 상당한 잠재력을 갖고 있다.[16]

블록체인 기술은 새로운 신뢰 아키텍처로 기능하기 때문에 엄청난 가능성을 지닌 아키텍처 혁신을 구성한다. 전통적인 신뢰 구조의 붕괴로 인해 발생하는 요구 사항을 해결한다. 특히 블록체인은 네 가지 핵심 가치를 제안한다.

- 분산 통제
- 진실에 대한 공통된 견해
- 조직 경계를 넘어 협업
- 토큰을 통한 직접적인 가치 교환

탈중앙화

탈중앙화를 통해 블록체인 네트워크는 정부 당국이나 중개자에게 권한을 양도하지 않고도 규모, 명확성, 복잡한 거래에 대한 지원과 같은 중앙 집중식 신뢰의 많은 이점을 제공할 수 있다. 그러나 (합의와 마찬가지로) 탈중앙화는 정의하기 어렵다. 둘 이상의 중심을 의미하는지 아니면 중심이 전혀 없는 순수한 그물망을 의미하는지?[17] 어느 정도의 탈중앙화가 충분한지? 그리고 탈중앙화 시스템에서 실제로 탈중앙화되는 것은 무엇인가?[18]

탈중앙화에는 여러 가지 방법이 있지만 한 가지 공통된 특징을 갖고 있다. 시스템이 작동하는 데 단일 개체가 필수적이지 않다는 것이다. 종종 탈중앙화의 이유는 현 시스템의 실질적인 한계라기보다는 정부의 검열을 막고자 하는 욕구 때문이다.[19] 크리스 밸린저Chris Ballinger는 자동차 제조업체의 사내 싱크탱크인 로스앤젤레스에 있는 도요타 연구소TRI, Toyota Research Institute의 모빌리티 서비스 책임자다. 최고재무책임자CFO, Chief Financial Officer의 배경에서 나온 그는 탈중앙화 블록체인 기술의 지지자가 될 것 같지 않다.[20] 그러나 그가 공유 분산 원장의 잠재력을 처음 깨달은 것은 금융 서비스 산업(자동차 주변의 복잡하고 파편화된 대출 절차)에서였다. 이제 TRI에서 안전한 자율주행(무인) 차량을 만드는 데 있어 몇 가지 문제를 어떻게 해결할 수 있는지 탐구하고 있다.

자율주행 자동차는 머신러닝 기술을 사용해 도로의 장애물을 식별하고 대응 방법을 결정하다. 다양한 운전 상황에서 시스템에 제공되는 데이터가 많을수록 머신러닝 결과가 더 정확해진다. 이 데이터를 얻는 방법은 백업 운영자와 함께 시험용 차량을 현장으로 보내는 것이다. 전문가들은 규제 기관이 도로에서 받아들일 신뢰할 만한 자율주행 자동차의 머신러닝 엔진을 양성하려면 1조 6,000억 킬로미터의 주행 데이터가 필요할 것으로 추정하고 있다. 이는 2016년 미국에서 주행한 마일의 약 3분의 1에 해당한다.[21]

이렇게 많은 데이터를 수집하는 것의 문제는 중심 주체가 없다는 것이다. 데이터를 원하는 사람, 즉 자율주행 자동차 제조사는 데이터를 갖고 있는 사람들이 아니다. 데이터를 갖고 있는 개인 운전자와 차량 운영자는 극도로 파편화돼 있다. 그리고 이 후자 그룹이 원하는 경우 익명화된 주행 데이터를 판매하는 데 사용할 시장이 없다. 운전자도 제조업체도 그 어떠한 실체적인 데이터를 신뢰하지 않기 때문에 아무도 이러한 시장을 만들 수 있는 위치에 있지 않다.

블록체인의 탈중앙화 구조가 해결책을 제공한다. 밸린저는 탈중앙화 시장이 암호통화 토큰을 통해 확보된 사용자 주행 데이터를 중심으로 재산권을 설정할 수 있다고 믿고 있다. 운전자들은 익명으로 처리된 운전 데이터를 시장과 공유하는 데 대한 보상을 받고 자동차 제조업체는 동일한 거래소에서 데이터에 액세스하려고 비용을 지불하게 될 것이다.[22] 최종 결과는 구글과 같은 중심 참여자들이 대량의 연구 차량을 거리에 배치하거나 차량에서 데이터를 구매하는 현재의 시스템을 분산된 시장 배치로 대체할 것이다. 도요타를 비롯한 자동차 제조업체들에게 이와 같은 믿음은 큰 개념적 도약을 요구하지 않는다. 이는 그들이 강철과 같은, 차량에 필요한 다른 투입품을 구매하는 것과 같은 방식이다. 경제적인 측면에서 볼 때 분산 원장은 주행 데이터의 과거 구매자와 판매자 간의 인센티브를 조정한다. 도요타는 최근 이 아이디어를 발전시키려고 컨소시엄을 출범했다.[23]

일반적으로 블록체인형 시스템이 해결하는 중앙통제의 문제는 신뢰와 관련이 있다. 신뢰에는 위험이 따른다. 당신이 신뢰하는 누군가가 신뢰할 수 없는 사람으로 판명될 위험이 항상 있다. 예를 들어 버나드 메이도프Bernie Madoff의 폰지Ponzi 사기에 투자한 투자자들은 잘못된 투자 관리자를 믿었기 때문에 돈을 잃었다.[24] 법률, 규제, 보험은 모두 그러한 위험을 제한하는 메커니즘이다.

메이도프 시나리오는 적어도 미국에서는 규칙이라기보다는 예외다. 그러나 고리대금업자, 월급날 대부업체 또는 강탈적인 송금 대행업자들의 손에 맡겨진 사람들에게 블록체인은 매력적인 대안을 제공한다. 법치주의를 강하게 고수하지 않는 국가에서는 정부 자체가 신뢰받지 못할 수도 있다. 이러한 경우 국가 권위에 의존하지 않는 금융 인프라의 가용성은 강력한 기회다. 그리고 은행 보장이 없는 사람들은 신뢰할 수 있는 금융 기관에 전혀 접근할 수 없을지도 모른다. 신뢰 플랫폼으로서의 블록체인은 인터넷 연결과 컴퓨터만 필요하므로 현재의 금융 시스템이 없는 다양한 위치에서 작동할 수 있다.

중앙 집중식 신뢰는 또한 취약성을 만든다. 제어의 중심점은 실패의 중심점이다. 이곳은 악의적인 행위자가 자신의 노력을 표적으로 삼을 것이다. 최근 몇 년 동안 야후Yahoo, 미국 인사관리국Office of Personnel Management, 에퀴팩스와 같은 주요 중앙 데이터 저장소와 관련된 일련의 보안 침해가 잇따르고 있다. 조직은 정보를 보호하려고 더 나은 방법을 구현해야 하지만 이것만으로는 충분하지 않다.[25] 중앙 통제 지점이 있는 한 취약성은 우리가 연결된 세계의 '새로운 정상new normal'의 일부가 될 것이다.

디지노타르DigiNotar 사건은 그 대표적인 예다. 웹 사이트에 대한 액세스는 사용자가 중간 간섭 없이 올바른 사이트에 연결됐음을 확인하는 암호화 인증서를 통해 보호된다. 전자상거래와 같은 보안 사이트를 방문할 때마다 브라우저는 암호화 키를 교환한다. 해당 사이트는 '공개 키 인프라PKI, Public Key Infrastructure'로 알려진 시스템인 중앙 인증 기관으로부터 보안 인증서를 받는다.

2011년 네덜란드 인증 기관인 디지노타르가 해킹당했다.[26] 공격자는 사용자와 구글 지메일Gmail 서비스 간의 트래픽을 가로채고 리디렉션redirection할 수 있는 사기성 인증서를 발급했다(해킹은 이란 정부 또는 이란 인터넷 이용자들의 이메일에 접근하려는 정보요원들이 개입된 것으로 보인다). 구글과 브라우저 공급업체들이 사기성 인증서를 무효화하려고 신속하게 조치를 취했기 때문에 피해는 제한적이었다. 당시까지만 해도 고품질 인증 기관으로 여겨졌던 디지노타르는 이 사건으로 인해 파산할 수밖에 없었고 다른 업체들은 보안 절차를 강화했다.[27] 그러나 브라우저가 인증 기관을 신뢰해야 하는 한 중앙 집중식 제어의 일부 위험이 남아 있다.

마지막으로 중앙 집중식 신뢰는 중심에 있는 사람들이 여전히 신뢰할 수 있는 경우에도 부정적인 외부 효과를 생성한다. 이것이 중개자 신뢰의 위험이다. 중개자는 네트워크를 통합함으로써 가치를 창출한다. 증권거래소가 그 대표적인 예다. 일부 거래자는 거래를 완료하려고 서로 직접 협상할 수 있지만 시장이 확장됨에 따라 순전히 개인 대 개인 접근 방식은 무너진다. 거래소는 거래를 위한 통합의 중심점이 돼 시장의 유동성을 크게 증가시켰다. 새로운 활동이 새로운 서비스 기회를 창출하기 때문에 종종 시장에는 여러 계층의 중개 계정을 갖는 경우가 많다. 온라인 광고 생태계가 좋은 예다. 광고 네트워크, 추적 시스템, 리타깃팅retargeting 서비스, 에그리게이터aggregator, 분석 제공업체, 기타 서비스의 복잡한 구색이 있다. 이들 각각은 기회 또는 문제점을 해결하는데 보통 이전의 중개로 인해 발전된 것이다.

중개자는 많은 가치 있는 역할을 한다.[28] 구매자와 판매자를 연결하고, 규모의 경제를 생성하기 위한 수요를 집계하고 교섭 비대칭을 줄이고 다른 시장 참여자의 기회주의적 행위를 방지하고 정보 흐름을 촉진하고 표준화함으로써 거래 비용을 줄일 수 있다. 중개자 자체가 둘 이상의 커뮤니티 간에 기반적인 비즈니스 기회를 만들면 페이스북이나 우버와 같은 플랫폼이 된다.

문제는 중개자도 비용을 부과한다는 것이다. 중개자가 민간 기업인 경우 제공하는 가치에 대한 대가로 수익을 창출할 것으로 기대한다. 구글은 많은 수의 사용자에게 광고를 노출하고 정확하게 타깃팅하는 광고에 대해 광고주에게 비용을 청구한다. 현재 연간 수백억 달러에 달하는 구글의 광고 수익은 중개 비용을 나타낸다. 이점은 구글이 등장 이전에는 시장의 양면을 효과적으로 통합할 수 있는 방법이 없었다는 것이다. 하지만 구글이 중심에 있지 않은 검색 엔진 광고 시장이 존재할 수 있다면 그 비용을 감당할 필요가 없을 것이다. 그리고 중개자의 수가 증가함에 따라 오버헤드도 증가한다. 예를 들어 검색 엔진 최적화 회사는 구글을 바탕으로 하는 중개자다. 이러한 서비스 제공업체는 그들의 서비스 비용을 부과하고 구글은 검색 결과의 과도한 왜곡을 방지하려고 리소스를 사용해야 한다.

일단 중개 시장이 형성되면 전복되기 어려울 수 있다. 네트워크 효과는 강력한 진입 장벽을 만든다. 엄청난 인기를 끌고 있는 P2P 소셜 네트워킹 서비스인 디아스포라Diaspora는 페이스북의 경쟁 상대가 된 적이 없다. 구글조차도 구글플러스Google+ 대안에 수억 달러를 지출하고도 페이스북의 지배력을 약화시킬 수 없었다.

블록체인 기반 네트워크는 기존 중개자를 중심으로 구축된 네트워크와는 다른 가치를 제안한다. 중개는 원장 작성자가 아니라 원장에 있다. 네트워크 구축을 위해 수익을 창출하거나 트랜잭션이 검증된 하드웨어 노드를 운영하는 조직이 여전히 있을 수 있다. 그러나 이것은 관련된 데이터에 대해 특별한 권한을 부여하지 않는다. 네트워크의 참여자들은 자신에 대한 통제를 유지한다.

공유된 진실

블록체인 신뢰 모델의 다음으로 매력적인 측면은 속도와 효율성에 대한 잠재력이다. 언뜻 보기에는 이상하게 들린다. 비트코인은 대략 10분마다 블록을 검증하며 현재 초당 7개의 트랜잭션으로 명목상 제한이 있다. 이것은 상당히 적은 수다. 비자Visa 신용카드 네트워크는 같은 기간에 최대 1만 건의 거래를 처리한다.[29] 분산 원장을 동기화하는 오버헤드가 너무 커서 닉 스자보의 추정에 따르면 이 과정은 기존 컴퓨터보다 1만 배 느리게 작동한다.[30] 다른 분산 원장 시스템은 어느 정도의 분산화 또는 보안을 절충해 더 나은 성능을 달성하지만 최첨단의 고도로 조정된 엔터프라이즈 데이터베이스를 따라잡을 수는 없다.

그러나 상호 작용하는 행위자를 신뢰할 필요가 없다는 숨겨진 이점이 있다. 신뢰는 전이되지 않는다. 나는 당신을 믿을 수 있고 당신은 당신의 은행을 믿을 수 있다. 하지만 그렇다고 해서 내가 당신의 은행을 신뢰한다는 뜻은 아니다. 내가 당신의 수표를 현금화하려면 은행들은 그들 자신의 신뢰 관계를 맺어야 한다. 수천 개의 금융 기관이 수백 개의 관할 구역에서 수십억 건의 거래를 처리하는 상황에서 이러한 쌍방향 구조는 빠르게 정체되거나 더 정확하게는 엄청난 비효율성과 거래 비용으로만 작동한다.

분산 원장은 이러한 중복 절차를 모두가 신뢰하는 단일 레코드로 대체한다. JP모건의 블록체인 프로그램 책임자인 앰버 발데Amber Baldet는 "실시간으로 사물을 함께 보는 것은 강력하다"라고 말한다.[31] "우리는 서로를 신뢰하지 않기 때문에 당사자 간의 정보를 조정하는 데 수백만 달러를 지출한다." 중개 신뢰 네트워크에서 이러한 조정 비용은 중개자들에게 종속 및 가치 추출 기회를 창출한다.

공유된 진실은 탈중앙화의 반대인 것 같다. 하나의 정식 원장은 의심스럽게도 새로운 중앙 기관처럼 보인다. 실제로 두 개념은 상호 보완적이다. '분권화'는 당사자들이 제3자에게 권한을 양도할 필요가 없음을 의미한다. '공유된 진실'은 당사자 자신이 배타적 권한을 행사할 수 없음을 의미한다. 모든 사람이 마스터 원장의 사본을 가질 수 있지만 어떤 참가자도 자신의 원장이 최종 단어라고 주장할 수 없다. 권위는 합의에 있다. 그러나 그 합의는 어느 한 실체에도 속하지 않는다. 이는 전체 네트워크의 새로운 속성이다.

상호 연결된 많은 신뢰할 수 있는 당사자 간의 트랜잭션 조정의 복잡성은 프로세스의 대기 시간을 증가시킨다. 예를 들어 주식 거래는 일반적으로 이틀 후에 결제된다('T+2'라고 알려진 표준).[32] 더 빠른 결제는 거래자와 다국적 기업들이 다른 방식으로 일할 수 있는 자본을 확보하는 것이다. 숫자가 얼마나 낮아질 수 있는지에 대한 제한이 있다. 결제 지연은 파생상품 및 기타 시장에서 중요한 거래를 결제하려고 담보를 마련할 시간을 준다. 분산 원장으로의 이동은 실제 결제율이 시장 참여자들에게 가장 큰 효율로 수렴될 수 있게 해줄 것이다.

기본적으로 금융 시스템의 전통적인 신뢰 모델과 블록체인 모델은 모두 분산 원장을 생성한다. 전통적인 시스템에서 모든 노드는 가상 합의에 따라 원장을 동기화하는 작업을 개별적으로 유지해야 하지만 직접 파트너에 대한 가시성(그리고 제한적)만 있다. 블록체인을 사용하면 추가된 각 블록이 전체 시스템에서 트랜잭션을 조정한다. 그렇지 않으면 순차적 프로세스의 모음이 될 수 있는 것을 효과적으로 병렬화한다. 각 개별 트랜잭션은 기록하는 데 더 오래 걸리지만 시스템의 전역 상태는 더 빠르게 업데이트된다. 그리고 이것은 잠재적으로 많은 수의 개별 트랜잭션이 아닌 하나의 동기화된 프로세스를 통해 발생하기 때문에 비용을 상당히 낮출 수 있다. 골드만 삭스는 블록체인이 증권 거래에만 연간 110억~120억 달러의 대한 결제 및 조정 비용을 절감할 수 있을 것으로 추산하고 있다.[33]

금융 서비스 외에도 여러 당사자가 동일한 거래를 기록할 때마다 기록이 일치하지 않을 가능성이 있다. 시장을 만드는 신뢰할 수 있는 중개자가 있을 수 있지만 모든 사람은 여전히 시장을 설정하는 공통 인터페이스에 연결해야 한다. 모든 회사에는 공통 표준으로 변환해야 하는 고유한 데이터 형식이 있을 수 있다. 데이터에 불일치가 있는 경우 관리해야 할 버전을 결정하는 데 수동 개입 및 예외 처리가 필요하다.

실수와 분쟁의 여지도 많다. 글로벌 기업들은 공급망에서 독립 공급자들의 네트워크를 조정하는 데 연간 수십억 달러를 지출한다. IBM에 따르면 배송 부문에서만 총 비용의 5%(연간 약 100억 달러)가 예상과 달리 분쟁 해결을 수반한다고 한다.[34] IBM은 블록체인 원장의 공유된 사실은 일반적인 원장에 대한 더 나은 추적을 통해 이러한 손실을 20%까지 줄일 수 있을 것으로 추정했다.

분쟁이 발생하기 전에 이를 피하는 것 외에도 사실에 대한 보편적인 견해는 사후 검증 가능성을 촉진한다. 모든 정보가 단일 분산 원장에 기록되고 해당 원장의 모든 변경 사항이 자동으로 변경되지 않고 기록되면 트랜잭션 감사가 훨씬 쉬워진다. 활동의 포렌식 재구성은 더 이상 필요하지 않다. 회계감사인은 분쟁 발생 시 시장참여자, 정기 감사를 수행하는 감사 회사 또는 규제 기관일 수 있다.

트랜잭션에는 종종 다른 공급자와 관련된 여러 구성 요소가 있다. 부동산 또는 자동차 거래에는 은행, 보험 회사, 정부 기관이 포함될 수 있으며 각 기관은 거래에 대한 특정 정보를 추적해야 한다. 토지 등기소에 증서를 적절하게 기록했다고 주택담보대출 은행, 보험 회사 또는 지방 과세 당국이 이를 보증할 수 없다. 이러한 각 조직은 자체 시스템, 자체 데이터 형식, 자체 직원을 사용한다. 이러한 모든 기록을 동기화하고 조정할 때 문제가 발생할 가능성이 많다. 그리고 이런 일이 발생할 때마다 추가 비용과 지연이 발생한다.

컴플라이언스 기능에서도 동일한 문제가 발생한다. 은행에 대한 규정은 특정 거래 정보를 규제 기관에 전송하도록 요구하고 규제 기관은 시스템 위험을 평가하려고 모든 측면을 조사할 수 있다. 예를 들어 두 거래 상대방은 장외 스왑을 상품선물거래위원회CFTC, Commodity Futures Trading Commission에 보고해야 한다. 그러나 R3의 최고준법책임자이자 통화감사원의 전 은행 심사관인 니파 파텔Neepa Patel에 따르면 두 상대방이 동일한 거래에 대해 규제 기관에 보내는 정보가 최대 40% 일치하지 않는다.[35] 이는 일반적으로 일관성이 없는 엔티티entity 이름 또는 타임스탬프와 같은 시스템 간의 관리 오류 또는 비호환성이다. 정확한 데이터를 생성하려면 이러한 문제를 수동으로 조정해야 한다.

동일한 거래에 대한 서로 다른 기록 시스템 간의 격차도 사기의 가능성을 열어 준다. 빅체인DBBigChainDB의 CEO인 브루스 폰Bruce Pon은 자동차 산업에 정보 기술 서비스를 제공한 그의 이전 경력을 이야기한다.[36] 자동차는 종종 대출을 위한 담보로 사용된다. 딜러가 자동차를 판매했지만 대출을 제공하는 은행에 알리지 않고 딜러가 파산하면 은행은 자금을 회수할 방법이 없다. 러시아의 파렴치한 자동차 딜러들은 수천만 달러의 재고를 파는 동시에 은행 대출을 위한 담보로 사용했다. 인증되지 않은 부품에서도 유사한 문제가 발생한다. 면허가 있는 딜러가 자동차를 수리할 때 승인된 부품만 사용하려고 하는 경우에도 위조 부품이 들어올 수 있는 공급망의 다른 지점을 통제할 수 없다.

필요한 것은 제조에서 판매, 애프터마켓 수리에 이르기까지 체인 전반에 걸쳐 차량을 추적할 수 있는 방법이다. 자동차 산업의 제조업체, 금융 서비스 회사, 중개업자는 모두 함께 모여 자동차 주변의 공급망 및 금융 체인에 대한 통합된 시각을 형성하려고 협력할 수 있다. 폰Pon은 블록체인 모델에서 "모든 사람이 즉시 볼 수 있는 하나의 공유된 불변의 진실이 있다. 변경 사항이 있으면 즉시 전파된다"라고 말했다.[37] 이를 통해 보험 및 예측 가격 알고리듬과 같은 추가 서비스를 공통 데이터 세트 위에 적용할 수 있다. 블록체인 자체는 기록된 정보의 정확성을 보장하지 않으며 모든 기업이 참여하도록 강요하지도 않는다. 그러나 공통 플랫폼을 만들면 이러한 문제를 더 쉽게 해결할 수 있다. 도요타는 이러한 산업 전반에 걸친 플랫폼 개발을 도우려고 이더리움 기업 연합EEA에 가입했다.

허가형 분산 원장 기술에 대한 가장 유명한 시범 프로젝트 중 하나는 IBM과 함께하는 월마트Walmart의 식품 안전 시험이다. 월마트는 세계 최대 소매업체이자 가장 정교한 공급망 관리자 중 하나다. 그러나 월마트조차도 제품이 결국 매장에 입고되는 전 세계 수천 개의 공급업체를 쉽게 추적할 수 없다. 식품 안전은 공급망의 가시성이 생명을 구할 수 있는 중요한 영역이다. 그리고 월마트의 식품 안전 책임자인 프랭크 이안나스Frank Yiannas에 따르면 식중독 질병을 조금만 감소시켜도 경제에 수십억 달러의 절감 효과를 창출할 수 있을 것이라고 한다.[38]

식중독 질병이 발생하면 가장 큰 문제는 출처를 식별하는 것이므로 원산지 농장의 제품을 선반에서 신속하게 제거할 수 있다. 처음에 미국에서 재배된 망고와 중국산 돼지고기를 위한 월마트의 시범 프로젝트는 제품이 한 지점에서 다른 지점으로 이동할 때마다 바코드를 사용해 분산 원장에 정보를 기록했다. 그러나 월마트조차도 중국의 모든 돼지 농장을 하나의 중앙 집권화된 원장으로 가져올 수 있는 방법은 없다. 물류 문제 외에도 많은 공급업체는 월마트의 경쟁업체들과 협력하고 있으며 월마트가 그들의 모든 운영에 개방적인 접근을 허용하는 것을 주저할 것이다. 분산 원장은 통제권을 포기하지 않고 정보를 공유할 수 있게 해줬다.

시스템을 테스트하려고 이안나스는 자신의 팀에게 기존 공급망 메커니즘을 사용해 월마트 매장 중 한 곳에서 판매되는 망고 패키지를 생산한 농장을 식별하도록 요청했다. 일주일이 걸렸다. 블록체인 기반 시스템으로 불과 2초 만에 답을 얻을 수 있었다. 식중독 질병 발생 시 그것은 삶과 죽음의 문제가 될 수 있다.

초기 시도의 성공을 기반으로 월마트는 시범 프로그램을 유니레버Unilever, 네슬레Nestle, 타이슨Tyson, 돌 푸드Dole Foods를 포함한 다른 파트너들로 확장했다.[39] 시스템의 분산된 특성은 월마트의 경쟁사를 포함해 더 많은 회사가 기존 데이터베이스에서는 작동하지 않는 방식으로 같은 플랫폼에 기여할 수 있다는 것을 의미한다.

월마트의 식품 계획은 소매 업계에 지장을 주지 않을 것이다. 그것은 이국적인 새로운 비즈니스 모델이나 국가가 발행하는 통화로부터 경제적 변화를 나타내지 않는다. 하지만 블록체인 관련 기술 없이는 쉽게 일어날 수 없는 혁신이다. 그리고 중복 기록을 없애고 조정함으로써 실질적인 경제적, 사회적 이익을 약속한다.

반투명한 협업

신뢰가 없으면 암호화를 통해 익명의 교환을 허용할 수 있지만 이러한 구성은 네트워크의 규모 경제가 결여돼 있다. 신뢰가 충분하다면 부담스러운 견제와 균형이 필요하지 않다. 그러나 대부분의 경우 특히 비즈니스 환경에서 커뮤니티는 제한된 신뢰 조건에서 상호 작용한다. 그들은 데이터를 공유하기를 원하지만 여전히 통제권을 유지한다. 필자는 이것을 '반투명한 협업'이라고 부른다.

2017년 IBM이 전 세계 3,000명의 고위 경영진을 대상으로 실시한 설문조사에 따르면 블록체인 채택을 모색하는 기업들은 이 기술을 일종의 '신뢰 가속기trust accelerator'로 간주해 협업 이니셔티브를 강화하는 것으로 나타났다.[40] 이 모델은 다양한 사례에서 채택되고 있다. 예를 들어 광대역 및 미디어 회사인 컴캐스트Comcast는 현재 미국 및 유럽의 다른 주요 미디어 회사들과 협력해 이 접근 방식을 이용한 새로운 광고 플랫폼을 개발하고 있다.[41] 컴캐스트의 시스템은 마케팅 담당자들이 시청자 세분화 데이터를 텔레비전 네트워크의 데이터와 연결해 광고를 더 잘 타깃팅할 수 있도록 한다. 오늘날 이러한 데이터 공유는 어느 쪽도 정보에 대한 통제권을 포기하기를 원하지 않기 때문에 제한적이다. 분산 원장은 잠재적인 경쟁자나 중개자가 독점 데이터를 처리하는 방법을 걱정할 필요 없이 모든 사람이 공통의 정보 풀로부터 이익을 얻을 수 있는 안전한 플랫폼을 제공한다.

마찬가지로 금융 서비스에는 당사자가 잠재적 경쟁자와 정보를 공유해야 하는 상황이 많이 있다. 신디케이트syndicate 대출(연간 4조 달러 시장)에서는 다수의 대출기관이 함께 대출 계약을 공유한다. 이렇게 하면 위험을 분산시키는 데 도움이 되고 소규모 대출기관이 혼자서는 지원할 수 없는 거래에 접근할 수 있게 된다. 신디케이트 대출의 어려움은 주어진 돈의 양을 감안할 때 당사자들 간의 권리와 의무의 배분이 정확하게 명시돼야 한다는 것이다. 분산 원장 신생 기업인 심비온트의 사장 겸 회장이 된 전 모건스탠리 임원인 케이틀린 롱Caitlin Long에 따르면 신디케이트 대출은 금리가 붕괴될 때까지 뒷전으로 여겨졌다가 갑자기 수익률에 굶주린 투자자들에게 뜨거운 영역이 됐다. 이들을 지원하는 백오피스back-office 인프라는 이러한 수준의 활동을 위해 설계되지 않았다.[42]

단일 대출기관과 관련된 대출에 대해서는 해당 대출기관의 시스템에서 거래를 처리할 수 있다. 신디케이트 대출은 모든 대출기관의 시스템에서 추적돼야 하며 이러한 시스템은 상호 연결되지 않는다. 따라서 수동 절차를 사용해 정보를 공유한다. 여기에는 일반적으로 종이 팩스가 포함된다. 2008년에는 단지 신디케이트 대출을 관리하려고 2,500만 개의 팩스가 전송됐다.[43] 주요 투자 은행들은 문자 그대로 수백 명의 사람(일반적으로 인도와 같은 저임금 국가에서)을 고용해 팩스를 수집하고 시스템에 데이터를 입력한다. 대출은 일반적으로 신디케이트의 모든 구성원에 대해 동일한 이자율을 지정하더라도 각각 독립적으로 계산한다. 그들 중 누구도 이 필수적인 기능을 수행하고자 다른 대출기관이나 제3자를 신뢰하지 않을 것이다.

신디케이트 대출 절차의 단편적인 특성은 비용이 많이 들고 오류 및 불일치의 기회를 많이 만든다. 이것들은 매번 조정돼야 하므로 추가 비용과 지연이 발생한다. 대출을 분산 원장에 배치하고 스마트 컨트랙트를 통해 조건을 이행하면 이 모든 것을 피할 수 있다. 대출자뿐만 아니라 각 차용자는 항상 정확히 동일한 정보를 본다. 그러나 누구도 통제를 포기할 필요가 없다.

심비온트는 크레디트 스위스Credit Suisse, 바클레이스Barclays, 스테이트 스트리트State Street, 미국 은행U.S. Bank, 웰스파고Wells Fargo, KKR, 얼라이언스번스타인AllianceBernstein 등 주요 금융 서비스 업체들과 협력해 신디케이트론 솔루션을 개발하고 있다.[44] 이러한 기업이 블록체인 기반 접근 방식에 대해 더 많은 경험을 얻게 되면 이를 적용할 다른 많은 기회를 찾을 수 있을 것이다. 현대 금융의 거의 모든 측면에는 분산 신뢰 모델이 효율성을 개선하고 새로운 기회를 창출할 수 있는 다자간 디지털 거래가 포함된다.

허가형 시스템으로서 신디케이트 대출 네트워크는 여전히 제공자들 사이의 기본 수준의 신원이 필요하다. 개방형public 블록체인의 유사한 애플리케이션을 사용하면 스마트 컨트랙트를 통해 충분한 자본 준비금을 입증할 수 있는 모든 기업이 대출 신디케이트에 참여할 수 있다. 기존 금융 서비스 제공업체들은 아마도 이런 방식으로 시장을 개방하는 것을 거부할 것이다. 따라서 동일한 애플리케이션은 분산 원장 플랫폼의 구조에 따라 매우 다른 두 가지 가치 제안을 가질 수 있다. 개방형 블록체인은 반투명 협업을 활용해 완전히 새로운 금융 시장을 창출할 수 있다. 허가형 네트워크는 현재의 플레이어의 세계가 더 효율적으로 작동하는 데 도움이 된 이 책의 2부에서 다루게 될 법적 및 규제적 고려 사항이 크게 부각되기는 하지만 이론적으로는 둘 다 공존할 수 있다.

가치의 토큰

블록체인 시스템의 마지막 기회는 가상 경제를 통한 직접적인 가치 교환이다. 가치 있는 것을 만드는 전통적인 방법은 그것을 희소하게 만드는 것이다. 금과 다이아몬드는 세계에 공급이 적고 수요가 많기 때문에 구리와 화강암보다 더 가치가 있다. 이와는 대조적으로 인터넷 경제는 풍요의 경제에 의해 지배된다. 월간지 「와이어드Wired」 편집자 크리스 앤더슨Chris Anderson이 2004년 기사에서 처음 소개한 '긴꼬리long tail' 개념은 디지털 상품의 저장 및 거래 비용이 어떻게 극적으로 낮아져 시장 구조를 변화시켰는지 포착했다.[45] 실제 서점에서는 선반에 공간이 충분하지 않다. 생산 및 유통 비용으로 인해

500권을 판매하는 책은 50만 권을 판매하는 책보다 수익성이 훨씬 떨어진다. 그 결과 실물 상품 시장은 소수의 히트 상품에 집중된다. 디지털 시장은 개별적으로는 소량이지만 전체적으로는 대량으로 판매하는 제품에 대한 긴 수요의 꼬리를 활용할 수 있다. 아마존은 다른 품목을 나열하는 데 비용이 거의 들지 않는다. 직접적인 수익을 제공하는 것 외에도 아마존이 방대한 재고를 통해 축적한 데이터는 서비스를 개선하는 데 사용된다.

인터넷의 풍요로운 경제와 물리적 세계의 희소성에 대한 경제 사이의 긴장은 인터넷 법률에서 심각한 논란을 많이 불러 일으켰다. 콘텐츠의 완벽한 디지털 사본을 만들어 전 세계에 배포하는 데 비용이 거의 들지 않게 되자 크리에이티브 업계에서는 비즈니스 모델이 무너질까 두려워했다. 이것은 오늘날까지 여전히 격렬한 일련의 저작권법 분쟁으로 이어졌다. 사용자가 '무한 리필all-you-can-eat' 광대역 요금제를 이용하기 시작했을 때 네트워크 사업자의 반응은 불합리한 차별을 방지하기 위한 망 중립성 규칙을 둘러싼 거대한 싸움을 촉발시켰다. 그리고 구글 및 페이스북과 같은 회사가 무료 서비스의 수익성을 높이려고 광고를 타깃팅하는 방법을 알아냈을 때 집중적인 개인 데이터 수집 경로로 이끌었고 지속적인 개인정보 보호 논쟁을 불러일으켰다. 2018년 봄, 정치 컨설팅 회사인 캠프리지 애널리티카Cambridge Analytica가 수백만 명의 페이스북 사용자 프로필을 은밀히 수집해 이를 미국 대선에서 유권자를 표적으로 삼는 데 사용했다는 폭로가 페이스북의 시가총액에서 1,000억 달러 이상을 떨어뜨렸고 더 강력한 규제 요구를 촉발시켰다.[46]

블록체인은 인위적인 희소성의 기술이다. 디지털 거래의 장점과 디지털 자원을 복사할 수 없다는 보장을 결합한다. 콘텐츠 소유자는 디지털 권한 관리의 형태로 암호화를 사용해 오디오 및 비디오 파일의 무단 복사를 방지한다. 암호통화 토큰은 분산 네트워크에서 동일한 결과를 얻는다.[47] 실행 가능한 통화를 만들려고 비트코인은 이중 지출을 하거나 시빌 공격으로 네트워크를 범람시키는 것을 불가능하게 만들어야 했다. 그러나 토큰이 희소 가치를 나타내면 돈 이상으로 사용될 수 있다. 암호화로 보호되는 디지털 자산 또는 '암호 자산cryptoasset'이 된다.[48]

암호 자산은 4장의 앞부분에 있는 자동차 대출 사례에서와 같이 물리적 상품을 나타낼 수 있다. 2장에서 설명한 크립토키티 수집품과 같은 희소한 디지털 개체를 나타낼 수 있다. 또는 네트워크 자체의 유용성을 나타낼 수 있다. 비트코인의 경우 돈이 핵심 애플리케이션이기 때문에 네트워크의 가치는 단순히 사용할 수 있는 모든 비트코인의 가격이다. 이더리움의 경우 가치는 계산을 실행하는 데 필요한 가스 비용을 지불하고자 이더를 사용해 탈중앙화 애플리케이션^{DApp}을 만드는 능력에 있다. 이더 토큰의 공급 제한을 감안할 때 이더리움 스마트 컨트랙트에 대한 수요 증가는 토큰 가격 상승으로 이어질 것이다. DApp 자체도 마찬가지다.

예를 들어 시빅^{Civic}은 블록체인 기반 신원 확인 서비스를 제공한다.⁴⁹ 개인정보를 제공하는 사용자, 이를 검증하는 검증인, 사용자 프로필을 시스템에 연결하는 대규모 서비스 제공자는 모두 시빅의 CVC 토큰 형태로 보상을 받는다. 이 토큰은 정보의 유효성 검증(예: 고용주가 대학 성적 증명서를 확인하거나 은행이 자금 세탁 방지 조사를 수행하는 등) 및 기타 시빅 서비스 비용을 지불하는 데 사용할 수 있다. 네트워크 활동이 많을수록 토큰의 가치는 높아진다. 토큰을 독립적인 거래소에서 거래할 수 있는 경우 토큰의 가치는 거래자의 기대에 따라 변동되지만 시간이 지남에 따라 토큰의 총 가치는 DApp의 가치로 수렴돼야 한다.⁵⁰

따라서 DApp은 기업과 유사하다. 가치를 창출하는 활동을 위한 플랫폼이다. 회사가 운영 자금을 조달하려고 주식을 대중에게 판매할 수 있는 것처럼 DApp은 토큰을 판매할 수 있다. 네트워크의 경우 작업증명^{proof-of-work} 또는 유사한 과정을 통해 생성된 추가 코인과 함께 정해진 수의 코인을 '사전 채굴^{premining}'해 생성할 수 있다. 민간 기업의 스톡 옵션에 일반적인 4년 만기 일정과 같이 스마트 컨트랙트가 체결된 토큰을 중심으로 원하는 규칙 집합을 설정할 수 있다. 주식의 기업 공개^{IPO, Initial Public Offering}와 유사하게 토큰 판매는 종종 '초기 코인 공개^{ICO, Initial Coin Offering}'라고 한다.

ICO를 시작한 첫 번째 프로젝트는 비트코인 네트워크에서 새로운 애플리케이션 코인 또는 앱 코인을 생성하기 위한 시스템인 마스터코인^{Mastercoin}

이었다.[51] 마스터코인은 2013년에 500만 달러의 비트코인을 창출했다. 이더리움은 2014년 중반에 이어 첫 번째 이더 블록을 채굴하기 훨씬 전에 약 1,800만 달러를 모금했다. 그후 2년 동안 비슷한 범위에서 모금하는 추가 ICO가 서서히 증가했다.

2016년 중반부터 2017년 말 사이에 비트코인 가격이 400달러에서 2만 달러 가까이 급등하면서 ICO 활동이 급증하면서 그 어느 때보다 많은 금액을 모금했다. 이더리움은 앞서 언급한 바와 같이 ERC20이라는 표준을 만들어 이더리움 스마트 컨트랙트에 기반한 토큰을 생성하는 과정을 단순화했다. 그리고 서비스 제공자, 헤지 펀드, 법률 전문가, 기타 네트워크가 프로젝트를 구성하고 토큰 판매를 실행하는 데 도움을 주려고 등장했다. 2017년 수백 개의 ICO를 통해 40억 달러 이상의 암호통화가 모금됐다.[52] 이에 따라 언론의 관심도 높아졌다.

2017년의 어느 순간 매주 새로운 ICO 최고 기록을 세우는 것처럼 보였다. 3장에서 설명한 웹 브라우저 개발자인 브레이브는 광고 대신 출판사에 지불하는 데 사용할 수 있는 베이직 어텐션 토큰BAT, Basic Attention Token을 제공했다. 토큰 판매는 몇 분 만에 매진돼 당시 3,500만 달러 가치의 이더를 모금했다. 암호통화 토큰을 서로 쉽게 교환할 수 있게 해주는 방코르Bancor는 며칠 후 1억 5,000만 달러 상당의 자금을 조달했다. 유연한 거버넌스를 기반으로 새로운 블록체인 네트워크를 개발한 테조스Tezos는 당시 2억 3,000만 달러 이상을 창출한 ICO로 1위를 차지했다. 그리고 분산 클라우드 스토리지 네트워크를 구축하고 있는 파일코인Filecoin은 일반 대중에게 판매되고 파트너에게 할인된 가격으로 예매한 토큰 사이에서 2억 5,000만 달러 이상을 모금했다. 모두 합치면 2017년에 최소 3,000만 달러를 모금한 ICO는 50건 이상이었다.[53]

ICO 열풍이 너무 강렬해 투자자들은 블록체인에 연결된 모든 회사의 토큰을 기대하기 시작했다. 잘 알려진 암호통화 기반 탈중앙화 시장인 오픈바자OpenBazaar는 왜 ICO를 하지 않는지 설명하는 블로그 게시물을 발행해야 하는 의무감까지 느꼈다.[54] 그 이유 중에는 개념의 경제적, 법적 불확실성과 회사의 비즈니스 모델에서 토큰이 필요하지 않다는 점이었다. 6개월 후 CEO는 토큰 서밋Token Summit 컨퍼런스에서 오픈바자 토큰에 대한 계획을 발표했다.[55]

ICO 시장의 정점은 1990년대 후반 인터넷 신생 기업의 과열된 IPO 시장보다 훨씬 작았지만 둘 사이에는 놀라운 유사점이 있었다. 코드가 거의 또는 전혀 작성되지 않은 프로젝트가 갑자기 수십억 달러의 가치 평가를 달성하게 됐는데 그 정당성을 찾기 어려웠던 경우가 많았다. 전 이더리움 CEO인 찰스 호킨슨Charles Hoskinson은 "회사는 기존 블록체인을 사용해 동일한 작업을 수행할 수 있을 때 토큰을 발행한다"라고 주장한다. "사람들은 빠르고 쉬운 돈에 눈이 먼다."[56]

암호통화에 대한 엄청난 흥분, 대중이 이용할 수 있는 투자의 제한된 목록 그리고 미래에 대한 커다란 불확실성이 존재하는 뜨거운 시장에서 누군가가 지불할 토큰의 시장 가격은 네트워크에서 향후 활동의 할인된 가치라는 실제 가치에 대한 합리적인 평가에서 벗어나기 쉽다. 이러한 격차는 금융 시장에서 일반적이다. 시장 조성자와 차익 거래자는 거래와 실제 가치 사이의 격차를 돈벌이 기회로 삼고 이렇게 함으로써 시장을 '가격 발견price discovery'이라고 알려진 '적절한' 가격으로 이동시킨다. 이것이 이론상으로 작동하는 방식이다. 그러나 실제로는 투자자들에게 피해를 입히는 남용의 기회가 많아 대규모 금융 규제가 도입된다. 토큰 판매의 법적 및 규제적 상태는 9장에서 논의될 것이다.

토큰 판매는 전통적인 벤처 캐피털 모델의 한계를 뛰어넘는 혁신적인 기술에 자금 지원하는 새로운 수단을 제공할 수 있다.[57] 프로토콜은 긍정적인 네트워크 효과를 생성하는 데 수많은 사용자가 필요하다. 새로운 프로토콜의 경우 기존 제품과 경쟁하거나 시작하기가 어려울 수 있다. 벤처 투자가들은 빠르게 규모를 확장하고 '홈런home run' 수익을 낼 수 있는 사업을 찾고 있는데 이는 항상 창업에 적합한 모델은 아니다. 벤처 투자가인 크리스 딕슨Chris Dixon은 "네트워크 비즈니스 구축의 가장 큰 과제는 부트스트랩 문제다"라고 말한다.[58] 브레이브와 시빅은 모두 전통적인 벤처 캐피털 자금을 받았지만 다른 이점을 활용하려고 토큰도 발행했다.

전통적인 구조의 사업이 성공하면 가치는 일반적으로 이용자가 아니라 운영자에게 돌아간다. 약 20억 명의 사람들이 페이스북에 관심과 콘텐츠를 제공하지만 결과적으로 페이스북이 창출하는 경제적 이익은 전혀 얻지 못한다. 페이스북이 앱 코인을 중심으로 조직됐다면 이용자는 적어도 이론상으로는 토큰 가격이 상승함에 따라 그 혜택을 공유할 수 있을 것이다. 토큰의 잠재적 가치는 또한 이용자들이 다음 페이스북이 될 수 있는 것에 참여할 수 있는 인센티브를 제공할 수도 있다. 얼리 어답터와 새로운 플랫폼에 대한 강한 신봉자들은 토큰 가격이 낮을 때 일찍 들어가는 것이 권장될 것이다. 회사가 매각되거나 상장될 때까지 '유동성 이벤트'를 제공하지 않는 전통적인 벤처 캐피털 자금 조달과 달리 토큰 판매 모델은 투자금을 통화로 즉시 전환할 수 있다.

암호통화 시장의 초기 개발 단계에서 비트코인 자체를 제외하고 실제 유틸리티를 기반으로 토큰 가치를 창출하기에 충분한 규모로 운영되는 플랫폼은 거의 없다. 지금까지 출시된 대부분의 ICO는 아직 실행되지 않은 서비스를 위한 것이었다. 일부는 프로덕션 네트워크를 구축하는 데 성공하지 못할 것이다. 심지어 그 지점에 도달한 사람들조차도 상당한 수의 이용자를 끌어들이지 못할 수 있다. 단지 어떤 것을 토큰화할 수 있다고 해서 반드시 토큰화돼야 하는 것은 아니다. 그러나 이 모델이 의미가 있는 경우에는 신생 기업이 자금을 조달하고 성장하는 방식을 바꿀 수 있다.

토큰화된 비즈니스는 사실상 2개의 경제 시스템으로 연결돼 있다. 즉 외부 암호경제 보안 시스템(블록체인 네트워크)과 연계된 내부 암호자산 시장이다. 대부분의 DApp은 이더리움과 같은 인프라 플랫폼에서 작동해 암호경제학적 검증을 아웃소싱한다. 이것은 여전히 중요한 과제를 남긴다. 오픈바자의 경우 ICO를 포기한 가장 큰 이유는 동기를 부여하는 내부 토큰이 필요하지 않기 때문이다. 이베이와 같은 시장으로서 오픈바자는 이미 경제를 갖고 있다. 상품을 돈으로 교환하는 것이다.

토큰 경제로 사업을 운영하려면 전문 지식이 필요하다.[59] ICO 이전에 이용자 소유의 개인 통화로 구동되는 서비스의 주요 사례는 상품을 구매하거나 능력을 얻으려고 가상 코인을 제공하는 온라인 게임이었다.[60] 가상 상품 모델은 징가Zynga 및 슈퍼셀Supercell과 같은 게임 회사의 급속한 성장을 이끌었다. 그러나 징가의 사용량(및 이후 주가)이 무너졌을 때 보인 바와 같이 고액 소비 '고래'에 대한 과도한 의존과 변덕스러운 사용자 취향에 대한 취약성과 같은 문제도 야기했다. 당신이 통제할 수 없는 시장 가격에 속박돼 회사를 운영하는 것은 쉽지 않다. 토큰 발행자는 일반적으로 플랫폼상의 서비스에 대한 토큰의 환율을 조정할 수 있는 약간의 권한을 갖고 있지만 토큰의 가치를 너무 떨어뜨리면 이용자들은 반란을 일으킬 것이다.

결국 토큰 경제가 그렇게 훌륭한 모델이라면 페이스북은 왜 이를 채택하지 않았을까? 페이스북은 사용자가 광고를 보는 대신 구매할 수 있는 가상 크레딧을 발행할 수 있다. 사실 페이스북은 실체로 그렇게 하려고 시도했다. 2009년에 페이스북 크레딧Facebook Credits은 페이스북에서 운영되는 게임의 가상 상품을 위한 토큰 시스템으로 만들어졌다. 페이스북은 자체 내부 통화를 운영하는 이점을 보지 못했기 때문에 2012년에 문을 닫았다. 이용자들은 또한 페이스북이 여전히 세금을 부과할 수 있는 각 게임의 고유 가상통화로 가상 상품을 구매하는 것이 더 간단하다는 것을 알았다.

게다가 결국 페이스북과 같은 중앙 집권화된 회사는 네트워크에서 가치를 추출함으로써 돈을 벌고 있다. 사업 모델은 가치가 네트워크에 존재하는 완전한 토큰화된 구조와 호환되지 않는다. 이는 토큰 경제를 기반으로 구축된 경쟁자에게 기회를 제공한다. 그러나 이러한 경쟁자들은 동일한 트레이드오프에 직면해 있다. 그리고 페이스북은 사업 모델을 변경해야 하지만 이미 서비스 비용을 청구하고 있는 아마존 웹 서비스와 같은 기존 플랫폼들은 경쟁사들이 가치를 보여 준다면 토큰 모델을 더 쉽게 채택할 수 있을 것이다.

토큰 모델에도 위험이 있다. 가치가 모호한 ICO의 홍수는 9장에서 논의될 법적, 규제적 논쟁을 촉발시키고 있다. 그리고 토큰 기반 프로토콜을 감독하는 비영리 단체와 개발자 또는 이용자의 재정적 이익 간의 균형을 맞추는 것은 어려울 수 있다. 토큰화된 네트워크는 공격, 버그, 향후 개발에 대한 의견 불일치에 취약하다. 7장에서 다룰 거버넌스 메커니즘이 필요하다.

위험에도 불구하고 다른 세 가지 블록체인 가치 제안의 잠재력과 마찬가지로 토큰화의 잠재력은 매우 흥미진진하다. 하이퍼비트코인화 hyperbitcoinization가 곧 법정 화폐와 중앙 은행을 전복시켜 블록체인을 인터넷 이후 가장 중요한 기술 트렌드로 여길 것이라고 믿을 필요는 없다. 모든 면에서 신뢰가 후퇴하는 것처럼 보이는 상황에서 블록체인의 잠재력은 감질나게 한다.

만약 비트코인이 했던 모든 것이 실현할 수 있고 탈중앙화된 프라이버시 통화를 만들었다면 금융 역사상 중요하고 잠재적으로 획기적인 발전을 이룰 것이다. 하지만 훨씬 더 많은 것을 달성했다. 비트코인은 유사한 시스템과 지원 업무 물결의 시작이었으며 지금은 세계의 구석구석 그리고 사실상 경제의 거의 모든 분야로 확산되고 있다. 돈의 핵심은 가치를 전달하는 신뢰할 수 있는 정보의 형식이다. 따라서 탈중앙화되고 네트워크화된 디지털 화폐는 새로운 형태의 커뮤니케이션을 나타낸다. 그 의미는 거의 상상할 수 없을 정도로 광범위하다.

시간이 지남에 따라 블록체인 기술의 근본적인 혁신을 기반으로 하는 시스템이 비즈니스, 정부, 인간 커뮤니티의 모든 측면에 영향을 미칠 수 있다. 블록체인을 인쇄기, 전화 또는 인터넷과 유사한 파급력을 미치는 혁명으로 정의하기에는 시기상조이지만 같은 개념의 범주에 속한다.

2부

원장이 법을 만나다

5장_ **블록체인 신뢰 풀기**

아무것도 없는 곳에서 어떤 것

컴퓨터로 웹 페이지가 흥미로운지 판단하는 좋은 방법은 흥미로운 페이지가 해당 페이지로 연결되는지 확인하는 것이다. 이러한 접근 방식의 문제점은 컴퓨터가 어떤 페이지가 흥미로운지의 여부를 결정할 수 없다는 점이다. 그러나 해당 페이지는 흥미로운 페이지가 링크된 경우에만 흥미롭다. 그리고 그 순환은 계속된다. 이 순환성은 해결하는 것이 불가능해 보인다.

우연히 웹 검색을 위한 이 순환성 문제에 대한 두 가지 해결책이 동시에 확인됐다. 하나는 IBM 연구소를 방문했던 코넬Cornell 교수가 개발했으며 다른 하나는 무명의 스탠퍼드 대학원생 2명이 개발했다. 후자의 두 사람은 래리 페이지Larry Page와 세르게이 브린Sergey Brin으로, 구글 검색 엔진을 만들려고 그들의 접근 방식을 사용했다.[1] 말할 필요도 없이 효과가 있었다. 그리고 다른 솔루션인 클레버CLEVER는 강력한 IBM의 후원을 받았음에도 구글이 우위를 점하고 인터넷의 발전을 성공적으로 이끌었다. 때로는 특정 제한 조건이 있는 네트워크 환경에서 수학은 무에서 유를 창조할 수 있게 한다.

블록체인의 개념적 문제도 비슷하다. 비트코인 또는 다른 암호통화 토큰은 모든 사람이 그것에 가치가 있다는 것에 동의하기 때문에 가치 있다. 이러한 무에서부터의Ex Nihilo 가치 창출은 비논리적으로 보인다. 확실히 원장 뒤에 누군가가 또는 무언가가 서 있는 것 같다. 믿음 없는 신뢰의 수호신은

5장_ 블록체인 신뢰 풀기 **135**

있을 필요가 없다는 것이다. 그러나 이러한 깨달음은 질문을 시작할 뿐이다. 1장에서 설명한 바와 같이 블록체인은 신뢰를 없애는 것이 아니라 재구축하는 것을 나타낸다.

정보를 찾는 구글의 알고리듬이 온라인 시장과 지식을 접하는 방식 모두를 형성한 것처럼 블록체인 기술의 속성은 그것이 만들어 내는 특정한 종류의 신뢰를 형성할 것이다. 블록체인 네트워크는 중앙 통제 지점이 없다는 점에서 분산돼 있다. 이들은 암호학의 수학적 보장과 경제적 인센티브의 힘을 결합한 암호경제학적 제약에 의존한다. 정보를 변경할 수 없도록 기록하므로 한 번 기록된 정보를 변경하기가 어렵다(불가능하지는 않더라도). 이들은 원장의 내용을 참가자에게 투명하게 만든다. 그리고 절차가 아닌 소프트웨어 알고리듬을 통해 신뢰를 유지한다.

이러한 각 특성에는 장점과 한계가 모두 있다. 블록체인 신뢰의 특정한 형태는 또한 블록체인 시스템이 법과 상호 작용하는 방식을 구성하기도 한다.

분산

무엇보다도 신뢰할 수 없는 신뢰가 분산된다.[2] 블록체인은 개인이나 기관에 대한 신뢰를 전체 시스템에 대한 신뢰로 대체한다.[3] 전통적인 금융 시스템에 대한 신뢰는 은행이나 규제 기관과 같은 개별 행위자에 대한 신뢰를 의미한다. 이에 반해 블록체인의 경우 채굴자도, 블록체인의 실행하는 노드도, 코드 작성자도, 이용자도, 어느 누구도 신뢰할 수 없다. 모든 전체 노드에는 블록체인의 완전하고 정확한 사본이 있다. 관리 노드나 계층 관계가 없다.[4] 모든 사람이 동일한 소프트웨어에 접근할 수 있다. 그들이 채굴권의 대부분을 통제하지 않는 한 어떤 신뢰할 수 없는 행위자가 시스템의 무결성을 훼손할 수 없다. 이것이 블록체인의 '신뢰할 수 없는trustless' 차원이다.

허가형 원장은 이 제약 조건을 다소 완화하지만 포기하지는 않는다. 허가형permissioned 분산 원장 시스템은 접근 권한을 부여한다. 또한 개방형 블록체인 시스템의 완전히 투명한 접근 방식과 비교해 당사자에게 트랜잭션에 대한 다양한 수준의 가시성을 부여할 수 있다. 그러나 참가자가 네트워크에 연결되면 누구도 원장을 변경하거나 제어할 수 있는 권한이 없다. 마스터 사본이 아닌 합의를 협상하는 여러 노드가 여전히 있다. 심비온트의 신디케이트 대출 실험이나 월마트의 식품 안전 시범 프로그램 참가자들은 전통적인 방식보다 원장을 더 많이 신뢰하고 서로를 덜 신뢰한다.

분산 신뢰 아키텍처의 핵심 속성은 개별 구성 요소를 반드시 신뢰하지 않고도 시스템의 출력을 신뢰할 수 있다는 것이다. 보통 이 둘은 같이 간다. 바퀴와 브레이크의 무결성을 신뢰할 수 없다면 자전거가 당신을 안전하게 태워 줄 것이라고 믿을 수 없을 것이다. 문제는 구성 요소의 신뢰성을 평가하는 것은 비용이 많이 들고 종종 불가능하다는 것이다. 은행이 당좌예금 계좌에서 판매자에게 돈을 이체하는 데 사용하는 암호화 보안에 대해 얼마나 확신하는가? 시장에서 사온 닭고기가 도축장에서 살모넬라균에 오염되지 않은 것이 확실한가? 여러분은 알아낼 수 있는가? 그럴 것 같지 않다. 하지만 사람들은 만족스럽게 은행을 이용하고 아무 생각 없이 치킨을 먹는다.

바로 여기에서 신뢰 아키텍처가 등장한다. 여러분의 은행과 여러분이 구매하는 치킨 브랜드를 신뢰하는 것은 부분적으로는 이전 경험에서 나온 것이지만 대부분 나쁜 일이 발생하면 의지할 수 있기 때문이다. 그 의지에는 자발적인 대응, 규제 개입 또는 개인 소송이 포함될 수 있다. 도축장의 위생 절차를 평가할 필요가 없다. 육류 회사와 정부 규제 기관이 우리를 위해 알아서 해줄 것이라고 믿기 때문이다.

이러한 예에서 시스템의 신뢰성은 여전히 구성 요소의 신뢰성에 달려 있다. 도축장 주인이 노동력과 재료를 줄이면 공급망의 다른 모든 사람이 책임감 있게 일을 하더라도 오염된 닭고기가 시장에 나올 수 있다. 도축장이 제역할을 하고 시장의 정육점 주인이 제 역할을 하지 않은 경우에도 마찬가지일 것이다. 만약 신뢰할 수 없는 소수의 행위자가 시스템 전체의 신뢰를 반드시 훼손하지 않는다면 어떻게 될까? 마치 도축장이 고기가 오염되도록 내버려뒀지만 시장에서는 자동으로 이를 거부했다. 블록체인 신뢰 아키텍처는 바로 이러한 결과를 만들어 내고자 한다. 이용자는 상대방이나 중개자를 신뢰하지 않고도 트랜잭션을 신뢰할 수 있다.

블록체인의 아키텍처는 인터넷 아키텍처가 트래픽 라우팅을 분산하는 방식과 유사하게 신뢰를 분산한다. 데이터 패킷은 네트워크 측에서 '최선의 노력best efforts'만 할 수 있다. 어떤 라우터도 정보 전달을 보장할 수 없다. 인터넷 프로토콜이 누락된 패킷을 너무 빨리 감지하고 재전송해 아무도 눈치채지 못하기 때문에 이것은 문제가 되지 않는다. 트래픽 전달에 대한 중앙 집중식 신뢰의 필요성을 없애는 것은 각각의 새로운 시스템이 다른 사람에게 의존하거나 승인을 구하지 않고 자체 서비스에 집중할 수 있다는 것을 의미한다.[5] 블록체인은 전통적으로 중앙 집중화된 디지털 경제의 측면을 분산 신뢰로 대체함으로써 '가치 인터넷Internet of Value'을 만들 것을 약속한다. 이를 통해 이용자는 네트워크를 통해 패킷을 보내는 것과 동일한 방식으로 비용을 지불하거나 집행 가능한 약속을 할 수 있다.

블록체인의 확산된 형태의 신뢰는 전통적인 개념과 완전히 일치하지 않는다. 프랜시스 후쿠야마의 분석에 따르면 신뢰는 공유된 규범의 공동체 내에서 발생하는 기대다.[6] 신뢰는 단순히 별개의 당사자 간의 성향이 아니라 시스템의 집합적 상태. 후쿠야마의 주장과 로버트 퍼트남의 사회적 자본에 대한 연구의 근거는 사회가 지원하는 신뢰 관계의 강도에 따라 (자신과 시간이 지남에 따라) 다르다는 것이다. 신뢰도가 높은 사회에서 강력한 민간 기업과 정부 기관이 등장하는 것은 대인 관계 신뢰의 강력한 기반 때문이다. 특정 거래에 대한 중앙 집중식 신뢰는 사회 규범의 표현으로서 보다 분산된 기본 신뢰에 의존한다.

이와 마찬가지로 블록체인의 분산 컴퓨팅 활동을 바탕으로 고객의 비트코인을 보관하는 디지털 지갑 공급자와 같은 중앙 집중식 관계가 구축될 수 있다. 전체 비트코인 노드를 실행하거나 채굴을 통해 비트코인을 얻는 일반 사용자는 거의 없다. 대부분은 코인베이스Coinbase와 같은 중개업체를 통해 블록체인과 상호 작용한다. 또한 앞서 언급한 바와 같이 블록체인은 물리적으로 분산돼 있지만 논리적으로 중앙 집중식 레코드 역할을 한다.[7] 블록체인은 실제로 분산돼 있을 때도 진실의 중심 원천처럼 보일 수 있다.

암호경제

암호경제 보안은 개방형 블록체인 네트워크의 특징이다. 원장 검증에 참여하는 당사자들이 경제적 인센티브를 통해 동기를 부여받는다.[8] 비트코인의 경우 해싱 퍼즐을 가장 먼저 풀어서 10분마다 블록 보상을 받을 수 있는 기회다. 허가형 원장은 일반적으로 이 메커니즘을 사용하지 않는다. 그들은 보안을 위해 암호화에 의존하지만 잠재적인 공격자를 정직한 트랜잭션 검증자로 만들려고 사토시 나카모토의 인센티브 반전을 사용하지 않는다. 따라서 암호경제 보안의 중요성은 개방형 네트워크와 허가형 원장 네트워크 사이의 중요한 경계선 중 하나다.

개방형 블록체인 아키텍처는 네트워크 참여자가 신뢰할 수 있다고 가정하지 않으며 반대로 일부는 그렇지 않을 것이라고 가정한다. 모든 검증 노드가 정보를 진실하게 기록할 것이라고 합리적으로 믿을 수 있다면 합의에 도달하기 쉬울 것이다. 반대로 대부분의 참가자가 지속적으로 부정행위를 한다면 시스템을 신뢰하는 것은 무모할 것이다. 다시 말해서 만약 당신이 모든 사람을 일정 시간 동안 또는 일부 사람을 항상 신뢰할 수 있다면 신뢰할 수 있는 합의가 가능한가? 이것은 사회학과 정치 이론의 기본적인 질문이다. 결국 현실 세계에서 사람들은 대개 시간의 일부만 정직하다. 경제학의 언어에서 그들은 기회주의적으로 행동하며 인식된 이득이 비용을 초과할 때 규칙을 위반한다.

모든 전통적인 신뢰 아키텍처는 동일한 메커니즘인 제재를 통해 이 문제를 극복한다. 법을 위반하거나 계약을 어길 경우 리바이어던 정부의 메커니즘을 통해 소송을 당할 수 있다. 효과적으로 관리되는 커뮤니티의 규범을 위반하면 커뮤니티 자체에서 따돌림을 받거나 처벌을 받게 된다. 중개자와의 서비스 약관을 위반할 경우 서비스를 차단하거나 수수료를 부과할 수 있다.

전통적인 접근 방식은 제재의 힘이 어디에 있는지에 따라 다르지만 신뢰를 증진하려면 제재가 필요하다는 믿음을 공유한다. 그러나 제재 체계에는 비용도 따른다. 제재를 받는 개인과 지역사회 조직 모두에 제재 자체의 비용이 있다. 더 중요한 것은 제재 시스템 운영에 대한 모니터링 및 집행 비용이 든다는 점이다.

만약 제재 없이 기회주의적 행동을 예방할 수 있다면 그것은 상당한 새로운 기회를 창출할 것이다. 블록체인 네트워크의 암호화 요소는 일부 형태의 무차별 대입 부정행위를 방지한다. 그러나 디지털 화폐를 만들려는 이전의 실패한 시도가 보여 주듯이 그 수준의 보호는 충분하지 않았다. 여기서 사토시는 반전을 통해 다시 한번 해결책을 찾았다.[9] 비트코인은 부정행위를 비싸게 만드는 대신 정직한 행동의 가치를 비싸게 만들었다. 결국 채굴은 비용이 많이 든다. 고가의 컴퓨터 하드웨어와 전기가 필요하다. 이는 매우 낭비다. 이것이 블록체인 네트워크가 다양한 방식으로 가치를 표현하는 지분증명 및 기타 합의 프로토콜을 찾고 있는 이유다. 그러나 실제로 이것은 보이는 것처럼 억제 요인이 아니다.

제재를 받지 않고 신뢰 아키텍처를 구축하는 데 비용이 많이 드는 것은 사실 이점이 된다. 채굴은 확실히 비용이 많이 든다. 자신이 일을 했다는 것을 증명할 수 있는 사람만이 블록 보상과 거래 수수료의 혜택을 받을 수 있다. 시스템의 비용은 처벌의 불필요한 손실이 아니라 유인을 위한 '게임 속 피부'가 된다.

채굴자가 지출하는 총 비용이 소프트웨어가 내놓는 보상을 초과할 가능성이 있다. 작업증명 시스템은 네트워크의 컴퓨팅 성능에 따라 주기적으로 해싱 퍼즐의 난이도를 올리거나 내린다. 채굴자는 현재 암호통화 가격에서 예상되는 수익을 기반으로 어떤 투자를 할 것인지 합리적으로 결정한다. 투자 비용은 블록체인의 중앙 운영자가 아니라 채굴자가 부담한다.

그리고 궁극적으로 시스템이 작동한다면 포지티브섬positive-sum 게임이 만들어진다. 암호통화의 가치는 더 신뢰될 수 있기 때문에 증가한다. 만약 이용자들이 비트코인에 더 많은 비용을 지불할 의향이 있다면 그 비트코인은 채굴자들에게 더 가치 있는 보상이 된다. 투자가 많을수록 수익률이 높아진다. 채굴 활동이 많을수록 블록체인은 더 안전해진다. 51% 공격으로 블록체인을 억제하는 데 더 많은 힘이 필요하기 때문이다. 이기심은 사실상 모두를 위한 네트워크 보안을 향상시킨다.

이제 집행 메커니즘의 불명확성이 장점이 된다. 제재로 잡히지 않을 가능성이 일부는 규칙을 어기게 된다. 그러나 작업증명을 통한 블록 보상의 무작위성은 채굴자들이 투자하게 만드는 요인이다. 해싱 퍼즐^{hashing puzzle}의 난이도는 잘 정의된 수학적 속성이다. 채굴자들은 얼마나 많은 계산을 할 수 있는지 알고 있으며 하드웨어와 에너지의 투자와 가져올 수 있는 이익을 저울질 할 수 있다.

1921년 경제학자 프랭크 나이트^{Frank Knight}는 위험과 불확실성을 결정적인 차이를 제시했다.[10] 미래의 대부분은 알려지지 않았고, 그중 일부는 도저히 알 수 없다. 그러나 요기 베라^{Yogi Berra}의 다음과 같은 격언에 따라 살 수는 없다. "예측은 어렵다. 특히 미래에 대해서는 어렵다."[11] 나이트는 안정적으로 모델링할 수 있는 시나리오는 우리가 할 수 없는 시나리오와 근본적으로 다르다고 지적했다. 만약 오늘 비가 올 확률이 20%라는 것을 안다면 어떤 일이 일어날지는 잘 모르겠지만 우산을 갖고 갈지 여부를 판단할 수 있다. 반면 비가 올지 어떨지 모른다면 판단할 근거가 없다. 나이트는 첫 번째 범주를 '위험^{risk}'이라고 부르고 두 번째 범주에 '불확실성^{uncertainty}'이라고 불렀다. 경제학은 위험에 대한 대응의 공식화된 연구다. 심리학과 종교와 같은 분야에서 더 잘 다뤄지는 불확실성에 대해서는 거의 말할 것이 없다.[12]

블록체인은 비잔틴 장군 문제의 불확실성을 위험으로 전환한다. 네트워크의 참여자들은 인센티브에 반응하는 합리적인 경제 행위자로 모델링된다. 그들은 정직한 행동이든 부정행위를 통해서든 투자로 최대한 이익을 얻고 싶어한다. 이 시스템은 이러한 투자를 조정해 정직함이 승리하는 전략이 되도록 구성돼 있다. 부정행위자들은 네트워크의 대부분을 상대로 경쟁해야 하는데 이는 정직하게 행동하고 시스템이 제공하는 보상을 얻는 것보다 가치가 떨어지게 된다. 적어도 이것은 이론이다. 비트코인의 진정한 성공은 이론이 실제로 작동할 수 있음을 보여 줬다.

불변

불변성은 블록체인 신뢰의 시간 차원을 나타낸다. 분산 검증 네트워크의 암호경제 설계는 정보가 정확하고 일관되게 기록되도록 보장한다. 그러나 이것이 어제 기록된 것이 오늘 보는 것과 같음을 보장하지는 않는다.

은행 잔고는 은행 데이터 센터에 저장된 데이터베이스의 숫자 집합일 뿐이다.[13] 이론적으로 적절한 권한을 받은 사람이 한 계좌에서 다른 계좌로 돈을 이체할 수도 있고 계정 잔액에 몇 개의 0을 추가할 수도 있다. 그러나 일반적으로 그런 일은 발생하지 않는다. 은행은 보안 조치, 내부통제, 대사 절차를 시행해 승인되지 않은 거래에 플래그를 지정한다. 이러한 시스템은 대부분 잘 작동하지만 항상 그런 것은 아니다. 2016년 해커들은 은행 간의 국제 결제를 위한 중앙 네트워크인 SWIFT 시스템과의 연결을 악용해 방글라데시 중앙 은행에서 8,100만 달러를 훔쳤다.[14] 다른 많은 기록은 그다지 안전하지 않다.

중앙 집중화는 필연적으로 실패 지점을 생성한다. 현재 데이터베이스에 표시되는 정보가 원래 기록된 정보임을 신뢰하려면 각 중개자의 선의와 절차를 신뢰해야 한다. 이것이 블록체인이 신뢰를 분산시킴으로써 해결하는 것이다. 그러나 이러한 시스템에서도 정보는 변조에 대한 내성이 높은 경우에만 신뢰할 수 있다. 검증 프로세스를 배포하면 실제로 원장 조작의 가능성이 높아진다. 더 많은 사람이 그렇게 할 수 있는 위치에 놓이기 때문이다.

블록체인은 트랜잭션을 변경할 수 없도록 해 이 문제를 해결한다. 네트워크가 의도한 대로 작동하는 한 기록된 값을 변경하는 것은 본질적으로 불가능하다. 이것은 작업증명 시스템에서 비용이 많이 드는 계산의 기능 중 하나다. 비트코인 채굴 과정에서는 모든 유효한 블록이 이전 블록의 해시로 서명돼야 한다. 블록체인은 가장 긴 블록 배열이다. 현재 블록 이전에 변경하는 것은 전체 체인을 해당 지점으로 되돌리는 것을 의미한다. 모든 블록이 특정 순서로 연결돼 있기 때문에 전체 채굴 파워의 과반수(51% 공격)가 없으면 이러한 작업이 거부된다.[15] 따라서 블록체인에 기록된 내용이 변경되지 않았다고 확신할 수 있다.

블록체인은 어떤 수준에서는 머클 트리 데이터 구조를 사용해 구성된 트랜잭션의 과거 기록에 지나지 않는다. 비트코인에는 기본적으로 잔액이 있는 계좌의 개념이나 컴퓨터 과학자가 '상태state'라고 부르는 개념조차 갖고 있지 않다. 시스템의 현재 상태를 나타내는 것이다. 보유하고 있는 비트코인의 양을 파악하려면 이전 거래를 모두 더해야 한다. 이더리움을 비롯한 스마트 컨트랙트를 강조하는 다른 일부 시스템은 계정을 허용하지만 이러한 계정을 직접 편집할 수 있는 메커니즘은 아직 없다. 변경하려면 중복을 방지하려고 카운터를 자동으로 증가시키는 트랜잭션이 필요하다.

불변성은 분산된 방식으로 원장을 신뢰할 수 있게 만드는 중요한 요소다. 전통적인 신뢰 아키텍처에서 정보에 대한 신뢰는 실제로 그 정보를 유지 관리하는 행위자들에 대한 신뢰의 대리다. 은행을 신뢰하는 것만큼 은행의 데이터베이스를 신뢰하는 것이 아니다. 원장이 불변이라면 그 뒤에는 소프트웨어의 암호경제나 다른 유형의 보안 외에는 아무것도 서 있지 않다. 마찬가지로 불변성은 암호통화 토큰이 무기명 주식으로 기능할 수 있게 해준다. 그 가치는 원장에 기록된 정보에 대한 연결을 끊을 수 있는 방법이 없기 때문에 자산에 직접 상주한다.

그러나 불변성이 항상 잘 정의된 것은 아니다. 불변성이 무엇을 의미하는지에 대한 몇 가지 해석이 있다. 더욱이 가장 불변의 시스템이 가장 좋은 시스템이라는 것이 항상 명확하지는 않다. 이 주제에 대한 레딧Reddit 온라인 토론 스레드의 한 포스터는 "블록체인에 적용되는 불변의 개념은 꽤 변덕스러운 것 같다"라고 비꼬았다.[16] 법률 학자 안젤라 월치Angela Walch는 두 가지 이유로 불변성을 둘러싼 '혼돈의 안개'를 문제로 지적하고 있다. 기록은 절대 변경되거나 되돌려질 수 없다는 과신을 불러일으키고 입법자나 법원이 일반적으로 불변의 원장을 참조할 때 불확실성을 만든다.[17]

그 이유 중 일부는 불변성이 신뢰와 마찬가지로 이분적이지 않기 때문이다. 블록체인에 대한 신뢰는 확률적 의미에서 불변이다.[18] 신뢰할 수 없는 체인을 합의와 구별하는 것은 만능 결정이 아니다. 문제의 블록에 이어 더 많은 블록이 추가될수록 체인을 그 지점으로 다시 포크fork하는 데 더 많은 처리 능력이 필요하다. 따라서 시간이 지남에 따라 이전 거래에 대한 신뢰가 높아진다. 닉 스자보는 호박 속에 갇힌 파리의 비유를 사용한다. 점점 더 많은 층이 그것을 덮을수록 파리는 더 완전히 달라붙게 된다. 두꺼운 호박 덩어리에 싸인 파리는 분명히 오랜 시간 동안 거기에 있었다.[19]

따라서 블록체인 신뢰는 즉각적이지 않다.[20] 비트코인 블록체인에서는 대략 10분마다 새 블록이 검증된다.[21] 각 블록은 크기가 정해져 있기 때문에 트랜잭션은 다음 블록까지 대기하는 경우가 많다. 블록을 유효한 것으로 받아들이는 데 필요한 신뢰 수준(그리고 이로 인해 발행하는 지연)은 활동의 위험 프로필에 따라 다르다. 위험이 거의 없는 사람은 작고 점진적인 신뢰성보다 속도를 선호하는 반면, 크고 중요한 거래에 참여하는 사람들은 더 많은 확인 confirmation 결과를 기꺼이 기다릴 것이다. 이론적으로 확률적 신뢰의 장점은 누구나 추가 지연을 허용함으로써 원하는 신뢰 수준을 결정할 수 있다는 것이다. 그러나 실제로는 그렇게 간단하지 않다. 6개 블록 깊이의 비트코인 트랜잭션은 일반적으로 변경할 수 없는 것으로 설명된다. 그러나 이것은 임의적인 관습일 뿐이다.[22] 이용자(및 심지어 기업)는 지연 시간에 비해 얼마나 많은 확신이 필요한지 판단하지 못할 수 있다.

블록체인의 불변성 또한 절대적이지 않다. 분산 원장 네트워크에는 기록된 트랜잭션을 해제할 수 있는 권한을 가진 최소 두 그룹의 행위자(개발자와 검증 노드)가 있다. 비트코인, 이더리움과 같은 대부분의 개방형 블록체인 네트워크는 오픈소스 소프트웨어 프로젝트로 구성돼 있다. 비영리 재단의 후원으로 검증 노드에 공식 소프트웨어를 제공하는 핵심 개발자 그룹이 있다. 프로젝트를 다른 방향으로 이동하려는 개발자는 코드를 자신의 수정된 버전으로 포크하고 자체 검증 노드 네트워크를 만들 수 있다. 예를 들어 JP모건의 쿼럼Quorum은 아이덴티티와 개인정보 보호 기능을 통합한 이더리움 소프트웨어의 포크다.

또는 핵심 개발자가 네트워크 코드를 업데이트해 블록체인 자체를 포크할 수 있다. 대부분의 노드가 이전 트랜잭션을 유효하지 않은 것으로 지정하는 소프트웨어 코드를 실행하는 경우 해당 트랜잭션은 더 이상 노드들이 인식하는 블록체인에 포함되지 않을 것이다. 이러한 시스템 전체 소프트웨어 업데이트를 '하드 포크hard fork'라고 한다. 하드 포크의 한쪽이 이전에 검증된 트랜잭션을 무시하면 이는 원장의 불변성을 직접적으로 깨뜨린다.

하드 포크는 드물고 어려운 일이다. 우선 검증 노드의 운영자와 네트워크의 다른 모든 참여자가 한쪽을 선택하도록 강요한다. 이제 호환되지 않는 두 가지 버전의 체인이 있다. 마치 누군가 악의적으로 잘못된 트랜잭션을 추가한 것처럼 각각은 다른 하나를 유효하지 않은 것으로 취급한다. 모두가 한 갈래로 내려가기로 동의하면 그것이 진정한 체인이 된다. 비트코인은 몇 차례 초기에 이런 일이 일어났는데 사람들이 거의 무한한 양의 통화를 자신에게 제공할 수 있게 하는 심각한 기술적 결함이 발견되기도 했다. 하지만 하드 포크가 논쟁의 여지가 있다면 상황은 더 복잡해진다. 양측은 그들의 사슬을 '진정한' 체인으로 간주할 수 있다. 3장에서 다룬 The DAO 해킹에 따른 이더리움 포크가 좋은 예다.

하드 포크는 유명한 황제의 새옷Emperor's new clothes 우화의 반전이기 때문에 블록체인 신뢰에 문제를 야기한다. 블록체인 네트워크 고안자들은 자신이 황제가 아니라고 선언한다. 이들은 정보를 조작할 수 있는 중앙 집중식 네트워크 운영자의 권한이 없으므로 네트워크는 고안자와 독립적으로 신뢰할 수 있다. 그러나 개발자는 고안자들이 허용한 것보다 더 많은 권한을 갖고 있다. 어느 정도 네트워크를 신뢰한다는 것은 개발자의 판단을 신뢰한다는 것을 의미한다. 그리고 오픈소스 프로젝트에서도 한 사람이 상당한 권한을 가질 수 있다. 많이 자랑하는 불변성은 별로 설득력 있게 들리기 시작한다. 따라서 이더리움 프로젝트 리더인 비탈릭 부테린은 새로운 합의 알고리듬에 대한 보안 우려에 대해 즉각적으로 트위터를 통해 "공격자들의 예금을 삭제하고 계속 진행할 수 있다"라고 말했을 때 어떤 댓글에서는 "암호

통화 분야에 있는 사람이 한 진술 중 가장 위험한 진술"이라고 말했다.[24]

네트워크 소프트웨어 개발자들만 하드 포크를 시작할 수 있는 것은 아니다. 검증 노드의 운영자는 개별적으로 소프트웨어를 업데이트해 체인을 포크되도록 할 수 있다. 7장에서 논의할 비트코인 블록 크기 논란에서 채굴 풀 mining pool 운영자들은 그렇게 하겠다고 위협했다.

마지막으로 불변성이 항상 신뢰에 도움이 되는 것은 아니다. 이는 잘못된 확신을 만들 수 있다. 블록체인은 트랜잭션이 정확히 한 번만 기록됐음을 보장하지만 해당 트랜잭션을 수행한 사람이 해당 개인 키의 정당한 소유자인지 여부와 다른 요소에 대한 통제도 보장하지 않는다. 그리고 때로는 더 신뢰할 수 있는 관계를 통해 이전의 약속을 변경할 수 있는 혜택을 누릴 수 있다.

관계형 계약 이론은 계약이 상호간의 요구를 더 잘 해결하고자 반드시 재협상을 고려하는 동적 약정이 될 수 있음을 강조한다. 시간이 지나며 관계가 발전함에 따라 이전의 약속이 굳건하다는 사실을 아는 것이 항상 상호 신뢰를 극대화하는 것은 아니다. 그리고 정부가 개입할 때 '불변성immutability'은 시스템이 정당한 정치적 권위에 저항한다는 것을 의미할 수 있다.

블록체인의 불변성이 절대적이지 않다는 사실이 이러한 시스템의 신뢰 가치를 반드시 훼손하는 것은 아니다. 신뢰는 취약성을 전제로 한다는 사실을 기억하자. 현실 세계에서 사람들을 신뢰한다는 것은 비록 멀리 떨어져 있더라도 그들이 당신의 신뢰를 배신할 가능성을 내포하고 있다는 것을 의미한다. 우리는 인간의 심리를 직관적으로 이해하기 때문에 그러한 시나리오를 상상하는 것이 편하다. 블록체인에서는 그렇지 않다. 분산 원장 시스템의 실행 가능성에 대한 가장 심각한 논쟁의 대부분은 불변성에 대한 난잡한 질문을 포함한다. 이러한 이유로 일부 블록체인들은 트랜잭션을 취소하거나 네트워크 규칙을 변경할 수 있는 거버넌스 메커니즘이 내장돼 있다. 이는 10장에서 더 자세히 살펴보기로 한다.

투명

비트코인 시스템 및 유사한 네트워크에서 모든 거래는 공개된다. 누구나 사토시가 채굴한 제네시스 블록까지 전체 블록체인을 다시 다운로드할 수 있다. 관련된 당사자는 계정이 아닌 트랜잭션과 관련된 암호화 키로만 식별된다. 따라서 추가 분석 없이는 누가 얼마나 많은 비트코인을 소유하고 있는지 분명하지 않다. 그러나 키에 대한 통제권이 있는 경우 주어진 트랜잭션이 발생했다는 것에 아무도 이의를 제기할 수 없다. 투명성이 없으면 원장이 신뢰할 수 있다고 해도 사용자는 그 내용에 대해 오해할 수 있다. 투명한 원장은 또한 제3자가 네트워크 전반의 트랜잭션 패턴을 검사하는 분석 서비스를 제공할 수 있게 해준다.

블록체인 투명성의 두 번째 계층은 기본 네트워크를 구동하는 소프트웨어가 오픈소스라는 것이다.[25] 블록체인의 알고리듬은 구글이나 페이스북처럼 숨겨져 있지 않다. 생태계의 모든 구성원이 볼 수 있다. 비트코인, 이더리움, 하이퍼레저 컨소시엄은 소프트웨어 소스 코드를 관리하고 배포하는 비영리 재단을 기반으로 한다. 누구나 코드를 검토하거나 개선 사항을 제안할 수 있다. 따라서 이러한 네트워크에서 합의 메커니즘의 효율성을 신뢰하는 것은 평판이나 법적 집행의 문제가 아니라 알고리듬에 대한 직접적인 검증과 분석으로 뒷받침될 수 있다.

전통적인 신뢰 아키텍처는 보통 비밀을 통해 신뢰를 강화한다. 은행은 자산을 인상적인 금고에 보관한다. 변호사는 고객과의 대화를 특권으로 선언한다. 코카콜라Coca-Cola는 비밀 제조법을 열심히 숨긴다. 때로는 투명한 것이 본질적으로 신뢰할 수 없다는 가설이 있다. 그러나 이것은 종종 평판이나 개인정보 보호에 대한 신뢰의 혼란이다. 은행은 기록의 정확성에 의심하게 만들기 때문이 아니라 다른 고객들의 행동을 드러내기 때문에 전체 거래 원장을 보여 주지 않는다. 구글은 경쟁업체가 검색 알고리듬을 모방하고 광고주들이 시스템을 갖고 놀기 때문에 검색 알고리듬을 공개하지 않는다.

반면에 오픈소스 블록체인 소프트웨어는 자유롭게 복사 및 수정을 할 수 있다(이와는 별도로 블록체인 기술을 둘러싼 특허 활동이 활발해지면서 널리 사용되는 접근 방식에 대한 침해 소송에 대한 우려가 제기되고 있다). 그리고 블록체인 네트워크 설계자들은 이러한 시스템들이 게임 시스템이 될 것이라고 가정한다. 사실 이것이 그들의 암호경제학적 신뢰 모델의 본질이다. 블록체인은 난독화가 아닌 게임 이론을 통해 전략적 행동을 극복한다.

현대 암호화 및 소프트웨어 개발의 훌륭한 아이디어 중 하나는 기존의 '모호함을 통한 보안'이라는 솔루션에 결함이 있는 경우가 많으며 구조화된 투명성을 통해 보안으로 대체될 수 있다는 것이다. 리눅스 운영체제 및 아파치Apache 웹 서버를 포함해 인터넷을 뒷받침하는 대부분의 중요한 소프트웨어 프로그램들은 오픈소스다. 소스 코드에 접근할 수 있는 개발자가 많을수록 더 많은 사람이 버그를 잡을 수 있다는 것을 의미한다. 마찬가지로 보안 결함은 코드가 공개돼 있을 때 더 쉽게 발견할 수 있다. 효과적인 암호화를 사용하면 정보를 인코딩하는 데 사용되는 공식을 알고 있더라도 키를 소유하지 않고는 쉽게 디코딩할 수 없다. 또한 공개 키 암호화를 사용하면 비밀 개인 키를 소유하지 않고는 아무것도 드러내지 않기 때문에 공개 키를 배포할 수 있다.

반면에 신뢰가 투명성에서 나올 수 있다는 블록체인의 개념은 새로운 것이 아니다. 상장 기업은 분기마다 재무 실적에 대한 상세한 정보와 투자자가 언제든지 중요하다고 생각할 수 있는 이벤트를 보고해야 한다. 그들은 또한 독립 회사의 정기 감사에 응해야 한다. 이 감사의 목적은 기업이 보고하는 정보가 정확하고 성과에 대해 도출한 결론이 근본적인 현실에 부합하도록 보장하기 위한 것이다. 이는 불완전한 과정이다. 엘론Enron 및 월드컴Worldcom 과 같은 사례는 특히 감사인의 인센티브가 투자자의 이익과 일치하지 않을 때 감사가 실패할 수 있음을 보여 준다. 암호경제 시스템으로서 분산 원장 플랫폼은 인센티브를 신뢰성과 일치하도록 구성됐다.

당사자를 식별하지 않고도 모든 트랜잭션을 공개하지 않는 데에는 타당한 이유가 있을 수 있다. 공급망 환경에서 거래 흐름은 상당한 경쟁 가치를 가질 수 있다. 참여자들은 경쟁자가 자신의 정확한 거래 패턴을 알기 원하지 않을 수 있고 사용자 또는 애플리케이션에 있어 비밀 유지가 특히 필요할 수 있다. 결과적으로 대부분의 허가형 블록체인은 비트코인의 투명한 원장을 없앤다. 그들은 일반적으로 더 높은 수준의 비밀을 유지하기를 원하는 조직이나 조직의 네트워크에 의해 만들어진다. 또한 네트워크를 통해 모든 트랜잭션을 브로드캐스트해야 하는 '플러딩flooding' 요구 사항을 제거하면 성능이 크게 향상되므로 편의를 위해 이 작업을 수행한다.

개방형 블록체인에서 유사하거나 더 큰 기밀성을 실현하고자 '영지식 증명zero-knowledge proofs'이라는 새로운 형태의 암호화가 사용된다.[26] 영지식 증명은 암호화된 정보를 실제로 복호화하지 않고도 검증할 수 있도록 한다. 지캐시ZCash 및 모네로Monero와 같은 시스템은 이를 사용해 비트코인과 같은 암호 통화 거래를 완전히 비공개로 만든다.[27] 영지식 증명은 현재 이더리움과 쿼럼Quorum의 허가형 원장 시스템에 통합되고 있다.[28]

블록체인 시스템의 적절한 투명성 수준은 여전히 논쟁의 대상이다. 적절한 균형은 애플리케이션에 따라 다를 수 있다. 동일한 네트워크에서 여러 수준의 투명성을 가질 수도 있다. 한 가지 접근 방식은 가시성은 높지만 트랜잭션을 시작할 수 없는 감사 노드를 허용하는 것이다. 오늘날 기업 감사인들은 보고서에 사용할 수 있도록 장부와 기록에 접근하려고 많은 노력을 기울이지만 이런 것들은 통상적으로 회고적인 관점만 제공한다. 정부 규제 기관은 트랜잭션 네트워크에 대한 실시간 감사 가시성을 갖는 것을 중요하게 여기는 또 다른 그룹이다. 예를 들어 중앙 은행 및 기타 금융 규제 기관은 블록체인 네트워크의 감사 노드를 사용해 시스템 위험을 평가할 수 있다. 이 한눈에 훤히 내려다보는 규제 기관의 관점은 시장 참가자가 볼 수 있는 일반적인 수준의 가시성과 확실하게 분리될 수 있다. 서로 다른 네트워크는 요구 사항을 충족하려고 다양한 투명성 구조를 탐색할 가능성이 높다.

알고리듬

마지막으로 블록체인 신뢰는 알고리듬적이다. 알고리듬은 문제를 해결하기 위한 방법일 뿐이다. 만약 여러분이 바나나 너트 팬케이크를 만들고 싶다면 레시피는 매번 올바르게 만들 수 있도록 단계를 설명해 줄 것이다. 레시피를 먹을 수는 없지만 먹을 수 있는 것을 만드는 데 사용한다. 컴퓨터는 소프트웨어로 작성된 알고리듬을 사용해 작업을 안내한다. 일부 알고리듬은 매우 간단하다.

사람들은 자신의 단계를 되돌아보고 자신이 하는 일을 왜 해야 하는지 정확히 이해할 수 있다. 다른 알고리듬들은 상당히 복잡하다. 페이스북이 뉴스피드에 올릴 수십억 개의 게시물 중 어떤 것을 올릴지 결정하는 데 사용하는 알고리듬은 수백 개의 신호를 측정하고 지속적으로 조정되고 있다. 따라서 페이스북이 게시물을 게시하기로 한 결정은 「뉴욕타임스」 편집부가 매일 아침 신문 1면에 무엇을 게재할지 결정하는 것과는 상당히 다르다. 선택을 사람들이 하지 않기 때문에 페이스북의 누군가가 모든 결정을 설명할 수는 없다. 회사가 할 수 있는 최선은 알고리듬의 목표와 구조를 설명한 다음 이용자가 본 결과로 이어지는 입력 정보를 제안하는 것이다.[29] 예를 들어 페이스북이 2016년 미국 대통령 선거에서 유권자들을 조작했다는 의혹에 대응하는 데 어려움을 겪었던 이유다. 겉보기에 무해해 보이는 페이스북의 목표는 광고 수익을 극대화하는 것이었다. 나머지는 타사에서 사용하는 알고리듬에 의해 수행됐다.[30]

결과적으로 알고리듬 시스템에서는 사람이 아니라 기계를 신뢰한다. 블록체인의 경우 이는 합의 프로세스 이면의 소프트웨어와 기본 수학을 의미한다. 『비트코인, 공개 블록체인 프로그래밍Mastering Bitcoin』(고려대출판부, 2018)이라는 책의 저자인 컴퓨터 보안 전문가 안드레아스 안토노풀로스Andreas Antonopoulos는 이를 '연산에 기반한 신뢰trust by computation'라고 부른다.[31] 이것은 계산기에 3의 제곱근을 계산하도록 요청하면 1.7320508로 응답할 때 갖고 있는 신뢰와 유사하다. 기계가 수행할 수 있는 간단한 계산이기 때문에 아무도 이 대답에 이의를 제기하지 않을 것이다. 그러나 프로그래밍 실수를 한 컴퓨터 공학과 학생의 프로젝트로 작성된 온라인 계산기를 사용하고 있다면 어떻게 될까? 또는 미래의 주식 가격이나 흉악범이 가석방으로 초기에 풀려나면 또 다른 범죄를 저지를 가능성과 같은 좀 더 복잡한 계산을 요구한다면 어떻게 될까? 당신은 그렇게 확신하지 못할 수도 있다.

블록체인 네트워크의 알고리듬은 검증 노드에서 실행되는 소프트웨어에 설정된다. 많은 경우 특히 개방형 블록체인의 경우 소스 코드에 자유롭게 접근할 수 있다. 누구나 코드를 조사하고 신뢰할 수 있는 결과를 생성하는 데 사용되는 메커니즘을 검토할 수 있다. 종종 시스템이 신뢰할 수 있는 합의를 보장하려고 추구하는 방법을 단계별로 설명하는 백서 또는 다른 문서들이 존재한다. 비트코인이 등장한 이유 중 하나는 전문가들이 알고리듬을 검토하고 잠재적인 결함을 논의하고 그 의미를 모델링할 수 있었기 때문이다. 이러한 발견에 따라 개발자는 코드를 확장하고 수정했다. 결과적으로 한 번도 들어본 적 없는 중국 회사에서 블록을 채굴하더라도 그 내용을 신뢰하는 것이 합리적이다. 은행을 신뢰하는 것처럼 회사 자체를 신뢰할 필요가 없다.

알고리듬 신뢰는 탈중앙화와 관련이 있다. 비탈릭 부테린은 객관적인 암호경제 시스템과 주관적인 암호경제 시스템을 구분했다. 객관적인 시스템에서는 "공개된 데이터의 전체 집합과 프로토콜 자체의 규칙 외에는 아무것도 모른 채 노드만으로 프로토콜의 운영과 합의는 항상 유지될 수 있다"는 것이다.[32] 주관적인 시스템에는 약간의 추가 지식이 필요하다. 이는 일반적으로 중앙 기관인 어딘가에서 나와야 한다. 부테린 모델에 있는 두 시스템 모두 암호경제 보안을 사용한다. 스마트 컨트랙트의 경우 트랜잭션이 제대로 기록됐는지 아는 것만으로는 충분하지 않다. 유효한 트랜잭션은 컨트렉트 자체의 네 모서리를 넘어선 정보가 필요할 수 있다.

객관적인 시스템은 바람직하게 들린다. 그리고 실제로 블록체인 신뢰의 구조는 실수하기 쉽고 기회주의적인 사람이 아니라 기계들이 버스를 운전하고 있다는 믿음에 기반한다. 하지만 한 가지 문제가 있다. 기계들은 코드를 실행할 수 있지만 인간은 이에 따라 행동한다. 주관적인 시스템은 객관적인 시스템이 할 수 없는 방식으로 정당한 트랜잭션과 부당한 트랜잭션을 구별할 수 있다. 부테린은 "조작, 탈취, 사기와 같은 개념은 탐지할 수 없거나 심지어 어떤 경우에는 순수한 암호기술로 정의조차 할 수 없지만 프로토콜을 둘러싼 인간 커뮤니티에서는 잘 이해될 수 있다"라고 말했다. 부테린은 2015년 초에 이러한 차이점을 강조했다. 이는 3장에서 설명한 바와 같이 이듬해 The DAO 해킹으로 이더리움에 대한 실존적 위협의 기반이 됐다.

알고리듬적 신뢰는 인간의 의사 결정자를 명시적으로 포함할 수 있다. 비트코인에 내장된 한 가지 예는 '다중 서명multiple signatures'의 약어인 멀티시그multisig다. 기본적인 비트코인 거래에서 통화 수취인은 자금을 받으려고 자신의 개인 키를 제공해야 한다. 멀티시그를 사용하면 송신자가 더 많은 수의 키 중 일부가 필요하다고 지정할 수 있다. 가장 일반적인 다중 서명 배열에는 3개의 키 중 2개가 필요하다. 이것은 중재 절차를 단순화한다. 양 당사자가 동의하면 해당 키는 거래를 완료하기에 충분하다. 동의하지 않으면 세 번째 키의 소유자가 최종 결정을 하게 된다. 그 제3의 키 보유자는 일반적으로 그러한 상황에 앞서 선택된 중립적인 당사자일 것이다. 따라서 멀티시그는 중재자가 적대적인 당사자 간의 유대를 끊을 수 있기 때문에 블록체인이 사람의 신뢰를 바탕으로 하는 연결이 될 수 있도록 한다.

반대 방향으로 이동하면 블록체인 시스템은 알고리듬 의사 결정을 사용해 인간을 더 철저하게 실수에서 벗어날 수 있게 한다. 그러나 그것은 양날의 검이 될 수 있다. 법학자인 프랭크 파스콰레Frank Pasquale가 '블랙박스 사회'라고 부르는 것이 등장하면서 심각한 위험도 있다.[33] 알고리듬 시스템은 사생활을 침해하고 의도하지 않은 결정을 내리도록 사람들을 조종하고 소스 데이터에 내재된 사회적 편견을 강화하며 때때로 굉장한 실패로 끝나기도 한다.[34] 우리는 알고리듬이 중립적이라고 생각하지만 그 알고리듬들은 알고리듬을 만든 사람의 목표를 인코드하거나 알고리듬을 제공하는 데이터에 숨겨진 편견을 갖고 있다고 추정한다.[35]

이들 시스템이 머신러닝을 결합하거나 '인공지능AI'이라고 널리 불릴 때 알고리듬 신뢰는 특히 위험하다. 머신러닝을 통해 시스템은 데이터에 따라

진화한다. 이러한 시스템의 힘은 대단하다.[36] 시리Siri 및 알렉사Alexa 지능형 에이전트에서 자율(운전자 없는) 자동차에 이르기까지 모든 분야에서 빠르게 발전된 배경에는 머신러닝의 발전이 있다. 문제는 알고리듬의 머신러닝이 추상적인 통계적 상관 관계에서 비롯되고 인간이 이러한 상관성을 해석하고 감사하기 어렵다는 점이다. 따라서 AI로 훈련된 시스템을 신뢰하는 것은 하드 코딩된 알고리듬을 기반으로 하는 시스템을 신뢰하는 것보다 또 다른 수준의 위험을 증가시킬 수 있다.[37]

스마트 컨트랙트를 통해 블록체인 네트워크는 자동화된 의사 결정과 실행의 힘을 얻는다. 이 기능은 탈중앙화 자율 조직DAO, Decentralized Autonomous Organization이라는 새로운 알고리듬 조직 형태를 만드는 데 사용될 수 있다.[38] (이더리움을 거의 무너뜨릴 뻔한 크라우드 펀딩 서비스. 혼동스러운 이름이 붙은 것은 이러한 일반적인 개념을 구현한 서비스 중 하나였기 때문이다.) DAO는 전적으로 소프트웨어로 구축된 계약의 연결체로 간주되는 비즈니스다.[39] 주식, 부채, 기업 지배구조에 대한 표준 기업 약정은 암호통화를 기반으로 하는 일련의 스마트 컨트랙트로 인코딩될 수 있다. 분산된 블록체인에서 실행되는 자체 실행 소프트웨어인 DAO는 전통적인 의미의 소유자가 필요하지 않다. DAO는 단순히 자신의 알고리듬에 따라 작동하고 세계와 상호 작용한다. 이 개념은 2013년 DApp 개발자 댄 라리머Dan Larimer에 의해 처음 표현됐고 이더리움을 만든 비탈릭 부테린Vitalik Buterin에 의해 확장됐다.[40]

The DAO 아이디어는 공상 과학 소설처럼 들리지만 그 개념의 초기 버전은 이미 구현되고 있었다. 이더리움 기반 플랫폼인 아라곤Aragon은 스마트 컨트랙트 기반 조직을 쉽게 만들고 관리할 수 있도록 시스템에 대한 토큰 판매로 2,500만 달러를 모금했다. 구체적으로 말하면 이는 주식 발행, 주주에 대한 역할 및 권한 설정, 급여, 회계, 기업 내규에 대한 투표와 같은 기업 지배구조 기능을 의미한다.

1장에서 논의한 바와 같이 지배적인 트랜잭션-비용 경제학 관점에서 보면 기업은 기회주의적 행동으로 인해 직원과 비즈니스 파트너에 대한 신뢰가 손상될 수 있음을 알고 있다. 따라서 계약을 형성, 모니터링, 집행하는 비용은 조직 구조뿐만 아니라 의사 결정에 영향을 주기도 한다. 아라곤의 비전은 스마트 컨트랙트가 이러한 기업 기능의 트랜잭션 비용을 줄일 수 있다는 것이다.

원래 DAO 및 '멈출 수 없는 회사'[41]를 위한 플랫폼으로 홍보된 아라곤은 스마트 컨트랙트를 활용한 블록체인을 통해 전통적인 인간 소유 기업을 관리하는 데 초점을 맞췄다. 진정한 자율적인 조직을 구축하려면 '여러 문제를 해결해야 한다'는 점을 인정하고 있었다.[42] 이러한 문제 중 일부는 기술적인 문제였다. 예를 들어 이더리움과 같은 시스템이 오늘날 허용 가능한 성능으로 처리할 수 있는 계약은 비교적 간단하며 머신러닝을 통해 세상과 상호 작용하는 독립 조직은 여전히 추측에 불과하다. 그러나 다른 일부는 법과 지배구조의 복잡한 문제들과 관련이 있다. 실제로 가장 발전된 사례인 The DAO는 화려한 실패작이었다.

요컨대 블록체인 시스템을 알고리듬적으로 신뢰할 수 있게 만드는 바로 그 속성들은 또한 우리에게 블록체인 시스템을 불신할 이유를 제공한다. 이것은 놀랄 만한 일이 아니다. 신뢰는 우리가 본 것처럼 취약성을 내포하고 있다. 진정한 신뢰는 배신의 가능성이 있어야만 실현될 수 있다. 블록체인 네트워크는 매우 가치가 있기 때문에 위험하다. 그리고 블록체인의 위험은 그들의 가치와 마찬가지로 이미 드러내기 시작하고 있다.

6장_ 무엇이 잘못될 수 있을까?

비전과 현실

유닉스UNIX 컴퓨터 운영체제의 공동 창시자인 켄 톰슨Ken Thompson은 1984년 컴퓨터기계협회Association for Computing Machinery의 권위 있는 튜링 어워드Turing Award를 수상했다. 수상 소감 연설에서 그는 이상한 행동을 했다. 그는 유닉스는 전혀 이야기하지 않기로 하고 대신 신뢰를 이야기했다.[1] 톰슨은 소프트웨어를 만드는 사람들은 외부 관찰자에게 보이지 않는 악성코드를 주입할 수 있기 때문에 컴퓨터 보안은 의심의 여지없이 입증할 수 없다고 지적했다. 그는 "자신이 만들지 않은 코드는 신뢰할 수 없다"라고 결론지었다. 대신 코드를 작성한 사람들을 믿어야 한다. 인간은 언제나 혼란에 빠진다.

30년이 지난 후에도 이 원칙은 여전히 유효하다. 사토시 나카모토는 비트코인을 통해 새로운 탈중앙화 신뢰 아키텍처를 만들었다. 그는 신뢰의 필요성을 극복하지 못했다. 지도가 다루는 영역과 같지 않은 것처럼 현실 세계에서 구현된 컴퓨터 시스템은 이상적인 설명과 결코 일치하지 않는다. 종이 위에서 훌륭하게 들리는 많은 아이디어가 현실 세계의 복잡한 상황에 직면하면 시들어 버린다. 대부분의 사람들은 하루 아침에 행동을 바꾸지 않는다. 규모에 맞게 작동하고 기존 시스템과 통합되는 기술 플랫폼을 구축하는 것은 시간이 걸리고 종종 잘못된 시작이 수반된다. 때때로 진정한 문제는 블록체인이 해결할 수 있는 문제가 아니다. 때로는 채택 인센티브가 블록체인 애호가의 거품 안에서 보이는 것만큼 강력하지 않을 때도 있다. 기존 기업은 상당한 이점이 있으며 반드시 혁신에 직면해 있는 것은 아니다. 성공은 보장되지 않는다.

혁명적인 블록체인 기회의 여러 가지 과장된 사례는 기대에 미치지 못했다. 온두라스의 블록체인에 토지 소유권을 등록해 개인에게 권한을 부여하려는 선구적인 구상은 지방 공무원과의 분쟁으로 인해 실패했다.[2] 블록체인 기술로 "음악 산업을 변화시킬 수 있다"[3]라고 전망했던 한 회사는 싱어송라이터 이모젠 힙Imogen Heap의 노래 '티니 휴먼Tiny Human'을 이더리움에서 대대적으로 내놓았고, 블록체인 평론가 데이비드 제라드David Gerard의 보도에 따르면 133달러의 매출을 올렸다.[4] 유명하고 자금이 넉넉한 블록체인 신생 기업이 이민자와 그 가족 간의 송금 비용을 줄이겠다고 약속하면서 첫 번째 국가에서 출시되기까지 2년이 걸렸고 1년 후에는 하루 사용자가 75명 미만이었다.[5] 이러한 사례 중 어느 것도 관련 기업이나 그들이 홍보한 사용 사례가 실패할 운명이라는 것을 의미하지 않는다. 아마도 그들은 너무 이른 것이었을지도 모른다. 그러나 블록체인의 승리를 불가피한 것으로 보는 사람들에게는 주의할 사항이어야 한다.

또한 인터넷 경험은 블록체인의 사회적 영향에 대해 자신 있게 예측하는 사람들에게 잠시 멈춰야 한다. 인터넷은 전 세계 언론의 자유를 위한 특별한 도구이지만 억압적인 정부들이 현재 인구를 통제하려고 사용하는 메커니즘이기도 하다.[6] 소셜 미디어는 사람들을 하나로 모았지만 증오의 커뮤니티와 국가가 후원하는 허위 정보 캠페인을 부추겼다[7]. 우버는 전 세계 사람들에게 효율적인 교통 수단을 제공하지만 한 회사에 반복적으로 남용되는 엄청난 기회를 주기도 한다.[8] 블록체인은 선과 악을 위해 사용될 수 있는 유사한 잠재력을 갖고 있다. 현대의 신뢰 위기를 일으킨 것과 동일한 파괴력이 그 해결책을 약화시키거나 왜곡시킬 수 있다.

블록체인이 더 나은 쥐덫을 제공한다고 해서 그것이 세상을 재구성한다는 의미는 아니다. 기존의 주요 시스템은 일반적으로 보이는 것보다 더 탄력적이다. 예를 들어 뉴욕대NYU, New York University 교수인 토마스 필립폰Thomas

Philippon의 종단적 연구는 "금융 중개 비용이 1900년경과 마찬가지로 오늘날에도 높은 것으로 보인다"라고 결론지었다.[9] 지난 세기에 전화, 컴퓨터, 인터넷, 클라우드, 기타 모든 기술 혁신의 도입에도 불구하고 금융 시장에서 거래하는 데 드는 비용은 예전과 거의 같다. 활동 규모와 정교함은 크게 늘었지만 금융 서비스 부문의 운영 비용도 증가했다. 필립폰은 기본 서비스가 상품화됨에 따라 시장을 능가하기 위한 지속적인 노력의 일환으로 자산 관리와 같은 새롭고 더 비싼 상품이 등장할 것이라고 추측하고 있다.

뉴욕대 동료 교수인 데이비드 예맥David Yermack은 이 결과에 대해 "금융중개 비용을 낮추는 기술이 절실하고, 아마도 수십 배나 줄여야 한다"라고 해석했다.[10] 예맥은 이를 분산 원장 기술을 비롯한 금융 기술(핀테크) 혁신의 기회로 보고 있다. 그러나 문제는 왜 이러한 혁신이 이러한 역동성을 변화시킬 가능성이 더 높은가. 분산 원장에 금융 거래를 기록하는 것은 수정된 데이터베이스 모음을 통해 기록하는 것보다 훨씬 저렴할 수 있으며 많은 새로운 서비스로 이어질 수 있다.[11] 그러나 종이 문서에서 전산화된 기록으로, 방 크기의 메인 프레임에서 인터넷의 클라우드 스토리지로 전환하는 경우에도 마찬가지다. 오늘날 금융 서비스의 거물인 JP모건 체이스는 1895년 존 피어폰트 모건John Pierpont Morgan이 설립한 회사보다 훨씬 더 복잡하다. 그러나 금융 분야에서 비슷한 역할을 한다.

금융 서비스 및 기타 부문의 경제를 실제로 변화시키는 것은 산업 구조의 근본적인 변화다. 2장에서 설명한 토큰화 모델은 가치가 네트워크를 통제하는 운영자가 아니라 네트워크에 존재하는 것으로 바로 그 잠재력을 제공한다. 중간에 있는 대형 플레이어들이 더 이상 그들의 거대함에서 비교 우위를 얻지 못한다면 실제로 블록체인 지지자들이 설명하는 극적인 권력 이동을 실체로 발생시킬 수도 있다. 훌륭한 아이디어를 가진 기업가들은 더 이상 벤처 투자가들과 다른 금융 게이트키퍼gatekeeper들의 손에 넘어가지 않을 것이다. 음악가와 작가는 통제권과 수익의 대부분을 음반사와 출판사에 넘겨줄 필요가 없다. 혁신적인 기술의 개발자는 비효율적인 기존 접근 방식의 관성을 극복할 것이다. 경제적 기회는 전 세계, 특히 저소득 지역에서 더 많은 사람들에게 열려 있다. 정부는 시민들의 삶에 덜 간섭하면서 더 효과적으로 시민들에게 봉사할 수도 있을 것이다. 기존 회사도 혜택을 받을 수 있지만 이용자에게 보다 투명하고 헌신적으로 서비스를 제공해야 한다.

이러한 모든 잠재적인 변화는 굉장히 흥미진진하다. 그러나 그것들은 불가피한 것이 아니다. 그리고 금융 산업이 보여 주듯이 시장 구조를 보존하는 기술 혁신조차도 대규모 혁신으로 이어질 수 있다. 따라서 블록체인에 대한 적절한 대응은 거침없는 혼란을 피하는 것이 아니라 참여하는 것이다. 중요한 것은 기술이 상상할 수 있는 변화를 가져올 산업이 아니라 실제로 변화할 시장과 관행이다. 이 둘을 구분하는 방법은 보도 자료, 자금 조달 발표, 암호통화 가격 등의 본질을 파헤치는 것이다.

분산 원장 기술을 유의미한 가치를 더할 수 있는 상황에 적용하더라도 상당한 불확실성과 위험이 따른다. 사토시 나카모토는 분산 신뢰에 대한 참신하고 가치 있는 접근 방식을 제안했지만 완벽한 해결책과는 거리가 멀다. 특정 문제는 어떤 기술로도 극복할 수 없다. 와퍼코인Whoppercoin을 제안한 것과 같은 과대 광고(4장에서 논의됨)의 물결은 많은 사람이 블록체인은 실패할 수 없다고 생각하게 만든다. 실제로 분산된 합의의 근본적인 안정성이 그대로 유지된다고 해도 많은 것이 잘못될 수 있다. 그리고 대대적으로 발표된 시범사업 프로젝트나 스타트업이 명시된 목표를 달성하지 못하는 데에는 여러 가지 이유가 있다.

잠재력을 발휘하려면 블록체인 기술을 기반으로 구축된 시스템에 강력한 신뢰가 필요하다. 블록체인의 비전은 신뢰를 사적 이익의 원천이 아니라 공익적 가치로 취급한다. 개방형 블록체인의 참가자는 아무도 책임지지 않는 것처럼 보이는 탈중앙화 모델을 신뢰해야 할 것이다. 허가형 분산 원장 네트워크에 있는 회사는 그들이 통제권을 공유할 수 있다는 것을 신뢰할 필요가 있을 것이다. 그리고 일반적으로 정부는 시민들이 보호되고 세금이 부과되며 치안 유지가 될 것이라고 신뢰해야 한다. 이는 블록체인 기반 솔루션이 거버넌스 및 법률 메커니즘과 상호 작용해야 함을 의미한다.

사토시의 실수

닉 스자보의 말에 따르면 "완전히 신뢰할 수 없는 기관이나 기술은 없다."[12] 사토시 나카모토가 비트코인 백서에서 "신뢰에 의존하지 않고 전자거래를 위한 시스템을 제안했다"라고 썼을 때 그는 실제로 훨씬 더 좁은 의미로 말한 것이었다. 비트코인의 전자 거래는 정부나 은행과 같은 신뢰할 수 있는 별도의 제3자가 검증하지 않아도 유효하다고 신뢰할 수 있다. 이것은 그야말로 극적인 변화다. 많은 상황에서 특정 당사자를 신뢰해야 하는 필요성 때문에 효율 저하, 갈등, 장애를 초래할 수 있다. 비트코인과 그것이 영감을 준 분산 원장 플랫폼의 공통점은 그 신뢰의 범위를 제한하려는 의지이다. 반면 시스템의 일부 부분에 대한 필연적인 신뢰를 줄이면 전체를 가장 신뢰할 수 있게 만들 수 있다. 그러나 이것은 신뢰가 결여돼 있다고 말하는 것과는 전혀 다르다. 쿼드리가CX^{QuadrigaCX}의 고객들에게 물어 보자.

쿼드리가CX는 캐나다에서 가장 큰 암호통화 거래소다. 이를 통해 고객들은 비트코인 및 이더와 같은 암호통화를 법정 화폐로 교환할 수 있다. 2017년 5월 현재 환율로 약 1,400만 달러 상당의 이더^{ether}가 프로그래밍 오류로 인해 사용할 수 없게 됐다.[13] 어떠한 부정도 없었고 이더도 사라지지 않았다. 누구나 이더리움 분산 원장에서 통화를 식별하는 기록을 여전히 볼 수 있었다. 그러나 관련된 고객들에게는 마치 열쇠도 없이 100달러짜리 지폐 더미가 뚫을 수 없는 금고에 잠겨 있는 것처럼 보였다.[14] 만약 이것이 금고에 보관돼 있는 전통적인 돈이나 은행의 전자 기록이라면 아무런 문제가 없을 것이다. 은행은 정의상 자금에 대한 양육권을 가질 것이다. 이를 행사하는 것을 꺼리거나 법적으로 제지되더라도 자금을 꺼낼 수 있는 능력이 있을 것이다. 그러나 이것이 바로 사토시가 부정한 '신뢰에 의존하는' 형태다.

여기서 중요한 것은 쿼드리가CX의 고객들이 거래소를 신뢰했다는 것뿐만이 아니라 고객들을 실망시켰다는 것이다. 그 고객들은 또한 쿼드리가CX가 암호학적으로 잠겨 있으면 자금을 회수하는 것이 불가능하게 만든 시스템을 신뢰했다. 이것은 불변성의 어두운 면이다. 은행, 정부, 기타 기관은 거래를 사후에 변경할 수 없기 때문에 거래를 변경하지 않는다. 다른 사람에 대한 의존이 우려의 원인이 되는 경우 이러한 제3자의 신뢰를 최소화하면 참여자들이 더 기꺼이 거래를 하도록 만든다. 그러나 반대로 참여자의 더 많은 신뢰가 필요하다. 아무도 통제할 수 없는 상황에서 유익한 거래에 참여하는 것은 브레이크나 핸들을 조작하지 않고 자율주행 자동차에 앉아 있는 것과 같은 믿음의 도약이다.

분산 원장 시스템과 관련된 신뢰의 정도와 방향은 설계 선택 사항이다. 상황에 따라 눈금판이 위나 아래로 가리킬 수 있다. 익명의 국경 간 지불을 허용하는 디지털 현금 시스템은 게시자 및 광고주 네트워크를 위한 온라인 광고 타깃팅 솔루션과는 다른 위험 프로필을 갖고 있다. 그러나 설계 결정에는 타협이 필요하다. 가상통화로 지불하더라도 공짜 점심 같은 것은 없다. 그리고 트레이드오프trade-off가 항상 명확한 것은 아니다.

신뢰가 해결된 문제라는 믿음에 이어 사토시의 유산에 대한 두 번째로 큰 오해는 인간이 해결된 문제라는 믿음이다. 시스템의 내부에 정밀한 기계 트랜잭션을 통해 상호 작용하는 엄격하게 논리적인 컴퓨터가 포함돼 있더라도 사람들은 무관하지 않다. 블록체인은 인간의 문제를 해결하고 인간 활동을 강화하려고 존재한다. 그들은 인간의 무질서를 완전히 피할 수 없을 것이다. 또한 그들은 그것을 원하지 않아야 한다.

블록체인은 신뢰의 실패를 염두에 두고 개발된 것이지만 실패의 원인이 되기도 한다. 분산 원장 개발의 초기 단계는 이러한 어려움이 두드러진다. 오늘날 암호통화 세계에서는 인프라에 의존하는 애플리케이션을 만드는 것과 병행해 많은 인프라 개발이 진행되고 있다. 이는 1층이 아직 프레임에 불과한 상태에서 건물의 최상층을 장식하는 것과 같다. 비트코인은 지금까지 가장 성숙한 분산 원장 인프라이며 기본적인 확장과 거버넌스 문제로 여전히 어려움을 겪고 있다. 다른 많은 인프라 구성 요소는 시험 단계에 있거나 개발 중인 개념일 뿐이다.

한편으로는 기초가 미숙함에도 암호통화와 분산 원장의 성장이 얼마나 성공적이었는지는 주목할 만하다. 반면에 상황은 완전히 잘못돼 왔다. 그리고 그들은 다시 할 것이다. 이더리움의 핵심 개발자 중 한 명인 블라드 잠피르Vlad Zamfir는 2017년 5월 "이더리움은 안전하지도, 확장성도 없다. 미성숙한 실험기술이다. 꼭 필요한 경우가 아니면 중요한 앱에 의존하지 말자!"라는 트윗을 올리면서 파문을 일으켰다.[15] 그는 기술에 대한 현실주의를 촉구한 것에 대해 칭찬받을 만하다. 하지만 한편으로는 그의 경고는 너무 늦었다. 당시 이더리움의 자산 가치는 100억 달러를 넘어섰다. 그리고 그의 경고는 헛된 것이었다. 7개월 후 그가 "생산 준비가 된 블록체인/암호통화 프로젝트는 1개도 떠오르지 않는다"[16]라고 선언했을 때 이더리움의 자산 가치는 700억 달러에 육박했다.

블록체인 기반 시스템은 난공불락의 성이 아니다. 가장 일반적인 수준에서 분산 원장은 보안 해싱hashing 알고리듬과 같은 최신 암호화 기술에 의존한다. 이러한 메커니즘의 기본 취약성을 배제할 수 없으며 특히 컴퓨팅 성능의 발전으로 인해 더욱 그렇다. 예를 들어 양자 컴퓨터는 가장 강력한 기존 컴퓨터가 해독할 수 없는 암호화 방법을 깨뜨릴 수 있을 것이다. 그러나 이러한 결함이 존재한다면 동일한 암호화에 의존하는 기존 온라인 거래 시스템에 최소한 동일하게 적용될 것이다. 그리고 블록체인 세계는 이러한 실패를 방지하려고 적극적으로 노력하는 세계 최고의 컴퓨터 과학자들을 끌어들였다. 예를 들어 이더리움과 같은 플랫폼은 작동할 수 있는 양자 암호 컴퓨터가 아직 멀었지만 이미 양자 저항을 설계에 포함하고 있다.

더 가능성 있는 위험은 실제로 무작위가 아닌 난수 생성기에 의존하는 것과 같은 암호화 기술의 구현에 결함이 있다는 것이다. 블록체인 기술도 컴퓨터 코드로 구축된 다른 시스템과 마찬가지로 완벽하지 않다. 오픈소스 비트코인 코드에서 상당한 버그가 발견됐지만 심각한 피해가 발생하기 전에 해결됐다. MIT 연구원들은 IOTA 암호통화 네트워크에서 잠재적으로 치명적인 취약점을 발견했으며 거래소에서 네트워크를 3일 동안 액세스할 수 없는 하드 포크를 수행해야만 했다.[17]

작업증명과 유사한 합의 메커니즘에는 몇 가지 명시적인 한계를 갖고 있다. 가장 주목할 점은 51%의 공격으로 제압할 수 있다는 점이다.[18] 오늘날 비트코인과 이더리움 네트워크의 처리 능력은 세계에서 가장 빠른 수백 대의 슈퍼컴퓨터가 쉬지 않고 돌아가는 것과 맞먹기 때문에 누군가가 이에 필적하기는 상당히 어렵다. 관련된 하드웨어만 해도 수억 달러의 비용이 들 것으로 추산된다. 그럼에도 대부분의 채굴은 이제 많은 참가자가 활동을 집계하는 풀을 통해 처리되기 때문에 풀이 임계값을 넘을 수 있다는 것은 상상할 수 없다.[19]

51% 공격의 위험은 채굴 네트워크 파워가 감소함에 따라 증가한다.[20] 이는 일반적으로 비트코인 가격이 하락해 채굴자들에게 인센티브가 줄어들거나 반감기에 알고리듬이 자동으로 보상을 줄여 새로운 통화가 시스템으로 유입되는 속도를 늦출 때 발생하는 경향이 있다.[21] 2017년 비트코인 및 기타 암호통화 가격의 급격한 상승으로 채굴력이 감소할 가능성은 낮아졌지만 가격이 폭락하면 상황이 달라질 수 있다. 블록체인 시장의 급속한 성장은 그 미성숙함을 나타낸다. 2015년의 주요 연구원 그룹은 "비트코인이 실제로 계속해서 잘 작동할 것이라는 확신을 갖고 결론을 내리기에는 아직 충분히 이해하지 못했다"라고 말했다.[22]

탈중앙화의 한계

블록체인 탈중앙화에는 한계가 있다. 이것은 아마도 가장 순수한 탈중앙화 암호통화인 비트코인에서도 마찬가지다. 비트코인 이용자들은 핵심 개발자가 발행한 코드를 신뢰하며 그 코드에는 블록체인을 포크할 수 없는 '체크포인트'와 같은 하드 코딩된 요소가 포함돼 있다. 그리고 비트코인 보유량은 실제로 상당히 집중돼 있다. 2017년 말 실시한 분석에 따르면 1,000개 계정이 통화의 40%를 차지하고 100개 계정이 17% 이상을 보유하고 있었다.[23] 일부 초기 코인 공개[ICO] 토큰의 쏠림은 훨씬 더 극심하다. 브레이브Brave는 3,500만 달러를 모금했지만 토큰의 3분의 2는 단지 20명의 보유자들에게 돌아갔다.[24]

그러나 개방형 블록체인의 잔여 중앙 집권화의 가장 큰 지점은 채굴자들과 핵심 개발자들이다. 비트코인이 작동하는 것은 나카모토 합의Nakamoto Consensus가 채굴자들과 네트워크 사용자들의 경제적 이익에 부합하기 때문이다. 비트코인 백서의 비전은 채굴이 일반 사용자가 참여할 수 있는 비교적 낮은 강도의 활동이 될 것이라는 것이었다. 전 세계에 수백만 명의 채굴자들이 보상을 받으려고 컴퓨터 처리 능력을 사용하게 될 것이라고 했다. 실제로 비트코인이 존재한 초기 몇 년 동안은 비교적 정확한 설명이었다.

그러나 비트코인의 가격과 이에 상응하는 채굴 보상이 증가함에 따라 채굴자들 간의 경쟁이 치열해졌다. 전용 채굴 회사는 비트코인의 해싱 퍼즐에 최적화된 특수 하드웨어를 만들기 시작했다. 그들은 결국 특화 주문형 반도체ASIC, Application-Specific Integrated Circuit라는 자체 맞춤형 칩을 설계해 거대한 채굴용 컴퓨터 랙rack에 전력을 공급하기 시작했다. 이러한 ASIC의 성능은 다른 대안의 성능보다 훨씬 뛰어났기 때문에 어떤 의도와 목적에서든 채굴은 일종의 규모의 게임이 됐다. 비트메인Bitmain 및 비트퓨리Bitfury와 같은 운영자들은 ASIC 설계의 숙달을 통해 지속적인 우위를 점했다.

채굴 풀은 이러한 추세를 가속화했다. 각 비트코인 채굴자는 블록 보상을 얻으려고 다른 채굴자들과 경쟁해야 했지만 채굴 운영자 그룹은 수익을 합산하면 더 나은 결과를 얻을 수 있다는 것을 깨달았다. 각 채굴자들이 대부분의 시간 동안 아무것도 받지 못하다가 예기치 않게 블록을 성공적으로 해결했을 때 횡재하는 대신 풀은 기여한 해싱 파워에 비례해 지불금을 나눴다. 이것은 지불금을 보다 안정적이고 예측 가능하게 만들었고 채굴의 상업화를 더욱 가속화시켰다. ASIC 개발자가 하드웨어 노후화 위험의 일부를 소규모 채굴자에게 전가할 수 있다는 점은 또 다른 인센티브로 작용했다.

채굴 산업 통합의 마지막 단계는 컴퓨팅 성능이 증가함에 따라 채굴 경제의 변화였다. 하드웨어 및 대역폭 비용은 총지출에서 차지하는 비율이 전기보다 작았다. 이것은 집약적인 컴퓨팅에 전력을 공급하고 기계의 과열을 방지하기 위해서였다. 따라서 저렴하거나 무료로 전기를 이용할 수 있는 사람들, 특히 대규모 서버 팜server farm을 쉽게 운영하고 냉각할 수 있는 지역에서 유리했다. 전기 공급을 통제하는 지역이나 국가 당국과의 관계는 채굴자들에게 경쟁적인 차별화 요소가 됐다.

2017년까지 10개 미만의 그룹이 비트코인 채굴을 지배했다.[25] 대부분은 중국 채굴 풀이었다(자체 데이터 센터를 운영하고 대규모 구매자에게만 하드웨어를 판매하는 비트퓨리는 주요 예외다). 이더리움 채굴 역시 고도로 집중돼 있지만 합의 알고리듬은 ASIC에 저항하도록 설계됐다.[26]

채굴의 집중은 개방형 블록체인이 탈중앙화돼 있다는 기본 전제에 의문을 제기한다. 담합적인 채굴자들은 일본의 주요 기업 그룹의 게이레츠^{keiretsu} 네트워크와 같이 실제로 민간과 정부 관계의 소규모 연합에 서비스를 제공하는 외부 경쟁 시장을 만들 수 있다. 암호통화의 가격이 오르면 작업증명을 통해 벌어들인 수입도 함께 올라간다. 비트코인과 이더리움의 채굴 작업은 이제 블록 보상으로 하루에 수백만 달러의 수익을 창출한다. 그리고 비트코인이 직면한 확장성 문제와 함께 거래 수수료도 상승했다. 채굴 풀 운영자들은 수익 극대화를 기대할 수 있다. 경제적 이익과 상충되는 경우에는 비트코인 네트워크의 탈중앙화를 촉진할 이유가 없다.

이더리움 및 기타 네트워크는 합의 알고리듬을 지분증명으로 전환해 채굴자의 파워를 제한하기를 희망한다. 지분증명은 컴퓨터 연산 집약적인 채굴을 토큰 스테이킹$^{token\ staking}$으로 대체한다. 그러나 이를 성공하더라도 지분증명은 암호통화의 대규모 보유자들(더 많은 지분을 보유한 사람들)에게 더 많은 권한을 부여함으로써 또 다른 중앙 집중화를 촉진할 수 있다.

채굴자들만이 유일하게 집중된 블록체인 이익 집단이 아니다. 핵심 소프트웨어를 개발하는 개발자도 또한 거대한 권력을 휘두르는 소규모 그룹인 경향이 있다. 사토시 나카모토와 몇몇 동료들은 2009년에 최초의 비트코인 구현을 시작했지만 그 이후로 크게 수정되고 확장됐다. 확장할 수 있고 신뢰할 수 있으며 결함이 없는 네트워크를 구현하려면 지속적인 노력이 필요하다. 하이퍼레저와 R3는 주요 기업의 관심을 갖는 오픈소스 소프트웨어 프로젝트를 위한 보다 확립된 모델을 따른다. 그들은 자금과 코드를 기여하는 기업 회원들과 그 회원들을 위한 확립된 지배구조를 갖고 있다.

코인베이스 공동 설립자 프레드 에르삼Fred Ehrsam은 2017년 중반에 비트코인과 이더리움 플랫폼을 위한 주요 개발자가 각각 약 15명에 불과하다고 추정했다.[27] 비트코인 네트워크의 성능을 크게 향상시키는 새로운 애플리케이션 계층을 만들기 희망하는 라이트닝Lightning 네트워크와 같은 중요한 인프라 프로젝트는 적은 예산으로 운영되고 있다. 전 세계 기업이 미래를 걸고 수백억 달러 규모의 자산 가치를 지닌 암호통화를 관리하는 프로젝트임을 감안하면 매우 적은 수치다. 소수의 핵심 개발자들이 이러한 프로젝트를 민첩하게 유지하지만 그들이 부하를 처리할 수 있는지 여부에 대한 질문을 제기한다. 두 프로젝트 모두 참여 개발자 커뮤니티가 훨씬 더 크지만 핵심 그룹의 작업에 의존한다.

비트코인 측에서는 프로토콜을 홍보하는 임무를 맡은 비트코인 재단이 있지만 대부분의 주요 개발자는 MIT 디지털 통화 이니셔티브MIT Digital Currency Initiative, 벤처 지원 스타트업 블록스트림Blockstream, 자체 자금으로 운영되는 체인코드 랩스ChainCode Labs와 같은 제3자가 비용을 부담한다. 비트코인 코어Bitcoin Core 개발자들은 실제로 종종 의견이 맞지 않는 매우 느슨하게 연결된 그룹이다. 이들 중 소수만이 공식 비트코인 코어 소프트웨어 저장소를 업데이트하기 위한 '커밋commit' 접근 권한을 갖고 있으며 이러한 권한을 부여하기 위한 공식적인 절차는 없다.

이더리움 재단은 이더리움 생태계에서 더 강력한 위치를 차지하고 있다. 2014년 크라우드 세일 덕분에 핵심 개발자들에게 자금을 조달할 수 있는 자원이 있다. 또한 비탈릭 부테린에서 프로젝트를 이끄는 '자애로운 독재자'가 있다. 마지막으로 이더리움의 커뮤니티 규범은 비트코인보다 더 협력적인 경향이 있다. 이 모델은 다른 성공적인 오픈소스 프로젝트 특히 리누스 토발즈Linus Torvalds가 이끄는 리눅스 재단Linux Foundation의 모델과 유사하지만 이더리움이 진정한 탈중앙화 시스템이라는 개념과 약간의 긴장감을 조성한다.

블록체인 시스템의 분산 신뢰 모델은 네트워크 자체에 집중되는 전력을 기반으로 한다. 검증자들은 참여를 통해 보상을 받지만 트랜잭션에 대한 통제는 보장하지 않는다. 토큰 판매에 관련된 DApp은 이 구조를 다음 상위 계층으로 복제한다. 네트워크의 가치는 이용자와 다른 토큰 소유자 간에 공유되는 통화로 표시된다. 중앙 집중식 정보 및 소셜 미디어 플랫폼과 달리 네트워크 운영자에게 중앙 집중화되지 않는다. 이 네트워크는 모두를 위한 가치를 창출하는 인프라다.[28] 그러나 아무도 자동적으로 이 인프라에 자금을 지원하는 책임을 지지 않는다.

이는 공동체의 비극을 초래할 가능성을 만든다. 개발자, 이용자, 애플리케이션의 토큰 소유자는 블록체인 플랫폼의 우수한 엔지니어링으로 이익을 얻지만 반드시 기여할 필요는 없다. ICO 붐 기간 동안 수익성 좋은 토큰 판매를 했던 네트워크들은 출시 전에 수익을 창출해 개발을 지원할 수 있었다. 그런 다음 다시 크라우드 세일 규모에 상응하는 기대에 직면하기도 했다.

채굴자와 핵심 개발자가 블록체인 시스템의 방향에 영향력을 행사할 수 있다는 사실이 탈중앙화의 기본 주장을 무효화시키지는 않는다. 매직 스위치를 켜고 네트워크를 변경할 수 있는 실체는 없다. 블록 크기를 변경하는 등 프로토콜을 변경하는 기능은 원장에 기록된 정보를 변경하는 기능과 다르다. 전체 네트워크가 공격자보다 더 강력하다면 불변성은 지속된다.

블록체인 탈중앙화의 한계가 의미하는 바는 거버넌스와 규제의 문제를 무시할 수 없다는 것이다. 이러한 시스템은 신뢰에 의존하고 신뢰는 플랫폼을 형성하는 사람들의 집단적 결정에 달려 있다.

중앙 집중화에는 이점이 있다. 2013년 비트코인 코어 소프트웨어의 업데이트 실수로 잠재적으로 치명적인 하드 포크가 발생했다. 비트코인 커뮤니티는 포크를 파괴해 이전 버전으로 다운그레이드하는 것이 최선의 조치임을 빠르게 인식했다.[29] 핵심 개발자들은 온라인 채팅방 대화를 통해 1시간도 안 되는 시간에 합의에 도달할 수 있었다. 비트코인 채굴 파워의 20~30%를 장악했던 채굴 풀 BTC Guild가 강력히 지지했기 때문에 이와 같은 수정안이 빠르게 시행될 수 있었다. 보다 탈중앙화된 커뮤니티는 위기를 피하려고 제때에 대응하지 못했을 수도 있다.

반면에 국가가 블록체인 기반 활동을 억제하려는 경우 매수할 수 있는 방법이 있다. 충분한 노드가 국경을 벗어나면 네트워크를 완전히 종료할 수 없다. 그러나 이는 암호통화를 법정 화폐로 교환하는 현지 사용자, 채굴자, 거래소들을 효과적으로 위협할 수 있다. 중국은 2017년 중반에 그렇게 했다. 금융 사기와 자본 도피에 대한 우려로 비트코인 교환과 토큰 제공을 금지했다.[30] 그러나 얼마 지나지 않아 중국 인민은행 디지털화폐연구소 소장인 야오첸Yao Qian은 중국 중앙 은행에 자체 암호통화를 발행하도록 촉구했다.[31]

모든 면에서 중국 지도자들은 제2차 세계대전 후 마셜 플랜Marshall Plan과 세계 기축통화로서의 재무부 채권과 같은 메커니즘으로 구현된 경제적 소프트 파워가 미국이 세계 유일의 초강대국이 되는 데 어떻게 도움이 됐는지 잘 알고 있는 것 같다. 다른 주요 통화보다 먼저 중국 위안화를 토큰화하는 것은 21세기에 유사한 소프트 파워를 향한 잠재적인 경로 중 하나다. 러시아도 비슷한 계획을 갖고 있는 것으로 보인다.[32] 암호통화 채굴은 제2차 세계대전 중 원자 물리학이나 냉전 시대의 슈퍼컴퓨팅과 같이 주요 국가의 전략 기술이 될 수도 있다.

이것은 오늘날 추측성 시나리오다. 무슨 일이 일어나든 개방형 블록체인 네트워크가 중앙 집중식으로 개인이나 공공의 통제에 부적절하다는 기본적인 가설은 검증될 필요가 있다. 만약 암호통화가 재정적인 측면이나 정치적 측면에서 더 중요해진다면 오늘날 책임자들은 암호통화를 형성하는 데 무력하지 않을 것이다.

그다지 스마트하지 않은 계약

블록체인 플랫폼의 근본적인 실패를 무시할 수는 없지만 더 큰 우려는 분산 원장 위에 있는 소프트웨어와 서비스에 있다. 앞서 언급했듯이 분산 원장의 무결성은 순전히 수학적 현상이지만 블록체인 신뢰 시스템의 한 측면일 뿐이다. 분산된 합의를 애플리케이션 및 서비스로 변환하는 소프트웨어 계층은 블록체인에 혁신적인 힘을 제공하지만 화려한 수학으로는 극복할 수 없는 위험과 도전을 만들어 내기도 한다.

블록체인 자체를 넘어서는 다음 계층은 트랜잭션을 구현하는 스마트 컨트랙트 코드다.[33] 비트코인 스크립팅 언어는 유효하지 않거나 악의적인 스크립트를 방지하려고 의도적으로 상당히 제한돼 있다. 기본적으로 다중 서명 확인('멀티시그multisig')과 같은 몇 가지 추가 기능과 함께 사용자 간에 통화를 이동할 수 있다. 비트코인 블록체인을 다른 용도로 사용하려면 다른 자산에 대한 토큰을 컬러 코인으로 인코딩하는 것과 같이 영리한 해킹이라고 할 수 있는 것들이 필요하다.

이더리움 및 기타 범용 블록체인 플랫폼은 스마트 컨트랙트 시스템을 통해 완전한 애플리케이션 기능을 제공한다. 스마트 컨트랙트에는 다른 소프트웨어 코드와 마찬가지로 오류와 보안 결함이 있을 수 있다. 그리고 실제로 이더리움 스마트 컨트랙트에서 이미 취약점이 확인됐다.[34] 스마트 컨트랙트의 오류 또는 보안 악용은 블록체인이 자산에 대한 가치나 권리를 직접 전달하기 때문에 특히 위험하다. 인간의 계약 집행을 블록체인에서 실행되는 소프트웨어로 대체하는 데는 실질적인 한계가 있다. 일이 항상 계획대로 진행되는 것은 아니다.

앞에서 설명한 쿼드리가CX의 예는 스마트 컨트랙트 코딩의 단순한 오류로 인해 약 1,400만 달러의 이더가 이더리움 속으로 사라진 실제 사례다. 통화 잔액은 이더리움 블록체인에 기록되지만 이더리움은 취소 불가능한 스마트 컨트랙트에 잠겨 있다. 컨트랙트 자체가 무조건 변경할 수 없게 기록됐기 때문에 오류를 수정하려고 편집할 수 없다.

아이러니하게도 쿼드리가CX 문제의 근원은 3장에서 설명한 The DAO의 초기 위기의 해결이었다. The DAO 크라우드 펀딩 시스템에 기여한 사람들로부터 이더를 도난당한 것을 되돌리려고 이더리움은 2개의 체인으로 갈라졌다. 암호통화 거래소는 분기 이전의 이더리움 보유자가 현재 이더리움 클래식ETC도 보유하고 있다는 사실을 설명하려고 '스플리터splitter' 코드를 추가해야 했다. 쿼드리가CX가 그중 하나였다. 스플리터 코드의 버그는 접근할 수 없는 스마트 컨트랙트에서 고객의 자금을 동결시킨 것이었다. 이 사건은 소프트웨어 코드가 의사 결정 및 시행을 자동화할 때 필연적으로 발생하는 상호 의존성을 보여 준다.

버그나 공격이 없더라도 스마트 컨트랙트가 항상 제대로 작동할 것이라는 의심할 만한 이유가 있다. 첫째, 사람이 읽을 수 있는 언어를 기계가 읽을 수 있는 코드로 줄여야 한다. 이것은 쉽게 정확하게 지정할 수 있는 대상과 활동으로 범위를 제한한다. 특정 암호화 키를 제시하면 나의 연결된 자동차가 잠금 해제된다는 컨트랙트는 이더리움의 솔리디티[Solidity]와 같은 프로그래밍 언어를 사용해 코딩할 수 있다. 자동차 잠금장치의 네트워크 주소, 원하는 키, 취해야 할 조치는 모두 정확한 정의에 따른다. 반면에 일부 컨트랙트 조건은 인간의 판단을 내포하고 있기 때문에 형식적 논리로 표현할 수 없다. 예를 들어 기계는 당사자가 자신의 '최선의 노력'을 사용했는지 여부를 평가할 정확한 방법이 없다.

The DAO의 경우 합법적인 거래와 절도의 차이는 고의로 귀결됐는데 이는 컴퓨터가 스마트 컨트랙트 조건에 따라 판단할 수 없는 부분이다. 라이트닝 랩스[Lightning Labs]의 CEO인 엘리자베스 스타크[Elizabeth Stark]는 "The DAO는 코드의 함축된 의미가 실제 실행과 다른 점을 보여 주는 흥미로운 사례였다"라고 말했다.[35] 해킹 직후 공격자가 작성한 것으로 추정되는 익명의 편지가 게시됐다.

> The DAO의 코드를 주의 깊게 검토했고, 분할이 추가적인 이더로 보상되는 기능을 찾아 참여하기로 했다. … 나는 이 의도적인 기능의 사용을 '절도(theft)'로 규정하는 사람들에게 실망했다. 나는 스마트 컨트랙트 조건에 따라 명시적으로 코딩된 이 기능을 사용하고 있으며 나의 법률회사는 내 행동이 미국 형법 및 불법 행위에 대한 법규를 완전히 준수한다고 조언했다. … 나는 합법적인 이더에 대한 불법적인 절도, 동결 또는 압수에 가담한 공범들에 대해 모든 법적 조치를 취할 수 있는 모든 권리를 갖고 있으며 법률사무소와 적극적으로 협력하고 있다.[36]

이 게시물은 거의 확실히 사기극일 수 있지만 그럼에도 교훈적이었다. 이는 비탈릭 부테린이 1년 전에 발견한 주관성의 문제를 정확히 강조했는데 그 결과가 이제야 현실이 됐다. 머신러닝의 큰 발전에도 컴퓨터는 계약상의 모호성을 해결하는 데 필요한 상황별, 영역별 지식 또는 미묘한 이해의 정도를 갖추지 못했다. 설상가상으로 스마트 컨트랙트가 실행될 때까지 어떤 효과를 낼 것인지 장담하기 어려울 수도 있다.[37] 이를 확인하려고 스마트 컨트랙트가 블록체인에 인코딩되기 전에 형식 검증 방법을 적용할 수 있다. 이는 자동화된 시스템일 수도 있고 더 중요한 스마트 컨트랙트의 경우 전문가 그룹의 맞춤 감사가 될 수도 있다. 오늘날 이미 재무 감사 회사와 유사한 역할을 하는 컨설팅 회사들이 있다. 그러나 이러한 단계를 수행하더라도 일부 스마트 컨트랙트는 원하는 성과를 달성하고자 공식적으로 입증할 수 없다.

그리고 스마트 컨트랙트가 의도한 대로 작동하더라도 차선의 결과를 생성할 수 있다. 사전 계약상 권리의 설명과 사후 법적 효력의 소송 사이에 사실이 변경될 수 있다. 스마트 컨트랙트 당사자는 한정적 언어 또는 '자연 재해'(불가항력) 조항을 넣어 이러한 변화에 대해 회피하려고 할 수 있지만 이러한 유형은 컴퓨터 코드에서 지정하기 어려운 부정확한 용어다. 그 밖의 경우에는 당사자들이 이행에 앞서 상호 유리한 계약 변경을 원할 수 있다.

표준 계약법에 따르면 이러한 변경은 문제가 되지 않는다. 그러나 스마트 컨트랙트의 경우 어려움이 있다. 합의에 의해 계약은 즉시 효력이 발생한다. 실행하기 전에 중간 단계를 사용하려면 스마트 컨트랙트 코드에 수정 가능성을 명시적으로 포함해야 한다. 기술적인 관점에서 이것은 프로세스의 복잡성을 증가시킬 것이다. 또한 당사자들이 스마트 컨트랙트에 정해진 조건을 수정하는 것을 언제 어떻게 허용할 수 있는지 인코딩하는 방법의 어려움도 야기할 것이다. 개발자들은 가장 좋은 스마트 컨트랙트 버전에 사용자가 투표할 수 있도록 하는 것과 같은 창의적인 솔루션을 개발하고 있지만 효과적이더라도 트레이드오프가 수반된다.

마지막으로 문화평론가 이안 보고스트Ian Bogost가 지적했듯이 스마트 컨트랙트의 힘은 남용될 수 있다.[38] 실행 및 집행에 인간이 개입하지 않는 것은 스마트 컨트랙트를 잠재적으로 더 효율적으로 만들지만 사법 감독의 영역에서 벗어나게 한다. 계약법은 근본적으로 말하면 일종의 구제 제도다.[39] 당사자들이 계약을 체결할 때 행동하는 방식을 바꾸는 것보다 사실 이후에 올바른 결과를 얻는 데 더 관심을 가진다. 계약법에는 당사자가 명확하게 명시된 계약상의 의무로부터 벗어날 수 있도록 하는 다양한 교리(비양심, 상호 실수, 위법, 능력, 대가성, 사기, 강요)가 포함돼 있다. 이러한 예외는 계약의 적용이 판사에 의해 통제되기 때문에 계약 실행에 대한 신뢰를 훼손하지 않는다.

스마트 컨트랙트에는 판사가 없다. 당사자들은 초기에 조건을 정의하고 블록체인 네트워크는 계약이 활성화되면 자동으로 조건을 시행한다. 이것은 계약이 당사자 중 누구도 의도하지 않은 방식으로 실행되는 The DAO에서 설명된 시나리오로 이어질 수 있다. 또는 사법적 구속 없이 한 당사자에게 다른 당사자에 대한 독점적인 권한을 부여할 수 있다. 따라서 스마트 컨트랙트는 신중하게 균형 잡힌 저작권 보호 장치를 무력화하는 디지털 권한 관리 기술과 동일한 위협을 나타낸다.[40] 콘텐츠 소유자는 기술을 사용해 법률이 지원하지 않는 제한을 부과했을 수 있다.

닉 스자보가 제안한 것처럼 스마트 컨트랙트로 인코딩된 자동차 리스를 사용하면 차용인이 지불하지 않을 경우 원격으로 차량을 사용하지 못하게 할 수 있다. 이는 규제를 받는 금융 서비스 제공업체의 변덕스러움에 대한 탈중앙화 대안으로 보일 수 있다. 그러나 이는 또한 사적 권력의 임의적인 행사를 위한 도구가 될 수도 있다. 이 시나리오에서 차용인에 대한 속박은 현재 제도하의 속박을 훨씬 능가하고 있다. 이를 제한하는 규제 및 거버넌스 메커니즘이 없으면 블록체인 기반 시스템은 쉽게 중앙통제 수단이 될 수 있다. 보고스트는 이러한 패턴 즉 사적 권력으로 가는 정원 길로 이어지는 개방적인 분산화가 현재 아마존, 구글, 페이스북과 같은 일부 플랫폼이 지배하고 있는 인터넷에서 일어난 일과 정확히 일치한다고 지적한다.

토큰 발행자에 대한 신뢰

비트코인 커뮤니티에서 인기 있는 슬로건은 '숫자 속의 힘Strength in numbers'의 대략적인 라틴어 번역인 'Vires in numeris'다. 그러나 때때로 '매수자 위험 부담 원칙Caveat emptor'으로 바뀌는 경우가 있다. 구매자가 조심해야 한다. 전통적인 신뢰 구조는 당사자가 게임의 규칙을 어겼을 때 제재를 허용한다. 신뢰할 수 없는 신뢰에는 그런 보호 기능이 없다. 분산 원장은 정보가 정확하게 기록됐는지 확인하지만 해당 정보의 적당성은 검증하지 않는다.

ICO 골드 러시는 이점과 위험을 모두 보여 준다. 기업은 새로운 방식으로 자금을 조달하고 새로운 종류의 애플리케이션을 지원할 수 있다. 창업 자금을 조달할 기회가 없었던 전 세계 투자자들은 마우스 클릭만으로 창업 자금을 조달할 수 있다. 이러한 투자자들은 플랫폼에서 독립적인 투자 가치와 유틸리티를 모두 제공하는 토큰을 받을 수 있다. 이는 긍정적인 측면이다. 부정적인 측면은 토큰 판매에 기여하는 사람들이 오랫동안 증권 제공의 표준이었던 법적 보호를 받지 못한다는 것이다.

폴리비우스Polybius는 2017년 6월 22페이지 분량의 '투자 설명서'와 '폴리비우스 은행이 언제 어디서나 접근 가능한 완전한 디지털 은행이 될 것'이라는 약속과 함께 ICO를 시작했다.[41] 폴리비우스가 발행하는 '블록체인 지분'은 마치 주식처럼 '회사 이익의 일부를 받을 수 있는 권리'를 의미한다. 그러나 세계 대부분의 지역에서 엄격하게 규제를 받고 있는 주식을 판매하는 대신 에스토니아 재단을 통해 누구에게나 온라인으로 공개를 했다. 새로운 폴리비우스 은행 등록 국가는 ICO 이후에야 발표할 것이라고 밝혔다. 투자자들은 개의치 않는 듯했다. 그들은 순식간에 3,100만 달러 상당의 토큰을 매진시켰다.

대부분의 ICO에서 폴리비우스 토큰을 구매한 사람들은 중앙 통제가 없는 거래의 불변성에 원래부터 관심이 없었다. 그들은 전통적인 개인 주식 공개를 통해 주식을 사는 것처럼 행복했을 것이다. 그들이 베팅한 것은 벤처 자체에 대한 열정과 토큰이 가치가 상승할 것이라는 믿음의 조합이었다. 후자는 블록체인의 실행 가능성에 간접적으로만 의존한다. 투자자들은 분산 원장 기술보다 폴리비우스를 훨씬 더 신뢰했다.

그리고 폴리비우스는 개인 평판에 대한 전통적인 방법으로 신뢰를 쌓았다. ICO 자료는 설립자들의 전문성(이전의 비트코인 채굴 하드웨어 사업을 통해 개발된)을 논의했고 백서는 기술 및 비즈니스 통찰력을 보여 주려고 노력했다.[42] 그러나 은행업은 매우 복잡하고 규제가 심한 산업이다. 에스토니아의 금융 규제 당국은 폴리비우스가 자국에서 금융 서비스를 제공할 수 있는 라이선스가 없다는 보도 자료를 발표했는데 이는 과거 글로벌 은행으로서는 우려스러운 사실이었다.[43] 은행 시장에 진입하려는 폴리비우스와 같은 신생 기업은 경험 많은 플레이어의 지원 없이는 오랜 역경에 직면하게 될 것이다.

폴리비우스는 4대 글로벌 감사 및 회계 회사 중 하나인 어스트앤영Ernst & Young과의 제휴를 홍보했다. 보도 자료에 따르면 EY 파트너인 다니엘 하우든차일드Daniel Haudenschild와 다른 2명은 "폴리비우스의 은행 운영, 기술 및 법률에 관한 프로젝트 팀을 이끌기 위해 협력하고 있다"라며 "EY의 모든 활동에는 금융 기관에 대한 자문 지원이 포함된다"라고 언급했다.[44] 중앙 집중식 신뢰의 기둥인 EY의 제도적 명성은 의심할 여지 없이 검증되지 않고 아직 구축되지 않은 사업에 위험을 감수하려는 투자자들의 의지를 강화시켰다.

자세히 살펴보면 그렇게 했어야 하는지는 투명하지 않다. 폴리비우스 프로젝트의 웹사이트에는 15명의 '고문' 중 3명의 EY 직원이 이름을 올렸는데 이들은 ICO보다 앞서 토큰을 보상으로 받은 것으로 추정된다.[45] 감사 회사와의 공식적인 파트너십, 투자 또는 컨설팅 관계를 확인하지는 않는다. EY를 신뢰함으로써 부분적으로 폴리비우스를 신뢰한다면 그 신뢰는 잘못된 것일 수 있다. 실제로 ICO가 시작된 직후 EY는 「파이낸셜 타임스Financial Times」와의 인터뷰에서 "다니엘 하우든차일드는 더 이상 EY와 함께하지 않으며 EY의 블록체인 전략에 대한 그의 의견은 올바르지 않다"라고 말했다.[46]

이 중 어느 것도 폴리비우스가 사기이거나 법적 의무를 위반한다는 것을 증명하지 못한다. 그러나 대부분의 투자자들로 하여금 주저하게 할 수도 있다. 아마도 폴리비우스는 글로벌 가상 은행을 구축하는 데 성공할 것이며 토큰 보유자는 상당한 이익을 얻을 것이다. 아니면 개발자들이 ICO 수익금의 일부를 자기 것으로 만든 후에 투자자들은 모든 것을 잃을 수도 있다. 이러한 종류의 토큰 발행은 전 세계의 개인 투자자를 대상으로 하는 '만사형통' 증권 발행의 갑작스럽고 거대한 실험을 대표한다. 블록체인 기술의 모든 불확실성과 기술적 복잡성을 감안할 때 대부분의 투자자는 광범위한 재무 정보 공시에도 불구하고 자신이 어떤 상황에 처하게 되는지 이해하지 못할 것이다. 만약 재무 정보 공시가 없다면 투자자들은 제안자와 투자 추진자들의 자비에 달려 있다. 이렇게 대규모의 악용을 부추기는 제도가 남용될 것이다.

많은 블록체인 기반 활동이 그렇듯 경계와 모범 사례가 마련될 필요가 있다. 나라마다 다른 답을 내놓을지도 모른다. 그것이 법이 진화하는 정상적인 방법이다. 그러나 공개 및 정확성 요구 사항들의 기본 세트는 시장이 제대로 작동하는 데 필수적인 것으로 보인다. 블록체인은 자금 조달 회사들의 효율성과 유동성을 획기적으로 향상시킬 수 있다. 그러나 그것은 인간의 본성을 바꾸지는 않을 것이다.

중앙 집중식 네트워크 종단 서비스 제공자

블록체인 기반 활동에 대한 마지막 심각한 취약점은 원장의 네트워크 종단 edge에 있다. 가치가 분산된 시스템으로 인코딩되더라도 접속 지점들은 중앙 집중식 네트워크 종단 서비스를 통해 이루어질 수 있다. 예를 들어 코인베이스, 블록체인닷인포Blockchain.info 또는 자포Xapo와 같은 소비자 지향 지갑 서비스로 비트코인을 저장하는 개인은 은행과 동일한 방식으로 해당 제공자를 신뢰해야 한다. 지갑 제공자는 고객을 위한 개인 암호화 키를 저장한다. 이는 고객들이 표준 사용자 이름과 암호를 통해 암호통화에 접근할 수 있도록 한다. 그러나 지갑 제공자가 해킹을 당하면 키는 취약해진다. 지갑이 분산 원장에 연결돼 있다고 해서 지갑 서비스 자체가 기존의 웹 기반 서비스보다 본질적으로 더 탈중앙화되는 것도 아니고 지갑 자체의 보안이 강화되는 것도 아니다. 닉 스자보는 트위터에서 "비트코인은 지구상에서 가장 안전한 금융 네트워크다. 그러나 중앙 집중식 주변 기업들은 가장 불안정하다"라고 말했다.[47] ICO에서 모금된 이더의 10%는 이미 대부분 지갑에서 도난당한 것으로 추정된다.[48]

블록체인 네트워크 종단에 있는 특정 취약점은 암호통화를 달러나 기타 정부 지원 화폐와 교환하는 거래소에 있다. 비트코인과 함께 암호통화를 얻는 유일한 두 가지 방법은 채굴을 통하거나 다른 사람과 교환하는 것이다. 오늘날 최종 사용자들은 채굴자로 경쟁할 수 없기 때문에 어느 시점에서 비트코인 또는 기타 암호통화를 기존 통화로 구매해야 한다. 이러한 요구에 부응하려고 전 세계적으로 수많은 거래소가 생겨났다. 거래소들은 또한 기관 거래자들이 시장을 만들 수 있도록 해준다. 전통적인 증권 거래소와 같이 잘 운용되는 거래소는 가격 책정 과정을 진전시키고 효율적인 자본 형성을 촉진할 수 있다.

불행하게도 암호통화 거래소는 종종 이 문제를 해결하기에 불충분한 것으로 판명된다. 2014년 가장 유명한 비트코인 거래소인 마운트곡스Mt. Gox는 해커들이 일련의 절도를 통해 당시 약 4억 달러 상당의 화폐를 훔칠 수 있게 되면서 붕괴됐다.[49] 또 다른 주요 거래소인 비트파이넥스Bitfinex는 2016년 해킹을 당해 당시 약 7,000만 달러 상당의 암호통화를 잃었다. 적어도 100만 달러 이상의 암호통화가 도난당한 사건이 최소 15건 있었으며 도난 당시 총가치는 6억 달러를 초과했다. 그 수치는 비트코인 가치가 최고조에 달할 때 적어도 10배는 더 높을 것이다.

거래소의 기본 기술 플랫폼을 구축하는 것은 보안 취약점에 대해 빈틈을 막고 거래량이 증가함에 따라 충분한 유동성을 유지할 수 있도록 보장하는 것보다 훨씬 쉽다. 그동안 암호통화 거래소의 라이선스를 의무화하기 위한 노력이 있었지만 시장의 글로벌 특성은 오늘날 많은 거래소가 본질적으로 규제되지 않는다는 것을 의미한다. 유로화를 비트코인으로 바꾸는 웹사이트는 유로화를 달러나 엔화로 바꾸는 전통적인 환전소와 유사해 보일 수 있지만 그다지 안전하지는 않다.

부정행위가 없더라도 거래소 및 기타 네트워크 종단 서비스 제공자는 버그에 취약하다. 6장의 앞부분에서 언급한 쿼드리가CX 문제는 단순한 코딩 오류로 인해 1,400만 달러를 회수할 수 없는 경우였다. 최근 패리티^{Parity} 지갑 서비스는 사용자가 (분명히) 실수로 특정 버전의 소프트웨어를 사용하는 모든 스마트 컨트랙트에 접근할 수 없도록 하는 명령을 실행한 후 1억 6,000만 달러 상당의 이더가 갇혀 있는 것으로 나타났다.[50]

쿼드리가CX와 마찬가지로 패리티는 초기 결함을 수정하려고 지갑 소프트웨어를 업데이트할 때 버그를 제출했다. 이 초기 문제로 인해 해커는 토큰 판매로 모금된 3,000만 달러 상당의 이더를 훔칠 수 있었다. 그리고 패리티는 블록체인 초보의 회사가 아니다. 이더리움의 전 수석 기술자인 개빈 우드 Gavin Wood가 공동 설립했다. 거래소와 마찬가지로 지갑은 일반 사용자가 암호통화를 편리하게 다룰 수 있도록 하기 위한 중앙 집권적 양여다. 지갑 보호습관은 시간이 지남에 따라 개선될 것이지만 사람들이 네트워크 종단 서비스 제공자에 의존하는 한 위험은 여전히 남아 있을 것이다.

종단 서비스 제공자에 대한 신뢰의 또 다른 측면은 이러한 서비스 제공자가 트랜잭션을 통제할지 여부를 결정할 수 있다는 것이다. 마약, 도박, 청부 살인에 대한 비트코인 거래는 피자 거래와 동일한 방식으로 처리된다. 전통적인 금융 거래에서 지급결제 처리업체(예: 비자^{Visa} 및 마스터카드^{Mastercard} 회원 등)는 정부가 불법 거래를 차단하도록 압력을 가할 수 있는 통제 지점이다. 지급결제가 비트코인으로 이루어지면 지급결제 자체에 관여하는 사람이 없고 단지 분산된 채굴자들의 네트워크만 있다. 그러나 트랜잭션이 네트워크 종단 서비스 제공자를 거치면 법적 집행의 대상이 될 수 있다. 이는 서비스의 위치와 관리자의 신원을 숨겼는지에 따라 어려울 수 있지만 불가능한 것은 아니다. 가장 유명한 예는 2장에서 논의한 실크로드였다.

상황에 따라 다양한 수준의 보안과 안정성이 필요하다. 은행은 소액 소비자 거래에 종사하는 상인보다 특정 위험에 더 우려할 것이다. 블록체인의 의료 기록은 다이아몬드 공급망 기록과는 위험 프로파일이 다를 것이다. 이러한 변화는 블록체인에만 국한된 것이 아니라 기존의 중앙 집중식 시스템에 대한 신뢰와 보안의 일부다. 그러나 분산 원장의 새로움을 감안할 때 적절한 보안 모델을 분류하는 데는 시간이 걸릴 것이다.

도로 규칙

블록체인 네트워크와 그 위의 활동이 피해를 초래할 수 있다는 사실이 분산 원장의 가치를 훼손하는 것은 아니다. 사토시 나카모토의 발명이 신뢰 문제를 단번에 해결했다고 믿는 순진한 태도를 보여 줄 뿐이다. 상당한 이점을 제공하는 많은 것들이 상당한 위험을 초래하기도 한다. 자동차는 결함으로 인해 브레이크가 고장나면 차주를 죽게 할 수 있고 술에 취한 채 운전하면 다른 사람을 죽일 수 있으며 군중 속으로 몰면 무기로 사용될 수 있다. 그러나 아무도 자동차가 금지돼야 한다고 제안하지 않는다. 오히려 운전면허증, 자동차등록증, 교통법규, 보험, 불법 행위 책임과 같은 규칙은 안전에 대한 욕구와 운전자 또는 제조업체의 자율성에 대한 이점 사이에서 균형을 유지한다.

더 나아가 자율주행(무인) 차량은 사람 운전자를 기계로 대체해 음주 운전과 같은 문제를 해결하겠다고 약속한다. 그러나 기계는 새로운 과제들을 안고 있다. 자율주행 차량에 버그가 있거나 누군가 해킹해 절벽에서 운전하게 된다면 어떻게 될까? 보행자를 치어 사망에 이르게 하면 어떻게 될까?[51]

기존 자동차와 마찬가지로 자율주행 차량 기술을 금지하는 것과 무한한 피해를 감수하는 것 사이에 선택이 있는 것은 아니다. 최상의 위험/편익 절충을 위해 다양한 규칙이 고안될 것이다. 자율주행 차량 충돌사고 발생 시 책임은 누구에게 있으며 도로에 차량을 배치하려면 어떤 승인 절차를 거쳐야 하는지 등이 현재 논의되고 있는 질문의 두 가지 예다. 블록체인 시스템은 동일한 유형의 문제를 제기하고 동일한 유형의 검증을 받을 가치가 있다. 전반적으로 매우 유용할 것이다. 하지만 그렇다고 해서 잠재적인 단점을 무시하도록 강요해서는 안 된다.

이 책의 다음 몇 장에서는 법과 규제가 이러한 피해를 어떻게 해결해 줄 수 있는지 살펴보고 블록체인 기반의 시스템을 보다 안정적이고 신뢰할 수 있게 만드는 방법을 연구할 것이다. 7장에서는 정부가 정의한 법적 규제와 행동을 통제하는 사적인 수단이 블록체인 네트워크의 활동에 영향을 미칠 수 있는 방법을 고려한다. 8장에서는 블록체인의 소프트웨어 코드가 전통적인 형태의 법적 집행과 어떻게 관련돼 있는지 보여 준다. 9장에서는 정부가 이러한 네트워크를 어떻게 관리하고 감독할 수 있는지 방법을 살펴본다.

7장_ 블록체인 거버넌스

빌리의 역설

옥스퍼드 인터넷 연구소의 경제 사회학자 빌리 레돈비르타Vili Lehdonvirta를 러다이트Luddite라고 보기는 힘들다. 디지털 마켓 전문가이자 전직 비디오 게임 개발자인 그는 가상 세계와 긱 이코노미gig economy의 조직 역학을 진지하게 받아들인 첫 번째 인물로서 가상 경제에 관해 거의 완벽한 수준의 책을 공동 집필하기도 했다. 한 미국 주간지는 빌리를 사토시 나카모토로 의심되는 인물로 선정하기도 했다(이에 자신은 사토시 나카모토가 아니라며 설득력 있게 웃으며 부정했다).[1] 빌리는 아직 암호통화 비평가에 가깝다. 심지어 그는 "나는 블록체인이 경제나 통치 체제를 근본적으로 변화시킬 수 있다는 주장에 회의적이다"라고 언급하기도 했다.[2]

빌리 레돈비르타는 분산 원장이 거버넌스 역설에 직면해 있다고 주장했다.[3] 자발적 합의 외에 집단적으로 분쟁을 해결할 수 있는 수단이 없다면 실패할 수밖에 없다. 반면, 레돈비르타는 이러한 네트워크가 공식 또는 비공식적인 거버넌스 구조를 채택할 때 더 이상 진정으로 분산되지 않는다고 말했다. 비탈릭 부테린과 같은 핵심 개발자들이 코드를 변경하고 의사 결정을 집행할 수 있는 현명한 리더들이 있기 때문에 이더리움이 성공한다면 리눅스나 페이스북 같은 중앙 집권화된 개발 프로젝트들과 무엇이 다른가? 이러한 점에서 부과되는 간접비용에 대해 따져 봐야 하는 탈중앙화는 장점이 보이지 않는다. 레돈비르타는 거버넌스가 존재하는 한 탈중앙화라는 개념은 더 이상 존재할 수 없다고 주장한다. 하지만 여기서 흥미로운 사실은 탈중앙화가 존재하려면 반드시 거버넌스도 필요하다는 것이다. 그렇기 때문에 이것을 역설이라 얘기한다.

빌리의 역설은 신뢰 아키텍처로서 블록체인의 미래에 대해 진지하게 논의해 볼 수 있는 시작점이 될 수 있다. 법과 규제 같은 외부적인 세력이 블록체인 경제를 형성할 수는 있지만 블록체인 기반 시스템의 진정한 성공은 새로운 형태의 거버넌스를 구현할 수 있는 내부 역량에 달려 있다. 기능적 거버넌스가 없다면 블록체인 네트워크가 할 수 있는 최선은 P2P, 리바이어던 또는 신뢰할 수 있는 중개자 등 신뢰의 전통적인 기반으로 되돌려 놓는 것이다. 그들은 모든 세상에서 최악의 상황을 만들고 엄청난 실패를 초래할 위험을 무릅쓰고 있는 것과 다를 바 없다.

레돈비르타는 블록체인의 기능인 규칙 시행enforcing rules과 '거버넌스'라는 규칙 제정making rules을 구분한다. 제3자 집행과 관련한 문제를 처리하는 역할은 분산 원장이 한다. 하지만 그 자체가 규정의 산물인 제3자의 규칙 제정에 대해서는 이를 적용하기 어렵다. 블록체인과 같은 규칙 시스템이 스스로 만들어졌을 리 만무하다. 분명히 누군가가 설계해야 한다. 그리고 초기에 만들어진 규칙이 완벽하지 않은 이상 지금이나 추후에 분명히 수정될 여지가 있으며 이를 수정하려면 중앙 집권화된 제3자가 필요할 것이다.

레돈비르타의 말에도 일리가 있다. 블록체인이 기존 합의체제보다 반드시 승리할 수밖에 없는 혁명적인 탈중앙화된 경제 질서를 예고한다고 믿는 사람들은 잘못된 신을 믿는 것이다. 그렇다고 레돈비르타의 말이 모두 맞는 것은 아니다. 레돈비르타가 결론을 내렸듯이 "거버넌스 문제가 해결되면 블록체인은 더 이상 필요하지 않다"라는 것이 사실일지도 모른다. 하지만 여러분은 여전히 그것을 원할지도 모른다. 블록체인 거버넌스는 모순이 아니다. 그러나 법률이나 규정과 마찬가지로 다양한 형태를 취할 수 있으며 다수의 행위자가 참여할 수도 있고 조정을 위한 다양한 방법을 활용할 수도 있다.

빌리의 역설에 대한 대응으로는 분산 원장 채택에 대한 중요 세부 사항을 조사하는 데 있다. 브라이언 벨렌도프의 공식을 사용해 최소 실행 가능한 중앙 집권화 지점을 이동시키기만 해도 차이가 발생한다. 0이 아닌 경우에도 말이다. 사토시 나카모토가 만들고자 한 '신뢰 없이' 작동하는 시스템과 한계는 있지만 실제로 더 중요한 현실 사이의 괴리를 다시 마주하게 되는 것이다. 비트코인이 실제로 제거한 것은 신뢰할 수 있는 제3자에 대한 검증의 필요성이었다. 이는 신뢰와 관련한 한 가지 요소일 뿐이다. 블록체인 기술 업체 체인의 대표 애덤 루드윈 역시 비슷한 실수를 한 적이 있다. "암호통화에는 거버넌스가 없다. 그 자체가 거버넌스 역할을 하는 메커니즘이다"라고 언급한 것이다.[4] 좀 더 정확하게 말하자면 암호통화 네트워크는 거버넌스의 기술이라는 것이다.[5] 블록체인은 규칙 시행의 측면을 분산시키는 것은 맞지만 항상 규칙을 제정하는 것은 아니다.

이러한 내용을 보완할 수 있는 부분은 거버넌스의 정의에 있다. 레돈비르타는 거버넌스를 사적인 규칙 제정과 동일시하는 반면 다른 이들은 이를 공공에 대한 규칙 제정 즉 규정으로 정의한다.[6] 하지만 이 둘은 쉽게 분리될 수 있는 개념이 아니다. 합법성은 내부 및 외부 규칙의 상호 작용을 통해 비롯된다.[7] 블록체인 네트워크와 DApp이 완전히 법적 의무 대상이 되는 경우 국제적인 거버넌스 방식을 구축하는 데 있어 더 많은 자유를 얻게 될 것이다. 법률은 안전장치의 역할을 할 수 있다. 오히려 스마트 컨트랙트가 강력한 보호 기능을 제공한다면 설계가 잘 된 일부 초기 코인 공개[ICO]에 있어서는 기존의 법적 체계를 적용할 필요성이 줄어들게 된다.

엘리너 오스트롬이 자신의 저서에서 강조했듯이 거버넌스는 다중심적이다. "연구에 따르면 인간이란 복잡한 동기부여 구조를 갖는 생명체다. 다양한 개인 영리뿐만 아니라 정부 및 공동체적, 제도적 체계를 넓은 범위로 확립하고 운영함으로써 생산적이고 혁신적이지만 동시에 파괴적이고 잘못된 결과를 만들어 내고 있다"라고 언급한 바도 있다.[8]

블록체인 역시 다르지 않을 것이다.[9] 사전적인 코딩에만 전적으로 의존해서는 스마트 컨트랙트를 성공적으로 실행할 수 없듯이 잠재적인 설계 문제가 조금이라도 있다면 블록체인 거버넌스를 성공적으로 만들어 낼 수 없다.[10] 실제 시스템이 발전하고 상호 작용할 수 있는 방법을 찾는 데 조금 더 세심한 주의를 기울일 필요가 있다는 것을 보여 준다. 블록체인 네트워크는 다양한 수준의 중앙 집중화와 함께 중복되는 거버넌스 구조의 대상이 될 것이다.

이러한 관점은 레돈비르타가 규칙 제정과 집행을 뚜렷하게 구분하는 것에 의문을 일으킨다. 선호하는 것에 대해 단순히 표현하는 것이 거버넌스가 아니다. 누구든 규칙을 만들 수 있지만 사람들이 그 규칙을 따르게 하는 것이 어렵다는 뜻이다. 규칙의 준수는 다양한 방법으로 이뤄질 수 있다. 엄격한 집행 메커니즘은 사람들이 특정 방식으로 행동하도록 강요할 수 있다. 5장에서 개방형 블록체인의 암호경제적 신뢰 설계와 관련해 논의한 바와 같이 제재가 항상 최선의 또는 효과적인 해결책은 아니다. 톰 타일러[Tom Tyler]의 연구에서도 알 수 있듯이 처벌의 수준은 사람들이 법을 준수하는지 여부를 결정하는 주요 요인이 아니다.[11]

합의의 힘

블록체인 기술의 핵심은 돈이 아니라 합의를 만드는 것이다. 2장에서 설명한 바와 같이 사토시가 만든 프로토콜은 네트워크를 합의로 이끌도록 설계됐다. 그러나 합의는 이상한 것이다. 합의는 과반수 이상의 것을 의미하고 만장일치보다는 적은 것을 나타낸다. 그리고 어떤 면에서는 합의가 두 가지 모두보다 더 강력하다. 사회학자 에드워드 실스[Edward Shils]는 다음과 같이 말한다.

> 합의는 다양한 '이해'와 신념으로 인한 잠재적인 분열에 대항할 수 있는 힘이다. 합의는 협력을 촉진한다. 즉 이해관계의 일치를 통한 협력을 더 강화하고 보다 양립 가능성을 높이는 방식으로 목표를 정의함으로써 이해관계의 차이를 좁혀 주며 서로 다른 이해관계에서 발생할 수 있는 협력에 해로운 행동을 제한한다.[12]

그렇다면 합의란 정확히 무엇인가? 웹스터Webster 사전은 '일반적인 합의'와 '감정과 신념의 집단 연대'라는 두 가지 정의를 제공한다. 그것들은 매우 다른 의미를 갖고 있다. 첫 번째는 합의에 도달하는 공동체의 정서적 또는 심리적 상태에 대해 아무 말도 하지 않고 두 번째 정의는 공동체의 견해에 전체적인 의미를 부여한다. 블록체인 네트워크는 두 번째 정의를 첫 번째 정의로 대체할 것을 약속하는 것처럼 보인다. 컴퓨터에는 '감정과 신념'이 없지만 그 개념이 충분히 정확하게 정의된다면 '일반적인 합의'에 도달하는 데 매우 효과적일 수 있다.

합의에 도달하려고 모든 참가자가 동의할 필요는 없다. 분산 원장 환경에서 한 참가자가 신뢰할 수 없고 이중 지출 트랜잭션을 추가하려고 시도하는 상황을 고려한다. 우리는 시스템이 여전히 합의된 상태라고 말할 수 있다. 한 명의 나쁜 행위자는 나머지 참가자들에 의해 압도될 것이고 그의 트랜잭션은 거부될 것이다. 반면에 참여자의 51%가 트랜잭션을 거부하고 49%가 수락하기를 원한다면 대다수가 동의하지만 합의된 것은 아니다. 의견 불일치 수준이 너무 높아 다수결 결과에 대한 신뢰가 약해질 것이다.

이런 식으로 합의는 신뢰와 깊은 관련이 있다. 한 정치학자의 표현을 빌리자면 "만약 '합의'에 대한 합의가 있다면 … 그것은 정치 체제의 구성원들 사이에 높은 수준의 '신뢰'가 있는 곳에서 발생하는 것이다."[13] 결과에 동의하지 않는 사람들이 그 결과에 의해 지배되는 것에 동의할 때 합의가 이뤄진다. 이전의 반대자들은 민주주의 체제의 경우처럼 활동적인 소수자로 지속되지 않는다. 그들은 항상 합의를 지지하는 공동체와 구별할 수 없게 된다. 동의하지 않는 자들이 합의에 참여하려는 의지가 있으려면 그들이 다수에게 이용당하지 않을 것이라는 신뢰가 필요하다.

건전한 합의가 있는 곳에 신뢰가 따른다. 합의가 유지되면 참가자들은 시스템이 작동하고 있다는 확신을 갖게 된다. 이는 그들이 공동체의 의지에 양보한다면 다른 사람들도 때가 되면 그렇게 할 것이라는 믿음을 강화시킨다. 오랫동안 합의는 기술 전문가들이 분쟁을 해결하는 최선의 방법이었다. 엔지니어들이 추구해야 할 가장 적합한 기술적 접근 방식에 대해 서로 다른 견해를 가질 때 만장일치가 불가능한 경우가 많다. 동시에 다수결 투표의 형식주의는 그들의 코드가 말을 하도록 하는 것에 익숙한 사람들에게는 제한적으로 느껴진다.

MIT 연구원 데이비드 클라크^{David Clark}가 밝힌 국제인터넷표준화기구^{IETF,} Internet Engineering Task Force의 유명한 구호는 다음과 같다. "우리는 왕, 대통령, 투표를 거부한다. 우리는 대략적인 합의와 코드 실행을 믿는다."[14] 클라크는 피해야 할 것으로 투표를 명시적으로 포함시켰다. 공정하고 민주적인 수단을 통해 시행되더라도 중앙 집권화된 권력은 피해야 했다. 까다로운 참가자들이 충분히 동의하도록 하는 문제는 2개의 예선전에 의해 중재됐다. 합의는 '대략적'이면 되고 작동하는 소프트웨어 형태의 존재 증명이 추상적인 아이디어보다 우선시됐다.

사토시 나카모토는 클라크의 구호를 결코 언급한 적이 없지만 그의 시스템은 핵심 원칙을 구체화했다. 비트코인과 그 후손들은 불완전한 합의를 가능하게 한다. 사실 그들은 네트워크의 일부 참가자가 신뢰할 수 없거나 신뢰할 수 없다는 기대를 바탕으로 만들어졌다. 그리고 암호통화는 실행 코드를 왕으로 만들었다. 전통적으로 민주적인 절차나 정부 기관에 의해 수행되던 기능들이 시스템에 내장되고 자동화됐다. 앞으로 보게 되겠지만 그렇다고 해서 블록체인의 소프트웨어가 항상 정부 기반의 법적 체제를 능가한다는 것을 의미하지는 않는다. 블록체인의 코드는 주로 다른 종류의 법률 역할을 한다.

비트코인의 통화 공급은 이러한 접근 방식을 보여 준다. 물가 상승률에 영향을 미치는 통화 정책은 전통적으로 전문 중앙 은행가의 영역이다. 그러나 이러한 은행가들을 임명하는 정치인들은 민주적인 유권자들에게 책임이 있다. 사토시의 디자인은 총 통화 공급량을 2,100만 비트코인으로 고정시켰고 점차적으로 느려지는 속도로 해당 통화를 발행하기 위한 자동 프로세스를 구축했다. 모든 비트코인 검증자와 사용자는 이 체제를 통화의 속성으로 받아들인다. 그러나 공급 제한은 충분한 지지를 얻은 하드 포크를 통해 해소할 수 있다.

비트코인의 접근 방식은 좋은 생각일 수도 있고 아닐 수도 있다. 일부 금융 전문가들은 비트코인의 고정 공급은 필연적으로 디플레이션이 불가피하고 정부가 마음대로 화폐를 발행할 수 있는 법정 화폐에 밀릴 것이라고 주장한다.[15] 모든 암호통화가 동일한 접근 방식을 취하는 것은 아니다. 예를 들어 이더리움은 코인 수에 절대적인 제한이 없다. 두 경우 모두 네트워크의 알고리듬 규칙은 합의를 향한 행동을 조정하기 위한 거버넌스 메커니즘으로 기능한다. 블록체인 네트워크의 합의 규칙에서 벗어나는 사람들은 새로운 기술 합의를 도출하거나 자신만의 네트워크를 만들려고 노력할 수 있다.

따라서 이러한 합의가 불변의 스마트 컨트랙트를 통해 구현되는 경우에도 항상 백그라운드에서 지속적인 거버넌스 프로세스가 존재한다. 비탈릭 부테린은 거버넌스를 '조정 플래그'와 동일하게 정의함으로써 이를 포착했다.[16] 확립된 규범 내에서 운영되는 제도적 행위자는 특정 행동에 대한 신호를 보낸다. 참가자들은 다른 모든 사람들이 따를 것이라고 생각하는지 여부에 따라 준수 여부를 결정한다. 그들은 그러한 결정을 내리려고 다양한 합의 지표를 참조할 수 있다. 이 개념은 신뢰 형성에 대한 오스트롬의 설명과 매우 유사하다. "개인이 규범을 받아들이는 것뿐만 아니라 상황의 구조가 타인의 행동에 대한 충분한 정보를 생성해 딜레마를 극복하는 데 드는 비용을 자신의 몫으로 부담하는 신뢰할 수 있는 보답자들의 행동에 대한 충분한 정보를 얻을 수 있다."[17]

공식적인 집행 없이 행동을 통제하는 다양한 대안적 방법이 있다. 비록 사람들이 이론적으로 다른 선택을 할 수 있는 선택권을 갖고 있지만 인센티브 구조는 원하는 행동을 합리적인 선택으로 만들 수 있다. 행동적 '넛지nudge'는 합리적인 자기 이익에 기반하지 않더라도 의사 결정을 위한 '선택 구조choice architecture'를 형성함으로써 유사한 결과를 생성할 수 있다.[18] 그리고 공동체 기반 제재로 뒷받침되는 공동체 규범은 규정 준수를 촉진할 만큼 충분히 엄격할 수 있다. 이러한 각 메커니즘에는 트레이드오프를 수반한다. 규칙 제정 과정에서 이뤄지는 선택은 반드시 규정 준수 구조에 관한 것이다.

블록체인 네트워크는 분산 원장에 대한 합의를 강제하는 것 이상의 역할을 한다. 여기에는 다양한 형식 및 공식 거버넌스 메커니즘이 포함된다. 비트코인, 이더리움, 리플 또는 R3의 코다에서 동일한 분쟁이 발생했을 때 결과는 달라질 것이다. 블록체인 네트워크 확산으로 얻을 수 있는 장점 중 하나는 거버넌스 모델을 실험하는 것이다. 따라서 분산된 집행이 탈중앙화 거버넌스와 동일하지 않다는 레돈비르타는 옳지만 상당한 거버넌스 혁신을 촉진시킬 수 있다.

통치자 관리

새로운 제도적 경제학자 애브너 그라이프Avner Greif는 일련의 논문에서 10세기 이슬람 세계에서 활동하는 유대인 상인이 공식 법률이나 현대 커뮤니케이션의 지원 없이 효과적인 평판 시스템을 구축한 방법을 보여 줬다.[19] 이것은 P2P 신뢰의 좋은 사례였다. 이 마그리비Maghribi 상인 중 1명을 사취한 요원들은 지중해 서부 전역의 다른 기회들로부터 고립돼 있다는 것을 알게 될 것이다. 마그리비인들은 그들의 제도적 구조가 기회주의적 행동을 통제하기 때문에 그들이 거래하는 사람들을 신뢰할 수 있었다. 그들은 올리버 윌리엄슨이 '거래의 무결성이 다뤄지는 제도적 프레임워크'로 설명하는 효과적인 거버넌스 구조를 만들었다.[20]

거버넌스를 보다 광범위하게 살펴보면 그라이프는 오늘날 일부 국가는 부유하고 안정적인 반면 다른 국가는 가난하고 효과적인 정치 질서가 부족한 이유를 설명하려고 했다. 그는 계약 집행과 강제 제약이라는 두 가지 필수적인 제도적 기능을 확인했다. 그라이프는 학자들이 주로 전자에 초점을 맞췄는데 이는 '개인이 계약상의 의무를 지키려고 약속할 수 있는 거래의 범위'를 정의하기 때문이라고 지적했다.[21] 그러나 토마스 홉스의 논리에 따르면 믿을 만한 집행 기간들은 강제 가능성에 의존한다. 그리고 그 자체가 시장에 대한 위협이 된다. 국가의 요원들이 자신의 이익을 위해 언제든지 이를 무효화할 수 있다면 비공개 거래를 어떻게 신뢰할 수 있겠는가? 따라서 그라이프가 자세히 설명했듯이 권력 분립 및 국가 권력 견제와 같은 메커니즘은 시장에 대한 신뢰를 구축하는 데 똑같이 중요하다. 대규모 신뢰에는 제도가 필요하고 제도에는 거버넌스가 필요하다.

허가된 원장의 주요 속성 중 하나는 기존의 신뢰할 수 있는 중개자와 비교해 네트워크 참가자의 권한을 제한하는 거버넌스 규칙을 지원하는 방법이다. 하이퍼레저의 전무 이사인 브라이언 벨렌도프는 "중앙에서 메시지 전달 허브(본질적으로 신과 같은) 역할을 하는 선수를 축구 경기장의 심판과 같은 존재로 만든다면 시장에 많은 도움이 될 수 있다"라고 말했다.[22] 심판은 강력한 권한을 갖지만 범위에 국한돼 있으며 잘 정의된 규칙의 적용을 받는다.

반대로 The DAO에 관한 대실패(3장에서 설명)는 집행 기관이 강제적인 제약 없이 발전할 때 어떤 일이 일어나는지를 보여 주는 좋은 예다. 해킹 행위 자체는 블록체인이 불법 거래를 구분하기 위해 신뢰받을 수 없다는 것을 보여 준다. 본의가 아니더라도 절도를 추구하는 시스템은 합법적인 계약을 안전하지 않게 집행하는 시스템과 다르지 않다. 절도에 대한 대응도 마찬가지로 문제가 있었다.[23] 하드 포크를 통해 롤백하기로 한 결정은 이더리움 재단Ethereum Foundation에서 내렸고 대다수의 채굴 노드에 의해 채택됐다. 하드 포크 논쟁 당시 각종 비공식 여론조사에도 불구하고 재단은 의사 결정을 위한 민주적인 절차를 거치지 않았다. 슬록잇의 CEO와 COO는 각각 이더리움 프로젝트의 전 최고 테스터이자 최고 커뮤니케이션 책임자였으며 자금 유출을 되돌리려고 특혜를 받은 것이 아니냐는 의문을 자아낸다. 그 과정은 중단됐고 혼란스러웠다.

비탈릭 부테린은 안타까운 마음에 "2015년 이전에는 사람들이 순진하게 '블록체인에는 거버넌스가 필요하지 않다'고 생각했던 것 같다"라고 말했다.[24] 이 순진한 견해가 어느 정도 여전히 존재하고 있는지는 미해결 문제로 남아 있다. 그러나 The DAO 에피소드와 그 이후의 이더리움 포크에 관련된 사람들에게는 거버넌스가 중요하다는 것에 의심의 여지가 없었다. 포크가 발생하자마자 2개의 이더리움 체인이 생겼다. 한 가지 예외를 제외하고는 모든 면에서 동일했다. 이더리움 클래식ETC은 실행되고 변경 불가능한 스마트 컨트랙트를 취소하는 것을 정당화할 수 없다는 거버넌스 규칙을 채택했다. 메인 이더리움 체인은 때로는 이런 과감한 조치가 필요하다는 입장을 취했다.

법은 형식적인 규칙의 집합이 아니라 하나의 제도이기 때문에 신뢰를 조성할 수 있다. 법률 시스템은 변화하는 상황이나 규칙 초안 작성에 고려되지 않은 극단적인 경우에 적용할 수 있다. 그리고 법은 합법성을 위한 다양한 공식 및 비공식 기반을 갖춘 법원의 결정, 입법, 행정 조치 등의 절차를 통해 구현된다. 그 모든 유연성과 절차는 법을 불완전하게 만들고 종종 비효율적으로 만든다. 그러나 우리가 봤듯이 규칙을 스마트 컨트랙트 코드로 변환하고 인간의 집행 메커니즘을 차단하는 것은 자신만의 문제가 생길 수 있다.

블록체인의 알고리듬 아키텍처는 신뢰를 조성하는 데 있어 인간의 역할을 없애는 것은 아니다. 주요 블록체인 플랫폼 뒤에 있는 작업증명 시스템은 트랜잭션을 검증하려고 경제적 인센티브에 대응하는 채굴자들에게 의존한다. 블록체인 하드웨어 및 소프트웨어에 대한 투자는 물론 전통적인 화폐 대신 암호통화를 받아들일지 여부도 기계가 아닌 사람이 결정한다. 자동화되고 리더가 없는 소프트웨어 기반 조직의 전형이었던 The DAO조차도 사람이 계약자 및 촉진자로 특정 작업을 승인하는 데 명시적인 역할을 하도록 했다. 이는 인간 시스템이 소프트웨어 코드보다 법 집행의 대상이 되기 쉽기 때문에 중요하다. 정부는 알고리듬을 직접 규제하는 데 어려움을 겪지만 이러한 알고리듬을 설계하거나 구현하는 개인과 조직을 규제할 수 있다.

블록체인의 신뢰 아키텍처에 사람이 지속적으로 관여하는 미묘한 이유는 주관성 근절이 불가능하기 때문이다. The DAO에 대한 공격은 완벽한 예시를 제공했다. 공격자는 버그를 악용해 사용자로부터 상당한 양의 통화를 자신의 계정으로 유출시켰다. 그러나 이를 위해 유효한 자체 실행 스마트 컨트랙트를 사용했다. The DAO의 서비스 약관에 따르면 코드의 기능은 사람이 읽을 수 있는 모든 용어를 명시적으로 대체한다.

여기에 제공된 설명과 0xbb9bc244d798123fde783fcc1c72d3bb 8c189413에 있는 The DAO 코드의 기능 사이에 충돌이나 불일치가 있다고 생각되는 경우 The DAO의 코드는 The DAO를 생성하기 위한 모든 조건을 통제하고 설정한다.[26]

당연히 공격의 피해자들은 이 결과를 받아들이려 하지 않았다. 문제는 합법적인 크라우드 펀딩 거래와 무단 절도의 행위 간의 차이는 결국 고의적으로 이뤄졌냐에 있는 것이지 스마트 컨트랙트로 평가할 수 있는 것이 아니라는 점이었다. 반면에 법원은 항상 이를 끈덕지게 요구한다. 법원은 증거를 수집하고 당사자의 표현된 의도를 평가하려고 판사 또는 배심원을 사용한다.

이러한 인간 기반 거버넌스와 분쟁 해결 메커니즘이 없다면 블록체인상의 스마트 컨트랙트는 때때로 당사자의 요구와 일치하지 않는 방식으로 실행될 것이다. 분산 원장에 묶일 수 있는 엄청난 활동 규모를 감안할 때 이는 잠재적으로 매우 우려스러운 제안이다. 문제는 The DAO와 마찬가지로 단순히 금전적인 손실만은 아니다. 블록체인 레지스트리는 많은 물리적 자산과 시스템을 통제할 것이다. 의도한 결과를 달성하기 위한 스마트 컨트랙트의 광범위한 실패는 블록체인에 대한 신뢰를 떨어뜨릴 뿐만 아니라 2000년 Y2K 버그로 인해 예상되는(그러나 대부분 실현되지 않은) 종류의 피해를 발생시킬 수 있다.

그라이프의 연구에서 살펴본 역사적 서술과 마찬가지로 분산 원장 시스템의 성공은 궁극적으로 효과적인 거버넌스에 달려 있다. 벨렌도프는 "우리가 스스로를 규제할 필요성에서 벗어날 수 있다고 생각하는 것은 순진한 생각이다"라고 말했다.[27] 블록체인 네트워크는 기본 트랜잭션 검증 수준 이상으로 작동하는 충돌을 해결하려고 합의 규칙에만 의존할 수 없다.

사회 계약

블록체인 네트워크에 거버넌스가 필요하다는 주장은 이러한 거버넌스 시스템이 어떻게 발전할 수 있는지에 대한 의문을 제기한다. 때로는 대답이 간단할 것이다. 관련 엔티티는 신뢰 모델이 분산 원장을 기반으로 하는 경우에도 전통적인 조직 구조를 사용할 수 있다. 실크로드, 마운트곡스, 알파베이 AlphaBay는 중앙 집권화된 시스템이었다. 누군가가 키를 통제하고 있었다. 키를 도난당하거나 운영자가 체포되면 문을 닫았다. 이 모든 시장은 암호통화를 거래 수단으로 사용했지만 그들 자신은 탈중앙화되지 않았다.

2017년 워너크라이WannaCry 랜섬웨어 공격도 비슷했다. 악성코드는 사용자의 하드 드라이브를 해독하려고 지정된 주소로 비트코인 지불을 요구했다. 강도가 총을 지원 메커니즘으로 사용할 수 있는 것처럼 암호통화는 지원 메커니즘이었다. 사이버 범죄의 본질은 사용자를 속여 유해한 소프트웨어를 설치하도록 하는 것이었다. 법적 책임을 물을 수 있는 명확한 포인트가 있다.

거버넌스 문제에 대해서 동일한 분석이 적용된다. 가장 큰 암호통화 거래소 중 하나인 코인베이스는 소재지인 미국의 주 및 연방법에 따라 송금 대행업체로 규제받고 있다. 코인베이스는 비트코인, 이더리움, 기타 암호통화의 분산 네트워크로부터 이익을 얻는다. 그러나 코인베이스 자체는 분산 네트워크가 아니다. 이사회와 주주가 있다. 주식 또는 기타 통상적인 금융상품을 거래하는 금융 거래소와 동일한 거버넌스 절차를 따른다.

블록체인 네트워크와 DApp은 서로 다른 방식으로 작동한다. 어떤 배우가 다른 배우보다 더 영향력이 크다고 해도 마스터 키를 갖고 있지 않다. 구조의 수준은 다양하다. 비트코인 코어의 개발자들은 느슨하게 정의되고 변화하는 그룹으로서 그들 사이에서도 합의에 도달하려고 고군분투한다. 대부분의 블록체인 네트워크와 DApp은 이더리움 재단과 같이 핵심 조직에 뒷받침된다. 그러나 이러한 조직은 커뮤니티의 수용에 달려 있다. 그들은 하향식 규칙을 강요할 수 없다. 그렇다면 무엇이 의사 결정을 정당하게 만드는가?

나카모토 합의 및 튜링 완전성 스마트 컨트랙트의 모든 기술적 마법에 대해 근본적인 질문은 상당히 친숙하다. 그것들은 고대에 선구자들과 함께 홉스와 존 로크John Lock와 같은 계몽주의 인물들로 거슬러 올라간다. 이 철학자들은 다음과 같은 기본적인 질문에 초점을 맞췄다. 정부는 어디에서 왔는가? 계몽주의 이전의 표준적인 대답은 왕의 신성한 권리였다. 권위는 오직 신에게서만 나올 수 있다. 다른 대답은 마치 불신을 기반으로 신뢰와 거버넌스를 구축하는 것처럼 순환적으로 보였다. 로크와 홉스는 정부가 국민의 동의나 이른바 '사회적 계약'을 통해 무에서 벗어날 수 있다고 주장했다. 미국 혁명의 지도자들은 이러한 생각들을 마음속에 깊이 새겼다.

수백 년 후 비트코인은 동일한 자기 창조의 위업을 달성했다. 그리고 블록체인 네트워크가 거버넌스 위기에 직면하면 동일한 철학적 개념으로 되돌아갈 수 있다. 이더리움의 블라드 잠피르는 로키안Lockean 용어로 The DAO 이후의 하드 포크를 옹호했다. "이더리움 커뮤니티는 이더리움 프로토콜과 플랫폼의 채택을 고려하고 있는 어떤 변경 사항을 받아들일지 설명하는 암묵적이고 끊임없이 진화하는 사회적 계약을 맺고 있다."[28] 그는 "가장 큰 위험은 플랫폼이 동기부여된 당사자들에 의해 게임에 노출될 위험에 처하게 된다"라고 경고했다.

이것은 또한 미국 헌법 제정자들의 가장 큰 관심사이기도 했다.[29] 그들은 민주주의 체제를 만들고 싶었지만 권력을 얻으려고 유권자를 조종할 수 있는 이기적인 파벌이나 정치인에게 과도한 권력을 넘기는 것을 걱정했다. 발의자들의 대응은 견제와 균형, 양원제 입법부, 권력 분립과 같은 형식적 시스템을 다수결에 대한 역동적인 균형추로 제도화하는 것이었다. 이러한 메커니즘은 거버넌스에 마찰을 가중시킨다. 이는 효율성을 감소시킬 수 있지만 시스템이 궤도를 완전히 벗어나는 것을 어렵게 만들기도 한다. 이와 같은 거버넌스 구조는 그라이프가 강조한 것처럼 강제를 제한하는 규칙으로 작동한다.

개방형 블록체인 거버넌스는 견제와 균형의 대상이 되는 세 가지 주요 이해 그룹인 개발자, 검증인(채굴자), 토큰 보유자로 설명할 수 있다.[30] 애플리케이션 소프트웨어(예: 지갑) 개발자 및 거래소도 관련이 있을 수 있다. 이상적으로는 거버넌스 프로세스가 이러한 집단의 이해관계를 균형 있게 조정하고 차이점을 해결할 수 있는 경로를 제공해야 한다. 비트코인 스케일링 논쟁과 이더리움의 The DAO 이후 하드 포크는 실제 블록체인 네트워크 거버넌스의 두 가지 실제 사례를 제공했다.

실전 거버넌스

경제학자들은 돈이 '교환의 수단', '가치의 저장 수단', '계산의 단위'라는 세 가지 속성이 있다고 말한다. 문제는 첫 두 가지 속성이 가끔 상충된다는 것이다. 동네 카페에서 에스프레소를 한 잔 사거나 은퇴 자금을 저축하는 것은 둘 다 돈을 소비하는 일이지만 그 성격은 엄연히 다르다. 거래에 통화를 사용하는 경우에는 해당 통화의 가치가 안정적으로 유지되기를 바랄 것이다. 1비트코인의 가격이 지난주에는 1달러였는데 오늘은 2달러로 올랐다면 비트코인으로 매겨진 커피 한 잔에 두 배의 금액을 지불하게 된다. 만약 경제 전반이 비트코인으로 돌아간다면 모든 가격 체계가 달러화 대신 비트코인으로 고정되기 때문에 문제될 것이 전혀 없겠지만 단시일 내에 그렇게 될 가능성은 없을 것이다. 반대로 투자 계좌에 비트코인을 보유하고 있는데 비트코인 시세가 달러 기준 두 배 상승했을 경우 투자 금액도 두 배로 불어난다.

만약 비트코인 사용자 집단 중 하나는 거래에 관심이 있고 다른 하나는 투자에 관심이 있다면 이 두 집단의 이해관계는 일치하지 않는다. 두 집단 모두 비트코인의 성공을 바라지만 성공의 기준이 서로 다르다. 폴 비그나Paul Vigna 와 마이클 케이시Michael Casey가 공동 집필한 『비트코인 현상 블록체인 2.0The Age of Cryptocurrency』(미래의 창, 2017)에서 설명한 것처럼 여기에서 오는 갈등은 오랜 논쟁 사안을 상기시킨다. 금속주의자Metallists는 돈을 사용자의 활동이나 화폐 고유 가치에서 나오는 내재적 가치를 지닌 대상으로 평가하는 반면 조지 프리드리히 냅Georg Friedrich Knapp을 따르는 현대 통화주의자Chartalists는 돈을 규칙과 사회적 관계의 산물로 본다.[31] 암호통화는 그 용도 때문에 가치가 있는 것일까 아니면 가치가 있기 때문에 특정 용도로 사용되는 것일까? 집단적 신뢰 현상에 초점을 맞추고 있는 이 책은 돈을 후자의 관점으로 바라보고 있지만 이 논쟁은 우리에게 교훈을 준다.

초기 비트코인 애호가들은 정부나 사회적 상호관계에 의존하지 않는 통화를 원했기 때문에 신뢰보다는 거래의 측면을 강조했다. 그러나 현재까지 비트코인은 대부분의 시장 활동에서 현금과 비슷한 일상적인 지불 수단보다는 가치 저장 수단으로 사용되고 있다. 저명한 비트코인 기업가이자 디지털 지갑 회사 자포의 CEO인 웬스 카사레스Wences Casares는 2015년 자포에서 사용되는 암호통화의 96%가 지불 수단이 아닌 투자 목적으로 보관돼 있다고 밝혔다.[32] 2017년 비트코인 가격이 급등하기 전이었다. 2017년 상위 500개 온라인 상점 중 비트코인을 지불수단으로 채택한 회사는 2016년보다 줄어든 단 세 곳뿐이었다.[33] 비트코인을 지불 수단으로 채택한 대부분의 회사는 가격 변동을 피하고자 비트코인을 달러화 또는 다른 기존 통화로 환전한다. 비트코인 또는 다른 암호통화가 지불 수단으로서의 역할을 수행하려면 안전한 원장을 제공하고 통화 발행량을 제한하는 것을 넘어서 더 넓은 의미에서 신뢰를 확보해야 할 것이다. 비트코인 초창기에는 활용 대상이 극히 제한적이었다.[34]

지금도 비트코인을 지불 수단으로 받아들여지는 대부분의 상황에서 불법 행위를 제외하고 기존 통화로 더 쉽게 처리될 수 있다. 비트코인 보유자의 대부분에게 비트코인은 거래 수단보다는 그 자체에 대한 투자의 의미가 더 크다. 비트코인 환율이 상승하면 비트코인 채굴자에게 돌아가는 보상의 효용 가치도 높아지기 때문에 채굴자가 증가하게 되고 시스템 보안도 강화된다.

따라서 비트코인 가치의 상승은 비트코인의 정당성에 긍정적인 영향을 미치기도 하지만 비트코인의 성공 여부는 전적으로 달러 환율에 달려 있다는 인상을 주기도 한다. 이는 전혀 사실이 아니다. 비트코인은 주식이 아닌 통화다. 비트코인이 단순한 코인이 아니라 어떤 대상에 유용하게 쓰이게 된다면 비트코인의 가격 변동성은 더 이상 이점이 아닌 문제점이 될 것이다. 온라인 게임 시장인 스팀Steam은 2017년 12월 기준 거래 활동으로 인한 높은 수수료

와 변동성을 이유로 비트코인을 지불 수단에서 제외하겠다고 발표했다.[35]

오버스탁닷컴Overstock.com, 디시 네트워크Dish Network, 마이크로소프트 엑스박스Xbox 게임 서비스, 익스피디아닷컴Expedia.com 등의 온라인 웹사이트와 다양한 소매업체 컬렉션 구매 사이트에서는 현재도 여전히 비트코인을 지불 수단으로 사용할 수 있다. 또한 비트코인을 투자 목적으로 매입하고 보유할 수 있다(비트코인 애호가들의 구호는 'HODL*'인데 오래전 비트코인 포럼에 술에 취한 사람이 게시물을 올리다가 'hold'라는 단어의 철자를 틀린 것에서 비롯됐다.) 그러나 비트코인을 보편적이고, 저비용, 속도가 빠른 글로벌 거래 통화로 만들고자 한 사토시 나카모토의 꿈은 아직 실현되지 않았다. 특히 최근 몇 년 동안 비트코인의 거래 속도가 느려지고 거래 수수료가 올라가면서 이 꿈의 실현 가능성은 그 어느 때보다 더 낮아진 듯하다.

이러한 긴장 상태는 반복되는 비트코인의 거버넌스 논란의 핵심이다. 사토시의 원래 아이디어는 채굴자가 신규 블록을 성공적으로 채굴했을 때 얻는 자동 보상이 검증 노드를 장려하는 주요 수단이 될 것이고 블록 보상이 감소하면 코인 송금인이 자발적으로 보내는 거래 수수료의 중요성이 점차 커지게 된다는 생각이었다. 그런데 실제로는 거래 수수료가 예상보다 더 빠르게 증가했다. 증가하는 트래픽 수준은 비트코인 네트워크를 압도했다. 합리적인 시간 내에 트랜잭션을 처리하고 싶었던 사람들은 대기번호를 앞당기려고 억지로 거래 수수료를 점점 더 높일 수밖에 없었다. 2017년까지의 비트코인 트랜잭션 수수료는 트랜잭션당 몇 달러부터 시작해 훨씬 더 높아지기도 해서 '소액 결제micropayments'가 사실상 불가능하게 됐다.[36] 그리고 비트코인 트랜잭션의 느린 속도는 많은 애플리케이션에서 점점 더 많은 걸림돌이 됐다.

문제는 네트워크를 확장하는 방법이었다. 비트코인 코드를 감독하는 소규모 핵심 개발자 집단은 향후 몇 년간 무엇을 해야 할지를 논의했다. 한 집단은 규모가 더 큰 블록을 허용해 검증된 각 블록에서 더 많은 양의 거래를

---

* 암호통화 시세가 떨어지더라도 팔지 말고 계속 보유하며 버티는 것을 의미하는 인터넷 속어 – 옮긴이

진행하고자 했지만 다른 집단에서는 이것이 네트워크를 불안정하게 만들 가능성을 우려했다. 일부는 속도를 증가시키자고 했지만 다른 사람들은 천천히 진행하기를 원했다. 블록 크기를 키우는 것에 반대하는 집단은 블록을 보다 효율적으로 처리할 수 있는 '분리된 증인(세그윗SegWit)'이라는 기술적 업데이트를 지지하는 의견을 중심으로 뭉치게 됐다. 세그윗은 일부 거래를 블록체인에서 진행하고 그룹으로 검증을 진행하는 라이트닝Lightning이라는 기능도 가능하게 해준다. 이러한 논의를 종결하기 위한 시도가 여러 번 있었지만 그 어떤 의견도 충분한 지지를 끌어내는 데 성공하지 못했다.

개발자들 간의 기술 공방은 흔하다. 국제인터넷표준화기구IETF는 수년에 걸쳐 많은 충돌이 일어나는 곳으로 잘 알려져 있다. 비트코인 커뮤니티는 IETF에서 '대략적인 합의'를 끌어내는 데 아직 성공하지 못했다. 대표적인 이유 중 하나는 개발자의 의견만 중요한 것이 아니라는 점이다. 개발자는 소프트웨어를 만들지만 실질적인 운영은 채굴자와 모든 블록체인 원장을 가진 풀 노드full node 운영자가 한다. 대부분의 암호통화에서는 채굴자가 특정 소프트웨어 버전을 실행하도록 강요할 수 있는 방법이 없다.[37] 정식 블록체인은 검증 네트워크에서 컴퓨팅 파워 대부분이 누적 난이도가 가장 긴 체인으로 간주하는 블록체인이다. 만약 충분한 수의 채굴자들이 다른 소프트웨어를 실행할 것을 선택한다면 네트워크는 갈라질 것이다. 그러면 2개의 블록체인이 생성되고 시간이 지나면서 계속 분기될 것이다.

어떤 면에서 네트워크 분기는 블록체인 네트워크에서 유익한 기능이라고 할 수 있는데 채굴 역량을 의미하는 '해싱 파워hashing power'의 형태로 투표권의 과반수를 확보해 낸 그 어떤 집단도 소수 집단에 그들이 내린 판단을 따르도록 강요할 수 없다는 의미를 가진다. 분기된 각 네트워크는 각자의 길을 갈 것이며 둘 중 어떤 블록체인을 가치 있게 여기고 신뢰할지는 사용자가 결정한다. 네트워크 분기는 오픈소스 세계에서는 널리 받아들여지는 관행이다. 짧고 집중적인 개발 및 테스트를 진행하는 스프린터 집단은 그들이 추구하는 바를 그 누구에게도 강요하지 않은 채 소프트웨어 프로젝트를 특정 방향으로 진행한다. 예를 들면 익명성을 보장하는 암호통화인 모네로Monero는 개발자의 반발로 인한 네트워크 분기에서 비롯됐다. 바이트코인Bytecoin에서 분기해 생성된 블록체인인 모네로는 이제 바이트코인보다 훨씬 더 널리 채택되고 있다.

한편 네트워크 분기는 혼란을 야기하고 암호통화 경제의 보안 수준 및 신뢰성을 약화시킬 수도 있다. 때로는 체인이 분기되지만 분기된 두 네트워크의 호환성은 유지되는 '소프트 포크soft fork' 방식을 통해 프로토콜 변경이 진행되기도 한다. 소프트웨어의 한쪽 버전을 실행하는 노드는 다른 쪽 버전이 제공하는 기능은 사용할 수 없지만 양쪽 소프트웨어 모두 계속 여전히 동일한 트랜잭션 기록을 남길 수 있다. 블록 크기를 조정하는 것과 같은 중요한 변경의 경우에는 '하드 포크'로 알려진 깔끔한 중단clean break이 필요하다.

일부 채굴자들은 더 많은 트랜잭션을 통해 수수료를 더 많이 벌어들일 수 있는 더 큰 블록을 선호했다. 비트코인의 핵심 개발자들의 의견이 갈렸지만 대체로 트랜잭션 볼륨보다 네트워크의 무결성에 대한 우려가 컸다. 정부의 통제에서 독립된 가치 저장 수단으로서 비트코인의 안정성을 극대화한 해결책이 반드시 대규모 소액 결제에 비트코인을 사용하는 것을 가장 쉽게 만든 것은 아니었다. 토큰 보유자는 채굴자와 개발자와 함께 세 번째 이익 집단을 대표한다. 이들 또한 클라이언트 소프트웨어를 선택함으로써 어떤 블록체인이 진짜인지 결정할 수 있다. 많은 행동주의 비트코인 보유자들과 지갑 제공업체들은 비트코인 확장성의 논쟁에서 양측 모두에 의견을 냈다.

지금까지 비트코인은 결정적인 단절을 가까스로 피해 왔다. 뉴욕 협정New York Agreement이라고 불리는 타협안은 2017년 중반에 세그윗의 구현을 허용했다. 이와 동시에 분열된 집단은 비트코인 캐시로 알려진 규모가 더 큰 블록을 이용한 병용 통화를 만들려고 비트코인 하드 포크를 단행했다.[38] 비트코인 캐시는 보편적으로 채택되지 않으며 비트코인보다 훨씬 낮은 가격으로 거래된다. 그러나 비트코인 캐시는 적어도 비트코인 네트워크가 하드 포크를 진행한 이후에도 붕괴되지 않을 수 있음을 보여 줬다. 비트코인 메인 체인에서 블록 크기를 증가시키려는 또 다른 하드 포크에 대한 뉴욕 협정의 계획은 지원 부족으로 인해 취소됐다.[39]

비트코인 확장성 논쟁에 대한 긍정적인 측면은 비트코인의 탈중앙화 거버넌스가 안정성에 기여한다는 것이다. 중대한 변경 사항에 충분한 지원을 제공하려면 많은 자원이 필요한데 이는 변화를 제안하는 이들에게는 부담을 줬다. 커뮤니티의 지지를 얻는 데 필요한 준비 작업을 수행해야 하기 때문이었다. 사용자와 기타 네트워크 참여자는 특정 집단의 안건에 묶여 있지 않은 비트코인을 신뢰할 수 있으며 모험적인 새로운 기능이 채택되기 전에 충분한 검토가 이뤄질 것이라는 확신을 가질 수 있다. 프로토콜 계층의 더딘 개발은 라이트닝 지불 채널과 같은 메커니즘을 통해 애플리케이션 계층으로 전환할 수 있는 더 많은 혁신의 기회를 열어 준다.

부정적인 측면의 경우 비트코인 거버넌스가 무너져 필요한 변경을 지나치게 어렵게 만든다는 것이다. 누군가에게는 안정의 대상이 다른 사람에게는 긴장의 대상이다. 수년간의 논쟁 끝에 비트코인 커뮤니티가 6장에서 설명했던 2013년의 우발적인 네트워크 분기 당시 그랬던 것처럼 서로 단합해 오늘날의 위기 상황에 신속히 대처하는 모습은 상상하기 어렵다. 또한 이더리움과 기타 블록체인 프로젝트에 비해 비트코인의 신규 코드 및 새로운 기능의 개발 속도는 확장성 조정안을 둘러싼 긴장감 덕분에 느려졌다. 사토시 나카모토의 훌륭한 발상과 그 이후로 비트코인에 많은 노력을 기울인 만큼 블록체인 네트워크는 궁극적으로 기술과 시장의 변화에 따라 끊임없이 진화해야 한다.

이더리움은 이더리움 재단을 기반으로 하는 보다 응집력 있는 개발 커뮤니티를 보유하고 있다. 그러나 이더리움도 거버넌스가 시험대에 오를 때는 여전히 어려움을 겪는다. The DAO가 무너진 이후 이더리움 커뮤니티는 잠재적인 대응 방법을 몇 주에 걸쳐 논의했던 시기가 있다. 그때 채택된 하드 포크는 상당한 반대에 부딪혔지만 결국 이더리움 클래식ETC을 중심으로 통합됐다. 향후 이더리움이 치명적인 손실에 맞닥뜨렸을 경우 비슷한 하드 포크를 실행할지 여부는 결정되지 않았다.

하드 포크 실행 당시 이더리움의 핵심 개발자인 블라드 잠피르는 "하드 포크를 주관하는 사회적 거버넌스 절차, 규칙 또는 원칙이 제도화되지 않는 것이 가장 중요하다"라고 말하며 이더리움 네트워크의 사회적 계약을 이행하기 위한 그 어떤 공식적인 메커니즘도 받아들이지 않았다.[40] 그러나 1년 후 그는 태도를 바꾸어 "(초기) 거버넌스 제도, 그들의 형식적인 규칙 그리고 주변의 암묵적이거나 임시적인 규범 또는 문화를 식별하는 문제다"라고 말하며 경제적 인센티브 이외의 것에 기반한 거버넌스의 필요성을 강조했다.[41] IETF의 긴밀하게 조직된 기술 커뮤니티가 인터넷 거버넌스를 위한 더 넓은 세계의 비즈니스와 국가 수준 행위자로 전환하는 움직임도 그러했듯이 이더리움 네트워크를 구축한 신뢰는 규모 면에서 이를 뒷받침하기에는 충분하지 않았다.

이더리움의 경우 The DAO 붕괴의 경험은 아마도 의도치 않게 이더리움 플랫폼의 거버넌스 절차에 대한 신뢰를 강화했을 것이다. 하드 포크 단행 이후 이더리움에 대한 신뢰가 흔들리며 이더의 가격이 급락했다. 그러나 이더리움 가격은 곧 서서히 그리고 그 이후에는 빠르게 반등했다. 쿼드리가 CX 사건 발생 1년 후 이더의 가치는 하드 포크 시행을 기점으로 10달러에서 300달러로 상승했다. 이더리움에 대한 자신감에 관해 설명해 달라는 요청을 받았을 때 많은 트레이더는 이더리움이 중대한 문제를 해결할 수 있다는 증거로 성공적인 포크를 강조했다.[42] 이더리움 커뮤니티는 실존적 위협에 직면했지만 결단력 있게 대응해 냈다. 이더리움에는 지도자가 있었고 커뮤니티를 이끌기 위한 기초적인 절차가 마련돼 있었다.

The DAO 실패를 딛고 성공적으로 반등한 이더리움의 모습은 거버넌스의 중요성을 분명히 보여 준다. 그 과정은 아직 완벽하지 않다. 훨씬 체계적인 블록체인 네트워크조차도 유연성과 형식의 사이에서 적절한 균형을 찾으려고 여전히 실험하고 있다. 거버넌스가 얼마나 성공적인지는 어떤 플랫폼이 번창할지 결정하는 데 큰 영향을 미칠 것이다.

8장_ 법률로서의 블록체인

블라드의 난제

블록체인 기반의 프로젝트들을 중심으로 상당한 법적 논쟁이 벌어지던 시기 이러한 상황을 살피던 이더리움의 핵심 개발자 블라드 잠피르는 트위터에서 "광범위하게 채택된 일부 정책 목표들과 블록체인 기술의 '진짜 성공' 간에는 직접적인 충돌이 존재한다"라고 말했다.[1] 이더리움 프로젝트의 리더, 비탈릭 부테린이 이러한 정책 목표들을 자세히 설명해 달라고 요청했을 때 잠피르는 제재, 자금 세탁 방지[AML], 테러 자금 조달 제한, 탈세 방지, 자본 통제, 저작권 및 특정 종류의 정보 게시에 대한 규칙들을 열거했다. 잠피르가 언급한 것들은 공공정책에서 가볍게 다뤄지는 사안들이 아니다. 대부분의 정부는 이러한 정책들을 협상의 대상으로 여기지 않는다.

잠피르의 말은 블록체인이 법률과 양립할 수 있는가에 대한 본질적인 물음을 던진다. 만약 블록체인 기술의 '진짜 성공'을 합의 과정에서 구현된 규칙만이 유일한 규칙이라는 맥락에서 찾는다면 블록체인은 법률과 양립되지 않는다. 종종 개방형 블록체인 네트워크는 검열 저항성이 있는 네트워크로 묘사된다. 그러나 어떤 이에게 검열이란 다른 이에게 법치가 될 수 있다. 스마트 컨트랙트가 절도범과 합법적 사용자를 구별하지 못하듯 스마트 컨트랙트 자체로는 합법적인 거래와 불법적인 거래를 구분하지 못한다. 정부가 정한 법을 집행하는 경우에 블록체인의 탈중앙화는 목욕물에 아기를 내던지는 것이나 다름없다.

블록체인이 반드시 실크로드의 마약시장에서 행해지는 불법 행위에 이용되지 않는다고 해도 어쩌면 이것은 불법 행위를 저지르기로 결심한 사람들을 막을 수 없게 할 수도 있다. 이걸 '블라드의 난제Vlad's Conundrum'라고 부른다. 어떤 이들은 국가의 법 집행으로부터의 자유를 완전한 선으로 여긴다. 하지만 잠피르는 이를 우려한다. 법의 지배는 사회 기능에 필수적이기 때문이다. 심지어 그가 정부 권력에 깊이 회의적이라 해도 법률이 없이는 블록체인이 주류의 기술로 채택되는 '진짜 성공'을 거두지는 못할 것이다.

다행스럽게도 이 난제는 해결할 수 있다. 블록체인은 일종의 법으로 작동하지만 이것이 블록체인이 다른 규제 양식들에 비해 우선되거나 반드시 우선돼야 한다는 뜻은 아니다. 블록체인 소프트웨어 코드를 법으로 인식하는 것은 데이터베이스 검색의 시작이지 끝은 아니기 때문이다.

많은 이는 북한에서 민주화 선언문을 발간하는 활동가들의 불법 행위에 블록체인 기술이 사용되는 것을 지지한다. 하지만 이것이 블록체인의 전부라고 할 수는 없다. 완전히 탈중앙화된 네트워크에서는 테러리스트로의 송금, 현대판 노예라고 할 수 있는 아동 인신매매, 도난당한 자금의 이동을 제제할 방법이 없다. 한계를 넘어선 보편적 자유는 토마스 홉스가 말한 만인에 대한 만인의 투쟁처럼 무정부 상태와 다름없다. 완전히 분산된 네트워크에서 정책을 합법적으로 채택하려면 적어도 참여자 과반수의 투표가 필요하다. 이렇게 순수한 민주적 메커니즘조차 이것을 실현하려면 상당한 제약이 따르는 새로운 거버넌스 기술이 요구된다.

법과 도덕은 전후 맥락을 살펴야 한다. 그래야 개인들은 어떤 행위가 허용되는지를 판단할 수 있다. 종교 단체나 국가처럼 합법적인 권한을 행사하는 공동체도 마찬가지다. 그러나 어떤 행위가 허용되는지 쉽게 판단할 수 없는 경우가 많다. 근본적인 문제는 기술적인 것이 아니다. 완벽하게 돌아가는 실시간 글로벌 투표 시스템이 올바른 임신중절 수술이나 온라인 개인정보 보호에 대한 이상적인 해결책을 제시할 수는 없는 노릇이다. 이렇듯 어떤 사안들은 간단하게 동의하기가 쉽지 않다. 오로지 최종 권한을 일부 신뢰할 수 있는 기관에 자발적으로 양도한 때에만 자신이 동의하지 않은 해결책을 수용할 수 있다. 탈중앙화된 블록체인도 이러한 문제를 해결할 수 없다.

존 롤스John Rawls 같은 정치철학자들과 톰 도널드슨Tom Donaldson, 톰 던피Tom Dunfee와 같은 기업윤리학자들은 다양한 관점이 존재하는 세상에서 안정적인 규칙을 어떻게 정립할 것인지에 대한 문제로 씨름해 왔다.[2] 예를 들어 다국적 기업이 사업을 영위하는 지역에서는 뇌물 수수가 예상되지만 그들의 본국에서는 불법이거나 부도덕하다고 여겨진다면 어떻게 해야 하는가? 정책 결정에 동의하지 않는 시민이라도 민주적으로 선출된 입법부와 정당하게 임명된 법관이 내린 결정에 따르기로 동의하는 것이 공화당 체제를 따르는 정부의 기본 발상이다. 하지만 이러한 명분은 모든 사람이 동일 국가의 시민이 아닌 경우 사라진다. 철학자들은 이에 대응한 다양한 접근법을 제시하지만 어떤 것도 알고리듬으로 코딩될 수는 없다.

어거Augur의 예측 시장 플랫폼은 그러한 난제를 보여 준다. '예측 시장'의 참여자들은 마치 주식처럼 예측을 사고 팔면서 배팅한다.[3] 틀린 결과에 배팅한 사람은 돈을 잃고 올바른 예측을 한 사람에게 돌아간다.[4] 참가자들은 '관심과 책임skin in the game'을 갖고 있으며 가격 신호를 통해 자신의 예측을 다른 사람의 예측과 종합하기 때문에 예측 시장은 상당히 정확한 확률을 산출하는 경우가 많다. 이것은 '군중의 지혜'를 설명할 때 흔히 인용되는 예다.[5] 구글 같은 회사는 예측 시장들을 사내의 예측 장치로 활용하기도 한다.[6]

예측 시장은 블록체인과 굉장히 잘 어울린다. 예측 시장에서는 구매자와 판매자의 협업, 통화 가치, 예측 추적을 위한 공유 기록의 관리가 수반된다. 한 가지 문제가 있다면 일반적으로 미국에서 규제를 받지 않는 실물 화폐의 예측 시장은 불법이라는 점이다. 정치 캠페인 예측 시장으로서 계정당 500달러의 한도를 두고 있는 아이오와 전자 시장Iowa Electronic Market 같은 몇몇 예외들이 있긴 하지만 예측 시장들은 금지된 도박이나 파생상품의 교환으로 여겨지고 있어서 반드시 상품선물거래위원회CFTC의 허가를 얻어야 한다. 2012년 CFTC는 상업 예측 시장으로서 가장 규모가 컸던 아일랜드의 인트레이드Intrade에 대해 소를 제기해 미국 고객 대상 서비스를 중단하도록 강제했다. 2013년 인트라드는 '금융 부적절'을 인정하며 전면 폐업했다.[7] 한편 예측 가능성이 불법 행위를 조장할 수 있다는 점은 또 다른 우려 사항이다.[8] 그럼에도 어거는 크라우드 세일을 통해 500만 달러의 자금을 모집한 바 있다. 어거는 이더리움 예측 시장을 위한 탈중앙화 플랫폼을 개발 중이다.[9]

돈Don과 알렉스 탭스콧Alex Tapscott은 그들의 베스트셀러인『블록체인 혁명Blockchain Revolution』(을유문화사, 2018)에서 어거의 잠재력에 열광한다. 그들은 인트라드와 같은 중앙화된 예측 시장들이 폐쇄된 것을 언급하며 '암살 시장과 테러의 미래'에 대한 우려들을 이야기했다. 그러나 그들은 이러한 우려들이 블록체인 기반 버전에는 문제가 되지 않을 것이라고 힘줘 말한다. "어거는 범죄에 대한 무관용 정책을 채택함으로써 비윤리적 계약의 문제를 해결하고자 한다."[10] 그러나 이와 같은 견해는 전적으로 다음과 같은 의문이 들게 한다. 즉 계약 당사자들, 개발자들, 예측 시장의 기타 참여자들을 관할하는 법률이 일치하지 않을 때는 무엇이 범죄인가? 더욱이 무엇이 비윤리적인 것인지 판단하는 것은 훨씬 더 어려운 문제다.

그리고 그들이 말한 무관용이란 도대체 무슨 뜻인가? 어거 개발자들은 예측 시장에 게시될 질문들을 통제하지 못하고 있다. 페이스북과 레딧Reddit의 관리자들은 불법적, 모욕적, 공격적 게시물을 삭제할 권한이 있다. 반면 어거와 같은 탈중앙화 플랫폼에서는 그렇지 않다. 어거의 예측은 인간의 개입 없이 처리되는 스마트 컨트랙트다. 만약의 경우 누군가 암살 범행에 대한 컨트랙트를 작성했다면 이것을 누가 막을 수 있겠는가? 잠피르가 꼬집었듯이 어거가 추구하는 혁신과 합법적인 공공 정책의 고려 사항들 사이에는 내재적인 갈등이 존재하는 것 같다.

탈중앙화 애플리케이션에 대한 한 가지 해결책은 간단히 법률 시스템을 무시하는 것이다. 암호통화 기반의 탈중앙화 온라인 마켓플레이스, 오픈바자의 창립자 한 명은 다음과 같이 말한다.

만일 우리가 사람들에게 전통적인 법원과 법률에 대한 책임을 지도록 허용한다면 이는 정부로 하여금 '거래 사기' 여부에 대해 그들만의 법을 만들어서

간섭하도록 내버려두는 판도라의 상자를 여는 것이다. 이는 검열의 여지를 남기는 것이다. … [11]

블록체인 기반 시스템에서 검열 저항성은 필수 불가결한 것이라는 주장에 대해 여전히 논쟁이 계속되고 있다. 문제는 법적 책임이 없다는 것이 책임이 전혀 없다는 것을 의미하는 경우다. 네트워크가 확장되면 '무엇이든 해도 된다'는 빠르게 실패하므로 복잡한 규칙 구조가 필요하다. 그것은 이베이, 위키백과, 레딧에 이르는 모든 인터넷 기반 커뮤니티의 교훈이었다.[12] 이 교훈은 The DAO에서도 분명히 알 수 있다. 그리고 실크로드 해체에서 보여 준 바와 같이 정부는 과도한 불법 행위에 효과적으로 대응할 것이다. 실크로드의 자리에 생겨난 암호통화 기반의 암시장, 알파베이AlphaBay와 한사Hansa도 2017년 법률 집행으로 비슷하게 문을 닫았다.[13]

법의 영역 밖에 존재하는 집단들은 계속 생겨날 것이다. 온라인 파일 공유, 악성코드 배포, 약물 거래를 하는 다수의 '다크넷darknet' 커뮤니티들은 냅스터와 같은 P2P 서비스의 종료 이후 그리고 비트코인의 등장 전에 시작됐다. 하지만 이러한 다크넷들은 합법적으로 규제되는 시장을 무너뜨릴 만큼 충분히 커지지는 않았다. 그리고 다크넷 규모가 커진다면 뉴질랜드에 기반을 둔 악명 높은 플레이보이 킴 닷컴Kim Dotcom(né Kim Schmitz)이 운영하는 메가업로드Megaupload 파일 보관함 서비스가 그러했듯이 결국엔 체포와 기소가 이뤄진다. 오픈바자와 같은 탈중앙화 시스템은 법의 집행을 어렵게 할 순 있지만 이를 막지는 못할 것이다.

불법행위와 관련 없는 건전한 소규모 커뮤니티들도 많은데 여기서 '구매자에 대한 주의 당부'는 효과적이다. 그러나 이를 대형 글로벌 시장에 미뤄 추정하는 것은 범주형 오류다. 법은 기술의 한계 때문이 아니라 사람의 한계 때문에 필요하다. 사람들은 군중의 익명성으로 보호를 받을 때 행동이 달라진다. 인터넷 수필가 클레이 셔키Clay Shirky가 쓴 것처럼 "집단은 그 자체로 최악의 적이다."[14]

다행히 정부가 부과한 규제와 제약 없는 블록체인 사이의 갈등은 그렇게 삭막하진 않다. 블록체인은 법률과 국가의 권한을 완전히 벗어날 수 있는 잠 재력을 제공한 최초의 네트워크 기술이 아니다. 자유가 도덕 및 사회 질서와 함께 만들어 내는 긴장을 처음으로 숙고한 것도 블록체인이 아니다. 이것은 역사로부터 배울 수 있다. 또한 블록체인의 분산 기술을 활용한 새로운 방식 으로 책임감을 높일 수 있다. 예를 들어 어거는 불법적이거나 비윤리적인 예 측 계약을 다루려고 컴퓨터 배심원단의 혁신적인 메커니즘을 개발하고 있 다. 이러한 사항은 10장에서 자세히 설명한다.

블록체인과 법의 관계는 참으로 복잡하다. 실크로드처럼 불법 행위를 조 장하는 시스템도 있을 것이고 가치 있는 기술을 해체하는 정부도 있을 것이 다. 그러나 기계의 힘으로 움직이는 원장과 인간의 힘으로 움직이는 법률, 이 두 가지가 각기 다른 길을 갈 필요는 없다.

암호화 기술이 규제하는 것들

저명한 사이버 법학자인 로렌스 레식Lawrence Lessig의 "코드는 법이다Code is law"라는 표현은 법 집행보다 블록체인과 같은 기술적 접근의 우세를 정당화 하려고 자주 거론된다. 그러나 이러한 관점은 레식의 표현을 전적으로 오인 한 것이다. 그는 "코드는 항상 법을 혼란스럽게 만든다"거나 "코드가 법보다 우월하다"라고 말하지 않았다. 그의 요점은 소프트웨어 코드와 법률 제정은 모두 인간의 행동을 지배할 수 있는 메커니즘이라는 것이다. 코드는 법의 한 형태이고… 반드시 최상의 것이라고 할 수 없다.

1999년 레식의 저서 『코드: 사이버 공간의 법이론Code and Other Laws of Cyberspace』(나남, 2002)[16]에 자세히 설명돼 있듯이 그의 새로운 시카고 학교의 프레임워크New Chicago School framework[15]는 실제 인간 행동을 제한하려면 일반적 으로 법률, 사회 규범, 시장, 아키텍처architecture라는 네 가지 규제적 힘이 작 용한다고 말한다. 기술적 환경에서 아키텍처는 소프트웨어 코드를 통해 정 의된다. 레식의 저서와 필자를 포함한 초기 인터넷 인문과학이 제기한 비판적 통찰[17]은 기술이 그 자체가 규제 양식으로서 연구돼야 한다는 것이었다. 소프트웨어는 규제의 끝이 아니다. 그것은 다른 메커니즘과 공존하는 다른 종류의 규제다.

그 후 몇 년 동안 학자들은 인터넷 기반 시스템의 기술적 프레임워크를 매우 상세하게 검토해 왔다. 파일 공유, 네트워크 중립성, 중개기관의 법적 책임, 디지털 프라이버시를 둘러싼 공공 정책의 투쟁은 어떤 수준에서는 모두 프레임워크에 관한 싸움이었다. 새롭고 오래된 다른 강력한 경쟁자들이 흔들리면서 애플, 구글, 페이스북, 아마존, 마이크로소프트를 세계에서 가장 가치 있고 영향력 있는 5대 기업으로 끌어올린 많은 비즈니스의 전환도 마찬가지였다.

표 8.1 블록체인 환경에서의 규제 사항

	규칙	동기
형식적 언어	암호화	사적 이익
인간의 언어	법률	신뢰

블록체인은 소프트웨어 기반 아키텍처의 새로운 모습이다. 레식이 그 당시 인터넷을 순전히 기술적 용어로 취급하던 것이 적절치 못한 처사였듯이 오늘날 블록체인을 한 측면에서만 보는 것은 잘못이다. 어쨌든 블록체인 기반 시스템들은 레식의 코드들이 완전히 포착하지 못하는 속성을 지니고 있다. 위의 표 8.1에서 보듯이 수정된 프레임워크는 보다 정확한 그림을 보여 준다.

블록체인 네트워크 아키텍처의 변별력은 암호화에 있다. 분산 원장 시스템은 암호화된 수학적 변환이 역전하기 어렵다는 점에 근거해 결정 사항을 실행한다. 시장에는 사적 이익 즉 경제학자들이 '인센티브incentive'라고 부르는 것이 있다. 암호통화 채굴에 컴퓨팅 파워를 보낼 것인지 포크 이후 어떤 체인을 따를 것인지와 같은 상당수의 결정들은 시장의 거래와 관련이 없다. 게다가 '사적 이익Self-interest'이라는 말은 나카모토 합의가 가진 놀라운 측면 즉 채굴자들의 탐심이 신뢰 가능한 공유 원장의 공공의 선에 기여할 수 있다는 점을 정확히 포착한다.

규범norm은 신뢰와 아주 유사하다. 신뢰가 사회 규범이라고 생각할 수도 있으나 더 정확히 말하자면 신뢰는 규범을 가능하게 하는 요소다. 이 세 가지 유형을 종합하면 블록체인의 컨센서스가 갖는 본질적 특성을 설명할 수 있다. 네 번째 유형인 '규제하는 일'은 법의 영역이다. 블록체인 소프트웨어, 네트워크, 커뮤니티의 외부에 있는 정부 관계자에게서 기인한 것은 규제적 차원인 것이다. 블록체인 시스템에서 이러한 '새로운 신 시카고 학교 프레임워크New New Chicago School'의 유형들은 이것을 수학 공식으로 표현하든 인간 언어로 표현하든 아니면 규칙 체계로 표현하든 인간의 동기로 표현하든 간에 결국 두 가지 축으로 구성된다.

암호화는 형식화된 규칙을 만드는 것이지 논쟁의 대상은 아니다. 개인 키는 수학적으로 특정 공개 키에 연결되지만 비현실적 수준의 컴퓨팅 능력을 사용하지 않고서는 개인 키를 알 수 없다. 해시 함수는 누군가 특정 문서를 보유하고 있다는 것을 증명할 수 있는데 심지어 해시를 통해 문서를 재구성할 수 없는 경우에도 그러하다. 이러한 암호화가 비트코인이나 하이퍼레저 패브릭 같은 소프트웨어 시스템에 내장되는 경우에는 동작을 효율적으로 제한한다.

경제학도 수학에 바탕을 두고 있지만 이것은 인간이 제한된 선택을 하는 방법에 초점을 둔다. 특히 사람들이 인센티브에 어떻게 반응할지에 대한 공식적인 이론을 수립한다. 이론적으로 보면 누군가는 100달러 지폐 더미보다 석탄 덩어리를 선택할 수 있지만 사적 이익(그리고 일반 상식)은 그들이 그렇게 하지 않을 것임을 강하게 시사한다. 이런 단순한 전제에서 많은 깨달음을 얻을 수 있다. 특별히 현재의 목적과 관련성이 높은 것은 적대적 상호 작용에 사적 이익 분석을 적용하는 게임 이론이다.

블록체인형 시스템들을 표 8.1의 첫 번째 줄의 측면에서만 평가하는 것은 꽤 보편적이고도 솔깃한 방법이다. 암호화를 암호경제에서의 사적 이익과 결합시킨 것은 사토시 나카모토 혁신의 핵심으로 널리 인정된다.[18] 형식화된 시스템은 깔끔하고 정확하다. 그들은 인간 사회에 고통을 초래하고 자유를 제한하는 모호성과 남용을 없애는 것처럼 보인다. 암호화 아키텍처는 구속력 있는 규칙에서 게임 이론의 경제성을 설명할 수 있는 방법을 제시한다.

그러나 원장이 가진 인간적인 면을 무시하는 것은 실수다. 사람, 조직, 사회를 지배하는 시스템에 관한 이야기를 전부 수학 기호만으로 적어 내려갈 수는 없다. 암호경제는 신뢰와 법률 모두에 영향을 미친다. 비록 기계가 아닌 인간이 읽을 수 있도록 고안된 용어로 표현된 것이 법이지만 이런 법 역시 행위의 범위를 정하는 규칙의 구조이기도 하다. 암호화가 수학이라는 교향곡에 기초한다면 법은 제도와 절차의 힘에 의존한다. 마찬가지로 신뢰는 정교한 경제 용어로 표현할 수 있는 것이 아니다. 그것은 믿음으로의 도약이다. 그러한 믿음의 도약이 없이는 우리가 아는 이 사회는 발전하지 못한다. 우리가 개인 복지의 극대화를 향해 이끌려 가는 것처럼 인간은 어떻든 서로를 신뢰하는 방향으로 이끌린다. 컴퓨터가 명령을 자동으로 수행하는 경우에도 목표 달성의 수단으로 컴퓨터를 프로그래밍하는 것은 결국 인간이다.

블록체인은 규제한다. 따라서 블록체인 이야기의 전말을 온전히 파악하려면 네 가지 요소를 모두 고려해야 한다. 하나의 요소라도 그냥 넘기는 블록체인 기반 솔루션은 의도치 않게 바람직하지 않은 결과를 낳게 된다. 특히 외부에 존재하는 법을 배제하려고 내부의 합의 역학에만 집중하면 자칫 잘못된 길로 빠질 위험이 있다. 이미 이것을 겪어 본 이들도 있을 것이다.

그렇다고 해서 법이 전혀 바뀌지 않는다는 뜻은 아니다. 법은 적응도 잘해야 한다. 이상적으로는 진화는 신기술과 암호경제 모델의 발전과 함께 진행된다. 블록체인은 혁신, 부의 창출, 경제 발전, 평등, 표현의 자유, 보다 신뢰 가능한 시장과 효과적인 정부를 육성할 수 있으며 이 모든 것이 법률 제도가 추구하는 목표이기도 하다. 하지만 블록체인은 만연한 불법, 다루기 힘든 논쟁, 권력 남용, 권위주의적 지배로 이어질 수도 있다. 법 혹은 일종의 법률 역할을 하는 블록체인 시스템은 이와 같은 당면 과제를 해결하는 데 중요한 역할을 할 수 있다.

레식의 분석에서 얻을 수 있는 매우 중요한 교훈 가운데 하나는 법과 코드는 이진법적 대안이 아니라는 것이었다. 인터넷 초창기에 기업가들과 기술자들이 주장하길 소프트웨어 기반 네트워크는 영토의 경계를 초월하는 공동체를 만들 수 있기 때문에 그러한 공동체는 기술적으로 시행되는 규칙을 선호하고 국가가 만든 법은 무시할 수 있다고 했다.[19] 그런데 이러한 주장은 기껏해야 불완전한 평가였음이 증명됐다. 온라인 자율 거버넌스의 사례들이 몇 가지 있었지만 법률이 영향을 미치거나 두 메커니즘이 상호 작용하면서 규범과 시장에 영향을 미치는 사례가 더 많았다.

같은 이야기가 블록체인 기술에도 적용된다. 암호화, 사적 이익, 신뢰는 제한된 상황에서 법의 자리를 대신할 수 있지만 더욱 빈번히 법률과 공존하게 될 것이다. 그러한 공존은 시너지를 낼 수도 있고 충돌을 초래할 수도 있다. 정부와 블록체인 커뮤니티가 해결해야 할 과제는 하이브리드 환경에서 최상의 결과를 달성하는 것이다.

이번엔 다르다?

블록체인이 법을 교란한다는 주장을 많이 들었다. 1990년대 후반에는 인터넷을 탈중앙화를 통해 규제를 약화시키는 기술로 보는 경향이 다분했다. 사이버 활동가 존 페리 바로우John Perry Barlow는 1996년 사이버 공간 독립 선언문Declaration of the Independence of Cyberspace에서 정부는 "우리가 모이는 곳에 대한 관할권이 없고" "우리가 두려워해야 할 진정한 집행 방법을 갖고 있지 않다"라고 말했다.[20] 선언문은 기존의 열성적 자유주의자들뿐만 아니라 혁신을 중시하는 개발자들과 법률가들의 정신을 잘 포착한 것이었다. 학자들은 영토 주권자의 압력으로부터 해방된 온라인 커뮤니티에 대한 글을 쓰기도 했다.[21] 몇몇 사이버 활동가들은 법의 제약에서 완전히 벗어나 서버를 운영할 수 있다고 믿었으며 공해상에 버려진 영국 해군 평저선平底船을 시랜드Sealand*

---

* 1967년 건국된 영국 서퍽 주 근해에 있는 초소형 국가로 시랜드 공국(Principality of Sealand)이라 불린다. - 옮긴이

의 독립 영토라고 주장하기까지 했다.

규제할 수 없고 탈중앙화된 사이버 공간에 대한 이러한 비전들은 모두 현실의 냉엄한 한계에 부딪혔다. 잭 골드스미스Jack Goldsmith와 팀 우Tim Wu가 2006년 그들의 저서 『인터넷 권력전쟁Who Controls the Internet』(NEWRUN, 2006)에서 말했듯이 전 세계 정부들은 온라인 활동에 대해 정부의 의지를 강요할 수 있었다.[22] 시랜드와 같은 유토피아적 계획들은 거의 채택되지 않은 채 내부 분쟁 속에서 무너져갔다. 중국은 중국 안팎의 모든 인터넷 트래픽을 감시하는 '방화벽 만리장성Great Firewall'을 구축했다. 또한 법원이 지리적 위치 기술을 사용해 중국 시민에게 영향을 미치는 행위를 제재할 수 있도록 했다. P2P 기술을 통하든 온라인 도박이 합법인 섬 국가에서의 온라인 도박 서비스를 통하든 법제도를 회피하려는 노력은 번번이 좌절됐다. 인터넷은 크고 새로운 것을 상징했다. 하지만 인쇄기가 발명된 이후에 등장한 모든 기술이 그러했듯 법률 체계는 기술을 통합하고 조정할 수 있었다.

인터넷은 어디에도 없지만 인터넷 서비스를 제공하는 사람과 회사 그리고 시스템은 어디든 있다. 비트의 흐름을 관리하는 인터넷 서비스 및 호스팅 제공자에서 돈의 흐름을 통제하는 금융 서비스 회사까지 수많은 통제 지점이 있으며 규제 당국은 이것을 대상으로 온라인 활동을 통제할 수 있다. 인터넷은 규제 공간이다. 물론 모든 곳에서 동일한 규제 방식이 적용되고 있거나 온라인 트랜잭션이 오프라인 아날로그와 동일하게 규제되고 있다는 말은 아니다. 인터넷 규제의 실용성을 탐구하는 것은 지난 20년 간 끝이 보이지 않는 글로벌 프로세스였다. 그러나 확립된 핵심 사항은 인터넷 규제는 용어상 모순이 아니라는 점이다.

블록체인은 사이버 자유주의의 불꽃을 다시 살려냈다. 블록체인과 법률에 대한 논의를 구성하는 데는 두 가지 방법이 있다. 블록체인 기술이 법률과 행정 감독의 대상이 될 수 있는가? 그리고 반드시 그래야만 하는가? 많은 블록체인 개발자와 지지자, 특히 초창기부터 비트코인에 대해 경험을 쌓은 사람들은 두 번째 질문의 해답이 명백하다고 보고 있고, 첫 번째 질문도 거의 그렇다고 본다. 그들은 가치 기반 거래에 대한 정부의 감독 문제에 대한 해결책으로 암호통화가 만들어졌다고 주장한다. 사토시 나카모토의 돌파구는 규제 감옥에서 탈출할 돈을 발명하는 것이었다.

이러한 점에서 블록체인 네트워크의 탈중앙화 아키텍처는 정부 개입에 대한 방화벽이다. 블록체인은 불변일 뿐만 아니라 검열에도 강하다. 그 어떤 고위 당국도 블록체인이 인터넷상의 활동을 통제할 수 있는 것 이상으로 뭔가를 하도록 명령할 수 없다. 규제할 만한 '그곳'이 없다. 정부가 대다수 네트워크에 대한 법적 권한을 갖을 수 없도록 하려고 검증 노드는 전 세계에 배포된다. 정부 규제와 블록체인은 상반된다.

분산 원장 지지자들은 이와 같은 배너를 들고 있다. 법학자 아론 라이트 Aaron Wright와 프리마베라 드 필리피Primavera de Filippi는 블록체인의 '암호법 체계Lex Cryptographia'와 포담 대학교Fordham University 법학 교수 조엘 레이덴버그Joel Reidenberg가 1997년 그의 논문에서 설명한 소프트웨어 코드의 '정보법 체계 Lex Informatica' 사이에 직접적인 연관성을 설명한다.[23] 그들은 블록체인이 "시민들이 스스로 설계한 기술 법률 프레임워크 안에서 그들 자신의 규칙을 선택하고 실행할 수 있는 맞춤형 법률 시스템을 쉽게 창안할 수 있게 한다"라고 주장한다.[24] 스스로 실행되는 스마트 컨트랙트와 탈중앙화 자율 조직DAO에 대해서는 비트코인이 세계적인 민간 통화를 창출한 것처럼 영토 국가 없이도 사법 시스템을 구현할 수 있다고 말한다.

이런 생각에서 하나 더 나아간 사람들도 있다. "블록체인 기술 덕에 우리는 거버넌스를 재창조할 수 있을 뿐만 아니라 근본적으로 국가를 대체할 수 있게 됐다."[25] 비트네이션Bitnation의 창립자, 수잔 타르코스키 템펠호프Susanne Tarkowski Tempelhof와 제임스 페넬 템펠호프James Fennell Tempelhof의 말이다. 2014년 설립된 비트네이션은 헌법, 민주적 거버넌스, 다양한 시민 서비스를 모두 이더리움 블록체인으로 관리하는 국경 없는 가상 국가를 만들 계획을 갖고 있다.

지난 20년 동안의 경험에 비춰 보면 정부와 힘 있는 민간 기관들은 그리 쉽게 중개의 역할을 단념하지 않을 것임을 알 수 있다.[26] 온라인 활동에 대한 강한 규제 욕구가 있는 경우 정부와 민간 기관들은 그렇게 할 수 있는 방법을 찾았다. 블록체인의 활동에도 유사한 패턴이 있을 수 있다. 이해관계가 충분하다면 정부는 단순히 권한을 유보하진 않을 것이다. 거래가 전적으로 디지털, P2P, 국경을 초월해 암호화된 방식으로 보안되는 경우에도 네트워크 제공자는 식별할 수 있고 국가의 법적 의무가 적용된다. 더욱이 불법적이거나 극도의 보안이 필요한 활동에 있어서 기존의 법률 시스템이 기능하는 경우라면 대부분 사용자가 맞춤형 법률 시스템의 채택에 대한 인센티브가 부족하다.[27] 그리고 The DAO의 제작자들이 발견했듯이 법의 자리를 차지하는 것은 생각만큼 쉽지 않다.

라이트와 필리피도 이 사실을 인정한다. 그들은 블록체인이 다른 규제 양식과 관련한 코드를 통해 규제의 범위를 확장할 수 있음을 시사한다. 그럴 수도 있겠지만 분산 원장의 채택으로 커뮤니티와 조직을 위한 법의 영역을 벗어난 맞춤형 규칙을 개발할 수 있다는 사실이 곧 규제 범위가 확장될 것이라는 의미는 아니다. 이번에는 결과가 다르다고 주장하는 이들에게 지난 20년 간의 경험은 부담이 될 것이다. 나카모토 합의에 기반한 분산 원장은 새롭지만 스마트 컨트랙트와 디지털 통화는 그렇지 않다는 지적에 주의해야 한다. 닉 스자보는 1990년대 초 스마트 컨트랙트에 의한 민간 규제의 메커니즘을 설명했다. 그러나 암호화를 기반으로 한 사법私法의 광범위한 채택은 없었다.

정부 역시 블록체인 기술을 직접 활용해 세력을 확장할 수 있다. 분산 원장 거래를 보편적으로 가시화하려는 것은 권위주의 정권의 꿈이다. 예를 들어 중국은 자국 중앙 은행이 허가형 블록체인을 통해 자국 통화의 토큰화를 검토하도록 하는 동시에 무허가 비트코인 거래소도 금지했다. 중앙 은행이 발행하는 디지털 화폐는 현금 거래의 익명성을 없앨 것이다. 심지어 개인에 대한 통제를 분산하더라도 개인정보 및 관련 메타데이터를 추적할 수 있는 토큰화된 시스템은 해당 데이터의 가용성을 정부와 지배적인 사설 플랫폼에 근본적으로 집중할 수 있다. 기술 평론가 애덤 그린필드Adam Greenfield는 이 시나리오를 설명하면서 "블록체인 기술은 매우 힘있는 기관들의 오랜 욕망을 실현시켜 준다"라고 말한다.[28]

로렌스 레식의 요점은 코드는 시장 및 규범과 마찬가지로 규제의 한 양태에 불과하다는 것이다. 그런 연유로 그의 책 제목이 '코드 그리고 사이버 공간의 법이론'이다. 이것이 좋을지 나쁠지는 맥락에 따라 다르다. 예를 들어 디지털 권리 관리 소프트웨어는 공정 사용과 최초 판매 이론 등의 안전 밸브를 무시하기 때문에 저작권법보다 콘텐츠 사용을 더 엄격하게 제한할 수 있다.[29] 코드 또는 암호화를 통한 규제는 자유와 혁신을 위해 오히려 더 나쁠 수도 있다.

따라서 암호법 체계가 존재해야 한다면 가장 중요한 도전 과제는 이것의 강점과 약점을 파악하는 것이다. 4장에서 논의한 바와 같이 블록체인이 신뢰할 수 없는 중개자나 당국에 대한 의존을 극복하거나 혹은 복수의 원장을 동기화할 때 발생하는 거래비용과 오류를 제거한다면 기존의 법보다 신뢰성이 더 높을 수 있다. 6장에서 설명한 것처럼 원장의 인프라가 실패할 경우, 스마트 컨트랙트의 경직성이 의도하지 않은 결과를 초래할 경우, 풍부한 신뢰 관계에 편협한 의존을 촉진할 경우, 지속력의 불균형이 너무 강할 경우에는 신뢰성이 떨어지거나 심지어 위험하기까지 하다.

규제 기관의 입장에서 이러한 사례들의 이면을 들여다보면 법과 블록체인에는 깊은 간극이 있다. 법과 블록체인은 집행에 대한 접근 방식이 근본적으로 다르다. 법률 시스템은 법원이나 행정 기관을 통해 규칙을 실행하도록 하는 메커니즘을 갖는다. 반면 블록체인 시스템은 자동으로 시행될 규칙을 설계하는 데 초점을 맞춘다. 사토시 나카모토의 설명에 따르면 비트코인은 "법에 호소할 필요가 없다. 모든 것을 예방할 수 있다."[30]

사전 설계 vs 사후 분쟁 해결

법률의 대안으로서 블록체인 코드는 스마트 컨트랙트를 통해 실행될 수 있기 때문에 골치 아픈 법률 집행 절차보다 우월해 보인다. 당사자들이 계약 조건에 동의할 때 분산돼 있는 기계 네트워크가 매번 계약을 완벽하게 이행할 수 있는데 왜 느리고 잠재적으로 부정확하고 편파적이며 관할이 제한적인 법정에 의존하는가? 이러한 생각은 블록체인 지지자들 사이에 널리 퍼져 있다.[31] 그러나 이 논리의 결함은 계약의 이행execution과 집행enforcement을 구분하지 못했다는 점에 있다. 계약서에 명시된 조치들을 완수하는 것은 쉬운 부분이다. 실제로 특별히 신기한 현상도 아니다. 하루에도 수십억 달러의 파생상품 거래가 사람의 개입 없이 이뤄진다. 컴퓨터는 계약 조건으로 프로그래밍되며 특정 상황이 발생할 때 거래를 수행한다.

중요한 것은 분산 원장에서 자동으로 거래를 수행하는 것이 중앙화된 거래 플랫폼에서 자동으로 트랜잭션을 수행하는 것과 근본적으로 다른 것인지 여부다. 법학 교수이자 소프트웨어 엔지니어인 해리 서든Harry Surden이 사용한 용어인 '계산 가능한 계약computable contract'에 따르면 그 대답은 계약의 실행excution은 자동화되지만 집행enforcement은 그렇지 않다.[32] 스마트 컨트랙트는 원장을 관리하는 탈중앙화 네트워크에 모든 권한을 위임함으로써 계약의 집행을 자동화한다. 코드 이외의 모든 것은 설명에 불과하다. The DAO 서비스 약관을 인용하자면 "코드 이외의 것은 단지 교육 목적으로 제공된다."[33]

계약의 집행을 자동화하는 것은 실행을 자동화하는 것만큼 간단하지 않다. 계약 절차에서 법률 체계를 제거하면 확실히 큰 잠재적 이익이 있다. 자동화된 계약은 일부 혼란스러운 판사, 부패한 지방 공무원, 탐욕스러운 정부, 기만적인 거래 당사자의 변덕에 따라 운영되지 않는다. 변호사를 집행 루프에서 제거해 효율성을 향상시키면 기능적인 DAO 및 스마트 컨트랙트로 인코딩된 다른 주요 활동들이 가능해진다.

그러나 1983년 영화 〈위험한 게임WarGames〉을 본 사람이라면 이 시점에서 약간의 불안감을 느낄 것이다. 영화에서 미국은 핵 발사 결정에 대한 통제 권한을 초강력 컴퓨터인 전쟁작전계획대응WOPR, War Operations Plan Response에게 넘기면서 오류를 범할지도 모를 정치인들보다 WOPR이 더 나은 결정을 내릴 것이라고 믿는다. 예상했던 대로 10대 컴퓨터 천재인 매튜 브로더릭Matthew Broderick이 WOPR 시스템에 접근해 혼란을 일으켰기 때문에 일은 계획대로 진행되지 않았다. 결국 브로더릭은 핵전쟁을 가까스로 피하게 된다. 그는 틱―택―토$^{tic-tac-toe}$ 라운드를 통해 WOPR에게 일부 게임은 이길 방법이 없다는 것을 보여 준다. WOPR의 믿음은 산산조각이 나고 기계는 포기한다. 〈위험한 게임〉은 허구적인 코미디 드라마였지만 사실 여기에는 진지한 통찰이 담겨 있다. 영화는 실제로도 법 집행 공무원들 사이에 해킹에 대한 우려를 크게 불러일으켰다. 컴퓨터가 아무리 계산을 빠르게 한다 해도 인간만큼 잘 할 수 없는 것들이 있다. 스마트 컨트랙트도 마찬가지다.

스마트 컨트랙트가 계약을 완전히 실행^{excution}하더라도 결과에 불만을 품은 당사자들은 여전히 소송에 매달릴 수밖에 없다. 부당하거나 법적으로 인지할 수 있는 손해가 발생했다고 생각하는 판사들은 단순히 손을 들어올리며 배포된 원장에 판단을 맡기지는 않을 것이다. 가명 혹은 익명의 상대방을 식별하는 것은 물론이고 타국의 행위자에 대한 법적 조치를 취하는 데에는 실질적인 어려움이 있을 수 있다. 전자의 경우 소송의 성공 여부에 관계없이 거의 항상 소를 제기하는 것으로 알려진 실체가 있다. The DAO의 기부자들이 이더리움 하드 포크를 통해 돈을 돌려받지 못했다면 그들 중 몇몇은 아마 틀림없이 슬록잇의 DApp 개발자들과 이더리움 재단을 고소했을 것이다. 후자의 경우 국경을 초월한 계약 분쟁은 다국적 기업들 사이에서는 현대 비즈니스의 주요 산물로 통한다. 스마트 컨트랙트 당사자 중에는 법정 출석을 거부하는 사람도 분명히 있겠지만 기존 회사들은 출석을 거부할 것 같지 않다. 관할권과 법률 선택의 문제는 도전적이지만 해결이 불가능한 것은 아니다.

스마트 컨트랙트에 대한 소송은 당사자들의 입장을 뒤바꿀 것이다. 불만이 있는 당사자들은 이제 약속 의무를 이행하기보다는 완료된 거래를 취소하거나 되돌리려고 할 것이다. 법률 용어로 말하자면 위반의 주장이 보상에 대한 주장으로 바뀔 것이다. 이는 소송의 원인과 입증 부담과 같은 법적 기준에 영향을 미치며 예측할 수 없는 결과를 초래할 것이다. 이로써 분산 원장에 기록된 암호통화나 권리 이전에 대한 법적 판단을 실행하는 데 있어 실제 측면에 더욱 초점이 맞춰질 것이다. 예를 들어 원고는 리버스 트랜잭션을 수행하려고 피고에게 개인 키를 포기하도록 지시하는 법원의 명령을 구할 수 있다. 심지어 이와 같은 노력이 실패하는 경우 스마트 컨트랙트 플랫폼에는 관련된 혼란과 비용 문제가 발생한다.

불완전하고 관계지향적인 계약에 관한 여러 학술 문헌들은 계약은 당사자들 간의 일회성 상호 작용 그 이상이며 분쟁에 대한 사법적 판단이 뒤따른다는 점을 강조한다. 올리버 하트[Oliver Hart], 벤트 홈스톰[Bengt Holmstrom], 진 티롤레[Jean Tirolle], 불완전 계약에 대한 이론가들은 계약에 관한 비즈니스 실무에서 계약에 명시적으로 포함되지 않은 시나리오가 실현될 수 있음을 시사하는 방법을 보여 줬다.[34] 이안 맥닐[Ian Macneil]과 같은 관계지향적 계약을 연구하는 학자들은 계약이 어떻게 지속적인 관계를 표현하는지를 탐구했다.[35] 사전에 관계지향적 계약의 당사자들은 추후에 일어날 재협상을 예상해야 하며 이후에 법원은 합의된 계약의 공백을 메우는 방법을 결정해야 한다.[36]

스마트 컨트랙트는 계약 과정을 세분화하려고 시도한다.[37] 스마트 컨트랙트는 당사자 간 대화의 시간적 측면과 미래의 사법적 판단의 불확실성을 모두 공식적으로 제거한다. 하지만 현실 세계에서 스마트 컨트랙트는 실제 관계를 맺고 있는 사람들을 묶어 주고 실시간으로 과제를 수행한다. 이는 전통적인 계약에 수반되는 혼란스러움을 어느 정도 피할 수 없게 만든다.

아이러니하게도 대규모 분산 원장 기술 기업 두 곳이 암호통화로 서비스 비용을 지급하기로 계약했을 당시 그들은 스마트 컨트랙트를 사용하지 않기로 결정했다.[38] 2016년 9월 리플은 R3에게 3년간 최대 50억 XRP(리플의 암호통화)를 구매할 수 있는 옵션을 부여했다. 그 대가로 R3는 금융 서비스 파트너 네트워크에 대한 접근을 리플에게 제공하고 리플 기술의 홍보를 돕기로 합의했다. 1년 뒤 리플은 R3가 협상 내용을 이행하지 않았다고 주장하며 계약 해지를 시도했다. 그 사이 XRP의 가격은 20배 상승해 R3의 옵션은 잠시 150억 달러 이상이 됐다. R3는 이 뜻밖의 횡재를 지키려고 소송을 제기했다.

거래가 스마트 컨트랙트로 공식화됐다면 문제는 더 악화됐을 것이다. 계약에 따른 R3의 의무는 모호한 종류의 책무로서 정확히는 스마트 컨트랙트를 통한 자동 실행이 겪는 어려움과 같다. 계약 당시 R3의 옵션 행사가격은 XRP 시장가격보다 높았다. 통화 가치가 상승할 것이므로 R3는 파트너사에 리플을 홍보하기 위한 인센티브가 될 것이라는 생각이었다. 당사자들은 관계없는 이유로 2017년 XRP 가격이 폭등하리라는 점을 예상하지는 못했을 것이다.

심지어 분산 원장 회사들도 상황이 어떻게 바뀔지 예측하기 힘든 것 같다. 그래서 여전히 법은 역할이 있다. 시간이 지나면 당사자들은 불확실성에 적응하려고 코딩에 능숙해질 것이다. 그러나 스마트 컨트랙트에 의존하는 것은 사후 인간의 의사 결정의 유연성과는 비교할 수 없는 사전 공식화에 대한 배팅으로 남겨진다.

신뢰의 기술로서 법률

그렇다면 법은 어떻게 신뢰를 증진시키는가? 사실 신뢰와 법은 관계가 애매하다. 계약법적 속성들이 결여된 약속은 비록 강제enforceable는 할 수 없어도 신뢰를 조성하기에는 충분하다. 반대로 상대방을 신뢰할 수 없는 경우라면 상호 이익을 따져 보고 법적 구속력이 있는 거래를 체결할 수 있다. 하지만 두 영역은 확실히 연관성이 있다. 지금껏 많은 학자들이 고심하고 있는 문제는 과연 법이 신뢰를 증진시킬지 아니면 약화시킬지에 대한 것이다.[39]

한편 법은 신뢰를 증진시키고 신뢰를 강화하는 방식으로 관계를 형성할 수 있다. 법률 제도는 당사자 관계가 생길 때 서로에게 추가적인 신뢰를 줄 수 있도록 계약 위반에 대한 구제책을 제공한다. 이것은 토마스 홉스가 『리바이어던』에서 주장한 본질이었다. 법의 집행도 완벽하진 않지만 신뢰는 반드시 어느 정도의 위험을 수반한다. 법의 집행 메커니즘은 신뢰 기반의 관계를 만들기에 충분할 만큼 불신으로 인한 손실의 가능성과 크기를 감소시킬 수 있다. 게다가 법률은 관계를 공식화한다. 양쪽의 기대 범위를 인식하고 전체 계약을 하나의 구조 안에 두면 오해를 줄일 수 있다. 따라서 비록 법의 강제가 국가 권력의 리바이어던에 달려 있더라도 법은 비공식적인 협의에서 P2P 신뢰 형성에 필요한 공간을 만들 수 있다. 신뢰 취약성과 같은 신뢰에 대한 1장의 표현에서 법의 구제 가능성은 행위자로 하여금 덜 취약하다고 느끼게 만들기 때문에 행위자 간 상호 작용에 대한 자신감을 높인다.

반면에 법의 집행은 사실상 신뢰를 감소시킬 수 있다. 미국 법 체계를 비판하는 사람들은 법과 변호사의 무분별한 활용이 사회적 화합을 저해한다고 주장한다.[40] 법이 부여하는 공식화는 평범한 인간 관계의 부드러움을 무미건조한 약정으로 대체할 수도 있다.[41] 그리고 법의 구제는 신뢰를 덜 위험하게 만들 수 있는 반면 신뢰 강화 조치를 억누를 수도 있으며 당사자 관계를 악화시킬 수도 있다.[42] 사실 순전히 계산적으로 믿는 것은 전혀 신뢰가 아닐 수도 있다.[43] 이러한 견해에 따르면 신뢰는 관계에 도움이 된다. 계약과 그 밖의 법의 형식적 절차들은 그러한 관계의 측면을 담을 수는 있지만 이는 신뢰와는 별개다.[44] 연구자들은 신뢰하는 당사자들이 호의가 아닌 외부의 기능에 의존한다면 그러한 기능을 상세한 계약 언어로 축약하는 것이 의심을 불러올 수 있다는 것을 보여 줬다.[45] 일이 잘못되면 어떻게 될지에 너무 초점을 맞추면 일이 잘 될 것이라는 자신감을 떨어뜨릴 수 있다. 이것은 불신을 뜻하므로 결국 불신의 반응을 낳는다.[46]

하지만 그러한 선택이 반드시 그렇게 삭막한 것만은 아니다. 당사자가 선택권을 갖게 되면 사적 계약이나 규제를 통한 법의 집행은 상호 신뢰가 부족한 상황에서 보조 장치가 될 수 있다. 시간이 지나면 법률 위험이 완화되는 덕분에 관계에 대한 신뢰가 높아져서 정서적 신뢰도 확대될 수 있다.

신뢰의 도구로서 법의 장점과 한계는 이것이 모두 국가의 기구라는 사실에 이른다. 법률 당국은 당사자의 권한을 대신한다. 법률은 영토 주권으로부터 생겨나며 영토 주권은 법률의 지리적 범위를 규정한다. 법률은 관료적 메커니즘이나 적대적 프로세스를 통해 운영되며 두 가지 모두 잘 알려진 결함을 갖고 있다. 그리고 법률은 특정 당사자들을 위한 무제한적 개별화가 아닌 모두를 동등하게 취급해야 한다. 이러한 각각의 요소가 상호 이점을 제공하는 반면 가능성의 공간에는 격차가 있다.

변호사의 중요한 기능 중 하나는 "만일 일이 잘못되면 어쩌나?"라고 묻는 것이다. 어떤 대규모의 컴퓨터 기반 시스템도 완벽하진 않다. 때론 기술적 결함도 있고 때론 인간적인 결함도 있으며, 이 두 가지의 결함들이 모두 합쳐질 때도 있다. 법률 시스템은 이러한 결함을 해결하고 사적인 이익을 공공의 목표에 맞추기 위한 메커니즘으로 존재한다.

법률 시스템과 소프트웨어 코드는 모두 신뢰를 증진시킬 수 있다. 또한 두 경우 모두 신뢰를 손상시킬 수도 있다. 분산 원장이 부각될수록 이것이 법의 필요성을 없앤다는 단순한 생각은 점점 더 성립할 수 없을 것이다. 실크로드 사건은 블록체인이 법의 집행에 대한 불투명한 방패가 아님을 보여 줬고 The DAO에 대한 공격은 순수한 알고리듬 시스템의 한계를 보여 줬다. 정부 관계자와 새로운 분산 플랫폼을 개발하는 기술자들은 모두 신뢰를 조성하려고 긍정적인 조치를 취해야 한다. 이것을 위해 그들은 협력할 수 있을 것이다.

상호 작용의 방식으로서 보충, 보완, 대체

대부분의 경우 블록체인에 기반을 둔 기술 집행 메커니즘과 전통적인 법률 구조들은 직접적인 접점을 갖지 않는다. 법률은 제한된 상황에서만 작용한다. 블록체인 기반 원장들이 구성할 수 있는 활동 영역은 방대하지만 법률은 이에 무관심하다. 겹칠 가능성이 어느 정도 있는 경우에도 두 시스템은 종종 서로 다른 목적을 추구한다. 만일 미국 시민이 암호통화의 매매로 100만 달러의 수익을 낼 경우 미국 세법은 수익자에 대한 납세의 의무를 명시하고 있다. 스마트 컨트랙트로 수익의 일정 부분을 개인이 지원하는 정부 프로그램에 자동으로 보낼 수 있다는 사실이 세금 징수자들의 마음을 안심시키지는 못한다.

그러나 때때로 블록체인 기반 시스템들은 법률 의무 준수에 직접적인 영향을 미칠 수 있다. 이러한 상황에서는 보충supplement, 보완complement 또는 대체substitute라는 세 가지 형태의 상호 작용이 가능하다.

법을 집행의 기본적인 수단으로 삼는 경우에 블록체인은 법률의 보충 역할을 한다. 이러한 상황에서 분산 원장이 갖는 핵심 가치는 공유 데이터 기록의 효율성 향상이다. 비록 블록체인이 거래 및 스마트 컨트랙트에 대한 자체적인 집행 메커니즘을 만들더라도 블록체인은 확립된 법률 규칙을 강화하려고 구조화된다. 보충 시나리오는 블록체인 기반 시스템이 대안적 규정 준수 메커니즘으로 작동하는 경우라도 반드시 법률 계약을 대체할 필요는 없다는 것을 보여 준다.

블록체인은 법률 체제에 결함이 있을 때 보완의 역할을 한다. 법률은 여러 가지 이유로 실패할 수 있으며 심지어 정교하게 잘 확립된 법률 체계를 가진 국가에서도 실패는 존재한다. 행위의 규모가 이를 규제하는 법적 메커니즘의 능력 이상으로 확장되기도 한다. 또한 법률 체계는 규제 대상을 추적하기 위한 더 나은 방법이 필요하기도 하다. 그리고 때론 법률 체계는 자신이 규제하는 사람들을 추적하기 위한 더 나은 방법을 필요로 한다. 그리고 인센티브가 부적절하기 때문에 집행이 지연되기도 한다. 블록체인 합의는 전통적인 수단을 통한 집행의 격차를 메우기 위해 개입할 수 있다.

블록체인이 법을 대체하는 경우 블록체인은 집행 메커니즘으로서 완전히 법률을 대신한다. 이는 아마도 법과 블록체인에 대한 일반적 논의에서 가장 널리 묘사된 시나리오일 것이지만 실제적으로는 가장 흔하지 않을 것으로 보인다. 그러나 세 가지 유형 모두 상당한 가능성이 있다.

법의 보충으로서 블록체인

블록체인 기반 시스템은 법률 목표의 달성을 위한 새로운 방법을 제공함으로써 정부가 정한 기존의 법을 강화할 수 있다. 예를 들어 1장에서 설명한 것처럼 기업이 주식을 발행하는 경우 기존의 법률 체제는 증권예탁결제원 DTCC 등과 같은 중앙의 증권 예탁 기관을 중심으로 이뤄진다.[47]

이러한 기록의 보관자들은 수익 주주(실제 주주)를 대신해 주식을 관리한다. 법률 계약은 명료하지만 실행에는 실질적인 어려움이 있을 수 있다. 분산 원장은 이와는 다르다. 즉 소유권을 직접 추적하는 단일 실시간 모델이다. 이 메커니즘은 기존의 법률 관계를 대체하지 않고 기존 증권 체제에 통합될 수 있다.

델라웨어 블록체인 이니셔티브DBI에는 분산 원장을 통해 기존 기업법률 체제를 강화하려는 야심찬 노력이 담겨 있다. DTCC와 같은 청산소가 가진 문제는 기록이 동기화되지 않을 수 있다는 점에 있다. 2015년 돌 푸드Dole Foods의 전 주주들이 주당 2.74 달러의 손해배상금을 받을 수 있는 집단소송에서 승소했다.[48] 돌 푸드는 약 3,700만 주의 기발행주식을 갖고 있었다. 그러나 어찌된 일인지 법원은 4,900만 주에 해당하는 청구를 받아들였다. 이러한 불일치에는 두 가지 이유가 있었다. 합병에 이르기까지의 기간 동안 차익을 노리는 거래자들은 활발하게 거래를 했다. 합병이 공식적으로 종결됐을 때 DTCC를 통하지 않은 일부 거래에서는 매도자와 매수자 모두가 소유권을 주장했다. 또한 불법적이고 적나라한 공매도 거래도 있었는데 투자자들은 실제로 보유하지 않은 주식을 매도했다.[48]

만일 기업이 분산 원장에서 주식을 발행할 수 있다면 그러한 불일치(자본 테이블 및 대리 투표 기록의 오류와 같은 사항)를 방지할 수 있을 것이다. 또한 한 회사가 얼마나 많은 주식을 발행했으며 누가 그것을 소유하고 있는지 항상 알 수 있다. 델라웨어 블록체인 이니셔티브는 이러한 비전을 실현하고자 한다.

델라웨어 주는 「포춘Fortune」이 선정한 다수의 500대 기업과 여러 소규모 기업을 보유하고 있다. 기업의 프랜차이즈 수수료와 그 밖의 관련 활동들이 델라웨어 주 예산에서 중요한 부분을 차지하며 델라웨어 주는 예산의 손실을 원치 않는다. 델라웨어 주는 주 정부의 서비스는 물론 주 관할에 속한 기업에게도 분산 원장 기술이 유용한 도구가 될 것으로 보고 있다. 델라웨어 주는 분산 원장을 통한 기업의 공식적 기록 관리를 허가하려고 주법을 개정했다. 법인 신청에 대한 승인이 완료되면 주의 기관은 암호화된 주식을 해당 회사로 이전시킴으로써 블록체인상에서 거래되도록 유통할 수 있게 된다.

델라웨어 주는 이러한 시스템을 구현하기 위해 블록체인 기술 스타트업 심비온트Symbiont와 협력하고 있다.

델라웨어 블록체인 이니셔티브는 제3장에서 설명한 원장의 힘을 잘 보여 준다. P2P 주식증서 교환에서 DTCC 청산소 모델로의 전환은 새롭고 보다 유동성 있는 기록 관리를 기반으로 한 주요한 금융 혁신의 길을 열었다. 기업의 주식 추적 및 그 밖의 금융의 기초적인 측면들을 분산 원장을 통해 완전히 실시간 디지털 환경으로 이동하는 것도 시간적으로 유사한 영향을 미칠 수 있다. 이와 같은 종류의 기록 관리 문제가 경제의 모든 분야에 걸쳐 나타난다.

블록체인으로 주식을 발행하는 기업들은 여전히 기업법의 요건을 따르고 있다. 그들은 단지 방식을 바꾸었을 뿐이다. 델라웨어 주가 분산 원장 주식을 수용하려고 법을 개정해야 했다는 사실은 법의 보충을 검증하려면 단계가 여전히 필요하다는 것을 보여 준다. 그러나 여기서 법률이 방해가 되거나 코드로 대체된다는 뜻은 아니다. 법은 항상 그래 왔던 방식으로 진화하고 있다.

일리노이 주에서도 이와 같은 생각을 토지 등록에 적용하고 있다. 미국의 부동산 기록은 블록체인과 꽤 비슷하다. 대부분의 주요국은 거래 등록이 승인되면 토지 소유가 공식화되는 '등록에 의한 소유title by registration'라는 절차를 사용한다. 미국에서는 전국의 지역 부동산 사무소에 보관된 기록이 '소유권 체인chain of title'으로 구성돼 있으며 어떤 기록은 한 세기를 거슬러 올라가기도 한다. 이 기록은 부동산 소유자들 간의 양도 증서를 순서대로 나열한다. 블록체인과 마찬가지로 기록은 추가만 가능하며 변경이나 삭제는 불가능하다. 가치가 기록의 정확성에 의해 좌우되기 때문에 기록의 불변성이 중요하다. 그리고 다수의 금융 애플리케이션과는 달리 누가 어떤 정보를 볼 수 있는지를 세밀하게 통제하지 않아도 된다. 또한 정부가 운영하는 부동산 장부는 공공 블록체인 원장처럼 투명하게 설계된다.

디지털 토지 개요

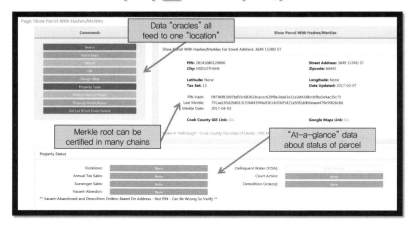

그림 8.1 쿡 카운티 블록체인 기반 토지 기록

2016년 시카고를 아우르는 일리노이 주의 쿡 카운티Cook County는 블록체인 기반 부동산 등기부에 대한 개념 증명을 시작했다.[50] 거래를 표시하려고 비트코인 블록체인상에서 코인을 테스트했다. 그림 8.1에서 볼 수 있듯이 부동산 양도 또는 신규 주택담보대출 및 이용과 같은 그 밖의 모든 행위가 암호화 해시로 표시된다. 해시들은 모두 블록체인의 머클 트리 구조로 연결된다. 이를 통해 모든 변경 사항을 안정적으로 추적할 수 있다.

이 시스템은 변경 사항을 부동산 구획 목록에 자동으로 반영하기 때문에 부동산 기록의 신뢰성을 높인다. 또한 누구나 원장과 전체 거래의 흐름을 볼 수 있으므로 투명성이 향상된다. 그리고 향후에는 보다 복잡한 트랜잭션을 통합하려고 스마트 컨트랙트가 보강될 수 있다.

기업의 주식 등록과 마찬가지로 부동산 등기용 블록체인 시스템은 경제의 핵심인 시스템의 오류를 크게 줄이고 효율성을 향상시킬 수 있다. 이 두 가지 사례가 가진 또 다른 측면은 공식 기록들을 포함한다는 것이다. 사이퍼펑크의 뿌리에도 불구하고 블록체인은 정부를 위한 대체 수단이 될 수 있다. 정부가 정보에 대한 책임을 맡을 때 '검열 저항'은 '해킹할 수 없는 공식 기록'

으로 변모한다. 게다가 공공 기록은 중요한 민간 산업의 기반을 형성한다. 미국의 토지등기제도에서 파생된 것 중 하나는 보통의 부동산 거래에서 고가의 사보험에 대한 필요성이다. 골드만 삭스는 분산 원장으로 이전하면 효율성 향상과 위험성 감소로 인해 미국 내에서 연간 20억~40억 달러의 보험료를 절감할 수 있을 것으로 추산하고 있다.[51]

이러한 잠재적인 이점에도 법률 제도를 강화하기 위한 블록체인 기반 솔루션의 구현은 항상 쉽지만은 않을 것이다. 기존의 계약에서 이익을 얻는 중개기관들은 변화에 저항할 수 있다. 예를 들어 델라웨어의 새로운 주지사가 이끄는 행정부는 필수 소프트웨어와 법률 개정이 있은 후에도 델라웨어 블록체인 이니셔티브의 캠페인에 제동을 걸었다.[52] 등록 대리점들은 새로운 시스템으로 인해 서비스가 불필요해지자 사업 손실에 대해 불평했다. 지연은 일시적일 수 있지만 성공적인 파일럿 프로젝트나 개념 증명은 본격적인 구축과는 다르다는 점을 보여 준다. 그러나 장기적으로 볼 때 주식 소유 및 그 밖의 여러 기능을 위한 블록체인 기반 원장의 효율성 향상은 무시하기 어려울 것이다.

법률을 보완하는 블록체인

두 번째 적용은 법률 시스템에 기반을 둔 신뢰가 무너지거나 불충분한 상황을 수반한다. 블록체인 기반 솔루션은 법률 규칙의 집행을 방해하는 문제를 해결하는 데 도움이 될 수 있다. 이러한 상황에서 블록체인 원장은 전통적인 기록에 대한 병렬적 접근 방식이 아니라 실행 가능한 법률 준수를 도입하는 메커니즘의 역할을 한다.

저작권법에 따른 고아 작품의 문제를 생각해 보자.[53] 고아 작품은 저작권자가 누구인지 알 수 없는 저작물이다. 누구나 허가 없이 쓸 수 있는 공유물일 수도 있으나 이를 쉽게 알 수 있는 방법은 없다. 아카이브 영상을 포함하는 다큐멘터리 영화의 제작자처럼 고아 작품을 사용하고 싶은 사람들은 원하더라도 라이선스를 협상할 수 없다. 고아 작품은 법적 미궁에 빠져 있다. 저작권 침해에 대한 법률상 손해의 위험은 (실제 손해와 관계없이 작품 하나당 최대 15만 달러까지) 저작물의 잠재적 사용자들을 두렵게 하는 심각한 위협이 된다. 저작권법이 목표로 하는 시장의 발전은커녕 창의성이 위축된다. 이것은 작은 문제가 아니다. 카네기 멜론 대학교Carnegie Mellon University의 사서들이 도서 컬렉션을 디지털화하려고 했을 때 표본으로 추출된 작품들 가운데 약 4분의 1 정도는 권리자들을 찾을 수 없었다.[54]

고아 작품은 공유 레지스트리를 이용해 새로운 시장을 창출할 수 있는 좋은 기회다.[55] 블록체인 기반 레지스트리는 모든 사람이 이용할 수 있으며 어떤 중개자에게도 과도한 문지기 권한을 부여하지 않을 것이다. 또한 저작권법이 요구하는 권리 보유자들을 찾으려고 계속해서 추적해 나갈 것이다.[56] 스마트 컨트랙트는 고아 작품을 사용하는 사람들이 향후 등장할 수 있는 합법적인 권리 보유자(중재 메커니즘에 의해 검토될 가능성이 가장 높다)에게 저작권료를 지급하도록 보장할 수 있다. 여기에 분산 원장이 저작권법을 대신하진 않겠지만 오늘날에는 쉽게 갈 수 없는 방향으로 확장될 것이다.[57]

때때로 법률 집행에 관한 문제는 잘못 조정된 인센티브와 관련된다. 법률 시스템은 효과적인 법률의 운영을 위해 필요한 것들을 갖고 있지만 법률 행위 참여자들은 실제로 법의 준수를 촉진하진 않는다. 인센티브는 기술적인 문제라기보다는 인간의 문제다. 원장의 기록이 신뢰할 만하다고 해서 인센티브가 될 수 없다. 그러나 블록체인은 네트워크상의 당사자들 간에 인센티브를 변경하는 방식으로 분산됨으로써 가치 있는 자산을 창출한다.

온라인 광고계에서 사기는 중대한 문제다. 2017년 광고주들은 사기로 인해 160억 달러의 손실을 입었고 그 액수는 지금도 계속 증가하고 있다.[58] 지난 10년간 온라인과 모바일 광고는 빠르게 성장해 전통적 미디어 광고에 대한 지출 비율을 따라잡았다. 구글과 페이스북 같은 기업들이 주도한 온라인 시장은 정적 배너 광고에서 마케터와 출판사 간의 광고 흐름을 관리하는 프로그램 시스템으로 옮겨갔다. 매년 수백억 달러의 온라인 광고가 광고주와 사이트를 매칭하고 동적으로 가격을 정하는 중개업자를 통해 흘러 나간다.

광고주는 일반적으로 광고의 표시 횟수(노출 횟수) 또는 사용자 클릭 횟수에 따라 광고료를 지불한다. 문제는 실제 사람이 광고를 클릭하는 것과 소프트웨어 봇이 클릭하는 것과의 구별이 어렵다는 점이다. 부정행위자들은 대규모 '클릭 사기' 컴퓨터 네트워크를 구축하고 실제로 아무도 보지 않는 광고를 자동으로 요청했다. 사기범들이 제도를 악용하고 있는 것은 분명하지만 법적인 구제나 치안 유지에는 쉬운 방법이 없다.

인센티브 조정 문제는 온라인 광고 산업의 경제 구조에서 발생한다. 광고주는 비용을 지불하고 게시자는 표시되거나 클릭되는 광고량에 따라 수익을 창출한다. 숫자의 증가는 게시자들에게 이익이 된다. 결과적으로 게시자들은 항상 적극적으로 부정행위를 단속하지 않는다. 수익을 감소시킬지도 모를 조치를 취하려고 시간과 돈을 소비하는 것은 무가치한 일이다. 온라인 광고 시장의 모든 행위자는 클릭 사기가 불법이라는 것에 동의한다. 그러나 문제는 계속해서 악화되고 있다. 앞선 시나리오와는 달리 모든 관련 정보를 확장하거나 추적하는 것이 아니라 참가자들이 시행 조치를 취하도록 하는 것이 관건이다.

이 문제를 해결하려고 스타트업 메타X^{MetaX}, 이더리움 기술 개발 스튜디오 컨센시스, 데이터마케팅협회(광고주를 위한 거래 그룹)는 2017년 애드체인 adchain이라는 솔루션을 발표했다.[59] 이 시스템을 통해 광고주와 게시자는 암호 토큰을 구매할 수 있다. 광고를 받기 원하는 사이트들은 사기성 없는 게시자 '화이트리스트'에 가입하려고 토큰을 활용할 것이다. 광고주들은 토큰을 사용해 사이트가 합법적인지를 투표할 것이다. 보다 우수하고 완벽한 화이트리스트는 토큰의 가치를 높여 주므로 모든 사람이 시스템에 정직하게 참여할 수 있다. 화이트리스트가 만들어지면 광고주들은 어떤 사이트의 광고 입찰을 수락할지 결정할 수 있다. 토큰 경제는 더 나은 인센티브를 바탕으로 기존 시장을 대체하려고 고안됐다.

법률의 보완적 역할을 하는 블록체인 기반 시스템은 여전히 모든 신생 기업이나 신규 솔루션으로의 보편적 채택 문제에 직면해 있다. 법률 집행의 격차를 극복한다고 해서 반드시 설득력을 얻을 수 있을 정도로 사업 문제를 잘 해결하는 것은 아니다. 보완은 법률과 블록체인 기술이 함께 역할을 하며 함께 작동하는 경로를 보여 준다.

법을 대체하는 블록체인

법의 강제력이 약하거나 존재하지 않는 경우에는 블록체인이 법의 자리를 차지할 수 있다. 일부 블록체인 지지자들의 견해와는 달리 비용이 많이 드는 중재 및 법의 집행 메커니즘은 완전히 폐기될 수 없다. 초기 인터넷 경제와 마찬가지로 전통적인 법률이 아닌 자율 규칙의 개념적 가능성은 영토 주권과 민간 중개기관의 권한을 넘어서지 않는다. 다만 분쟁지역이나 일부 개발도상국 등 신뢰와 법치가 지배하지 않는 곳에서는 블록체인이 실행할 수 있는 대안이 될 수 있다. 이러한 초법률적 신뢰는 생각하지 못한 곳에서 상향식으로 나타날 가능성이 높지만 상당한 규모로 성장할 수 있다.

아르헨티나 부에노스아이레스 정부가 우버 승차 공유 거래를 신용카드사가 수신하지 못하도록 하자 카드사는 비트코인 직불카드로 전환했다.[60] 이 사례는 실크로드, 그리고 그 밖의 불법적 활동에서 비트코인을 사용하는 것과 유사하다. 차이점이라면 기본 활동 자체가 불법은 아니며 단지 규제적 분쟁의 대상이 될 뿐이라는 것이다. 암호통화는 우버가 기존의 중앙 집중식 채널을 벗어나 신뢰 가능한 결제 옵션을 구축함으로써 정부에 대한 대항할 수 있는 수단을 제공했다.[61] 고아 작품 사례와 마찬가지로 블록체인 신뢰가 잠재적으로 힘의 역학관계를 뒤바꿨다.

세계 곳곳에서 토지 소유권에 대한 기록은 불완전하며 일반 시민들이 교감하기 어렵다. 1장에서 언급했듯이 페루의 경제학자 에르난도 데 소토는 개발도상국에서 토지 등록 시스템이 제대로 작동하지 않는 것이 경제 발전에 큰 걸림돌이라고 주장한다.[62] 일리노이 주 쿡 카운티의 개념 증명의 예에 따라 블록체인을 솔루션으로 활용하기 위한 이니셔티브가 세계 각지에서 진행되고 있다. 데 소토는 조지아 공화국 내 최초 운영 중인 암호통화 채굴 및 서비스 업체 비트퓨리가 주도하는 사업을 지원하고 있다.[63] 스웨덴과 두바이에서도 비슷한 활동이 진행되고 있다.

토지 소유권 등록과 같이 주로 정부 서비스가 기능하는 곳에서는 블록체인 접근으로 효율성이 향상될 수 있지만 기존의 데이터베이스 아키텍처에 비해 얻을 수 있는 이점은 다소 제한적이다. 오히려 블록체인을 활용해 기존에 존재하지 않았던 신뢰성 있는 레지스트리를 구축하는 것이 좋은 기회가 될 수 있다. 문제는 원장 외부에 존재하는 인간 행위자들이다. 블록체인에 정보를 정확하게 기록하기를 거부하거나 보고된 정보를 무시하는 부패한 지역 토지 사무소는 여전히 문제가 될 수 있다. 스타트업 팩텀Factom이 참여한, 토지 소유권을 블록체인에 기록하는 온두라스의 첫 번째 이니셔티브는 현지 파트너들과의 어려움으로 인해 시작조차 하지 못했다.[64] 가나에 본사를 둔 스타트업 비트랜드Bitland는 토지등기부가 작동하지 않는 아프리카 일부 지역에서 상향식 접근법을 취하고 있다.[65] 측량사를 파견해 농가를 면담하고 부동산 경계를 파악한 뒤 허가형 블록체인 기반 등록부에 기록해서 은행이 대출에 활용할 수 있도록 한다.

비트랜드처럼 현재까지 법률 체제가 기능하지 못하는 지역에서 블록체인을 성공적으로 활용하기 위한 노력은 상대적으로 규모가 작다. 인도주의적 지원은 법적 강제력이 부족한 환경에서 제공되는 경우가 많으며 다분히 사기와 비효율로 이어진다.[66] 블록체인을 대안으로 사용할 기회를 찾은 유엔UN 세계식량계획WFP은 요르단의 한 캠프에서 1만 명의 시리아 난민을 대상으로 시범 프로젝트를 실시했다.[67] 난민들은 법적 신원이 없기 때문에 프로젝트는 수용소 내 상점에서 망막 스캐너를 사용했다. 이후 거래는 이더리움 블록체인의 허가된 포크에 기록됐다. 실험은 성공적이었으며 2018년 말까지 요르단 내 시리아 난민 50만 명에게 이 프로젝트가 확대될 예정이었다. 이는 매우 흥미로운 시범 사례였다. 그러나 해당 시스템은 검증 노드가 오직 WFP뿐이었으므로 진정한 의미의 분권화는 아니었으며 더 이상은 WFP의 다른 지역에 배치되지 않았다. 다수의 기업형 분산 원장 시스템과 마찬가지로 시범 운영에서 실운영으로 전환하는 것은 힘든 과정이다.

블록체인 시스템이 법률을 대체할 때 중요한 요소는 국가가 뒷받침하는 집행 메커니즘이 없다는 것이다. 이는 전자상거래에 대한 신뢰를 높이려고 인터넷상의 평판 점수 및 신원 시스템을 개발한 방식과 유사하게 신뢰 강화 메커니즘의 2차 계층을 개발하라는 압력을 발생시킬 것이다. 10장에서 논의된 분산 온라인 중재 메커니즘은 법원이나 기타 전통적인 집행 기관을 대신할 수 있는 한 가지 예다. 법을 블록체인 기술에 기반한 탈중앙화 솔루션으로 대체한다고 해서 공정하고 효율적인 집행이라는 도전 과제가 사라지는 것은 아니지만 문제를 해결하기 위한 새로운 길이 열릴 수는 있다. 여기에는 균형이 필요하다. 즉 신뢰 증진 메커니즘의 이행을 정당화할 수 있을 만큼 기회는 커야 하지만 정부 관계자들이 단속의 필요성을 느끼지는 않아야 한다.

결국 분산화된 허가형 블록체인 시스템과 정부가 정의한 중앙화된 법률체제 간의 선택은 보기보다 덜 냉엄한 것으로 보인다. 양자 모두는 신뢰 메커니즘이다. 정부 기관은 실패할 수 있고 기술을 가진 기관도 실패할 수 있다. 그리고 두 가지 모두의 형식적 속성들은 이들을 실행하는 데 필수적인 인간의 협의보다 중요하지 않다. 향후 몇 년간의 과제는 어떤 접근법이 어떤 맥락에서 가장 효과적으로 기능하는지를 파악하는 것이 될 것이다. 틀림없이 갈등과 오해가 생기겠지만 성공적인 블록체인 기반 솔루션은 성공적인 법적 솔루션의 희생을 수반할 필요가 없다.

9장_ 우리는 정부에서 왔고, 우리는 돕기 위해 여기에 있다

우리는 어딘가에서 시작해야 한다

불길한 시작이었다. 2015년에 뉴욕 주는 암호통화에 대한 규제 체제를 채택한 세계 최초의 관할 구역 중 하나가 됐다. 금융감독청Department of Financial Services은 가상통화 기업이 주에서 고객을 운영하거나 서비스하는 데 비트라이선스BitLicense를 취득하도록 요구하기 시작했다.[1] 벤 로스키Ben Lawsky 금융감독관은 규칙을 발표하면서 "우리는 더 나은 금융회사를 건설하고자 새롭고 떠오르는 기술을 사용하는 기업을 홍보하고 지원하고 싶다. 적절한 규제 가드레일을 설치하기만 하면 된다."[2] 그는 계속해서 다음과 같이 말했다. "규제 당국이 항상 균형을 정확하게 맞추는 것은 아니다. … 하지만 우리는 어딘가에서 시작해야 한다."

비트라이선스는 처음부터 논란의 여지가 있었다. 비트코인 기업가와 기술 전문가들은 규정 준수 비용뿐만 아니라 지나치게 광범위한 규제의 위협이 신생 기업의 활동을 위축시킬 것이라고 주장했다.[3] 규칙 초안에 대한 1년 동안의 의견 수렴 기간 동안 4,000개 이상의 의견이 제출됐으며 대부분이 비판적이었다. 그리고 규정이 시행됐을 때 크라켄Kraken, 셰이프시프트Shapeshift, 비트파이넥스, 폴로닉스Poloniex 거래소를 포함해 상당수의 비트코인 관련 신생 기업이 뉴욕을 떠났다.[4] 「뉴욕 비즈니스 저널New York Business Journal」은 "위대한 비트코인 엑소더스Great Bitcoin Exodus'가 뉴욕의 비트코인 생태계를 완전

히 바꾸어 놓았다"라고 말했다.[5]

비트라이선스의 요구 사항은 '다른 사람을 대신해 가상통화를 보관, 보유 또는 유지 관리' 및 '가상통화를 통제, 관리 또는 발행하는 것'으로 정의된 모든 '가상통화 사업 활동'에 적용된다.[6] 이 모든 범주는 불확실성의 영향을 받는다. 소프트웨어 지갑은 완전한 거래소 운영자처럼 등록돼야 하는가? 서비스가 처리하는 암호통화를 통제할 수 있는지 여부가 중요한가? '비금융' 맥락에서 전송에 대한 예외는 정확히 무엇을 의미하는가?

로스키는 규제 기관이 어딘가에서 시작해야 한다는 견해를 갖고 있었다. 그리고 암호통화로 거래하는 보관 금융 거래소는 기존 화폐로 거래되는 유사한 거래소와 동일하게 취급돼야 한다는 비트라이선스의 이면에 있는 아이디어는 대체로 합리적이었다. 소비자가 거래할 달러를 다른 통화로 교환하거나 국경을 넘어 송금할 경우 암호통화가 개입될 때 동일한 종류의 위험에 노출된다.

문제는 실행에 있었다. 적용 대상에 대한 비트라이선스 요구 사항은 까다로웠다. 이 규정들은 수탁형 거래소 이외의 많은 암호통화 사업을 포괄하는 것처럼 보이는 방식으로 작성됐다. 그리고 인증 절차는 까다로웠다.[7] 2017년 초까지 거의 24개의 애플리케이션 중 오직 3개만 비트라이선스가 부여됐다.[8] 수혜자인 서클 인터넷 파이낸셜, 리플, 코인베이스는 이 분야에서 가장 많은 자금을 지원받은 신생 기업 중 세 곳으로 비트라이선스가 소규모 회사를 몰아낼 것이라는 우려를 강화시켰다. 로스키가 주장한 바와 같이 암호통화 혁신을 '촉진하고 지원'하는 것이 목표였다면 비트라이선스는 실패했다. 이후 미국과 전 세계의 여러 관할 구역에서 암호통화와 관련된 규칙을 채택했지만 뉴욕의 모델을 따르는 곳은 거의 없었다.

위대한 비트코인 엑소더스 이후 2년이 지났지만 거래소들은 뉴욕 블록체인 현장으로 다시 돌아가지 않았다. 그러나 다른 사람들은 있었다. 1억 달러 이상의 자금을 지원하는 금융 산업 분산 원장 컨소시엄인 R3는 뉴욕에 본사를 두고 있다. 예상할 수 있듯이 디지털자산홀딩스Digital Asset Holdings, 심비온트, 액소니Axoni와 같은 금융 중심의 블록체인 신생 기업이 다수 포진해 있다. 그리고 그 활동은 금융 서비스에만 국한되지 않았다. 이더리움 기술을 기반으로 하는 선도적인 벤처 개발 스튜디오인 컨센시스는 2017년에만 브루클린 본사 임직원수 100명 규모에서 400명 이상으로 성장했으며 전 세계에서 수십 개의 혁신적인 프로젝트를 진행하고 있다. 블록체인을 기반으로 '탈중앙화 앱을 위한 새로운 인터넷'을 구축하고자 하는 잘 알려진 신생 기업인 블록스택Blockstack도 뉴욕에 있다. 뉴욕 비트코인과 이더리움 밋업에는 각각 5,000명 이상의 회원을 보유하고 있다.

비트라이선스는 모든 단점에도 불구하고 뉴욕에서 암호통화 활동을 중단시키지 않았다. 반면에 발의자가 의도했던 규제 혁신을 위한 모델도 만들지 않았다. 빠르게 움직이는 영역에서 규제 당국은 필연적으로 딜레마에 직면하게 된다. 그들이 너무 빨리 움직이고 정당한 이유 없이 새로운 기술에 오래된 규칙을 적용하면 혁신을 중단시키거나 다른 관할 구역으로 밀어넣을 위험을 감수해야 한다. 너무 오래 기다리면 대중들은 피해를 입을 수 있으며 이미 실질적인 산업에 요구 사항을 부과하는 비용은 훨씬 더 높아질 것이다. 규제 당국은 그들이 예방을 위해 제정한 피해에 대한 명확한 증거를 확인하게 되면 조치를 취해야 한다. 비트라이선스와 같은 모호한 요구 사항으로 인해 불확실성을 야기하지만 명확한 규제 성명이 없는 경우도 마찬가지다.

블록체인 기반 시스템이 규제로부터 자유롭다는 생각은 완전히 신뢰할 수 없다는 생각보다 훨씬 더 허황된 생각이다. 분산 원장을 기반으로 실질적인 합법적 사업을 하려는 회사를 찾는 것은 어렵지 않게 찾을 수 있다. 더 어려운 문제는 이 규제가 어떤 모습이어야 하는가다. 2013년 뉴욕 시에서 이 문제를 고민하기 시작했을 때 비트코인은 단연코 압도적인 암호통화 네트워크였고 이더리움과 같은 스마트 컨트랙트 엔진은 존재하지 않았으며 리플을 제외한 허가형 원장은 존재하지 않았다. 채굴과 거래소는 많은 신생 기업과 개인이 추구하는 소규모 작업이었다. 오늘날 시장은 매우 다르게 보인다. 최종적인 규칙들을 마련하는 것은 불가능한 도전처럼 보인다.

한편 미국이 여전히 증권 거래를 지배하는 기본 프레임워크를 채택한 지 80년 동안 금융 세계는 급격히 변화했다. 신중하게 작성된다면 오래된 규칙이 새로운 발전을 다룰 수 있을 것이다. 현명한 규제 기관은 남용으로부터 보호하는 동시에 혁신을 장려할 수 있다.

미국 연방통신위원회FCC, Federal Communications Commission는 1994년에 "비관세·인증되지 않은 기관의 '인터넷'을 통한 통신 서비스 제공"[9]을 금지하라는 청원을 받았을 때 2013년 뉴욕이 비트코인과 맞닥뜨린 것과 유사한 도전에 직면했다. 서비스를 제공하려고 우후죽순 생겨난 인터넷 음성 프로토콜VoIP, Voice over Internet Protocol 신생 기업들은 가격, 보편적 서비스 기여, 소비자 보호, 긴급 서비스 및 기존 전화 회사들이 직면했던 기타 요구 사항을 적용받지 않았다. FCC는 혁신을 억제하는 것과 임무를 포기하는 것 사이에서 방향을 조정해 VoIP 서비스를 일련의 의무 안에 점진적으로 포함시켰다.[10] 오늘날 집에 유선전화가 있는 대다수의 미국인들은 자신도 모르는 사이에 VoIP 기술을 사용하고 있다. 동시에 스카이프Skype, 페이스타임Facetime, 왓츠앱WhatsApp과 같은 서비스를 통한 실시간 음성 및 비디오 메시징은 혁신과 채택의 온상이 돼 기존 전화 서비스와는 매우 다른 제품을 제공한다.[11] 규제 기관이 FCC 모델을 따를 수 있다면 암호통화의 잠재력을 최대한 발휘할 수 있도록 지원할 것이다.[12]

규제 논쟁

비트코인은 나카모토 합의의 소프트웨어 코드가 가치 있는 디지털 통화를 만들기 위한 행동을 성공적으로 규제할 수 있음을 보여 줬다. 수년간 안정적인 운영과 수백억 달러의 자산 가치로 성장함에 따라 분산 원장 기술이 법으로 기능할 수 있다는 데 더 이상 의심의 여지가 없다. 이는 원장과 법이 규제에 대한 접근 방식에서 어떻게 다른지에 대한 질문을 남긴다.

법 집행이 일반적으로 받아들여지는 공공 정책 목표를 달성하는 최선의 수단인 경우 분산 원장 기술의 요구 사항에 따라 가능한 한 일관되게 이뤄져야 한다. 소프트웨어 코드가 본질적으로 우월한 메커니즘인 경우 법은 점차적으로 양보해야 한다. 두 경우 모두 전환이 그렇게 순조롭지 않을 수 있다. 어떤 규제 방식이 선호되는지에 대한 기본적인 문제조차도 논쟁의 여지가 있다. 관할과 기술의 상태에 따라 답은 달라질 게 분명하다. 그러나 이 접근 방식은 법의 사회적 안정성과 코드의 힘 사이에서 중간 지점을 찾는 최선의 수단이다.

넓은 의미에서 보면 암호통화 및 분산 원장과 관련된 규제 논쟁에는 불법성, 유효성 및 분류의 세 가지 주요 범주로 나뉜다. 첫 번째는 암호통화를 사용해 법을 위반하거나 해킹 및 유사한 수단을 통해 암호통화를 훔치는 것이다. 비트코인이 약값 지불에 사용될 수 있다는 사실 자체가 암호통화에 대한 법적 문제를 일으키지는 않는다. 중국 위안화, 달러 또는 금괴도 마찬가지다. 문제는 가명 또는 익명의 사설 탈중앙화 통화로 인해 결과적으로 이러한 불법 활동에 더 쉽게 가담할 수 있도록 해준다는 것이다. 우려와는 달리 어떤 주요 서방 정부도 이를 근거로 암호통화의 보유나 사용을 금지하려고 시도하지 않았다. 이들은 볼리비아와 방글라데시와 같은 작은 국가들이었다. 현재 비트코인 거래를 금지하고 있는 중국과 같은 국가에서도 암호통화의 소유 및 사용을 불법으로 간주하지 않고 있다.

본질적으로 암호통화 거래를 불법적인 행위로 이끌지는 않지만 블라드의 난제는 검열이나 변조를 어렵게 만드는 것과 같은 코드로 인해 마약 밀매 또는 랜섬웨어에 더 쉽게 연루된다는 것이다. 이와 관련된 우려는 블록체인 기술이 분산된 디지털 무기명 도구를 만들어 도둑에게 매력적인 목표를 만들어 줬다는 것이다. 실크로드와 마운트곡스에 각각 대표되는 이 두 가지 문제는 2015년 이전까지 비트코인 초기에 가장 두드러진 법적 사안들이었다. 불법 거래를 위한 새로운 암시장이 생겨나고, 비트코인 기부를 요구하는 주요 랜섬웨어 공격으로 인해 오늘날에도 여전히 중요하다.

이것들은 정말로 문제들이다. 그러나 법 집행 기관이 해결할 수 있는 종류의 문제들이다. 실크로드 운영자 로스 울브리히트는 체포돼 유죄 판결을 받고 종신형을 선고받았다. 마운트곡스 절도의 주모자로 의심되는 알렉산더 빈닉Alexander Vinnik은 4년 후 미국 당국의 요청으로 그리스에서 체포됐다. 이러한 사례들이 보여 주듯이 블록체인 네트워크의 세계적인 규모는 각 국가들이 법을 집행하는 것을 막지 못한다. 사법당국과 범죄인 인도와 같은 메커니즘 간의 조정을 통해 범죄자를 재판에 회부할 수 있다. 그리고 미국과 같은 주요 국가의 법원은 자국민의 이익이 관련된 경우 국가 권위를 행사하려고 기존의 관할권 원칙을 적용하는 데 어려움이 거의 없다.[13] 뉴욕 연방지방법원은 비트코인 이전 디지털 통화 제공업체인 리버티 리저브Liberty Reserve를 설립한 아서 부도프스키Arthur Budovsky가 코스타리카에 기반을 두고 글로벌 시장에 서비스를 제공했기 때문에 미국 관할권이 없다는 주장을 기각했다.[14]

블록체인의 익명성은 법적 집행을 가로막는 절대적인 장애물이 아니다. 엘립틱Elliptic이나 체이널리시스Chainalysis와 같은 회사는 법 집행 기관과 협력해 암호통화 거래 패턴을 분석해 범죄자를 추적하고 있다. 이 과정은 군비 경쟁이다. 범죄자들은 추적을 피하려고 지캐시ZCash 및 모네로Monero와 같은 익명의 암호통화뿐만 아니라 '텀블러tumblers'라는 트랜잭션 스크램블링 서비스를 사용하기 시작했다. 분석 기술도 발전하고 있다. 그러나 대다수의 상황에서 이러한 조치는 불필요하다. 일반적으로 사용자는 가입 시 자금 세탁 방지/고객 신원AML/KYC 확인이 필요한 지갑 애플리케이션을 통해 암호통화를 획득하고 보관한다. 빈닉의 BTC-E와 같이 그렇지 않은 기업은 규제 기관의 벌금과 폐쇄 명령에 직면하게 된다. 법 집행 기관은 암호통화 채택이 증가함에 따라 지갑 제공업체에 대한 규칙을 강화할 것으로 예상할 수 있다.

마지막으로 암호통화와 관련된 범죄 행위의 수준을 무시해서는 안 되지만 과장돼서도 안 된다. 워너크라이 랜섬웨어 공격은 전 세계 컴퓨터에 접속할 수 없게 되고 공격자들은 비트코인으로 잠금해제 비용 지불을 요구했으며 영국의 국민건강보험National Health Service과 같은 주요 서비스에 큰 혼란을 일으켰다. 그러나 지불 대상으로 지정된 비트코인 계정은 약 14만 달러만 받았는데 이는 법정 화폐로 환전될 경우 추적할 수 있다.[15]

두 번째 광범위한 규제 문제는 다른 법적 구조가 분산 원장을 어떻게 인식하느냐 하는 것이다. 어떤 정보가 법적으로 유효한 것으로 간주되는지의 문제는 금융 규정에서부터 법원의 증거 규칙에 이르기까지 다양한 맥락에서 나타난다. 관련 정의는 다수의 연방, 주, 지역 규칙에 포함돼 있다. 이들 중 다수는 유효한 정보가 정의된 실체의 통제하에 정의된 장소에 존재한다고 가정하지만 어느 것도 블록체인 맥락에서 의미는 없다.

각국은 블록체인 기반 정보를 보다 전통적인 기록과 유사하게 취급하는 방향으로 나아가기 시작했다. 델라웨어 주는 8장에서 논의된 델라웨어 블록 체인 이니셔티브DBI의 일환으로 정부 기록과 기업 주식 및 담보권 추적과 같은 규제 기능들에 대해 분산 원장을 허용하는 법안을 채택했다.[16] 애리조나 주는 블록체인 기반 디지털 서명이 법적으로 구속력이 있음을 선언하는 법률을 통과시켰다.[17] 그리고 버몬트 주는 법정에서 블록체인 기반 정보를 증거로 사용할 수 있도록 인정했다.[18]

블록체인 원장 기록을 동등하게 취급하는 데 가장 큰 난제는 일반적으로 법적 정의와 관련이 있다. 블록체인, 암호통화, 분산 원장 또는 스마트 컨트랙트로 간주되는 것에 대한 공식적인 정의는 없다. 디지털 상공회의소와 같은 산업 그룹과 주 입법부에 모범 법률을 제안하는 전문가 그룹인 통일법위원회Uniform Law Commission와 같은 조직이 제안된 정의에 대해 작업하고 있지만 정확한 표현은 구체적인 상황에 따라 달라질 것으로 보인다. 블록체인에서 기업 기록을 유효하게 만드는 속성은 법정 증거와 관련된 속성과 다르다. 예를 들어 델라웨어 주 법은 블록체인을 전혀 언급하지 않고 단순히 "분산된 전자 네트워크 또는 데이터베이스"라고 말한다.[19] 기록 및 정보의 유효성과 관련된 법적 상황이 너무 많기 때문에 관할권별로 이를 통해 작업하는 것은 더딘 과정이 될 것이다.

디지털 서명과 유사한 맥락에서 미국 의회는 2000년 연방전자서명법E-SIGN Act을 통과시켰으며 서명이 "단순히 전자 형식이라는 이유만으로 법적 효력, 유효성 또는 집행 가능성을 거부할 수 없다"라고 규정했다.[20] 이는 종이 서명을 요구하는 주법을 자동으로 대체해 사례별로 변경할 필요가 없도록 했다. 전자서명이 무효화의 유일한 이유가 될 수 없다는 것을 요구함으로써 디지털 서명이 어떠한 구체적인 상황에서도 강제적으로 집행될 수 있는지에 대한 문제를 현안으로 남겨 뒀다. 따라서 일부 전자서명은 암호로 보호돼야 하지만 다른 경우에는 전자 양식에 이니셜을 입력하는 것으로 충분하다. 이것은 물리적 서명이 있는 변형에 해당한다. 일부 문서는 당사자의 이니셜로 서명할 수 있지만 다른 문서에는 증인, 공증인, 기타 절차가 필요하다.

블록체인 유효성 문제에 대한 해결책은 전자서명법만큼 간단하지 않을 수 있다. 모든 애플리케이션 분야에 보편적으로 적용되는 전자서명, 비전자서명과 마찬가지로 명확한 구분선은 없다. 그러나 특정 법적 애플리케이션의 보안 및 기타 요구 사항을 충족한다면 블록체인 및 분산 원장 기록을 범주로 검증하는 일반적인 접근 방식은 채택 과정이 빨라질 것이다. 디지털 서명과 마찬가지로 블록체인의 유효성은 계약 집행과 같은 민법 문제와 규제 산업(주로 의료 및 금융 서비스), 정부 서비스 및 정부가 관리하는 기록과 같은 공공 법률 문제와 관련이 있다.

규제 논쟁의 세 번째 범주는 일반적으로 합법적이지만 비블록체인에 해당하는 것들에 대한 법적 요구 사항에 따라 구조화되지 않은 활동을 포함한다. 토큰 판매는 증권거래위원회SEC, Securities and Exchange Commission 규정에 따라 '투자 계약'이며 발행 투자 관리자를 수행하는가? 암호통화 거래소는 상품선물거래위원회CFTC에서 발행한 규제 요구 사항에 따라 파생 상품 시장의 자격을 갖추고 있는가? 암호통화의 가치 상승에 따른 이익은 상품, 통화 또는 둘 다로서 소득세의 대상이 되는가?

블록체인 기술은 규제된 활동과 기능적으로 매우 유사한 서비스를 수행하는 데 사용할 수 있다. 단순한 유사성만으로 완전히 다른 환경을 위해 설계된 규제들의 전체 무게를 부과하기에는 충분하지 않다. 반면에 블록체인 기술을 이용해 동일한 기능을 구현하는 경우 다른 기술과 동일한 문제를 유발한다고 해서 자동으로 규제에서 면제돼서는 안 된다. 이것이 비트라이선스가 해결하고자 했던 문제였다.

뉴욕 주 금융 당국New York Department of Financial Services은 기존 정의가 전통적인 송금과 유사한 문제를 일으키는 암호통화 활동을 다루기에 충분히 광범위하지 않다고 결론지었다. 이는 새로운 분류와 그것을 충족하는 사람들을 위한 목표된 의무의 대상 세트를 만들었다. 또 다른 잠재적인 바구니는 '규제 없음'이다. 마지막은 '아직 규제 없음'이다.

이러한 논쟁은 블록체인 기반 활동에 대한 규제 논쟁의 대부분을 차지할 것으로 보인다. 증권법에 따른 토큰 제공의 처리는 실시간으로 다뤄지고 있는 주요 테스트 사례다.

토큰 공개의 테스트 사례

오늘날 증권 규정은 수많은 소액 투자자들이 사기의 희생양이 됐던 1929년 대공황 이후에 개발됐다. 증권 규제의 기본 원칙은 공시다. 투자에는 위험을 수반하며 누구도 잘못된 결정에 대해 법적 보호를 받을 자격이 없다. 그러나 규제가 없으면 투자자, 특히 개인 투자자와 투자 유치자 사이에 강력한 정보 비대칭이 존재한다. 위험을 평가할 기회가 없으면 투자자는 쉽게 착취당한다.

미국에서는 1933년 증권법Securities Act과 1934년 증권거래법Securities and Exchange Act을 시작으로 정부가 증권 공개에 대한 상세한 등록 및 공시 조건을 의무화했다.[21] 특정 예외를 제외하고 비공개 제안은 위험을 감수할 수 있는 재정적 자원과 경험을 갖춘 공인 투자자에게만 제공될 수 있다. 모든 제안, 특히 공개에는 자세한 재무 정보와 위험 공개가 필요하다. 중대한 정보의 허위 진술과 누락은 제재를 받을 수 있는 경우가 많다. 투자자들을 평등하게 대우하고 발행자들이 투자자의 흥분을 인위적으로 자극하지 않도록 하려고 고안된 상당한 타이밍과 의사소통 제한이 있다. SEC 및 기타 규제 기관은 이러한 규칙을 시행하고 위반자를 기소할 권한이 있다.

이 규정의 적용을 받는 '증권' 또는 '투자 계약'을 구성하는 것은 미국 법률에 따라 광범위하게 정의된다. 유럽의 경우 대부분의 제도가 적용되는 투자 상품의 범주를 열거하는 반면, 미국에서는 하위 테스트Howey Test가 대표적이다*. 오렌지 과수원 주인이 플로리다 리조트에서 손님에게 이권을 판매한 사

---

* 미국 대법원에서 네 가지 기준에 해당할 경우 투자로 보아 증권법을 적용하도록 하는 테스트 – 옮긴이

례에서 파생된 이 테스트에는 네 가지 요소가 포함돼 있다.

1. 금전의 출연
2. 공동 사업
3. 이익에 대한 기대
4. 타인의 노력에서 비롯된 것[22]

수십억 달러의 규모의 질문은 초기 코인 공개[ICO]가 이 기준에 부합하는지 여부다. 만약 ICO로 공개된 코인이 미국에서 제공되거나 미국 시민들에게 판매된다면 기존 증권 발행에 적용되는 규정을 준수해야 한다.[23]

ICO는 분명히 금전적 출자를 포함하고 있다. 구매자가 법정 화폐가 아닌 암호통화를 기부한다는 사실은 장벽이 되지 않는다. 이들은 일반적으로 애플리케이션이나 블록체인 플랫폼의 형태로 자금이 출자되는 일반적인 기업이 관련된다. 나머지 두 가지는 도전적인 것이다. 클래시 오브 클랜[Clash of Clans] 및 캔디 크러시[Candy Crush]와 같은 많은 온라인 게임들은 사용자들의 디지털 토큰을 실제 돈으로 판매한다. 그러나 이러한 토큰들은 주된 목적이 게임을 지원하는 것이기 때문에 증권이 아니다. 구매자들은 돈을 벌려고 되팔 수 있을 것이라고 기대하지 않는다. 이익을 얻으려는 의도가 있더라도 구매자가 벤처 성공에 적극적으로 참여하는 경우 코인 공개는 증권이 아닐 수 있다. 규제 보호는 투자 유치자들이 이용할 수 있는 고전적인 소극적 투자자를 위해 고안됐다.

SEC는 3장에서 설명한 것처럼 The DAO 크라우드 펀딩 계획과 관련해 토큰 오퍼링에 하위 테스트를 처음 적용했다. SEC는 The DAO가 등록되고 규제돼야 하는 증권을 제공했다고 결론지었다.[24] The DAO는 투자 기회로 명확하게 광고됐으며 토큰 구매자는 자금이 지원되는 프로젝트의 성과에 따라 수익을 얻을 수 있었다. 그리고 SEC는 The DAO가 분산되고 자율 조직으로 둘러싼 모든 과장된 주장에도 불구하고 The DAO 토큰 구매자는 본질적으로 소프트웨어 개발자인 슬록잇의 관리 활동에 의존하고 있다고 결론지었다. 직원들은 코드를 작성하고 시스템 운영을 감독했으며 자금 조달을 원하는 프로젝트를 조정하려고 촉진자 기능을 위임했다. The DAO의 운영에 영향을 줄 수 있는 토큰 소유자의 능력은 제한적이었다. 해킹으로 자금의 상당 부분이 소진됐을 때 투자자들은 슬록잇과 이더리움 재단에 의지할 수밖에 없었다.

진정으로 자율적이고 집합적으로 관리되는 조직이 동일한 대우를 받을지 여부는 흥미로운 질문이다. 오늘날 분산 자율 조직DAO으로 분류되는 운영 스마트 컨트랙트 기반 시스템은 여전히 주요 관리 기능을 사람의 손에 맡긴다. 만약 DAO들이 완전한 자율성의 경지에 도달한다면 증권 규제를 훨씬 넘어서는 많은 법적 문제가 제기될 것이다. 그럼에도 보다 전통적인 기업에 대한 기준선과 기대치를 설정하면 이러한 복잡한 문제를 더 쉽게 해결할 수 있을 것이다.

The DAO에 대한 보고서에서 SEC는 세 가지 중요한 진술을 했다. 첫째, 전 세계적으로 운영되고 미국 이외의 지역에 본사를 둔 ICO가 미국 투자자에게 마케팅하는 경우 여전히 미국 증권법의 적용을 받을 수 있음을 분명히 했다. 이는 잘 확립된 법적 원칙이었다. 오늘날 증권 시장의 많은 활동은 전 세계에 영향을 미치며 제공자가 자신의 사업장 소재지만으로 책임을 회피할 수 있다면 말이 되지 않을 것이다.

둘째, SEC는 이더리움이 가치가 있는 토큰들을 판매해 출시했지만 이더리움을 증권이 아닌 통화로 언급했다. SEC는 분석을 명시적으로 단계별로 진행하지 않았으며 향후에 이 분류를 재고할 수 있다. 중요한 차이점은 이더가 이더리움 재단의 성공에 투자하는 방법 이상으로 상당한 유용성을 갖고 있다는 것이다. 비트코인의 주요 기능이 물건을 구입하는 데 사용되는 것처럼 이더의 주요 기능은 스마트 컨트랙트를 실행하는 데 필요한 가스gas를 얻는 것이다. 이더 구매자들은 DAO 토큰 구매자들과 달리 기업의 성공에 적극적으로 기여하고 있다. 특히 2017년 ICO 골드 러시보다 훨씬 이른 2014년에 이더리움이 크라우드 세일을 시작했을 때만 해도 구매자들은 반드시 이익에만 집중한 것은 아니었다. 그리고 이더리움 재단은 시중에 유통되는 전체 이더 중 소량만 보유하고 있는 비영리 단체다. 마케팅 자료의 내용 등과 같은 코인 공개의 사실과 상황은 분류 작업에서 영향을 미친다.

셋째, SEC는 유가증권으로 분류된 암호통화를 교환하거나 재판매하는 자에게도 해당 규정이 적용된다는 점을 강조했다. 이는 토큰 발행자 자신을 넘어 금융 중개자에게 중요한 경고였다. 일부 ICO 토큰이 높은 평가를 받는 주된 이유는 플랫폼 내에서 어떤 유용성을 갖고 있는지뿐만 아니라 다른 암호통화 또는 법정 화폐로 교환될 수 있기 때문이다. 그러나 새 토큰을 현금화할 수 있는 옵션은 거래소들의 상장하려는 의지에 따라 달라진다. 대부분의 암호통화 거래소는 규제를 받는 증권의 2차 시장으로 설립된 것이 아니기 때문에 규제 제재를 받을 수 있는 토큰을 상장을 피할 유인이 강하다. 또는 비트파이넥스 거래소가 그랬던 것처럼 갑자기 미국 사용자에게 토큰 판매를 중단할 수도 있다.[25]

암호통화 거래소 셰이프시프트는 블로그 게시물을 통해 The DAO에 대한 SEC 보고서에 따라 증권으로 간주될 가능성이 있는 일부 토큰을 상장 폐지해야 할 수도 있다고 대응했다. 그 결정은 이해할 수 있었지만 회사의 설명은 그렇지 않았다. "가장 기본적인 수준에서 토큰(블록체인 원장 항목에 대한 구어체 용어)은 발언 기록이다. 의미 있는 정보를 공동 기록에 남기는 것이다."[26] 이 정의에 따르면 자동차나 토지의 주식과 소유권은 규제로부터 격리된 발언이기도 하다. 암호통화 자산이 혁신을 촉진한다는 사실만으로는 단순히 이들을 규칙으로부터 격리할 수 있는 충분한 이유가 되지 않는다.

일부 거래소는 반대 방향으로 움직이기 시작했다. 규제된 대체 거래 시스템ATS, Alternative Trading System으로 등록하는 것은 비용이 많이 들고 시간이 많이 소요되는 과정이지만 증권으로 분류된 토큰을 거래하고자 하는 플랫폼에 대한 법적 보호를 제공한다. 템플럼Templum과 티제로TZero는 ATS 인증을 받은 암호통화 거래소를 최초로 출시했으며 폴로닉스 및 코인베이스와 같은 기존 경쟁업체들도 이를 따를 것으로 보인다.

대부분의 토큰 제공이 유가증권일 가능성이 높다는 SEC의 결론(여러 다른 맥락에서 반복됨)에 의해 가장 위협을 받는 사람들은 이미 완료된 ICO의 발행자들이다. 일부는 The DAO에 대한 SEC 지침에 따라 계획된 제공을 포기하거나 이미 발행된 토큰을 환불함으로써 대응했다. 유명 인사들이 암호통화 토큰을 통해 팬들로부터 자금을 조달할 수 있기를 희망했던 프로토스타Protostarr는 SEC로부터 탐색적인 전화를 받은 후 ICO 수익금을 돌려주고 폐쇄했다. 회사는 약 4만 7,000달러만 모금했을 뿐이며 정부기관에서 고발된 적이 없었다. 조슈아 길슨Joshua Gilson 최고경영자CEO는 「포브스Forbes」와의 인터뷰에서 "우리는 우리 지하실에 있는 한 쌍의 기술 괴짜일 뿐"이라면서 이렇게 말했다. "전 세계의 모든 사람들이 사용하는 모델에 우리에게 적용되는 어떤 특정 법률이 있을 것이라고는 생각하지 못했다."[27]

길슨의 솔직함은 신선했다. 다른 한편으로는 자신의 회사가 법적 기준을 충족하지 않고도 전 세계 투자자들에게 자금을 조달할 수 있다는 순진한 가정은 블록체인 열풍이 얼마나 확산됐는지를 보여 준다. 실제로 소규모 회사가 증권 등록의 완전한 제한 없이 자금을 조달할 수 있도록 허용하는 많은 예외가 있다. 프로토스타는 이런 식으로 수억 달러를 조달하지 못했을 수도 있지만 토큰 제공을 통해서도 그렇게 하지 못했다.

6장에서 소개된 폴리비우스Polybius는 토큰 판매에 만연한 '무엇이든 간다'는 태도의 문제를 다시 한번 보여 준다. 회사의 한 임원은 자사 토큰이 하위 테스트Howey test를 통과했으며 미국에서 유가증권으로 분류될 것이라고 인정했다.[28] 이는 토큰이 미국 내 거래소에 상장되지 않은 이유로 제시됐다. 그러나 폴리비우스는 유가증권을 등록하거나 미국 투자자를 배제하는 조치를 취하지 않은 것으로 알려졌다. 회사는 자주 묻는 질문FAQ 섹션에 다음과 같은 내용으로 간단히 명시했다.

투자자 위원회에 가입하는 것은 일부 예외를 제외하고 모든 국가에 열려 있다. 이러한 예외는 미국과 같은 일부 관할 구역에 존재하는 규정 내에 있다. 우리는 투자자들이 법적 분쟁을 일으키지 않도록 그들의 결정에 신중을 기할 것을 권장한다.[29]

폴리비우스에게 무슨 일이 일어나든 이것은 용납할 수 없는 상황이다. 법이 의미하는 바가 있다면 회사가 법적 요구 사항과 명백히 상반되는 듯한 행동을 한 뒤 투자자에게 부담을 떠넘기며 이를 정당화할 수 없어야 한다. 이와 같은 입장에 있는 ICO 발행자는 폴리비우스뿐만이 아니다. 그리고 이 문제는 미국 규제에만 국한된 것이 아니다. 스위스 및 싱가포르와 같이 ICO를 허용하는 다른 주요 관할 구역에도 증권 규제 체제를 갖추고 있으며 투자자들이 토큰을 구매하는 다른 주요 국가들도 마찬가지다. 구체적인 상황은 각기 다르지만 회사가 공개 요구 사항이나 사기 방지 장치 없이 수천만 달러를 모금할 수 없도록 하고 있다. 잠재적인 문제가 이처럼 심각해서 중국과 한국은 ICO를 전면 금지하고 있다.[30]

ICO를 주로 제한적인 증권법 규정에 대한 기술적 해킹으로 보는 것은 냅스터의 오류다. 냅스터의 P2P 파일 공유 애플리케이션의 지지자들은 전통적인 유통 과정보다 음악에 더 쉽게 접근하고 희귀한 콘텐츠의 가용성을 향상시키며 거래 비용을 낮추는 것이 저작권 침해를 조장한다는 반대를 극복할 수 있을 것이라고 믿었다. 그들은 틀렸다. 그리고 창작자와 소비자 모두를 위한 더 나은 음악 유통 서비스를 만들 수 있었다는 냅스터의 주장은 공시 의무에 규제되지 않은 ICO 제공자들의 주장보다 훨씬 강력했다.

ICO의 경우 판매되는 증권 규제 구조의 기초가 되는 투자자 보호 근거는 판매되는 자산이 증권일 때보다 토큰일 때 더 관련이 있다. 반면에 ICO가 반드시 증권처럼 운영되는 것은 아니다. 그것들은 다양한 방식으로 구조화될 수 있으며 구매자에게 호소하는 방식은 해당 시스템의 특성에 따라 다르다. '에어드롭airdrop'으로 알려진 일부 토큰 배포는 돈을 전혀 모으지 않는다. 에어드롭은 순전히 사용자의 손에 토큰을 제공하도록 고안된 것이다.[31] 그리고 규제되지 않은 ICO를 통해 자금을 조달하는 많은 프로젝트는 자발적으로 정보를 공개하고 구매자들을 위한 합리적인 보호 장치를 마련하려고 법률 전문가들과 협력한다.

문제는 다시 분류로 돌아온다. 두 가지 중요한 차이점은 토큰이 주로 기금 모금 목적으로 제공되는지 또는 애플리케이션 플랫폼에서 유용성을 제공하느지 여부와 제공 시점에 프로젝트가 운영되고 있는지 여부다. 벤처 캐피털리스트와 기술 사상 리더들은 토큰 공개가 탈중앙화 혁신에 대한 장벽을 어떻게 극복하는가에 대해 고차원적 분석과 생각을 하고 있는데도 불구하고 제안자와 구매자 모두 ICO를 둘러싼 대부분의 대화는 돈을 버는 데 초점이 맞춰져 있다. 일반 대중들에게 토큰 판매는 인기 있는 새로운 투자 계획이다.

토큰 경제를 핵심 비즈니스 모델로 삼고 있는 브레이브나 파일코인과 같은 기업들은 투자자보다는 이용자 창출이 주된 목표라고 생각하는 여러 가지 이유가 있다. 토큰은 네트워크 운영에 필요하다. 이용자는 토큰을 사용하거나 광고 보기, 저장 공간을 제공하는 것과 같은 활동을 수행해 참여해야 한다. 주로 유용성을 기반으로 하는 이러한 코인은 하위 테스트 요구 사항을 벗어날 수 있다. 그러나 어떤 것이 '유틸리티 토큰'으로 분류되고 소프트웨어 플랫폼에서 기능을 제공하더라도 수동적인 투자로 마케팅된다면 여전히 유가증권을 나타낸다. SEC는 문치Munchee라는 레스토랑 리뷰 신생기업의 ICO에 대한 집행 조치에서 이를 분명히 했다.[32] 문치는 네트워크에 적극적으로 참여하는 방식이 아니라 채택이 증가함에 따라 잠재적인 가격 상승을 기반으로 토큰을 적극적으로 홍보했다. 좋은 규제 체계는 제안자가 그 범주의 경계를 이해할 수 있도록 몇 가지 지침을 제공해야 한다.[33] 그리고 등록되지 않은 유틸리티 코인의 경우에도 여전히 몇 가지 기본 요구 사항이 있을 수 있다. 사기는 사기다.

하위 테스트에서 직접 도출되지 않은 두 번째 차이점은 기능적 서비스와 사전 기능적 서비스에 관한 것이다. 회사는 토큰을 수락할 수 있는 애플리케이션을 운영하기 전에 토큰을 공개할 수 있다. 이렇게 하면 초기 단계 프로젝트에서 소프트웨어 개발에 필요한 자금을 확보하고 전통적인 엔젤 및 초기 단계 벤처 캐피털 채널을 통해 보다 쉽게 자본을 조달할 수 있다. 2017년 10월 현재 ICO가 완료된 토큰 네트워크는 10% 미만이 운영되고 있다.[34] 이것은 축복이기도 하고 저주이기도 하다. 이더리움은 사전 운영 토큰 판매를 시작할 기회가 없었다면 네트워크 개발을 완료할 수 있는 자원이 없었을 것이다. 초기 토큰 공개는 플랫폼을 홍보하고 관심 있는 지지자와 기여자의 네트워크를 구축하는 데 도움이 된다.

반면에 코드 한 줄도 작성하기도 전에 잠재력을 바탕으로 자금을 조달하는 회사들은 위험을 초래할 수 있다. 펌프 앤드 덤프pump-and-dump 방식과 같은 사기 및 조작 관행이 널리 퍼져 있다. 선의의 프로젝트라도 기술, 관리 또는 경쟁 문제로 인해 시작되지 않을 수 있다. 초기 자금이 너무 많아도 신생 기업에게 문제가 될 수 있다. 신생 기업이 방탕하거나 다음 이정표를 달성하기 위한 압박감이 충분하지 않기 때문이다. 사전 기능 네트워크를 위한 토큰 발행의 용이성과 관련 시장의 열풍은 또한 벤처 캐피털리스트 및 헤지 펀드와 같은 기관 참가자가 할인된 가격으로 '사전 채굴된' 토큰을 얻을 수 있어 소매 투자자에 비해 구조적 우위를 갖게 하는 데 기여했다.

법적 관점에서 사전 기능 토큰은 거의 정의상 유용성을 가질 수 없다. 판매 당시에는 사용할 수 있는 것이 없다. 결과적으로 이러한 코인 공개는 규제 대상 증권 공개에 대한 하위 테스트 요구 사항을 충족할 가능성이 더 높다. ICO가 규제 기관의 우려 사항을 해결할 수 있도록 하는 여러 이니셔티브가 있다. 10장에서 그중 일부를 검토할 것이다. ICO에 대한 표준 접근 방식이 정의될 때까지 공공 및 민간 부문 모두에서 규제 실험 기간이 있을 것으로 보인다. 자금을 마련하려는 사람들이 대중을 보호하려는 사람들과 기꺼이 협력하는 한 이러한 절차는 건전하다.

투자자 보호의 필요성은 토큰 발행으로 끝나지 않는다. ICO 프로젝트는 활동을 관리하려고 법적 및 기업 거버넌스 구조를 수립해야 한다. 누군가는 기여자로부터 받은 암호통화를 법정 화폐로 언제 변환할 것인지 누구를 고용할 것인지 프로젝트를 어떻게 운영할 것인지를 결정해야 한다. 많은 주목을 받는 ICO들은 비영리재단으로 구성돼 세금 혜택과 법적 확실성을 제공한다. 그러나 특히 기술의 최초 개발자가 기금을 다루는 영리 기업을 운영하는 경우에는 책임이 따른다.

테조스는 2억 3,000만 달러 이상을 모금한 후 역대 최대 규모의 ICO가 됐다. 테조스는 네트워크를 감독하려고 스위스 재단을 설립했으며 이 재단은 기술을 개발하는 영리 기업과 계약을 채결했다. 몇 달 후 개발 팀의 리더들은 재단을 운영하려고 고용한 임원을 해임하고자 법적 공방을 벌였다.[35] 테조스 토큰의 발행과 네트워크 개발은 재단 이사회의 구조조정으로 난국이 해결될 때까지 몇 달 동안 중단됐다.[36] 아이러니하게도 테조스 블록체인 기술의 판매 포인트는 네트워크 거버넌스의 동적 관리다. 비트코인 커뮤니티를 마비시킨 기술적 교착 상태를 피하고자 고안됐다. 그러나 운영 네트워크에서 정책 변경을 조정하는 것은 거액의 자금이 걸린 인간 팀이 참여하는 개발 과정을 조정하는 것과는 매우 다르다.

전 세계적으로 프로젝트를 운영하고 규제 대상 제품에 대한 조사를 피할 수 있는 자유 또한 문제의 문을 열어 준다. 규제 체제를 준수하는 것은 비용이 많이 들 수 있지만 사회적 편익은 이러한 비용보다 클 수 있다.

규제와 혁신

규제는 종종 혁신의 반대로 특징지어진다. 암호통화와 블록체인 기반 시스템의 개발에 정부가 개입하면 새로운 시스템의 개발을 늦춰지고 망칠 것이라는 점은 많은 사람들에게 분명한 것 같다. 사람들이 리바이어던에 대한 두려움 없이는 서로를 신뢰할 수 없기 때문에 정부가 필요했다면 아마도 사토시 나카모토가 그 문제를 해결했을 것이다.

그러나 여기에서도 오래된 사이버 자유주의적 관점에 의문을 제기할 이유가 있다. 인터넷의 규제는 실제로 인터넷이 널리 채택되는 중요한 단계였다. 초기에 '그냥 효과가 있었던' 많은 것이 소규모의 친밀하고 동질적인 온라인 커뮤니티의 결과로 밝혀졌다. 인터넷이 사회처럼 보이기 시작하면서 오프라인 커뮤니티와 동일한 정치적, 경제적 문제에 직면했다.

예를 들어 마이크로소프트가 1990년대 후반에 독점권을 이용해 인터넷 기반 신생 기업을 위협하자 미국 정부는 독점금지법 시행을 통해 이를 제지했다. 만약 웹 브라우저를 위한 독립적인 시장이 없거나 마이크로소프트가 모든 전자상거래에 대해 약간의 수수료를 부과하는 계획을 구현하기에 충분한 영향력을 가졌다면 인터넷은 오늘날 매우 다른 모습일 수 있다.[37] 또한 정부가 경찰의 남용을 억제하려고 행동하고 있다는 사실은 가상 거래라는 새롭고 생소한 단어에 대한 신뢰를 높이는 데 도움이 됐다. 나중에 인터넷 옹호자들은 망 중립성 규칙을 시행하고 광대역 접속 제공자들이 제휴되지 않은 서비스에 대해 차별하는 것을 방지하며 개인정보 보호를 위해 정부 개입을 촉구하기 시작했다.

분산 원장 기술에서도 유사한 일이 발생할 수 있다. 블록체인에서의 활동이 법 집행의 대상이 될 수 없다는 개념은 로스 울브리히트가 체포되면서 사라졌다. 특히 개방형 원장 위에 허가형 원장과 엔터프라이즈급 시스템이 등장하면서 블록체인 개발 촉진자로서의 규제가 강화되고 있다.

앞으로 가는 길이 쉽지만은 않다. 인터넷은 신중하게 행동하는 정부와 책임감 있게 행동하는 신흥 산업에 대해 대체로 긍정적인 모델을 제공한다. 많은 반대 사례가 있었지만 감독기관과 피감독자가 협력해 성장과 혁신을 허용하려고 협력하는 규제들은 살아남았다. 블록체인에서도 마찬가지일 것이라는 보장은 없지만 가능성은 있다.

확실히 감시와 기술의 사용 허용에 대해 어디에 선을 그어야 하는지의 중요한 질문들이 있다. 범죄자들과 테러리스트들은 가능할 때마다 다른 기술을 활용하듯이 블록체인을 최대한 악용하려고 할 것이다. 정부는 과민하게 반응하고 합법적인 운영에 부수적 피해를 주는 규칙을 제안할 것이다. 그러나 요점은 이것들이 새로운 도전이 아니라는 것이다. 규제를 요구하는 것은 암호통화 혁신의 끝을 나타내는 것이 아니라 블록체인의 지속적인 성숙을 알리는 신호다.

이전 절에서 설명한 바와 같이 규제의 대부분은 분류 작업이다. 이러한 규칙은 상태 범주를 설정하고 규제 기관은 이와 같은 유형의 제약을 받는 사람을 감독한다. 때로는 분류가 명확하다. 버라이즌Verizon과 AT&T는 1934년 통신법에 따라 기존의 회선교환 유선 전화선을 통해 전화를 걸면 '통신사업자'로 운영되고 있다는 점에 이의를 제기하지 않았다. 하지만 때로는 분류가 더 어렵다. 과거에는 전화 서비스를 제공하지 않다가 지금은 인터넷 기술을 사용하는 특수 패킷 교환 데이터 네트워크를 통해 전화 서비스를 제공하는 컴캐스트Comcast가 이 틀에 들어맞는가? 네트워크 시설 자체를 소유하고 있지 않지만 광대역 사용자를 위한 애플리케이션으로 음성 통화를 제공하는 보나지Vonage는 적합한가? 현재 에코Echo 개인 비서 장치에서 음성 메시지를 지원하는 아마존도 그런가?

간단한 대답은 오리처럼 보이고 오리처럼 꽥꽥거리는 서비스는 오리로 규제해야 한다는 것이다. 만약 오리가 과잉 규제를 받는다면 그 규칙들은 모두를 위해 조정돼야 한다. 이러한 원칙을 인터넷 기반 음성 통신 서비스에 실제로 적용하는 것은 10년 이상의 논쟁을 불러 일으켰다. 이것이 꼭 나쁜 것만은 아니었다. FCC는 선제적이고 과도하게 확장되는 규제가 혁신을 위축시킨다는 우려에 민감했다. 1990년대에는 기술이 너무 미성숙하고 구현이 너무 제한적이어서 분류 논쟁이 신속하게 해결될 수 없었다.

오늘날 규제 당국은 어린 암호화 오리cryptoduck 무리를 분류하는 것과 유사한 문제에 직면해 있다.[38] 2015년 미국 재무부의 금융범죄단속국FinCEN은 비트코인 이외의 암호통화 네트워크 중 최초의 성공한 기업 중 하나인 리플에 대한 민사 집행 조치를 발표했다. 리플은 서로 다른 통화 간의 국제 거래를 지원하도록 고안됐다. 비트코인이 화폐 역할을 하도록 만들어진 곳에서 리플의 통화인 XRP는 달러, 유로, 엔화 등의 중개자로 만들어졌다.

FinCEN이 보기에 문제가 된 것은 리플이 감독을 받는 통화 서비스 사업으로 등록하지 않고 운영되고 있다는 것이었다. 송금 처리에는 아무런 문제가 없었다. 문제는 이 업계의 기존 회사들의 의무를 이행하지 않고도 그렇게 하는 것이었다. 특히 리플은 사용자에 대한 AML/KYC 규칙을 따르지 않았다. 이 규칙들은 범죄자들과 테러리스트들이 그들의 활동을 지원하려고 은행 시스템을 사용하는 것을 방지하기 위한 것이다. FinCEN 조치에 대한 응답으로 리플은 45만 달러의 벌금에 동의하고 AML/KYC 준수 체제를 구축하기로 약속했다.

리플 제재는 암호통화 산업의 전환점이었다. 탈중앙화 네트워크에서 구현되는 프로토콜인 비트코인과 달리 리플은 회사이다. 전 세계 금융 기관과 파트너십 개발 역량에 따라 XRP를 현지 통화와 교환할 수 있다는 게 사업 모델이다. FinCEN 제재는 매우 중요하다. 일반적으로 금융 서비스 제공자가 여권과 같은 물리적 신원 문서를 확인하고 개인의 블랙리스트를 확인해야 하는 AML/KYC 절차는 특히 빠르게 변화하고 고도로 전산화된 서비스 제공자에게 부담이 될 수 있다.

일부 회사들은 FinCEN의 조치가 미국이 암호통화 회사에 대한 호의적인 관할권이 아니라는 신호로 봤다. 벤처 지원을 받은 비트코인 지갑 신생 기업인 자포는 결정이 내려진 지 10일 후 본사를 캘리포니아에서 스위스로 이전했다. 몇 달 후 뉴욕에서 비트라이선스가 발효되면서 규제 당국이 암호통화 혁신의 황금 거위를 죽이는 것에 대한 더 많은 저항을 불러일으켰다. 그러나 결국 이와 같은 우려는 과장된 것으로 드러났다. 오히려 미국 규제 당국의 이니셔티브가 때로는 지나치더라도 주도권을 쥐는 것은 시장 참여자들이 우선 순위를 평가하는 데 도움이 됐다. FinCEN 요구 사항을 준수하도록 관행을 조정함으로써 리플은 보다 신뢰할 수 있는 네트워크가 됐다. 그후 2년 동안 기술의 채택과 통화의 채택이 급격히 증가했다.

닷컴과 분산 원장 시대의 규제 논쟁의 한 가지 차이점은 미국이 더 이상 지배적인 활동의 원천이 아니라는 것이다. 1990년대에는 미국에서 신생 기업의 활용 및 창출이 집중적으로 이뤄졌다. 오늘날 인터넷은 고도로 세계화돼 있으며 분산 원장 활동은 더욱 활발하다. 뉴욕과 실리콘 밸리 외에도 런던, 베를린, 취리히, 싱가포르가 주요 허브이며 중국, 캐나다, 한국, 에스토니아, 홍콩에도 중요한 중심지들이 있다.[39] 이더리움 프로젝트의 리더인 비탈릭 부테린은 캐나다에서 성장한 러시아인으로 스위스에 본사를 둔 재단을 이끌고 있으며 현재 싱가포르에 거주하고 있다. 만약 비탈릭이 초기 인터넷 신생 기업을 창립했다면 아마도 실리콘 밸리로 향했을 것이다.

블록체인 개발 활동의 글로벌 확산은 관할권 간의 경쟁을 부추긴다. 초기 인터넷 산업에 대한 미국의 지배는 경제적으로나 글로벌 소프트 파워 측면에서 국가에 큰 이익을 가져다줬다. 지브롤터에서 러시아에 이르는 국가들은 암호화 경제의 실리콘 밸리가 되기를 희망하면서 블록체인 신생 기업, 코인 공개, 기타 활동을 유치하려고 새로운 법적 틀을 만들고 있다. 초기 리더는 안정적인 정부, 유럽의 중심 위치, 암호통화 회사를 환영하는 환경, 유리한 세금 정책을 결합한 스위스 추크Zug 주다. 미국 법인을 위해 델라웨어에 버금가는 암호통화 환경이 되려고 입찰에 나서고 있다(우리가 본 것처럼 실제 델라웨어도 참가자가 되기를 희망하고 있다).

미국은 여전히 블록체인 활동의 매우 중요한 원동력이다. 핵심 비트코인 개발의 상당 부분이 여기에서 이뤄지며 뉴욕은 금융 서비스에서 분산 원장 기술의 주요 중심지 중 하나다. 블록체인 신생 기업의 가장 중요한 투자자 중 상당수는 미국에 있으며 IBM, 마이크로소프트, PWC와 같은 미국 기술 및 서비스 회사는 대부분의 대규모 기업이 분산 원장 애플리케이션을 구현하는 데 앞장서고 있다. 미국의 기술 인재와 기술 창업 생태계는 여전히 타의 추종을 불허한다.

이는 인터넷 회사들이 시랜드나 섬 조세 피난처에 자리매김하는 것이 아니라 개발자와 고객이 있는 곳으로 갔다는 것을 반복하는 것이다. 조직들은 최소한의 규제만을 추구하는 것이 아니라 다른 많은 요인들 중에서 가장 좋은 규제를 추구한다. 신뢰할 수 있고 안정적인 규제 환경은 대규모 사용자 기반을 찾는 블록체인 플랫폼에 대한 신뢰를 구축하는 데 필수적이다. 이와 유사하게 암호통화와 같은 분야에서 기업가적 사업을 유치하고자 하는 관할 구역조차도 단순히 바닥권 경쟁만 하는 것이 아니다.

싱가포르는 블록체인 활동의 온상으로 일부 원인은 규제에 대한 관대한 태도 때문이다. 그러나 싱가포르 통화청MAS, Monetary Authority of Singapore은 2017년 8월 성명에서 ICO가 자금 세탁 및 테러 자금 조달 제한의 대상이 될 것임을 분명히 밝혔다.[40] 또한 '발행인의 자산이나 재산에 대한 소유권 또는 담보권을 나타내는' 경우 증권 제공으로 규제될 것이라고 했다. 수익 창출에 중점을 둔 일부 소규모 지역은 '모든 것이 잘 된다'는 태도를 취할 수 있지만 그곳에 기반을 둔 ICO는 결국 신뢰가 떨어지게 되므로 자본 유치에 성공하기 힘들 것이다. 더욱이 그 자본이 유입되는 국가들은 주저하지 않고 관할권을 행사할 것이다. 이것이 오늘날 모든 회사가 해외 조세 피난처에 주소를 두지 않는 것과 같은 이유다.

비트라이선스는 일부 암호통화 업계에서 미국에 좋지 않은 규제 평판을 제공했을 수도 있지만 최근의 이니셔티브는 보다 신중하게 설계됐다. 주 입법부에 의해 널리 채택되는 모델 코드를 생성하는 통일법위원회는 규제 범위를 신중하게 제한하는 암호통화 모델 법률을 2017년에 발표했다. 일반적으로 규제완화 암호통화 싱크탱크인 코인 센터Coin Center의 연구책임자인 피터 반 발켄버그Peter Van Valkenburgh는 "비트코인과 암호통화의 큰 승리"라고 선언했다.[41] CFTC는 암호통화를 연구하고 신흥 산업과 교류하려고 LabCFTC 그룹을 만들었다. SEC의 ICO 및 The DAO에 대한 조사 보고서는 균형 있고 기술적으로 정통하다는 평가를 받았다. 그리고 2018년 2월 SEC와 CFTC 의장이 의회에서 암호통화 규제에 대해 증언한 후 비트코인 가격이 치솟은 것은 이들의 신중한 행보에 대한 안도감에서 비롯된 것으로 보인다.[42]

규제 경쟁은 여전히 초기 단계에 있다. 가치 인터넷이 싹트고 있다. 앞으로 몇 년 동안 내려진 결정은 효율성, 혁신, 자유를 위한 새로운 기회를 갖다 줄 것이다. 미래는 아직 불투명하다. 일부 정부는 블록체인을 억누르거나 부적절한 법적 제도로 몰아넣으려 할 것이다. 개발자와 기업가는 예측할 수 없는 방식으로 스마트 컨트랙트의 강력한 범용 기능을 사용할 것이다. 이 모든 불확실성은 오래되고 새로운 신뢰 아키텍처 사이의 경계선이 불확실하다는 것을 의미한다. 그러나 블록체인의 이점을 홍보하고 잠재적인 피해를 제한하려고 적극적인 조치를 취할 수 있다.

토마스 홉스의 『리바이어던』에서 얻은 역설적이면서도 중요한 교훈은 행동의 자유를 얻으려면 어느 정도의 자유를 포기해야 한다는 것이다(현대의 행동경제학 관점에서 보면 리바이어던은 약속을 하기 위한 장치의 궁극적인 예다). 국가의 힘에 의해 뒷받침되는 법적 집행은 하나의 예에 불과하다. 오늘날의 인터넷 경제에서는 통신 및 상거래를 위한 저렴하고 쉬운 환경을 만들고자 구글 및 페이스북과 같은 중개자들에게 많은 권한과 통제권을 부여한다. 이것은 바로 1장에서 설명한 신뢰의 균형이다. 사토시 나카모토의 혁명은 이러한 많은 방안들을 재고할 수 있게 해준다. 그러나 그 자체로는 모든 면에서 신뢰를 보장하지는 않는다.

법과 소프트웨어 코드의 결합은 사회적 관계를 변화시키는 강력한 수단이 될 수 있다. 한 가지 예를 들면 변호사들과 기술자들이 함께 모여 온라인에서 소프트웨어와 창작물에 대한 디지털 권리를 넓히려고 오픈소스 라이선스와 크리에이티브 커먼즈Creative Commons 라이선스를 개발했다.[43] 오픈소스 라이선스는 상업적 프로젝트에서 오픈소스 소프트웨어를 사용하는 사람들이 오픈소스 요소를 보존하고 경우에 따라 자신이 추가한 사항을 오픈소스로 사용할 수 있도록 계약에 따라 보장한다. 크리에이티브 커먼즈는 저작권법에 따라 공식적인 허가가 필요한 저작권 표시 재사용을 허용하고자 온라인 콘텐츠에 쉽게 추가할 수 있는 라이선스 세트다.

오늘날 이 두 가지 '법적 해킹'은 주요 기업에서 널리 받아들여지고 심지어 장려되기까지 한다. 그들은 콘텐츠와 소프트웨어로 수익을 창출하거나 통제하고자 하는 사람들에게 지나치게 제한하지 않으면서 보다 자유롭게 이용할 수 있도록 한다. 이와 비슷하게 분산 원장의 잠재력을 충족시키려면 신뢰를 증진하려고 법률과 기술을 모두 포함하는 새로운 접근 방식이 필요하다.

규제를 위한 프레임워크

규제는 일원화된 활동이 아니다. 파생상품 거래를 규제하는 절차는 자본 통제를 회피하거나 테러리스트 집단에 자금을 조달하는 국가 간 송금을 막는 절차와는 다를 것이다. 미국과 같은 주요 국가의 여러 규제 기관은 타 국가의 접근법은 말할 것도 없고 동일한 접근 방식을 사용하지는 않을 것이다. 그러나 탈중앙화 블록체인 프로젝트에 대한 잠재력과 실제 규제에 대한 다양한 이야기 사이에는 몇 가지 공통된 주제가 있다. 규제 기관은 다음의 세 가지 질문을 통해 그들의 행동 여부에 대한 결정을 내릴 수 있다.

1. 시스템이 합법적인 용도로 구축됐는가?

8장에서 언급된 P2P 파일 공유 서비스에 대한 여러 법적 투쟁은 사이버 법규 초기 시절에 결정적으로 작용했다. 최초의 주요 P2P 서비스였던 냅스터가 모든 콘텐츠에 대한 주요 목록을 유지했다는 이유로 저작권 침해 방조에 대한 책임이 있다고 밝혀진 이후 개발자들은 중앙 제어 서버가 존재하지 않는 탈중앙화 파일 공유 네트워크를 개발했다. 한편 MGM 스튜디오 대 그룩스터Grokster 사건에서 미국 연방대법원은 만장일치로 해당 네트워크에도 저작권 침해의 책임이 동일하게 인정된다는 판결을 내렸다.[44] 이 사건에서의 파일 공유 서비스는 저작권법의 그물망을 빠져나가기 위한 분명한 용도로 설계돼 위법 행위를 조장한다고 볼 수 있다. 그룩스터 유인 테스트는 저작권법 측면에서는 논란이 되고 있다. 규제 기관의 경험으로 미뤄 보면 이는 상습범에 초점을 먼저 맞추는 합리적인 출발점을 만든다.[45]

일부 서비스는 법적 또는 규제 의무 위반을 기술 혁신의 우발적인 부산물로써 허용한다. 이는 다른 사례에서는 사고로 인정되지 않는다. 실크로드와 알파베이는 마약 밀매 등 불법 거래를 기반으로 한 암시장이었다. 이 두 웹의 운영자들은 이러한 위반 사항이 허용된다는 것을 알고 이를 악용했으며 법적 집행을 회피하기 위한 수단으로 암호통화와 익명성을 사용했다. 2세대 파일 공유 서비스인 오픈바자는 이러한 금지된 시장의 분산 확장 버전이라고 볼 수 있다.[46] 오픈바자에서는 구매자와 판매자가 완전히 탈중앙화된 방식으로 거래할 수 있다. 각 사용자의 컴퓨터에서 개별 실행되는 오픈바자 소프트웨어는 다른 개인 사용자의 컴퓨터와 직접 연결해 비트코인 또는 다른 암호통화를 사용한 거래를 지원한다.

그러나 실크로드와는 달리 오픈바자는 공개적으로 운영된다. 개발자의 신원이 밝혀져 있으며 유니온 스퀘어 벤처스Union Square Ventures와 안드레센 호로위츠Andreessen Horowitz 등의 선도적인 벤처투자가들이 투자를 진행한 바 있다. 이 후원자들은 인터넷의 핵심 프로토콜과 마찬가지로 탈중앙화의 이점도 남용될 가능성이 있다는 것을 인정한다. 하지만 이들은 오픈바자의 제작자가 실크로드와 그룩스터 내 파일 공유 서비스와는 달리 불법 활동을 조장할 이유가 없다고 주장한다.[47] 오픈바자의 제작자에게는 거래를 통한 소득이 없다. 또한 오픈바자는 불법 활동을 단속하는 데 도움이 될 것으로 생각되는 평판 및 별점 시스템을 적용하고 있다.[48] 오픈바자는 전통적인 금융중개기관의 규제를 피하려고 암호통화를 채택하고 있지만 제공되는 서비스 자체는 분산 원장을 사용하지 않는다는 점도 유의해야 한다. 오픈바자는 하나의 P2P 소프트웨어 네트워크다.

앞에 언급된 그 어떤 것도 명확하지는 않으며 법 집행기관이 오픈바자의 의도와 실제 불법 활동의 수준을 평가할 수 있는 기반을 제공할 뿐이다. The DAO의 경우를 미뤄 보면 의도를 평가하는 것은 까다로운 일이며 증거 가중치에서 암시될 필요가 있다. 실크로드와 그록스터의 제작자는 영화 〈카사블랑카Casablanca〉의 명대사를 사용하려고 이러한 불법 활동이 자행됐다는 사실에 충격을 받았다. 오픈바자의 제작자는 다른 방침을 취했다. 오픈바자의 제작자와 투자자는 그들의 건전성을 규제 기관에 납득시켜야 한다는 사실을 깨달았다.

8장에서 논의됐던 어거는 블록체인 기반 예측 시장에서 비슷한 어려움에 직면했다. ICO의 경우에도 토큰 판매자가 가치 제안이 증권법상의 투자자 보호 회피를 피하는 것 이상이라는 주장을 정당화해야 한다.

어느 시점이 되면 오픈바자와 같은 서비스를 제한하는 그록스터 사례와 유사한 판례법이 등장할 것이다. 저작권법의 시금석은 소니Sony의 '실질적 비침해 용도'로 사용할 수 있는 것인지의 여부가 쟁점이 됐던 사건인데 미국 연방대법원은 비디오카세트 녹화기가 2차 침해에 해당한다고 판결하기를 거부했다. 이와 비슷한 법안이 암호통화 기반 활동을 위해서도 마련될 필요성이 있다.

2. 공공 정책 목표를 달성하기 위한 대체 수단이 존재하는가?

규제의 요점은 사실 규제를 하지 않는 것이다. 규제는 불법 행위 방지, 국민 보호, 공정한 경쟁 촉진 등의 사회적 목적을 달성하기 위한 것이다. 블록체인 기반 서비스가 해당 기술에서 불법적 결과가 나올 가능성을 알면서도 못본 척하지 말아야 하는 것과 마찬가지로 규제 기관 또한 동일한 목표에 도달한 기술 솔루션의 잘못에 고의로 눈감아 줘서는 안 된다.

온라인 소매업체인 오버스탁닷컴Overstock.com은 블록체인을 통해 처음으로 주식을 발행했을 당시 이 조치가 완전히 합법적이라는 사실을 보장하려고 노력했다. 이를 위해서는 증권 발행을 규제하는 미국 증권거래위원회SEC와의 깊이 있는 대화 과정이 요구됐다. 오랜 비트코인 지지자인 오버스탁닷컴은 자본 시장을 위한 분산 원장 기술을 구현하려고 티제로라는 자회사를 설립하고 티제로의 플랫폼을 통해 증권을 발행하려고 SEC에 증권 신고서를 제출했다.

SEC에 있어서 문제는 오버스탁닷컴의 주식 발행이 기존 주식 발행과는 매우 다른 방식으로 진행됐는데도 불구하고 증권법의 요건을 충족하는지 여부였다. 오버스탁닷컴은 해당 분야의 선두 기업으로서 SEC와의 문제를 해결하려고 상당한 양의 재원을 쏟아부어야 했으며 때에 따라서는 SEC의 우려를 가라앉히려고 계획을 수정하기도 했다. 한 가지 문제는 증권법에 상호 간의 의무를 수립한 후 그에 상응하는 자금 또는 증권을 전송하는 청산 및 결제 요건이 포함돼 있다는 것이었다. 이러한 단계에는 분산 원장 시스템과 유사한 부분이 없다. 청산은 별도의 단계가 아니라 거래의 본질적인 부분이다. 그리고 거래는 블록이 검증되는 즉시 성립된다. 오버스탁닷컴은 올바르게 처리한 거래로 규제 기관을 만족시키기 위한 눈에 보이지 않는 중복 기록 세트를 생성하려고 기존의 전송 에이전트를 사용해야만 했다.

결국 SEC는 오버스탁닷컴의 주식 발행을 승인했다. 오버스탁닷컴은 자체 거래 플랫폼을 통해 약 12만 5,000주의 특수 블록체인 등급 주식을 판매했으며[49] 그 이후 티제로 플랫폼을 정규 대체 거래 시스템ATS으로 승인받아 미국의 법적 요구사항에 따라 ICO 토큰을 거래할 수 있게 됐다. 신생 기업인 레저엑스LedgerX 또한 미국 상품선물거래위원회CFTC로부터 정규 블록체인 기반 파생상품 거래 플랫폼을 승인받았다.[50] 한편 SEC는 비트코인 가격에 영향을 미치는 사기 및 조작을 단속할 수 없다는 우려 때문에 비트코인 선물을 추적하는 상장지수펀드ETF 제안을 거절했다.[51] 여기에서 중요한 변수는 관련된 기술이 아니라 규제 목표를 충족할 수 있는지다.

어거의 CEO인 조이 크루그Joey Krug는 예측 시장 또는 파생상품 시장과 관련해 기존 규제의 대부분이 블록체인 환경에서 동일한 우려를 낳지 않을 만한 고객 자금의 저장, 공정한 거래 실행, 결제와 같은 문제들을 다루고 있다고 말한다. 반면 결점이 존재하는 스마트 컨트랙트의 가능성은 기존의 규제 제도가 다루지 않는다는 점에서 새로운 위협이 되고 있다. 조이 크루그는 "CFTC가 스마트 컨트랙트에 대한 감사를 빠른 시일 내에 진행할 것 같지는 않지만 누군가가 향후 20년 이내에 감사가 진행될지 여부에 대해 내기를 하자고 한다면 솔직히 감사가 진행되지 않는 쪽에 돈을 걸 것 같다"라고 예측했다.[52]

규제 시스템 자체를 벗어나는 방법을 통해 정부의 우려를 완화할 기회가 있을 수 있다. 판테라 캐피털Pantera Capital과 블록체인 캐피털Blockchain Capital을 포함한 일부 저명한 ICO 전문 투자 그룹은 토큰 제공자를 위한 세계적인 자율 규제 이니셔티브인 ICO 거버넌스 재단IGF, ICO Governance Foundation을 지지하고 있다. 스위스 재단을 기반으로 하는 IGF는 ICO를 위한 표준 등록 양식과 투자자를 위한 등록 데이터베이스, ICO에 기부된 자금 관리를 위한 관리 기관 인증서를 개발하고 있다. 등록 양식은 기업 공개 공모IPO를 위한 SEC의 공시 자료인 S-1과 같은 정부 요청 구비 서류에 명시되는 프로젝트 구성 및 자금 사용 방법에 대한 정보를 제공한다. 이는 온라인 제출을 위한 형태로 설계돼 손쉽게 검색 및 분석이 가능하다.

IGF는 자발적인 자율규제 절차가 관련 관할권의 법적 준수를 대체할 수 없다는 사실을 인정한다. 그러나 IGF는 규제 기관과의 협력을 통해 모범 사례와 표준을 확립하고자 한다. IGF가 좋은 실적을 거둘 수 있다면 투자자들은 IGF 절차를 거친 토큰 판매를 더욱 자세히 평가할 수 있게 될 것이다. 이는 IGF에만 해당하는 것이 아니다. 예를 들어 재미나이Gemini 암호통화 거래소의 공동 창업자이자 대표적인 비트코인 초기 투자자인 카메론 윙클보스Cameron Winklevoss와 타일러 윙클보스Tyler Winklevoss 형제는 암호통화 발행 이후 거래를 단속하는 자율 규제 기관으로 가상통화협회VCA, Virtual Currency Association

를 제안했다.[53]

미국 증권법은 증권 중개인을 위한 금융산업규제기구FINRA, Financial Industry Regulatory Authority와 선물 거래자들을 위한 미국선물협회NFA, National Futures Association로 대표되는 자율 규제 기관이 법적 및 윤리적 기준의 준수를 감독할 수 있음을 분명히 인정한다. IGF나 VCA와 같은 기관은 규제 기관과 민간 부문 사이에서 교량 역할을 할 수 있을 것이다. 이 외에도 ICO와 관련된 문제를 해결하기 위한 다수의 자율 규제 이니셔티브가 제시됐다.

이 모든 사례는 규제가 전등 스위치가 아님을 보여 준다. 즉 규제는 단순히 도입한다고 되는 것이 아니라 규제 기관과 민간 부문 사이의 지속적인 대화라는 것을 보여 준다. 양측은 암호통화가 제기하는 새로운 문제에 대한 최상의 해결책을 찾고자 모든 규제 도구를 살펴봐야 한다.

3. 규제 조치의 비용과 편익은 무엇인가?

마지막으로 규제 기관은 반드시 항상 그들의 활동이 가져오는 결과를 평가해야 한다. 이는 기술 혁신가들이 인식하는 것보다 훨씬 더 많이 발생한다. 규제 경쟁 환경에서 규제 기관은 지나치게 제한적인 결정이 다른 관할권에도 활동을 강요하게 될 수 있음을 인식하고 있다. 규제 기관이 보유하고 있는 단속 조치에 필요한 자원은 한정돼 있으며 혁신의 힘에 자신을 맞추기를 원한다. 그럼에도 블록체인의 경우와 같이 시장의 발전이 불확실할 때 비용과 편익을 평가하는 것은 과학보다는 예술에 가까운 경우가 더 많다.

규제 기관은 개입 장소와 시기를 선택할 수 있다. "규제 기관은 모든 사람을 체포할 수는 없다"라고 주장하는 블록체인 지지자는 규제 기관이 주의를 집중할 수 있는 네트워크의 종단edge에 문제 지점이 있다는 사실을 간과한다. 예를 들면 그들은 네트워크나 프로토콜을 종료하는 대신 일반적으로 중앙 관리되는 조직적 사회화onboarding 지점에 집중할 수 있다. 이렇게 사용자와 가장 근접한 네트워크 종단에서 제공되는 서비스의 운영자가 책임 있는 행위자라면 규제 기관과 협력할 기회가 존재한다.

ICO를 둘러싼 증권 규제 문제에 대한 SEC의 접근법은 신중한 균형을 보여 준다. The DAO를 먼저 다루는 SEC의 전략은 최종적인 결론만큼이나 중요했다. SEC은 ICO가 엄청난 혁신을 위한 길을 열고 있다는 사실을 알았으며 시장을 혼란에 빠뜨리고 싶어하지 않았다. 또한 하위 테스트 기준이 일부 프로젝트에는 적용이 어려울 수 있음을 알았다. 따라서 SEC는 확실하면서도 이미 종결된 사례를 선정했다. The DAO는 하드 포크 이후 모든 기부금을 회수하고 폐쇄했기 때문에 SEC가 단속 조치를 취할 필요가 없었다. 하지만 SEC의 분석은 시장에 대한 경고 사격의 역할을 해 SEC의 견해에 대해 확신이 없는 이들에게 지침을 줄 수 있다. 규제 기관이 후속 조치를 취하기 시작했음에도 제이 카니^{Jay Carney} 의장은 ICO는 "증권 발행 여부를 떠나서 기업가를 포함한 다양한 사람들이 혁신적인 프로젝트 등을 위해 자금을 조달하는 효과적인 방법이 될 수 있다"라고 강조하는 내용의 성명을 발표했다.[54]

SEC와 기타 규제 기관은 앞으로 ICO 활동 및 남용을 해결하려고 더욱 적극적인 조치를 취해야 한다. SEC는 ICO 관련 부정행위를 포함한 온라인 활동 단속 문제를 전담하는 사이버 부대를 창설했다. SEC은 프로토스타^{Protostarr}를 폐쇄한 것과 같은 비공식 대화 이외에도 비양심적인 ICO 추진자들에 대한 기소를 이미 시작했다.[55] 가장 까다로운 문제는 사기가 아닌 등록 실패가 주된 위반 사항이 되는 The DAO와 같은 발행 건이다. 사기 범죄에는 명백한 피해와 불법 행위가 수반된다. 무기명 증권은 투자자에게는 합리적인 보호를 제공하고 시장에는 정보를 제공하는 방식으로 계속 제공될 수 있다.

이러한 문제를 해결하려고 규제 기관은 미국 연방통신위원회^{FCC}가 인터넷 전화^{VoIP} 서비스를 다룬 방식을 참고해 조치를 재정비해야 할 것이다. FCC는 규제받지 않는 모든 인터넷 기반 전화통신 장치를 금지하는 규칙을 무분별하게 적용하는 것이 혁신을 억제하고 경쟁력 있는 신규 대체 서비스를 막게 될 것이라는 사실을 알고 있었다. FCC는 가능한 범위에서 미래 규제에 대한 불확실성을 제거하려고 규칙에서 확실히 벗어나는 활동을 식별했다.[56] 반면 기업이 소비자 혜택은 전혀 없이 규제 차익만을 위해 해당 기술을 사용하는 경우에는 개입했다. 119 긴급 구조대에 걸려오는 전화는 통과되도록 보장하는 방법과 같은 정책적인 문제는 개별적으로 처리해 불필요한 파급 효과는 피했다. 그리고 새로운 기술을 사용하는 서비스에 기존의 규칙을 적용해야 하는 타당한 이유가 있는 경우 관련 공급 업체와 협력해 규칙을 준수할 수 있도록 지원했다.

SEC는 초기 조치에서 ICO에 유사한 방식을 적용할 것이라는 의사를 내비쳤다. 싱가포르 통화청MAS, 스위스 금융시장감독청Financial Market Supervisory Authority, 독일 연방금융감독청Federal Financial Supervisory Authority과 같은 주요 증권 규제 기관은 신중을 기해야 하지만 필요한 경우에는 행동을 취할 것임을 시사했다. ICO의 포괄적 성격의 이점 중 하나는 규제 기관이 서로 정보를 교환할 수 있다는 것이다. 하나의 관할권에서 취한 효과적인 접근법을 다른 곳에서도 사용할 수 있는 것이다. 가장 큰 문제는 이 과정에 시간이 소요된다는 것이다. 토큰을 먼저 발행하고 질문을 나중에 하는 방식을 선택한 암호통화 프로젝트는 곤경에 처할 가능성이 있다. 기존의 법률과 규제가 효과적인 경로를 제시하지 못하는 경우 이를 변경하는 것은 암호통화 시장 개발의 급박함에 사로잡힌 기업가들에게는 괴로울 정도로 더딘 과정을 수반할 수 있다.

그렇더라도 분산 원장이 가져올 혜택을 국민이 누리기를 바란다면 각국 정부가 이에 적응해야 한다. 인터넷의 경우와 마찬가지로 아직 해결해야 할 중요한 법적 문제가 산재해 있으며 그 모두에 대한 단 하나의 올바른 접근 방식이 존재하기 어렵다. 향후 몇 년 동안 분산 원장 시스템에 대한 비즈니스 및 법적 모델 모두에 대한 상당한 실험이 있을 것이다. 규제 혁신의 안정된 속도는 의도한 기능일 수도 있고 버그일 수도 있다. 일시적인 유행으로 밝혀진 이벤트를 기반으로 너무 빠르게 움직이게 되면 비용이 발생할 수 있다. 규제 문제가 해결될 것이라는 낙관론이 나오는 가장 큰 이유는 정부가 조만간 물러나지 않겠지만 블록체인도 마찬가지이기 때문이다.

3부

탈중앙화 미래 구축

닉 스자보의 가르침

닉 스자보는 자신이 사토시 나카모토가 아니라고 주장하지만 우리는 여전히 그가 미스터리에 둘러싸인 비트코인 개발자라고 생각할 만한 이유를 손쉽게 찾을 수 있다.[1] 노련한 암호학자이자 정보보안 연구원인 닉 스자보는 비트골 드BitGold를 만들었다. 비트골드는 비트코인이 개발되기 이전의 대표적인 암호통화이며 비트코인과 유사한 특징을 다수 공유하고 있다. 스자보는 1990년대에 스마트 컨트랙트의 개념을 고안했으며, 그의 자유주의적 정치 성향을 보여 주는 많은 글이 사토시 나카모토가 작성한 글에 나타나는 이념과 일치한다. 게다가 다양한 내용을 다루는 그의 블로그는 돈의 역사에 대해 그가 얼마나 매료돼 있었는지 보여 준다. 닉 스자보 혹은 다른 누군가를 사토시 나카모토라고 추측하는 것은 말 그대로 사람들의 추측이지만 닉 스자보 역시 다른 이들처럼 블록체인 시스템의 개발을 기뻐하고 감사하던 이들 중 한명이라는 점은 확실하다.

　이러한 자신의 관심사를 바탕으로 2000년대 닉 스자보가 지나온 행보는 주목해 볼 만하다. 그는 법학 학위를 따려고 다시 조지 워싱턴 대학교George Washington University에 입학하는데 이는 암호학자가 흔히 거쳐 가는 과정은 아니었다.[2] 그는 디지털 화폐 및 스마트 컨트랙트 개발과 관련된 문제들을 제대로 이해하려면 법률적인 지식이 반드시 필요할 것이라고 판단한 것이다.

아마 그 당시부터 그는 이미 더 먼 곳을 내다보고 있었던 것 같다.

닉 스자보는 "적법한 계약이란 변호사의 머릿속에서 실행되는 코드와 같은 것이다"라고 말한다.[3] 스마트 컨트랙트가 법 집행 기관 없이도 기능할 수 있는 것은 맞지만 그렇다고 해서 법률과 무관하다는 얘기는 아니다. 즉 개발자들이 스마트 컨트랙트의 'DRYDon't Repeat Yourself code'가 법률 관행의 'WETWrite Everything Twice code'의 기능과 어떤 부분에서 일치하는지 파악하려면 법을 연구해야 한다는 것을 의미한다. 이는 암호 체계와 법률이 효과적인 분산 원장 솔루션 개발과 관련해 어떤 연관성을 갖는지 보여 주는 하나의 예시다. 모두가 이미 알고 있듯이 암호만으로 모든 것을 통제하기에는 크나큰 제약이 있다. 하지만 법률 역시 그만의 문제가 있다. 따라서 이 두 가지를 모두 활용할 때 비로소 성공적인 시스템이 만들어질 수 있을 것이다.

블록체인의 분산된 알고리듬적 신뢰 구조를 인간의 해석에 기반한 정부 지원하의 법률 제도와 연결할 수 있는 몇 가지 메커니즘이 있다. 물론 법적 개입이 필요치 않은 상황이 존재할 수 있다. 또한 블록체인이 완전히 부수적인 역할만을 하는 상황이라면 굳이 특별한 통합의 과정 없이도 기존의 법률 처리 방식이 정상적으로 작동할 수도 있다. 하지만 분산 원장과 중앙 집권화된 법률의 긍정적 측면을 결합하려면 대부분 적극적인 조치가 필요하다. 법률적, 암호학적 집행을 융합하기 위한 전략은 두 가지로, 하나는 법률을 더 코드처럼 만드는 것이고 다른 하나는 코드를 더 법률처럼 만드는 것이다. 현재 이 두 가지 방법 모두에 대한 탐구가 이뤄지고 있다.

법률을 더 코드처럼 만들기

법이란 단순히 종잇장에 적힌 규칙의 모음 같은 것이 아니다. 복잡하고 다양한 도구 세트를 가진 역동적인 기업과 같다. 새로운 것이 생겨나면 법률 활동은 새로운 메커니즘이 필요하게 된다. 기술 중심 산업 경제의 복잡성을 다루려고 전문 규제 기관이 도입됐던 1930년대를 예로 들어 보자. 헌법학자인 브루스 아커만$^{Bruce\ Ackerman}$은 이러한 변화들이 미국의 근본적인 거버넌스에 은밀한 개정을 나타낼 만큼의 충분한 중요성을 가진다고 제안한다.[4] 블록체인이 그렇게 극적인 변화를 일으키지는 않겠지만 법률 운영이 소프트웨어 코드를 통한 거버넌스와 함께 더욱 일관되게 이뤄질 수 있도록 하려고 혁신적인 솔루션을 자극할 것이다. 현재 개발 중인 예시로는 규제 샌드박스$^{regulatory\ sandboxe}$, 세이프 하버$^{safe\ harbor}$, 모듈형 계약$^{modular\ contract}$, 정보 수탁$^{information\ fiduciary}$ 등이 있다.

세이프 하버와 샌드박스

세이프 하버와 샌드박스는 법적 집행을 미연에 방지하기 위한 명시적 메커니즘이다. 세이프 하버는 법적 의무에서 특정 활동을 제외하는데 기업이 스스로를 감시하기 위한 충분한 자원을 가진 경우 자기 감시 활동을 더욱 장려하는 것이다. 또한 세이프 하버는 필요한 특정 조치에 대해서도 정의하고 있다. 기술 세계에서 가장 잘 알려진 세이프 하버의 예시는 1996년 전자통신법$^{Telecommunications\ Act}$ 제230조 및 1998년 디지털 밀레니엄 저작권법$^{Digital\ Millennium\ Copyright\ Act}$ 제512조일 것이다.[5] 이 두 예시 모두 시스템 내의 콘텐츠에 대한 법적 책임으로부터 온라인 중개인을 보호한다. 전자통신법 제230조에는 온라인 서비스가 출판사로 취급되지 않는다고 명시돼 있는데 이는 이용자에 의해 만들어진 콘텐츠에 대해 일반적으로 책임을 지지 않는다는 의미다. 디지털 밀레니엄 저작권법 제512조는 저작권 침해에 대해 온라인 플랫폼이 위반 사항에 대한 통지를 받은 뒤 해당 자료를 삭제하는 경우 위와 유사한 보호를 제공한다.

　상업 인터넷 초기에 만들어진 이러한 세이프 하버의 범위에는 약간의 문제가 있다. 중개인들이 적극적인 역할을 할 수 있도록 할 만한 동기가 없기 때문에 온라인 괴롭힘과 같이 명백히 유해한 활동을 제한하는 것을 어렵게 만들 수 있는 것이다. 반면 1990년대의 트윈 세이프 하버$^{twin\ safe\ harbor}$는 인터넷 기반 애플리케이션의 급속한 성장에 중요한 요소로 작용했다. 특히 사용자 기반 웹 2.0 서비스와 소셜 미디어의 확산에 중요한 역할을 했다. 세이프 하버는 서비스 제공에 있어 사용자 생성 콘텐츠에 대한 중대한 책임에 직면하지 않도록 함으로써 혁신을 촉구한다.

이러한 세이프 하버는 온라인 서비스에 대한 사용자 기여 자료의 양이 너무 방대하기 때문에 사례별 검토가 비현실적일 수 있다는 점을 인식하고 있다. 「뉴욕타임스」가 1면에 게재할 기사를 검토하는 것과 같은 방식으로 페이스북이 사용자의 뉴스피드newsfeed 업데이트를 허용할지 검토하는 것 자체가 불가능한 것처럼 말이다. 또한 서비스 제공업체가 면책 특권을 갖고 있다면 콘텐츠를 감시할 수 있는 기술적 수단이 존재하는 경우 이를 최대한 활용할 가능성이 높다. 그렇지 않으면 빈틈으로 빠져나가는 콘텐츠가 발생할 때마다 더 많은 책임에 직면할 것이기 때문이다. 따라서 세이프 하버는 전통적인 인쇄 출판의 세계보다 인터넷 코드 기반의 세계에 더 적합한 온라인 콘텐츠 환경을 조성한다.

암호통화 규제 문제를 해결하기 위한 싱크탱크인 코인 센터Coin Center는 블록체인 기반 신생 기업을 위한 새로운 입법적 세이프 하버를 옹호하고 있다.[6] 이는 사용자 자금에 대한 통제가 부족한 블록체인 기반 서비스에 대한 송금 관련 법률과 같이 허가 또는 등록이 필요한 주 및 연방 규정의 시행을 가로막을 것이다. '통제Control'는 '블록체인 네트워크에서 일방적으로 거래를 진행하거나 무한정으로 거래를 막는 힘'으로 정의될 수 있다. 사용자의 개인 키를 보유해 송금인과 유사한 위험을 사용자에게 발생시키는 보관형 거래소 custodial exchange는 여전히 규제의 대상이 될 것이다.

샌드박스는 세이프 하버와 유사하지만 시간이나 규모가 제한적이다. 규제 샌드박스는 실험이나 창업 활동을 촉진하기 위한 수단으로 특정 기업이나 활동을 규제로부터 면제한다. 세이프 하버와 달리 샌드박스는 반드시 영구적인 것은 아니며 보통 신생 기업에만 적용된다. 인터넷 세이프 하버에 대한 우려 중 하나는 인터넷 세이프 하버가 자사 플랫폼상의 콘텐츠를 감시할 자원이 없는 신생 기업들을 도우려고 고안됐지만, 결국 구글이나 페이스북과 같은 거대 기업들을 돕게 됐다는 점이다. 샌드박스는 개발 초기 단계의 조직에 적용되지만 그들이 성장하는 경우 사라지도록 구성될 수 있다.

세이프 하버와 마찬가지로 샌드박스는 소프트웨어 지향 환경에 보다 쾌적한 방식으로 법률 체제를 운영할 수 있도록 한다. 놀이와 실험을 위해 잘 조성된 공간을 암시하는 '샌드박스'라는 용어는 컴퓨터 과학에서도 사용된다. 소프트웨어 샌드박스를 사용하면 더 큰 시스템에 대한 위험 없이 벽으로 둘러싸인 것과 같은 환경에서 코드를 실행할 수 있다.

영국에서는 주요 금융 규제 기관인 금융행위감독청FCA, Financial Conduct Authority이 기업들이 새로운 서비스를 실험할 수 있는 핀테크 샌드박스Fintech Sandbox 프로그램을 만들었다.[7] 기업들은 샌드박스 운영을 신청한 뒤 승인이 나면 일정 기간 특정한 규제 의무를 면제받은 상태로 서비스를 도입할 수 있다. FCA는 기업의 활동을 면밀히 모니터링해 이러한 새로운 플랫폼을 더 잘 이해하게 된다. 샌드박스 1차에 승인된 기업 중 가장 큰 비중을 차지한 부문은 바로 블록체인 관련 기업이었다.

최초 대상 기업들에 대한 FCA의 보고서는 테스트 결과 "실행 시간의 불확실성, 디지털 화폐 가치의 변동성, 유동성, 거래 수수료, 환전 가능성"과 관련된 문제가 나타났다고 언급하고 있으며 기업들이 암호통화로 환전하는 과정에서 손해를 입은 고객에게 환불을 보장하도록 요구하고 있다.[8] 이러한 통찰은 향후 비공식 지침이나 공식 규정의 토대가 될 수 있다.

상품선물거래위원회CFTC, Commodity Futures Trading Commission가 최근 파생상품 거래를 위한 블록체인 기반 시스템을 실험할 수 있도록 하는 LabCFTC 프로그램을 설립했지만 현재 미국에는 비교 대상이 될 만한 것이 없다.[9]

계약 모듈화

사법private law 역시 코드처럼 만드는 것이 가능하다. 대부분의 사업 계약은 기본적으로 변호사들이 연계해 계약에 따라 맞춤 제작하는 하나의 모듈이다. 일부 조항에서는 비즈니스 용어나 정의된 상황하에 발생할 수 있는 일을 기술한다. 이러한 운영의 측면은 흔히 스마트 컨트랙트에서는 자동화될 수 있는 사항이다.[10] 계약에서 위와 같은 사항 이외의 부분은 손해에 대한 제한, 배상, 기밀 유지, 법률, 포럼의 선택과 같은 비운영적 또는 법적 용어와 관련돼 있다. 변호사는 표준 조항을 재사용하는 경우가 많은데 이 조항을 특정 거래에 맞게 조정하고 협상한다.

계약의 초안 작성 과정을 스마트 컨트랙트에 들어가는 공식화된 코딩과 더 유사하게 만들려고 계약의 각 조항은 마크업 언어를 사용해 디지털 문서에서 조합되는 하나의 구성 요소로 나타낼 수 있다. 이러한 모듈로부터 템플릿을 만들어 일반적인 시나리오에 대한 기본 계약을 제공할 수 있다. 변호사들은 여전히 템플릿을 맞춤 제작하고 어떻게 변형할지 결정하며 논쟁을 초래할 수 있는 용어를 협상하는 역할을 할 것이다.[11] 변호사에게 요구되는 기술은 점점 법률 공학에 가깝게 바뀌어야 할 것이다. 소프트웨어 개발에 종사하는 기업이 널리 사용하는 보안 감사와 유사하게 계약이 당사자의 의도와 일치하는지 확인하려고 법률 코드 감사를 시행할 수도 있다.[12]

몇몇 발의안은 정확히 위와 같은 종류의 시스템을 개발하고 있다. 여기에는 이더리움 개발 스튜디오 컨센시스의 프로젝트인 오픈로OpenLaw,[13] 신생 기업인 클라우즈Clause.io, 아그렐로Agrello,[14] R3 컨소시엄의 스마트 컨트랙트 템플릿 그룹,[15] 커먼어코드CommonAccord, 레갈리스Legalese 프로젝트가 포함된다.[16] 이들 중 일부는 비운영적인 측면에 더 초점을 맞추고 있어 법률 계약의 초안 작성 절차를 보다 효율적으로 만든다. 다른 기업들은 스마트 컨트랙트 시스템에 통합될 수 있는 운영 템플릿에 더욱 집중하고 있다. 스마트 컨트랙트의 요소를 미리 표준화하고 검토하기 쉽게 함으로써 해당 메커니즘은 The DAO의 해킹과 같은 실패를 초래할 수 있는 오류를 줄여야 한다.

또한 전문화된 모델 계약을 체결하기 위한 발의안 역시 존재하는데 특히 초기 코인 공개ICO를 위한 발의안이 주목할 만하다. 미래 토큰을 위한 단순 계약서SAFT, Simple Agreement for Future Token는 법무법인 쿨리 유한책임조합Cooley LLP, 엔젤 투자 그룹 엔젤리스트Angelist, 행성 간 파일 시스템IPFS, Inter Planetary

File System 분산 스토리지 프로젝트의 모회사인 프로토콜 랩스Protocol Labs가 설계한 표준 계약이다.[17] 이는 지금까지 최대 규모에 해당하는 ICO에서 2억 5,000만 달러 이상을 모금한 프로토콜 랩스의 파일코인 토큰 판매에 처음 사용됐다. SAFT는 토큰 공개를 기존 증권법에 맞출 수 있는 길을 제공하는 것처럼 보였기 때문에 매우 빠르게 미국에 기반을 둔 ICO를 위한 가장 주요한 메커니즘이 됐다.

SAFT의 차별적인 특징은 (규제된 증권 공개로 취급되는) 미래 토큰의 약정을 운영 토큰의 배포와 분리한다는 점이다. 최초 거래는 일반적으로 증권 공개에 대한 등록 요건의 두 가지 예외 사항인 미국 증권거래위원회 준칙SEC Regulation D 또는 크라우드 펀딩 규정Regulation Crowdfunding에 따라 처리되는데 여기에는 상당한 제약이 따른다. SEC 준칙 D 공개는 (순자산 백만 달러 이상이거나 개인 소득 20만 달러 또는 가구 소득 30만 달러 초과임이 검증된) 공인 투자자에게만 제공될 수 있다. 크라우드 펀딩 규정 공개는 100만 달러가 약간 넘는 금액까지만 모금할 수 있다. 파일코인이 공인 기준에 대한 장애물에도 불구하고 거액의 자본을 유치하는 데 성공한 것은, 극복할 수 없는 제약은 아니지만 모든 개인에게 새로운 상품에 투자할 수 있는 자유를 주는 글로벌 자금 조달 도구로서의 ICO의 개념에서 벗어나고 있음을 시사한다. 파일코인의 자금 중 상당 부분이나 다른 주요 SAFT를 통해 모금된 자금들은 벤처 투자가들과 특혜 조건을 부여받은 헤지 펀드들로부터 나왔다.

SAFT에 대한 가장 큰 우려는 일단 네트워크가 가동되고 토큰이 발행되면 토큰이 증권으로 취급되지 않고 공공 시장에 재판매될 수 있다는 것을 보장하지 않는다는 것이다.[19] 미국 증권거래위원회SEC가 문치Munchee 시행 조치에서 분명히 밝혔듯이 토큰은 암호통화 애플리케이션을 위한 효용성을 갖고 있더라도 여전히 증권을 구성할 수 있다. SAFT를 서둘러 적용한 발행사들은 초기 구매자들이 투자 수익을 추구하게 되면 어떤 일이 일어날지 재고해야 했다. SEC가 ICO에 대한 추가 지침을 제공함에 따라 서로 다른 표준화된 계약들을 SAFT를 대체하는 도구로 선호할 수 있기 때문이다.

SAFT 사례에서 알 수 있듯이 모듈형 계약이 어려운 법적 문제를 반드시 해결하는 것은 아니다. 이러한 접근법은 블록체인 기능을 전통적인 활동의 측면으로부터 분리하는 데 가치를 더한다. 전통적인 계약의 범위를 보다 구체적으로 정의함으로써 어디에 스마트 컨트랙트를 운용할 여지가 있는지를 명확히 할 수 있다.

정보 수탁

2017년 5월 크라켄 암호통화 거래소는 심각한 폭락$^{flash crash}$을 겪었다.[20] 대규모 이더리움 매도 주문이 장부에 미결된 매수 주문을 초과했다. 거래소는 표준 절차에 따라 매매 주문을 완료할 수 있을 때까지 거래 가격을 자동으로 낮췄다. 크라켄의 이더 가격은 몇 초 만에 거의 100달러에서 26달러로 떨어졌다. 그 직후 누군가가 DDOS 공격을 감행해 크라켄을 가짜 네트워크 트래픽으로 압도해 고객들이 약 1시간 동안 계정에 접속하는 것을 막았다.

다수의 고객들은 이더 가격이 특정 포인트 이하로 떨어지면 크라켄에게 해당 위치에서 암호통화를 팔도록 손실 중지 명령을 내렸다. 신용 거래로 이더를 구입한 다른 사람들 역시 가격이 떨어지면 청산하도록 하는 조건을 적용받았다. DDOS 공격이 감행된 기간 동안 이 고객들은 자신의 계정에 접근할 수 없었고 그들의 이더는 비정상적으로 낮은 가격에 판매됐다.

이와 같은 심각한 폭락은 다른 거래소에서도 발생했다. 일부는 자발적으로 고객에게 손해액을 변제했지만 크라켄은 신용 거래로 이더를 갖고 있는 거래자들에게 자발적 변제를 하지 않았다. 크라켄이 청산을 막기 위한 충분한 조치를 취하지 않았고 DDOS 공격 중에 계정 접속이 불가했다는 이유로 두 달 후 집단 소송이 제기됐다.[21] 이 소송을 통해 500만 달러 이상의 손해배상이 청구됐다. 관련된 사실들은 이례적이었지만 법률적 청구는 태만과 계약 위반으로 평범한 수준이었다.[22]

흥미로운 점은 이 사건이 전혀 접수되지 않았다는 것이다. 해당 집단 소송을 맡았던 법무법인 실버 법률 그룹$^{Sliver Law Group}$에게 암호통화가 개입됐다는 사실은 중요하지 않았다. 고객들은 손해를 보았고 누군가는 법적 책임을 져야 했다. 크라켄 소송의 성공 여부에 관계없이 이러한 방향의 생각은 다른 곳에서도 나타날 수 있다. 만약 배심원이 피고가 상해를 초래했다고 생각한다면 문제의 원인이 돈인 경우라도 그 돈이 '진짜'가 아니라는 것은 전혀 상관이 없을 것이다.

크라켄은 블록체인이 아닌 중앙 집권화된 거래소다. 그러나 분산 시스템의 참여자가 법적으로 인지할 수 있는 피해를 경험하는 경우 동일한 논리가 적용되지 않을 이유는 없다. 만약 The DAO의 해킹이 이더리움 하드 포크로 뒤집히지 않았다면 돈을 잃은 사람들은 법적 구제책을 강구했을 것이다. The DAO 자체는 관리 부서가 없는 소프트웨어일 뿐이었다. 하지만 슬록잇에는 동반 웹 사이트와 함께 소프트웨어를 작성하고 게시한 개발자 그룹이 있었다. SEC는 조사 보고서에서 증권법상 The DAO의 토큰 공개 구조에 대해 슬록잇이 법적 책임이 있다고 결론 내렸으며 개인 소송에서도 같은 분석이 적용될 것으로 보인다.[23] 또한 이더리움 재단은 The DAO를 홍보하는 데 도움을 줬거나 솔리디티Solidity 프로그래밍 언어의 한계 때문에 소송을 당했을 수 있지만 이러한 이론은 확립하기가 더 어려울 것이다.[24]

이 밖에도 블록체인 기반 프로젝트에 관련된 조직이 법적 책임에 노출될 수 있는 상황은 다양하게 존재한다. 예를 들어 다수의 탈중앙화 애플리케이션DApp은 디지털 신원 시스템에 블록체인을 사용하고 있다. 이러한 시스템은 신원 자격 증명을 확인하고 정보를 공개하지 않고도 증명할 수 있는 분산 원장에 정보를 기록하도록 설계됐다. 다시 말해서 웹사이트나 금융 서비스 제공자는 고객의 개인정보를 실제로 보지 않고도 고객이 18세 이상이고 미국 시민이며 테러 자금 감시 목록에 없는지를 확인할 수 있는 것이다.

이러한 시스템의 문제점은 무언가가 잘못됐을 때 어떤 일이 발생하는가 하는 것이다. 만약 은행이 고객을 수용한다면 이는 블록체인 기반의 디지털 신원 제공자에 의존한 결정이어서는 안 된다. 불법적인 일이 일어나는 경우 법적 책임의 소재는 은행에 있을까? 아니면 신원 제공자에게 있을까? 전통적인 기업 대 기업의 협약의 경우 그러한 문제는 당사자 간의 계약을 통해 처리된다. 이와 같은 계약은 대부분 진술과 보증, 면책 조항 및 피해 시 책임을 할당하기 위한 다른 메커니즘을 포함한다. 블록체인에 저장된 기록에 작용하는 스마트 컨트랙트를 통해 신원 증명에 접근할 경우 해당 조항이 명확하게 설명되지 않을 수도 있고 구현이 쉽지 않을 수도 있다.

크라켄 소송 사건과 같이 법적 질문들 중 일부는 비교적 직관적이고 간단할 테지만 또 다른 질문들은 그렇지 않을 것이다. 소송의 핵심에서 직접 서비스를 제공하는 기업의 탈중앙화 정도와 자동화 수준에 따라 상황은 더욱 어려워질 수 있다. 법률 체계는 새로운 관행과 원칙을 발전시킬 필요가 있을 것이다. 역사적으로 불법행위법은 19세기와 20세기 초 소매상 거래의 성장과 함께 변화했다. 제조자에게 잘못이 있더라도 피해를 입은 고객은 제조자가 아닌 중개인만을 고소해야 한다는 사항과 같이 계약상의 권리에 대한 기존의 사항들은 사라지고 제품 결함에 대한 엄격한 책임과 같은 새로운 법률 원칙이 생겨났다. 이와 동일한 과정이 분산 원장 시스템에서도 발생할 것이라고 본다.

특히 개방형 블록체인 네트워크에서 수탁 의무에 해당하는 것과 동일한 일이 발생할 가능성이 높다. 법적으로 수탁자는 특별한 책임을 지는 위치에 있는 사람이다. 여기에는 기업의 이사 및 임원, 수탁 재산을 관리하는 수탁자, 유언 집행자, 변호사, 의사 등이 포함된다. 수탁자는 자신의 이익보다 상대방의 이익을 우선시해야 한다. 이는 적절한 수준의 주의를 기울이고 이해 상충을 피하는 등 진실한 방식으로 행동하는 것 이상을 요한다. 수탁자의 계층은 고정돼 있지 않고 동일한 의존성을 나타내는 새로운 관계를 포함하도록 확장된다.

법률학자 잭 발킨Jack Balkin과 조나단 지트레인Jonathan Zittrain의 경우 구글과 페이스북처럼 지배적으로 인터넷을 기반으로 하는 플랫폼은 온라인상에서 개인정보에 대한 강력한 통제권을 갖고 있기 때문에 '정보 수탁자'로 취급돼야 한다고 제안했다.[25] 많은 금융 서비스 제공자는 투자자들의 의존 정도와 개인적 이익을 위해 관계를 활용하기 위한 강력한 인센티브 때문에 수탁자로 취급된다.

개발 중인 개방형 블록체인에는 수탁자를 암시하는 징후가 많이 포함돼 있다. 허가형 네트워크는 일반적으로 네트워크 운영자와의 계약적 관계를 통해 이들의 권리를 강제할 수 있는 식별된 객체로 제한된다. 하지만 개방형 네트워크에서 참여자는 영향력이 적다. 비트코인 또는 이더 보유자는 토큰의 무결성을 위해 네트워크에 의존한다. 법학 교수 안젤라 월치Angela Walch는 The DAO 공격 이후 블록체인 개발자들은 법적 수탁자로 대우받아야 한다고 주장하기도 했다.[26] 수탁자는 상대를 특별히 취약하게 하는 특별한 신뢰 관계를 맺을 필요가 있다. 사용자의 화폐 보유에 대해 블록체인 네트워크가 행사하는 절대적인 통제와 임의적인 거버넌스 결정 가능성을 감안할 때 이 테스트는 충분히 충족될 수 있다.

해킹이 발생한 후 이더리움 재단은 하드 포크를 제안하고 이에 따라 공격을 감행한 해커가 보유하고 있던 화폐를 반환할지 여부를 결정해야 했다. 이와 같은 맥락에서는 누가 도둑이고 누가 합법적인 화폐 보유자인지에 대한 논란이 발생할 일이 없지만 다른 상황에서는 이러한 구별이 명확하지 않을 수도 있다. 또한 네트워크가 이용자를 통해 이익을 취할 수 있는 다른 방법도 존재한다. 예를 들어 소프트웨어 개발자는 리베이트의 대가로 특정 채굴 하드웨어에 대한 유리한 합의 규칙을 구현하려고 채굴자와 공개할 수 있다. 비트코인 확장 논쟁에서는 벤처 자본의 지원을 받아 비트코인 기술을 상업화하려고 만들어진 신생 기업인 블록스트림의 직원들 중 특정 핵심 개발자들에게 많은 혐의가 밝혀지기도 했다.

수탁 책임에 대해 논하려면 우선 식별할 수 있는 수탁자가 있어야 한다. 이더리움 재단은 합법적으로 구성된 단체다. 비트코인 핵심 개발 과정은 더욱 분산돼 있다. 그러나 이더리움을 사용하더라도 채굴자들은 재단이 만든 코드를 사용할 필요가 없다. 이더리움 클래식ETC은 분산 그룹이 The DAO의 해킹을 뒤집는 업데이트를 거부하기로 선택하면서 탄생했다. 특정 객체가 블록체인 네트워크에 대해 가할 수 있는 통제의 정도는 상황에 따라 달라진다. 테조스, 네오, 큐텀, EOS와 같은 여러 ICO는 이더리움과 경쟁하는 블록체인을 계획하고 있으며 토큰 판매를 구조화한다는 그들의 결정은 네트워크의 경제 모델을 구성한다. 이러한 네트워크의 실행 가능성은 신뢰와 관련이 있기 때문에 그들이 이용자들을 통해 이익을 취하려고 하는 경우 해당 이용자들은 떠나갈 가능성이 높다.

정보-수탁의 개념은 법적 책임의 방향성을 블록체인 네트워크 내에서 코드의 방향성과 일치시킬 수 있다. 블록체인 네트워크 사업자는 다양한 유형의 유해 행위에 관여할 능력이 적기 때문에 관련된 의무는 기존 수탁자에 비해 상당히 적을 수 있다. 예를 들어 그들은 네트워크를 구축했다 하더라도 이용자의 자금을 들고 쉽게 도주할 수 없다. 왜냐하면 그 자체가 변경 불가능한 블록체인 기록이기 때문이다.[27] 이러한 체제가 정확히 어떻게 운영될 것이며 어떻게 합법적으로 시행될 것인가는 아직 해결돼야 할 문제로 남아 있다. 정보 수탁은 단순히 블록체인 네트워크의 자체 정의된 거버넌스에 대한 개념적 모델일 수 있다. 이는 오래된 법률 원칙이 새로운 상황을 다루는 데에 여전히 얼마나 도움이 되는지 보여 줄 수 있는 좋은 예시다.

코드를 더 법률처럼 만들기

규제 기관과 변호사 집단이 블록체인 환경에 적응할 수 있는 것처럼 분산 원장 시스템 역시 법률 집행에 보다 적절하게 변화할 수 있다. 여기서 살펴볼 세 가지 주요한 방식은 법률 및 스마트 컨트랙트 조항을 통합하고 기존의 법률 집행 메커니즘을 스마트 컨트랙트에 통합하며 법률과 유사한 거버넌스 프로세스를 블록체인 플랫폼에 통합하는 것이다.

템플릿 및 계약의 통합

블록체인 기반 시스템을 법률 집행과 일치시킬 수 있는 가장 쉬운 방법은 말 그대로 해당하는 두 시스템을 연결하는 것이다. 물론 스마트 컨트랙트가 계약법의 기본 원칙에 따라 법정에서 시행될 수도 있지만 이러한 기본 원칙은 계약과 관련된 근본적인 문제를 개선하는 기관과는 다른 기능을 한다.[28] 계약 조건과 결과를 사전에 제시한 후 계약에 따른 조건이 충족됐을 때만 결과를 보장하는 기능을 하는 스마트 컨트랙트와는 달리 법률 계약은 일이 계획대로 진행되지 않아 불가피하게 일어난 문제를 해결할 때 도움이 될 수 있다. 그리고 이러한 두 메커니즘이 하나의 시스템 안에 공존하지 못할 이유는 딱히 존재하지 않는다. 오히려 스마트 컨트랙트와 법률 계약이 서로의 기능을 무시할 때 The DAO 사태와 같은 문제점이 발생한다.

이에 대한 대안으로는 스마트 컨트랙트와 법률 계약을 명시적으로 결합하는 방법이 있다. 암호통화가 출현하기도 전인 2004년 정보보안 전문가인 이안 그릭Ian Grigg이 처음으로 이 아이디어를 리카르도Ricardo 디지털 거래 플랫폼의 일부로 고안해 냈다.[29] 리카르도는 계약서는 다음과 같은 세 가지 요소를 가진다고 정의했다.

1. 법률 코드legal code(인간이 읽을 수 있는 텍스트로 구성된 계약)
2. 컴퓨터 코드computer code(스마트 컨트랙트의 실행 가능 단계)
3. 파라미터parameter(컴퓨터 코드 실행 방식에 영향을 미치는 변수)

법률 코드는 컴퓨터 코드의 암호화된 해시 문자열을 포함함으로써 적절한 스마트 컨트랙트를 참조한다는 것을 보장한다. 이와 동시에 스마트 컨트랙트는 법률 계약 관련 텍스트를 암호화한 해시 문자열이 포함된다. 즉 이둘 사이의 명확한 연결점을 찾을 수 있는 것이다. 만약 스마트 컨트랙트에 문제가 발생하는 경우 법률 계약으로부터 해결책을 찾을 수 있다. 그릭은 이러한 구조가 리카르도 시스템을 위해 개발된 점을 고려해 이를 '리카르디안 컨트랙트Ricardian Contract'라고 불렀다.

닉 스자보가 고안해 낸 기존의 스마트 컨트랙트의 개념과 마찬가지로 리카르디안 컨트랙트 블록체인, 특히 이더리움이 성공적인 블록체인 스마트 컨트랙트를 구현하기 전까지만 해도 하나의 이론적인 구성에 불과했다.[30]

하지만 그 이후 이에 대한 접근법이 재발견됐다. 영국 은행 바클레이스 Barclays[31]가 주도하는 R3 컨소시엄의 하위 그룹, 하이퍼레저 오픈소스 이니셔 티브Hyperledger open-source initiative[32]의 일부로 포함된 모낙스 버로우Monax Burrow 소프트웨어, 오픈로OpenLaw[33] 등을 포함한 여러 그룹이 스마트 컨트랙트와 법률 계약의 상호 해싱을 사용해 솔루션을 구축하고 있다.

이러한 접근 방식을 통해 인간과 스마트 컨트랙트는 디지털 서명을 이용 해 서로를 명시적으로 참조할 수 있다. 인간이 읽을 수 있게 작성된 내용보 다 알고리듬 계약에 특권을 부여한 The DAO의 서비스 조항과는 달리, 해 당 접근법은 상호 의존성을 발생시킨다. 법원이나 의사 결정자는 계약 이행 을 처리하는 스마트 컨트랙트의 의도를 정확히 이해하고자 전통적인 계약 방식을 사용해 볼 수도 있다.[34]

모든 스마트 컨트랙트가 맞춤형 계약이나 협상 계약을 필요로 하지는 않 는다. 오늘날의 계약 시스템과 함께 기업과 소비자B-to-C, Business-to-Consumer 간 거래 및 저가 계약을 위한 형태가 널리 보급될 것이다. 대부분의 경우 분 쟁 해결 비용은 잠재적 회복을 초과해 왔을 것이며 이는 기구로부터의 단순 한 조치에 '대략적으로quick-and-dirty' 의존하는 것만으로도 충분할 것임을 의미 한다. 등기소와 같은 중개인에 대한 규제로 인해 스마트 컨트랙트와 관련한 모든 법적 조항을 명시할 필요가 없어질 수 있다. 많은 이가 블록체인 기반 시스템에 점점 익숙해짐에 따라 일반적인 상황에서 나타날 수 있는 문제의 해결을 위해 관례나 관습법, 제정법의 조합이 발전할 가능성이 높다.

중재, 오라클, 컴퓨터상의 디지털 법원

계약의 통합은 법률 계약의 실질적인 조항을 스마트 컨트랙트의 조항과 연 결해 준다. 또 다른 접근 방식은 스마트 컨트랙트의 자동화 시스템에서 시행 의 일부 측면을 제외하는 것이다. 즉 스마트 컨트랙트를 자체적으로 실행할 수 있도록 하되 모든 집행을 스스로 처리하는 것은 아니게 만들어서 코드를 기반으로 한 자동화된 시행의 모호성과 한계를 피해 갈 수 있다.

많은 스마트 컨트랙트가 이미 외부 세계와의 접촉이 필요하다. 예를 들면 일정 가격에 증권을 구입하는 주식매입선택권call option은 비트코인이나 다른 암호통화로 결제 후 블록체인 상에서 알고리즘을 통해 수행될 수 있다. 하지만 블록체인은 주가를 모르기 때문에 이러한 정보는 외부 연결을 통해 자동화된 데이터나 결정권자인 인간에게 제공되는 방식으로 직접 스마트 컨트랙트에 전달돼야 한다. 이러한 외부 자료들을 '오라클Oracle'이라 한다.[35] 일부 오라클은 기존의 데이터 피드data feed 중에서 단순히 스마트 컨트랙트가 자동화된 방식으로 처리될 수 있도록 인터페이스를 포함해 설계된 것이라고 볼 수 있다. 정보 서비스 대기업 중 하나인 톰슨 로이터Thompson Reuter는 스마트 컨트랙트 오라클과 같이 기능할 수 있도록 설계된 자사의 데이터 피드를 일부 구축하고 있다.[36] 오라클라이즈Oraclize는 데이터 피드를 오라클로 전환하는 데에 집중하고 있는 신생 기업이다.[37]

라이트Wright와 드 필리피De Filippi가 지적한 바와 같이 오라클은 법원이나 민간 주체들의 분쟁 해결에도 사용될 수 있도록 확장 가능하다.[38] 이때 인간이 오라클이 될 수도 있다. 계약 당사자들이 개인 키를 소유하고 또 다른 키 하나는 전문 중재자가 갖고 있는 간단한 스마트 컨트랙트를 떠올려 보자. 스마트 컨트랙트를 시행하려면 3개의 키 중 '다중 서명Multisig'으로 합의된 2개의 키가 필요하다. 당사자 모두가 계약이 완전히 이행됐음을 인정하는 경우 당사자는 각자의 키를 제공하며 이때 스마트 컨트랙트가 체결된다. 분쟁이 발생하는 경우 계약 당사자들은 중재자에게 의존하게 된다. 중재자는 계약이 이행될 수 있도록 키를 제공해 주거나 문제 발생 시 이를 거절해 거래가 성사되는 것을 막을 수 있다. 해당 시스템은 법적 중재 절차를 따라 만든 것이다.

기본적으로 스마트 컨트랙트는 중재 메커니즘이나 롤백 조항을 포함할 수 있다. 다중 서명 프로세스를 이용한 높은 장벽을 만들어 심각한 상황에서만 작동하도록 설계할 수도 있는데 이는 The DAO 공격과 같은 특이 케이스의 문제를 해결하는 데 도움이 된다. 대신 민간 분쟁 해결을 위한 고정적 수단을 만드는 데 사용될 수도 있다. 기업과 소비자 간 체결된 계약이 아주 많은 이 시점에 분쟁을 중재자에게 맡겨 해결하는 방식이 될 수 있는 것이다. 블록체인 투자자이자 스타트업 언닷컴Earn.com의 설립자인 발라지 스리니바산Balaji Srinivasan은 "추후 블록체인은 델라웨어 법원Delaware Chancery Court을 보완할 수 있는 하나의 방법으로 국제적이고 프로그래밍 가능한 '서비스로서의 법규rule-of-law-as-a-service'를 제공할 것"이라며 낙관적으로 평가하기도 했다.[39]

블록체인이 가진 분산적 특징을 고려한 새로운 분산 집행 메커니즘이 필요하게 될 수 있다.[40] 세계지적재산권기구WIPO, World Intellectual Property Organization가 인터넷 도메인에 대한 상표권 분쟁 해결을 위해 통일 도메인 이름 분쟁 처리 규정UDRP, Uniform Dispute Resolution Process을 만든 것과 같이 블록체인 분쟁에 필요한 새로운 국제 중재 네트워크 개발이 필요할 수도 있다.[41] 하지만 경우에 따라 중재 결정은 블록체인 내에서 직접 실행되거나 P2P를 기반으로 적용될 수 있으므로 블록체인 중재 시스템의 경우 기존에 시행되고 있는 시스템과는 다른 부분이 있을 수 있다.[42] 안드레아스 안토노풀로스Andreas Antonopoulos와 파멜라 모건Pamela Morgan은 2016년 5월 The DAO에 자금을 지원하기 위한 탈중앙화 중재 및 조정 네트워크DAMN, Decentralized Arbitration and Mediation Network를 제안했다.[43] The DAO의 사태로 인해 둘의 제안이 받아들여지지 못했지만 일부 다른 이들 역시 그들과 같은 아이디어를 제안하고 있다. 블록체인 기업가인 비나이 굽타Vinay Gupta만 해도 진행 중인 프로젝트 매터리움Mattereum을 통해 독점적인 스마트 컨트랙트 템플릿과 관련한 민간 중재자 네트워크를 구축할 수 있길 바란다고 언급한 바 있다.[44]

중재 체제를 위해 절충해야 하는 부분은 탈중앙화된 블록체인 환경에 중재자를 재도입해야 한다는 것이다. 인터넷 법학자 제임스 그리멜만James Grimmelmann과 컴퓨터 과학자인 아르빈드 나라야난은 다음과 같이 말한다. "중재자에게 누군가의 물건을 되돌려 줄 권한이 있다는 것은 그 사람의 물건을 빼앗을 권한 역시 가진다는 것을 의미한다. 블록체인에서 반드시 사라져야 하는 것이 바로 이러한 존재다."[45] 그래서 우리는 다음과 같은 빌리의 역설Vili's Paradox에 맞닥뜨리게 된다. "적절한 거버넌스를 가진 블록체인 시스템은 완벽한 탈중앙화를 이루지 못하며 완전한 탈중앙화를 이룬 블록체인 시스템은 제대로 된 거버넌스를 가지지 못한다."

컴퓨터상의 법원과 배심원은 위와 같은 문제를 극복하고자 확장된 탈중앙화 분쟁 해결 방법이다. 이들은 미리 정해진 의사 결정자나 법률 없이도 절차가 진행될 수 있도록 절차를 자동화하려는 시도를 한다. 따라서 이러한 메커니즘은 분쟁을 해결하는 중재자 대신 스마트 컨트랙트를 통해 구현되는 구조화된 투표 메커니즘을 활용해 집단의 지혜를 이용한다.[46]

8장에서 소개한 적 있는 플랫폼 어거는 컴퓨터상의 배심원을 이용하는 방식을 구현하기 위한 플랫폼으로 사용자가 예측 결과에 대한 거래를 진행하려고 현금을 (암호통화 형태로) 걸 수 있는 시장을 형성한다. 앞에서도 언급했지만 인트라드Intrade와 같은 현금 예측 시장이 규제 당국에 의해 폐쇄된 이유 중 하나는 불법적으로 혹은 비윤리적으로 사용되는 것을 막기 위함이다. 예를 들면 누군가의 살해를 예측하는 시장이 문제가 되는 것과 같다.

어거는 시장의 참여자들이 REP라는 토큰을 구매하는 시스템을 기반으로 한다. 예를 들어 누군가 대통령이 특정 기간 내 탄핵을 당할 것이라는 예측 시장을 형성하면 참여자는 해당 시장에 REP 토큰으로 채권을 발행한다. 그리고 그 예측이 맞는 경우 그들은 채권을 돌려받는다. (해당 예측에 배당을 거는 이들 역시 해당 토큰이나 다른 암호통화를 통해 동일한 방식으로 투자를 진행한다.) 배심원과 같은 역할을 하는 '리포터'를 무작위로 선별해 형성한 그룹은 해당 결과의 진위 여부를 파악하는 업무를 맡는다. 해당 리포터들 역시 반드시 REP 채권을 발행해야 한다. 해당 그룹이 내린 결과에 이의 제기가 발생할 수도 있으며 이러한 경우 또 다른 배심원 그룹이 무작위로 선택돼 이를 판단한다. 이때 첫 번째 그룹의 리포터가 잘못된 정보를 제공했다고 판단되는 경우 해당 리포터는 본인의 채권을 잃게 된다.[47]

어거는 중앙 기관에 대한 신뢰에 기반하지 않고도 검증된 결과를 도출하는 것을 목표로 한다. 월드 시리즈에서 어느 팀이 우승할 것인가와 같이 사실에 기반한 내용이 있다고 가정하면 어거 플랫폼은 해당 예측이 실제로 정확한지 평가하는 것이 아니다. 이 플랫폼은 평가하는 단계 자체를 분산해 시스템이 결과를 더욱 쉽게 측정하고 덜 정확한 결과를 갖고 논쟁이 벌어지는 일을 막기 위한 것이다. 실제 활용되는 배심원 평가 방식과 비슷하다고 볼 수 있다. '시민권'으로서의 책무로 지역 사회의 이웃을 위해 사건 결정에 도움을 주는 것이다.

만약 이러한 메커니즘이 제대로 작용한다면 이 플랫폼은 어떠한 분야에서도 이용할 수 있는 자체 운영되는 오라클이 될 수 있다. 어거 플랫폼의 설립자가 지적한 바와 같이 금융 파생상품이란 기본적으로 미래에 대한 복잡한 베팅일 뿐이다. 따라서 중개로 인해 발생하는 거래 비용을 없애는 것을 통해 누구나 전 세계 언제 어디서든 최초로 낮은 비용에 파생상품을 만들고 투자할 수 있게 함으로써 금융을 민주화하고 분산하는 것을 목표로 한다.[48] 어거는 비트코인과 마찬가지로, 기존에 중앙기관을 필요로 하던 역할을 대신할 것을 보장하며 이러한 역할이 인센티브를 통해 지역사회 전체로 확산될 수 있게 만들고자 한다.

어거 플랫폼은 불법적이거나 비윤리적인 행위를 감시하려고 사용되는 시스템과 동일한 시스템을 이용하는데 리포터들은 계약을 '확답할 수 없음 undeterminable 혹은 비윤리적임unethical'으로 표시할 수 있다. 이러한 표시가 과반수를 달성할 경우 2차 평가가 진행된 후 계약 해지가 이뤄지며 REP 채권 반환이 이뤄질 수 있다. 리포터들은 거짓되나 잘못된 판단을 내리는 경우 자신이 투자한 REP를 잃을 수 있는 위험을 감수하게 됨으로써 윤리적이고 정확한 사실적 판단을 내릴 수 있도록 장려된다. 이론상 어거 플랫폼은 지역 공동체를 위한 규정을 딱히 정의할 필요가 없다. 지역 공동체가 스스로 이를 정의하기 때문이다.[49] 어거 플랫폼의 CEO인 조이 크루그는 이것이 제한된 행동 범주에 해당될 가능성이 높다는 것을 인정하며 다음과 같이 말했다. "사실 '무엇이 비윤리적인가'라는 질문에 대해 '일반적으로 합의된 기준'을 보면 전 세계 대부분의 문화나 국가에서 비윤리적인 것으로 여겨지는 것들인 경우가 많다."[50]

어거 플랫폼 내 컴퓨터상의 배심원단은 암호경제 원리에 기초한 법 체계

같은 것을 완전히 재창조하려는 상당히 매력적인 아이디어다. 하지만 다양한 근거에 입각해 이러한 아이디어에 회의적인 사람들이 있다. 참여자들 중 대다수가 일부 관할권에서는 불법일 수 있는 행위를 비윤리적인 것이 아니라고 볼 수도 있기 때문이다. 특정한 불법 약물을 복용하는 것이 대표적인 예시가 될 수 있다. 리포터들에게 있어 어떤 일이 윤리적인지 판단하는 일은 그것이 사실과 일치하는지 판단하는 것보다 훨씬 어려울 수 있다. 만약 리포터가 내린 판단에 대해 이의가 제기되고 그것이 받아들여진다면 본인의 REP를 잃을 위험이 있기 때문에 애초에 리포터들이 '확답할 수 없음/비윤리적임'이라는 선택을 내릴 때 머뭇거리는 요인이 될 수 있다. 사실 이 두 가지 범주는 서로 굉장히 다른 속성을 가진다. 하지만 어거에서 사용되는 시스템은 최소한 탈중앙화된 다른 분쟁 해결 플랫폼 구축을 위한 데이터를 제공할 수 있다. 5장에서 설명한 아라곤 프로젝트는 대법원에 이르는 여러 단계의 항소와 블록체인 기반 기업을 관리하는 탈중앙화된 법원과 유사한 개념을 가진다.[51]

이러한 자발적 메커니즘은 어떤 것이든 블록체인의 응용이 될 수 있으며 어떤 경우에는 법적으로 의무화가 될 수도 있다. 바람직한 접근 방식을 따를 수 있도록 장려하려면 다양한 인센티브와 거버넌스 메커니즘을 활용할 수 있다. 기존에는 분쟁이 발생하는 경우 연방정부의 중재법에 따라 미국 법원으로 전달돼 사기와 관련된 사건이 아닌 경우 민간 중재 결정을 따를 것을 지시한다. 또한 뉴욕 협약은 전 세계 중재 판결에 대한 상호 인식을 확장한다. 국가 입법 및 국제 협약을 통해 적절히 설계된 블록체인 분쟁 해결 시스템을 위한 유사 집행 기관을 만들어 낼 수 있다.[52]

온체인 거버넌스

거버넌스 기관으로서 블록체인 네트워크가 가진 가장 큰 문제점 중 하나는 기본 규칙을 변경하는 것이 어렵다는 것에 있다. 이 역시 빌리의 역설에 해당된다. 합의 규칙이나 기타 속성의 변경을 고려하고 이를 실행하려고 적절한 메커니즘을 가진 시스템은 기본적으로 탈중앙화가 쉽지 않다. 역설에 대한 궁극적인 해결책은 블록체인 합의 메커니즘 자체와 같은 탈중앙화된 거버넌스 시스템을 갖추는 것이다.

비트코인에는 공식적인 거버넌스 부분에서 부족한 부분이 있지만 비트코인 개발자들은 기술적 변화를 위해 자발적 신호 메커니즘 BIP 9를 조작했다.[53] 이 메커니즘을 통해 채굴자들은 자신이 변화를 받아들이려는 의지가 있으며 준비가 돼 있음을 알릴 수 있다. 세그윗 업그레이드에도 유사한 프로세스가 사용됐다. 임계값에 해당하는 네트워크 해싱 파워의 80%가 신호를 보낸 후 자동으로 세그윗이 비트코인 네트워크에서 활성화된다.[54] 논란이 되고 있던 비트코인 프로토콜 업그레이드와 관련해 시그널링signaling이 대략적인 투표 메커니즘을 가능하게 한 것은 맞지만 온체인 거버넌스로서는 아쉬운 부분이 많다. 승인에 대한 임계값은 업그레이드를 제안하는 사용자가 중앙에서 설정하는 것이므로 임의적이라고 볼 수 있다. 이때 중요한 부분은 BIP 9는 신호를 보내는 역할만 할 뿐 정책을 직접 시행하지는 않는다는 것이다. 많은 네트워크 참여자 사이에서도 비트코인 확장에 대한 논쟁은 아직까지 합의되지 않은 상태다.

일부에서는 진정한 온체인 거버넌스를 구축하기 위한 노력이 이뤄지고 있다. 루트스톡Rootstock 프로젝트의 경우 비트코인에 스마트 컨트랙트를 더하려는 노력을 하고 있다.[55] 이 경우 채굴자와 사용자 모두에게 네트워크 변경에 대한 의무적 투표를 할 수 있는 권한을 주는 내장 프로세스의 통합이 이뤄지게 된다. 일부 프로젝트 중 디크레드Decred나 디피니티Dfinity, 테조스 같은 프로젝트는 거버넌스 메커니즘을 갖는 완전히 새로운 블록체인을 구축하고 있다.[56] 이러한 시스템은 네트워크 참여자들이 프로토콜 변경과 관련한 투표를 진행할 수 있도록 알고리듬을 사용하며 충분한 표를 얻은 제안은 자동으로 이행된다. 2017년 초 디크레드는 거버넌스 메커니즘을 이용해 투표 토큰을 할당하기 위한 알고리듬을 성공적으로 변경했다. 조금 더 큰 목표를 갖고 있던 프로젝트인 테조스의 경우 거버넌스를 기반으로 대규모의 ICO를 개최하기도 했다.

하지만 이러한 시스템에는 한계가 있다. 바로 빌리의 역설을 완전히 극복하지 못한다는 것이다.[57] 분산 원장 시스템을 관리하는 규칙의 많은 부분을 내장했지만 대부분 민주적인 투표 방식을 위해 하드 코딩된 규칙에 의존하는 경우가 일반적이다. 또한 채굴자나 개발자, 그 외 활발한 사용자와 같은 다른 유권자들보다 다량의 토큰을 보유한 사람에게 유리하게 작용한다. 이러한 거버넌스는 어쩌면 상당히 좋은 방법일지도 모른다. 윈스턴 처칠Winston Churchill의 말을 빌리자면 최악의 조건들 중 최선의 선택인 것이다. 물론 완벽하지 않을 수 있다. 불완전한 거버넌스는 수정이 필요할 것이고 결국 누군가에 의해 변경될 것이다. 게다가 인간이 직접 네트워크 참여자들이 투표한 변경된 규칙을 정의하고 이 방법이 채택되는 경우 변경 사항을 시행하기 위한 소프트웨어를 코딩할 필요가 있다. 온체인 거버넌스 시스템은 블록체인이 인간에 의한 법적, 거버넌스 체제처럼 운영될 수 있게 하지만 아직까지는 기존 제도의 역할이 필요하다.

법률과 블록체인에 대한 이러한 다양한 접근법이 얼마나 성공적으로 이뤄질지는 명확히 알기 어렵다. 기존의 구성과 새롭게 신뢰할 수 있는 구성은 유동적일 것이기 때문이다. 우리가 나아가야 하는 방향은 거버넌스 메커니즘이나 코드와 법률의 융합의 방향이지만 이와 관련해 많은 세부 사항이 아직 해결해야 할 문제로 남아 있다. 만약 그러한 문제들이 해결될 수 있다면 사회 경제적으로 중요한 다양한 문제들을 새로운 방식으로 해결할 수 있는 문이 열릴 것이다.

암호 거버넌스의 융합

8장에 제시된 암호 규정에 대한 도표를 기억해 보자. 암호학, 법률, 사익, 신뢰. 이 네 가지 양식은 각각이 하나의 거버넌스의 형태다. 표 10.1과 같이 블록체인을 기반으로 하는 시스템에서는 네 가지 모두가 하나로 통합돼 하이브리드 솔루션이 된다.

암호 거버넌스 체계는 5장에서 논의된 적 있는 비탈릭 부테린의 주관적 암호경제 시스템 및 객관적 암호경제 시스템의 구분법에 따라 확장된다. 암호학과 법률은 제약을 통해 통제하는데 이 두 가지는 사람이 할 수 있는 것들 중 많은 것을 제한한다. 사익과 신뢰는 개인이 무언가를 선택할 때 바탕이 돼 특정한 방법을 통해 자발적으로 선택하게 한다. 암호학과 경제학은 충분한 데이터 집합에 대한 효과를 객관적으로 모델링할 수 있는 응용 수학의 한 형태이며 법률과 신뢰는 판단을 내리거나 어떤 것에 대한 가치를 매길 때 척도가 되는 인간에 의해 창조된 시스템이다.[58]

표 10.1 블록체인 거버넌스의 형태

	제약에 의한 거버넌스	실행에 의한 거버넌스
객관적 거버넌스	암호학	사익
주관적 거버넌스	법률	신뢰

블록체인 기반 시스템을 위한 거버넌스가 직면한 과제는 위의 양식들을 통합하는 것이다. 각각의 형태의 거버넌스 그 자체만으로는 불완전하다. 빌리의 역설은 암호학과 사익이 분리돼 있음을 보여 준다. 경제적 인센티브가 탈중앙화된 의사 결정 방법을 통해 이뤄지더라도 이에 대한 정의는 중앙화를 통해야 하며 암호학적으로 필요한 규칙들을 정립하고 실시해야 한다. '진정한 자유는 악용돼 오히려 해가 될 것'이라는 블라드의 난제는 암호학과 법률의 분리로 인한 문제점을 시사하고 있다. 컴퓨터 코드는 이러한 문제가 불법적인 행동을 유발하는지 알지도 못할 뿐더러 신경쓰지도 않는다. 암호학적 제약만으로는 인간의 동기를 이해할 수 없기 때문에 분산 원장의 효과적인 거버넌스를 보장할 수 없다. 인간은 실질적으로 사익에 의해 동기를 부여받기 때문에 시스템의 취약성을 이용할 방법을 찾을 수밖에 없다. The DAO를 공격한 자는 스마트 컨트랙트의 규칙과 합의 메커니즘을 따랐다. 수입을 극대화하는 블록 사이즈를 고집하는 비트코인 채굴 풀은 나카모토

합의에서 벗어나는 일을 전혀 하고 있지 않다.

　사익의 경제학이 이러한 행동을 설명할 수 있다. 뿐만 아니라 반응적 제도 구조를 만드는 것을 도울 수 있다. 그러나 경제학은 '도둑질하지 말라'거나 '팀을 위해 하나 가져가라'고 말할 수 없다. 비판적 기술 이론가 애덤 그린필드가 예리하게 파악한 것처럼 암호통화를 통한 거버넌스는 모든 것에 가격이 매겨져 있으며 시장에서 거래될 수 있는 세계관을 구현한다.[59] 그것이 상호 보조의 협력적인 약속으로 이어질 순 있지만 이는 암호통화 재력가들에게 모든 권력을 부여하고 그들이 자유 민주주의 사회에서 아무런 제한을 받지 않도록 할 수 있다.

　경제 예측은 대부분의 사람들이 인센티브에 이성적으로 반응함으로써 빗나갔다. 그러나 경제학은 불가침의 암호학과 같은 방식으로 의무를 강요할 수는 없다. 인센티브가 잘못 조정되거나 경제적 합리성이 아닌 다른 무언가가 행동에 영향을 미치는 경우 경제학은 한계에 도달한다.

　비트코인은 작업증명이라는 암호경제 구조를 통해 암호학과 사익을 결합시켰지만 이 둘 사이의 융합은 불완전했다. 네트워크 시스템의 거시적인 관점이 아니라 합의라는 측면의 미시적 관점에서 작용한 것이다. 암호경제 원리를 지역사회 거버넌스로 확장하기 위한 흥미로운 실험이 진행됐지만 저마다의 리스크나 약점을 떠안고 있다. 또한 상당한 자금이 투입돼 있는 규모의 시스템에서는 아직 어떤 것도 채택된 적이 없다.

　법률과 신뢰를 연결하는 것 역시 유사한 과제를 보여 준다. 8장에서 논의한 바와 같이 이 두 양식은 일치하는 경우도 있고 오히려 반대로 작용하는 경우도 있다. 이번에도 이러한 문제는 분석의 수준과 연관된다. 사익이라는 미시적 관점에서는 과도한 법적 절차가 오히려 신뢰에 대한 위협이 될 수 있다. 이는 집행 기관이 필요하다는 것을 의미하며 다른 관점에서는 신뢰의 부족을 의미한다. 이러한 동적 관계는 그 자체로 신뢰를 저하시킬 수 있다. 블록체인 기반 시스템이 분산 신뢰 형성에 효과적인 이유 중 하나는 법률 대신 암호학에 의존함을 통해 위와 같이 문제 있는 법적 감독을 피할 수 있기 때문이다.

그러나 거시적 관점의 거버넌스에서는 그 양상이 조금 다르다. 과도한 법적 형식주의는 신뢰 관계가 강하게 성립돼 있는 소규모 집단에서는 문제가 될 수 있지만 더 큰 규모에 높은 다양성을 가진 집단에서는 오히려 적은 문제를 일으킨다. 민주적 대표 구조 및 사법 집행 절차와 같이 공식화된 법률 제도는 사회적 상호 작용을 위한 낮은 거래 비용 환경을 조성하며 민간 거래소와 금융 중개인들이 체계적인 규칙으로 구두계약을 대체한다. 노벨 경제학상을 수상한 경제사학자 더글러스 노스Douglass North는 이러한 기관들의 성장이 어떻게 소규모 가족 기반 군집과 대규모 국내 및 국제 거래 환경 사이의 격차를 해소했는지 추적했다.[60]

이 과정에서 직면한 과제는 강압적 제재가 항상 효과적인 것이 아니기 때문에 단순한 강압적 제제가 아닌 그 이상에 기반을 둔 법적 체제를 설립하는 것이다. 톰 타일러Tom Tyler는 본인의 연구에서 사람들이 법규를 준수하는 주된 이유는 강제력이 아니라는 것을 보여 줬다.[61] 사람들은 법률이 공정하고 정당한 방법으로 시행되는 것이라 생각하기 때문에 법을 지키게 된다는 것이다. 법적 제재는 주권 실행자의 영토 범위 내에 속한 지역사회에만 적용된다. 범죄인 인도처럼 물리적으로 한 국가의 영토를 벗어나 법을 시행하는 메커니즘은 상당히 까다로울 뿐만 아니라 두 국가의 사법권이 동일한 법적 체제인 경우에만 적용된다.

법률 준수와 관련된 문제가 블록체인과 연관되는 경우 문제는 더욱 심각해진다. 예를 들어 뉴욕의 비트라이선스 취득을 위해 이동하는 것처럼 자국의 법률 체계를 신뢰하지 않는 사람들은 본인에게 더 유리한 관할권이 있는 국가로 쉽게 이동할 것이며 또는 암호학을 이용해 숨을 수도 있다. 하지만 로스 울브리히트와 알렉산더 빈닉을 끝내 체포한 것처럼 새로운 법규를 만들어서라도 이러한 자들을 찾아낼 것이다. 다만 이러한 법률 집행에는 비용이 발생하며 불확실성뿐만 아니라 부수적 피해까지 수반될 수 있다. 그러니 처음부터 제대로 시행할 수 있는 법규를 만드는 편이 훨씬 유리하다. 말로는 쉬워 보이지만 앞에서 언급한 것처럼 분산 원장과 관련된 활동에 대해 신뢰할 수 있는 법규를 개발하려면 막대한 업무가 수행돼야 하기 때문에 실제로 진행하기는 어려운 것이 사실이다.

자유주의 정치 이론의 사회 계약social contract과 민주주의 메커니즘democratic mechanism은 법률과 신뢰를 연결하는 다리 역할을 한다. 하지만 왕이나 대통령 투표를 거부하는 인터넷 엔지니어링 태스크 포스IETF, Internet Engineering Task Force의 모토에서 볼 수 있듯이 기존의 비트코인 커뮤니티를 활성화한 사이버 자유지상주의는 이것이 해결책이 아니라고 생각한다.[62] 2015년 장기간에 걸친 비트코인 확장scaling에 대한 논쟁이 특히 이슈가 된 적이 있다. 이때 비트코인 웹사이트 Bitcoin.org의 운영자와 토론 포럼 운영자는 제시된 제안들에 대해 공개 토론을 하는 것을 허용하지 않았다. 그는 "민주주의 결여는 비트코인이 가진 장점 중 하나다"라고 언급하기도 했다.[63]

사분면의 암호학 규정 모델은 숨어 있던 잠재적 융합 가능성을 발견했다. 대각선 방향에 놓여 있는 인센티브를 기반으로 하는 모델과 법률의 통합은 순탄한 길을 의미한다. 법규와 규제 요건을 평가하기 위한 경제적 기술의 사용은 최소한 미국에서는 법률과 관련해 사용되는 주요 분석 접근법이라고 할 수 있다. 법률과 경제학의 합의에 대한 대부분의 비판조차 행동 경제학, 능력 이론 또는 시장 실패에 대한 시카고 대학교 이후의 통찰을 통합해 자체적인 관점에서 접근 방식을 비판한다.

반대편 대각선 방향의 암호학과 신뢰의 관계 역시 위와 매우 유사하다. 오늘날 디지털 시스템상에서 보안을 구현하는 대부분의 방식이 이를 보여준다. 암호학을 활용한 보안 방법의 견고함 때문에 개인뿐만 아니라 기업과 같은 조직 역시 인터넷상에 데이터를 보관하고 거래를 수행할 수 있는 것이다. 하지만 법률과 경제학의 관계와 마찬가지로 암호학과 신뢰에도 한계는 있다. 예를 들어 아무리 세계에서 가장 안전한 암호학을 사용하더라도 '스피어피싱spearphishing' 이메일에 속아 비밀번호를 스스로 알려 주는 사용자를 보호할 수 없는 것과 같다. 힐러리 클린턴Hilary Clinton의 선거대책위원장인 존 포데스타John Podesta조차 피싱으로 인해 러시아 해커들이 그의 이메일 기록에 걸려 있던 보안을 우회할 수 있게 됐고 결국 전체 메시지를 해킹당한 사건도 있다.

수직적 차원에서는 암호학과 법률 사이의 차이가 사람들이 서로에게 자신을 표현하는 방식과 컴퓨터 프로그래밍을 하는 방식 사이의 차이와 동일선상에 놓여 있다. 법률은 결코 완전히 객관적인 규칙으로 치환될 수 없다. 그중 일부는 객관적 규칙으로 치환될 가능성이 있고 이를 통해 상당한 이점을 얻을 수 있다. 그러나 이러한 사실은 단지 해당 부분을 더 중요하게 만들 뿐이다. 견고하고 암호학적으로 안전한 코드는 결코 인간의 의도를 완전히 포함할 수 없다. 이것이 6장에서 논의한 스마트 컨트랙트 표현의 문제다.

보다 일반적으로 분산 원장 시스템의 암호화 차원은 유한한 시스템으로 표현되기 때문에 법률처럼 자체적으로 부트스트랩bootstrap하는 것이 불가능하다. 법률 시스템은 규칙 그 자체와 법률 제정을 위한 제도적 과정 모두를 통합한다.[64] 법률은 미리 정의된 코드를 단순히 읽어 내는 것이 아니라 본질적으로 역동성을 가지며 빌리 레돈비르타가 이야기한 두 가지 기능 규칙 제정rule making과 규칙 시행rule enforcement 모두를 통합한다. 따라서 블록체인 거버넌스의 또 다른 필수적인 측면은 불완전할지라도 암호학과 법률의 융합이라고 볼 수 있다. 관련된 메커니즘은 10장의 앞부분에서 논의한 바 있다.

위와 같은 관계는 신뢰와 경제를 교차시킨다. 이러한 융합은 경제적 인센티브를 넘어서는 행동에 대한 동기를 반드시 탐구해야 한다. 올리버 윌리엄슨이 '비계산적 행동'이라고 묘사한 신뢰의 정서적 측면은 그가 주장한 것처럼 거래 비용 경제학으로 설명하는 것이 불가능할 수 있다.[65] 이는 거버넌스라는 큰 틀에서 중요한 가치를 가진다. 성공적인 분산 원장 시스템은 거버넌스 수준에서 신뢰 구조가 조정되는 시스템이다. 아이러니하게도 분산 원장 기술을 채택하는 기본적인 이유 중 하나는 네트워크 참여자들 사이의 제한된 신뢰 구조라고 할 수 있다.

비트코인 확장에 관한 거버넌스 문제의 핵심은 5장에서 논의된 바와 같이 리스크와 불확실성에 대한 프랭크 나이트Frank Knight의 정의와 관련이 있다. 비트코인 채굴과 관련된 리스크는 '수익이 관련된 비용을 넘어설 수 없을 것'이라는 점이다. 그러나 리스크는 수치적으로 계산할 수 있기 때문에 채굴자들이 투자 여부를 합리적으로 결정할 수 있다. 마찬가지로 사용자는 관련된 위험을 이해할 수 있기 때문에 블록체인을 신뢰할지 여부를 결정할 수 있다. 합의를 위한 거버넌스 규칙을 정의하는 코드는 개방형으로 열려 있으며 이제는 경험적 결정의 기초가 되는 역사가 이미 쓰여져 있다.

하지만 근본적인 방식으로 합의 알고리듬을 변경하게 되면 상당한 불확실성이 발생한다. 비트코인을 개발한 핵심 개발자들의 말에 따르면 단순히 블록 사이즈를 확장하는 것조차 시스템의 안정성을 위협할 수 있다고 한다. 시간이 지남에 따라 어떤 변화가 나타나고 해당 변화가 다양성이 존재하는 지역사회에 어떤 영향을 미치는지 정확히 답을 내리기는 어렵다. 다만 장기적으로 볼 때 분산 원장 네트워크의 형태를 더 많이 변경할수록 원장이 역할을 제대로 하고 있는지 평가하기는 더욱더 어려워질 것이며 이로 인한 문제를 해결하기 위한 비용이 발생할 것이다. 거래 비용에 관한 경제학에서는 이를 자산이 가진 특수성과 합리성이 가진 한계의 문제로 보고 있다.

거버넌스 자체가 근본적으로 다루기 힘든 문제이긴 하지만 블록체인 기술은 거버넌스가 가진 특정 문제 원장에 대한 합의를 새로운 방식으로 해결한다. 물론 이러한 사실이 블록체인 네트워크가 직면한 높은 수준의 조정 문제까지 해결해 주는 것은 아니다. 이에 대한 효과적인 해결책은 법률과 기술적 신뢰가 가진 장점만을 최대로 활용해 도출돼야 할 것이다.

11장_ 예측 불가능한 확실성

부유할수록 투기적이다

1994년 미국 국립연구회의NRC, National Research Council는 당시 국가정보 기반구조National Information Infrastructure라고 불리던 구상의 미래에 대해 고려하기 위해 비즈니스 및 기술 분야의 리더로 구성된 최고의 전문가 패널을 구성했다. 이 단체는 1996년에 최종 보고서를 발표했는데 '예측 불가능한 확실성The Unpredictable Certainty'이라는 제목은 당시의 인터넷과 오늘날의 블록체인에 대한 전망을 완벽하게 담아 냈다.[1]

보고서 작성자들은 "진화하는 정보 기반구조가 제공하는 기회는 풍부한 만큼 투기적이다"[2]라고 전망했지만 그럼에도 "기술과 그 용도는 꾸준히 발전할 것"[3]이며 인터넷이 "아마도 인류 역사상 유일한, 혁신을 위한 특별한 플랫폼일 것"[4]이라는 자신감을 내비쳤다. 네트워크의 초기 디지털 네트워크가 사람들의 일상 생활, 작업 방식, 의사소통 등 모든 것을 변화시킬 것이라는 점은 확실했다. 하지만 짧은 시간 범위를 넘어서 언제 어떻게 변화할지는 예측이 불가능했다.

"부유할수록 투기적이다"라는 말은 암호통화 백만장자들이 비트코인과 이더리움 수익을 초기 코인 공개ICO에 쌓아 두는 모습을 적절하게 그려낸다. 또한 블록체인 및 분산 원장 기술이 제공하는 기회를 보여 주는 좋은 설명이 되기도 한다. 인터넷 발전의 역사는 두 가지 측면에서 블록체인의 미래에 대한 유용한 지침을 제공한다. 시스템의 규모에 따라 탈중앙화가 보장하는 것이 어떻게 훼손될 수 있는지 그리고 블록체인 기술이 개방형 인터넷이 보장하던 엄청난 것들을 어떻게 되살릴 수 있는지에 대한 것이다.

NRC가 보고서를 발표한 1996년까지 이베이, 아마존, 야후와 같은 기업들은 이미 설립돼 있었다. 최초의 그래픽 웹 브라우저인 NCSA 모자이크Mosaic는 3년 전에 이미 출시됐고 그로부터 1년 후 최초의 주요 상용 브라우저인 넷스케이프 내비게이터Netscape Navigator가 출시됐다. 빌 게이츠Bill Gates는 이제 인터넷이 세계에서 가장 강력한 테크놀로지 기업인 마이크로소프트의 최우선 과제라고 선언한 그의 유명한 메모를 공개했다.[5]

이에 반해 인터넷이 대중적으로 사용되는 일은 상당히 제한적이었다. 대부분의 사람들이 인터넷에 접속하려고 사용했던 온라인 서비스인 AOL의 회원 수는 500만 명이었고 미국 전체 온라인 이용자는 약 2,000만 명이었다. 사용자들은 웹에서 평균적으로 한 달에 약 30분을 보냈다[6](오늘날 미국인들의 하루 평균 온라인 접속 시간은 약 4시간이다).[7] 우리가 알고 있는 소셜 미디어, 메시징, 모바일 인터넷 접속, 스트리밍 미디어 등은 그 시절 존재하지 않았다. 그 시대의 전문가들은 인터넷을 "과장으로 가득찬"[8] 최신 유행이라고 묘사했다. 돌이켜보면 사용자들의 선택, 기업 참여, 글로벌 확산을 위해서는 필수적인 것처럼 보이는 것들이 20년 전에는 그저 추측에만 근거한 것처럼 보였다.

특정한 기술의 개발이 예정돼 있지 않으면 이에 대한 법적 대응 역시 불가능하다. 미국 정부는 이제 막 발생한 인터넷 서비스를 강하게 규제해 없애 버릴 수도 있었다. 실제로 거의 그럴 뻔했다. 1996년 의회는 '외설적인' 온라인 콘텐츠에 대한 광범위한 형사 처벌을 통과시켰고 이는 책임에 대한 두려움으로 인해 검색 엔진 및 기타 서비스를 중단시킬 수 있었다. 그 대신 법률상 유해한 부분은 법원에서 기각됐고 개정안은 중개자에게 사용자가 제공한 콘텐츠에 대해 기존의 콘텐츠 게시자 또는 배포자보다 더 넓은 면책 범위를 부여했다. 연방통신위원회FCC는 인터넷 접속에 부담스러운 분당 사용 요금을 승인하고 인터넷 기반 음성 통신을 금지할 수 있었지만 그러한 조치를 취하는 대신 해당 기술을 수용했다. 미국은 모든 종류의 제한을 부과하려고 인터넷 도메인명 시스템의 루트에 대한 통제를 시행할 수 있었으나 국제적, 민간 운영, 다중 투자자 기구인 국제인터넷주소관리기구(ICANN, Internet Corporation for Assigned Names and Numbers)로 감독을 이양했다.

위와 같은 단계와 다른 여러 단계가 개방형 인터넷의 성장을 늦추고 왜곡시킬 수도 있었다. 인터넷이 법적 제도의 손아귀에서 벗어날 수 있다는 1990년대 사이버 자유 지상주의자들의 생각은 틀렸지만 정부와 법원이 인터넷의 잠재력을 진지하게 받아들여야 한다는 생각은 옳은 것이었다.

블록체인은 오늘날의 예측 불가능한 확실성이다.

탈중앙화의 신뢰성에 대한 개념이 세상 밖으로 드러났다. 비트코인이 분산 원장에서 신뢰할 만한 기록 보관과 가치 교환이 가능함을 보여 준 것이다. 이더리움은 스마트 컨트랙트가 복잡한 거래를 자동화할 수 있다는 사실을 보여 줬다. 오늘날 운영되는 모든 주요 플랫폼과 DApp이 실패하더라도 다른 것이 그 역할을 대체할 것이다. 탈중앙화와 공유된 진실은 기술적 역량이 결국 시장의 요구에 부합하는 다양한 맥락에서 강력한 애플리케이션을 갖고 있다. 그러나 이 책 전반에 걸쳐 논의되는 것과 같이 아직 답을 찾지 못한 심각한 문제들이 남아 있다.

필연적으로 블록체인과 분산 원장 기술의 잠재력에 대해 무한한 열정을 갖고 들여다보는 시기에 이뤄지는 대부분의 논의는 리스크보다 이점에 초점을 둔다. 시스템이 작동하지 않을 경우 어떤 일이 발생할지 의심하는 것보다는 시스템이 어떻게 작동해야 하는지 설명하는 것이 더 흥미롭다. 혁명, 파괴 그리고 모든 것을 변화시키는 도취적인 이야기가 만연해 있다. 낙관적인 서사에 의문을 제기하는 사람들은 일반적으로 기업 자체에 대해 회의적인 경우가 많다. 영향력 있는 논평자들 중 다수가 비트코인이 제대로 기능하거나 현금을 대체할 수 없고 다단계 금융 사기이며 일반 대중에게 결코 이익이 될 수 없는 모든 이유에 대해 설명해 왔다. 가장 최근에 비평가들은 규제 기관이 블록체인의 성공을 절대 허용하지 않을 것이라거나 비트코인이 유일하게 실현 가능한 블록체인이라는 것 또는 기존의 기업들이 이 기술을 사용하지 않을 것이라는 주제로 논쟁을 벌이고 있다.

지지자들이나 반대론자들은 똑같은 실수를 저지른다. 이야기의 일부를 전체로 혼동하는 것이다. 수천 명의 사람들, 수백 개의 회사, 수십억 달러의 투자가 얽힌 수년간의 실제 경험은 블록체인 컨센서스가 실제로 작동한다는 것을 보여 준다. 적어도 인터넷이 작동하고 있는 것만큼이나 잘 작동한다.

반면에 이 혁신이 전문 투자자들이 흥미를 가질 만한 새로운 자산군과 기업 데이터베이스 구조에 대한 조정 그 이상의 의미가 있는지에 대해서는 미해결 질문으로 남아 있다. 다양한 비즈니스 활동과 실험이 진행되고 있다. 몇몇 실제 성공 사례와 검증된 사용 사례가 있다. 하지만 아직 구글이나 위키피디아는 고사하고 블록체인 경제 체제의 야후나 넷스케이프와 같은 존재도 없다. 아마도 그런 회사가 현재 운영되고 있기는 하지만 아직 그 정도의 영향력을 갖지는 않았을 것이다. 블록체인 사용이 인터넷과 같은 규모에 도달하더라도 시스템이 비트코인이나 이더리움과 같은 프로젝트를 매우 흥미롭게 만들었던 단순한 개방성과 탈중앙화를 유지할 것이라는 보장은 없다.

코인 구매자 또는 시스템 사용자로서 블록체인 세계에 참여하려면 믿음의 도약이 필요하다. 관련된 수많은 기술이 매우 복잡하고 아직 검증되지 않은 상태다. 개인이나 기관 할 것 없이 모두 불완전한 정보를 바탕으로 투자를 해야 하고 자신이 완전히 이해하지 못하는 세계를 신뢰해야 한다. 하지만 그 신뢰의 도약은 바로 블록체인 기술 그 자체가 작동하는 방식으로 충분할 것이다. 이는 신뢰할 수 없는 기초 위에 신뢰할 수 있는 진리를 구축한다.

블록체인은 완벽하진 않더라도 글로벌 신뢰 위기에 대한 대응책으로 자리를 잡았다. 블록체인이 이러한 위기에 대해서 완전한 해결책을 제공하지는 않지만 그 어떤 것도 이에 대해 완전한 해결책을 제시하지는 못한다. 블록체인 기술이 효과적인 대응책으로 기여할 수 있다고 말할 수 있는 가장 큰 분야는 금융 서비스, 데이터 보호, 감시와 같이 민간 및 공공 기관에 대한 신뢰가 매우 큰 긴장감을 겪고 있는 분야다. 블록체인은 인터넷 본래의 비전을 훼손하며 조금씩 진행되는 중앙 집중화에 대한 균형추로서 특별한 전망을 제시한다.

탈중앙화는 지속할 수 없다

MIT 미디어 랩MIT Media Lab 이사 조이치 이토Joichi Ito와 벤처 캐피털리스트 마크 안드레센Marc Andreessen을 포함한 많은 영향력 있는 기술자와 투자자는 초창기 비트코인과 블록체인을 인터넷에 비유했다. 안드레센은 2014년에 다음과 같이 비유했다.[10]

> 겉보기에는 난데없이 불가사의한 신기술이 갑자기 등장하지만 실제로는 거의 익명의 연구원들이 20년 동안 집중적으로 연구하고 개발한 결과다. 정치적 이상주의자들은 해방과 혁명의 대한 비전을 투영하고 기득권층은 이를 무시와 경멸을 쏟아붓는다. 반면에 기술자들(괴짜들)은 신기술에 매료돼 있다. 결국 그 효과는 심오해진다. 그리고 나중에 많은 사람은 왜 처음부터 그 강렬한 유망함이 더 뚜렷하지 않았는지 궁금해한다.

얼마 전까지만 해도 인터넷은 오늘날의 블록체인이었다. 세상을 바꿀 수 있는 탈중앙화 권력에 대한 미친 아이디어였다. 또한 범죄자들이 악용할 수 있는 장난감이자 도구로 공격을 받았다. 통제 불능의 기술로 오해받기도 했지만 사실은 통제의 기술이었다. 블록체인을 인터넷과 비교하는 것은 두 가지 이유로 가치가 있다. 돌이켜보면 인터넷의 역사를 연구하는 것은 분산 원장 기술이 어떻게 발전할 것인지에 대한 청사진을 제공한다. 앞으로 블록체인 기반 시스템은 개방형 분산 플랫폼으로 인터넷에 새로운 생명을 불어넣을 수 있다.

블록체인 세계는 일정량의 제도적 기억을 이용할 수 있다. 분산 원장은 인터넷의 유사한 발화점이 된 이후 거의 정확히 20년이 지난 2015년경에 전 세계적으로 거대한 비즈니스 현상으로 떠올랐다. 대부분의 주요 프로젝트에서 차지하는 비중이 높은 20대의 암호통화 개발자는 개인용 컴퓨터가 글로벌 통신 네트워크에 연결되기 전의 세계를 기억하지 못하고 많은 사람은 스마트폰과 소셜 네트워킹 이전의 세상을 기억하지 못한다. 이더리움의 초자연적 천재인 비탈릭 부테린은 마크 안드레센^{Marc Andreessen}이 넷스케이프 내비게이터를 출시한 같은 해에 태어났다. 블록체인 개발의 글로벌 특성은 또한 역사에 대한 인식을 약화시켰다. 싱가포르나 베를린에 있는 팀들은 실리콘 밸리와 워싱턴 D.C.에서 벌어지는 이야기를 잘 알지 못하지만 익숙해져야 한다. 블록체인의 성장은 인터넷의 위대한 성공의 반복이자 가장 큰 실패를 바로잡을 기회이기도 하다. 인터넷 역시 제도적 권력에 대한 반항으로 시작됐고 여러 면에서 제도적 통제의 도구가 됐다.

인터넷은 1970년대에 다른 대학이나 정부 컴퓨터 네트워크에서 사용자 간에 전자파일을 전송하는 평범한 사용 사례로 시작됐다. 그 후 40년 동안 전 세계를 휩쓸었고 지역사회와 기업은 거의 영향을 받지 않았다. 이는 부분적으로 개방형 기반 기술 인프라로 설계됐기 때문에 가능했다. 에어비앤비에서 유튜브^{YouTube}에 이르기까지 많은 독점 혁신이 인터넷을 기반으로 구축됐다. 인터넷은 그들 모두를 지원한다.

위키피디아는 사용자들이 만든 세계 최대의 지식을 수집하는 웅장한 실험을 시작하기 위해 허가를 요청할 필요가 없었다. 넷플릭스^{Netflix}와 스포티파이^{Spotify}는 전 세계 사람들이 미디어와 상호 작용하고 미디어를 소비하는 방식을 변경하려고 허가를 요청할 필요가 없었다. 세일즈포스^{Salesforce}는 엔터프라이즈 소프트웨어를 데스크톱에서 네트워크로 이동하려고 권한을 요청할 필요가 없었다. 아마존은 세계에서 가장 큰 매장을 만들거나 몇 년 후 세계에서 가장 큰 가상 컴퓨팅 클라우드를 만들려고 허가를 요청할 필요가 없었다. 왓츠앱^{WhatsApp}, 인스타그램^{Instagram}, 위챗^{WeChat}, 스냅^{Snap}은 매일 수십억 명의 사람들이 의사소통하는 방식을 변경하려고 허가를 요청할 필요가 없었다. 이 모든 것은 누구도 인터넷을 소유하지 않았기 때문이다. 혁신에 위협을 느끼는 사람들은 혁신을 막을 힘이 없다.

비록 인터넷은 큰 성공을 거뒀지만 인터넷이 불러일으킨 많은 꿈과 기대를 실현하지 못했다. 오늘날 소수의 광대역 및 무선 네트워크 사업자가 전 세계 대부분의 지역에서 접근을 제어하고 있다. 소수의 회사가 검색, 소셜 미디어, 광고, 전자상거래, 기타 여러 주요 기능을 지배한다. 그들은 가능한

한 사용자를 자신의 벽으로 둘러싸인 정원 안에 있게 한다. 규모의 경제와 네트워크 효과(네트워크 서비스가 더 많은 사람들에게 연결을 제공할수록 더욱 가치가 높아진다는 사실)는 이러한 통합을 더욱 강조한다. 개인은 회사가 서비스를 제공하려고 수집하는 개인 데이터의 흐름을 거의 통제할 수 없다. 일부 정부는 온라인 정보의 자유로운 흐름을 제한하고 감시 목적으로 네트워크를 이용하는 방법을 찾아냈다. 사용자 권한 부여 및 허가 없는 혁신은 상당한 제약을 받는다.

1장에서 설명한 기업, 정부, 언론의 신뢰 위기는 인터넷 경제에도 영향을 미치고 있다. 인터넷 기반 조직은 더 이상 이러한 사회제도 기관에 대한 반문화적인 대안이 아니기 때문이다. 그들은 기득권층이다. 그리고 그들은 심각한 신뢰 격차에 직면해 있다. 세일즈포스의 CEO 마크 베니오프Marc Benioff는 2015년 세계경제포럼WEF, World Economic Forum 연차총회의에서 "디지털 혁명에는 신뢰 혁명이 필요하다"라고 선언했다.[11] 인터넷 소사이어티Internet Society의 CEO인 캐시 브라운Kathy Brown은 "사용자들 사이의 글로벌 신뢰 침식"을 "인터넷의 미래에 대한 실존적 위협"으로 묘사했다.[12]

신뢰는 온라인 세계에서 특히 중요하다. 인터넷에서는 대면 접촉이 없으며 상호 작용은 반드시 컴퓨터 하드웨어, 소프트웨어, 서비스 제공업체에 의해 중재된다. 이베이에서 '구매Buy' 버튼을 클릭하거나 페이스북의 게시물에 응답하는 이용자는 거래 반대편에 있는 이용자 또는 무엇인가를 신뢰한다. 이러한 신뢰를 위해서는 온라인 제공업체의 기술적 신뢰성과 선의가 필요하다. 프랜시스 후쿠야마는 정보 기술 애호가들이 종종 신뢰의 중요성을 간과한다는 점을 정확하게 지적했다. "신뢰는 집적 회로나 광섬유 케이블에 의존하지 않는다. 정보 교환과 관련이 있지만 신뢰는 정보로 간소화할 수 없다."[13] 디지털 경제의 성공적인 성장을 위해서는 인터넷 위에 신뢰 계층의 개발이 필요했다.

전자상거래 초기에는 신용카드 및 기타 정보가 도용될 것을 우려해 거래를 거부하는 이용자가 많았다. 주된 기술 대응은 이용자의 브라우저와 웹 사이트 서버 간의 연결을 확인하는 보안 프로토콜인 전송 계층 보안TLS, Transport

Level Security이었다. 인터넷 이용자가 화면에서 보는 것이 실제로 합법적인 사이트라는 확신을 크게 높임으로써 TLS는 전자상거래에 대한 대중적 신뢰의 기반을 형성했다.[14] TLS 뒤에는 공개 키 기반 구조PKI, Public Key Infrastructure가 있다. 4장에서 디지노타르 사건과 관련해 논의된 바와 같이 PKI는 중앙 집중식 신뢰 아키텍처다. 적절한 인증서가 있는 웹사이트는 신뢰할 수 있다. 이 인증서는 자체 암호화 개인 키로 서명하는 '인증 기관CA, Certificate Authority' 이라는 조직으로부터 얻는다. CA는 차례로 상위 레벨의 CA로부터 권한을 부여받을 수 있다.

네트워크를 통해 전송되는 정보의 무결성을 확인하는 것은 온라인 보안의 일부일 뿐이다. 이용자들이 상호 작용하는 플랫폼에 대해 충분히 신뢰하고 있더라도 거래의 다른 한쪽에는 구매자, 판매자 또는 기타 공급자가 있는 경우가 많다. 아마존닷컴, 이베이 같은 회사는 이용자들이 제공하는 제품뿐만 아니라 이를 제공하는 제3자에 대한 신뢰를 얻을 수 있는 방법이 필요하다는 것을 빠르게 깨달았다. 이러한 중개자들의 규모가 점점 더 커짐에 따라 이용자들을 위한 신뢰의 등대가 됐다. 신뢰할 수 있는 서비스 제공업체는 신뢰할 수 있는 인터넷의 보증인이 됐다. 이는 이러한 플랫폼의 중앙 집중화를 촉진하는 데 기여했다. MIT 디지털 통화 이니셔티브의 웹 재분권화 보고서는 "인터넷은 분산 프로토콜을 기반으로 구축됐지만 웹은 일반인들이 실용적으로 사용할 수 있도록 몇 가지 선별된 서비스 플랫폼을 중심으로 통합될 필요가 있었다"라고 설명한다.[15]

구글, 페이스북, 아마존, 텐센트, 알리바바와 같은 서비스들은 현재 수십억 명의 이용자에게 도달하고 온라인 광고와 거래 수익의 불균형적인 점유율을 통제하며 세계에서 어느 회사들보다 높은 시가총액을 보유하고 있다. 이들은 인터넷의 개방형 프로토콜을 사용하지만 그 가치는 가능한 한 이용자들이 자신의 벽으로 둘러싸인 정원에 머물게 하는 것으로부터 축적된다.

주요 온라인 플랫폼은 이용자의 디지털 신원을 통제함으로써 이러한 종속성lock-in을 달성한다. 이용자는 자신의 페이스북 활동을 다른 서비스로 전송하거나 제공하는 데이터를 선택할 수 없다. 이 신원 통제는 페이스북을 넘어 애플리케이션까지 확장될 수 있다. '소셜 로그인'을 통해 로그인할 수 있도록 하고 다른 서비스들은 그들의 이용자들이 페이스북, 구글 또는 트위터 자격 증명을 통해 로그인할 수 있도록 한다. 이 과정은 이용자와 다른 서비스 모두에게 편리하지만 이러한 주요 온라인 중개자의 통제를 강화한다.

평판 시스템은 온라인에서 신뢰의 필요성에 대한 또 다른 주요 대응이었다. 이베이의 판매자 등급으로 처음 주목을 받은 이러한 시스템들은 이제 다양한 디자인을 사용해 온라인 서비스의 일반적인 요소가 됐다. 평판 시스템들은 새로운 형태의 상호 작용을 방해하는 신뢰 장벽을 극복하는 데 특히 중요하다. 최근 몇 년 동안 우버와 에어비앤비로 대표되는 공유 경제는 성공적인 평판 시스템 덕분에 빠르게 채택됐다. 중개 플랫폼이 신뢰할 수 있다고 믿는 평가 및 검증 시스템을 제공하기 때문에 이용자들은 낯선 사람의 차에 타고 낯선 사람의 아파트에 머물려고 한다.[16] 그러나 악의적인 행위자는 이러한 시스템을 조작할 수 있다.[17] 2016년 미국 대통령 선거 기간 트위터와 같은 서비스에 대한 여론에 영향을 미치도록 설계된 자동화된 봇의 확산은 주요 문제가 됐다. 아이러니하게도 평판 시스템을 압도하려고 가짜 계정을 만드는 데 드는 낮은 비용은 2장에서 설명한 것처럼 비트코인의 작업 증명 시스템이 공격에 대처하도록 고안된 시빌 공격의 변형을 만들어 냈다.

핵심 문제는 오늘날의 인터넷 보안, 신원, 평판 인프라가 계층적 신뢰 아키텍처를 강요한다는 것이다. 예를 들어 TLS는 중개자 계층이 디지털 인증서를 성공적으로 관리하는 한 안전하다. 이용자는 직접 거래하는 CA가 아닌 CA의 계층 구조를 신뢰한다. 그리고 TLS는 지점 간 보안 프로토콜이기 때문에 종단 간 신뢰에 최적화돼 있지 않다. 마찬가지로 중개자와 플랫폼은 신원 및 등급평가 시스템을 통제하고 있다. 신원과 등급은 일반적으로 웹 사이트를 뛰어넘어 이동할 수 없으므로 개인적인 평판 표현으로 사용되지 않는다. 오늘날의 신뢰받는 인터넷은 그다지 신뢰할 만한 것이 못 될 수도 있다.[18]

주요 인터넷 플랫폼들이 정보 생태계에서 주도적인 위치로 성장함에 따라 주요 인터넷 플랫폼에 대한 인식이 크게 바뀌었다. 기술 회사들은 통신, 미디어, 금융 서비스, 기타 분야에서 독점 기업의 속박을 깨뜨리는 파괴적인 진입자로 여겨졌다. 그들은 표현의 자유와 사용자의 권리를 지지했다. 이제 반독점 전문가들은 소매업에서 아마존의 영향력에 대해 공개적으로 우려하고 있으며[19] 신생 기업과 콘텐츠 제작자는 온라인 광고에 대한 구글과 페이스북의 쌍두 독점을 탄식하고 있다.[20] 이 플랫폼들은 세상의 정보에 접근할 수 있는 기회를 제공함으로써 우리를 더 똑똑하게 만드는 대신[21] 우리를 생각 없는 기계로 만들고 정치적 조작과 가짜 뉴스의 문을 열어 준다는 비난을 받고 있다.[22] 코넬Cornell 정보보안 연구원 에민 귄 시어러Emin Gün Sirer는 위험을 다음과 같이 요약한다. "코드 단일 문화는 위험하다. 중앙에서 통제되는 서비스는 민주주의와 사회 생활에 실존적인 위협이 된다."[23]

인터넷의 우려되는 중앙 집중화는 주요 플랫폼에만 국한되지 않는다. 배후에서 인터넷 트래픽 라우팅은 소수의 백본 공급자로 통합됐으며 이들 중 다수는 광대역 접속 서비스와 관련돼 있다. 이러한 백본과 온라인 서비스는 인터넷의 원래 탈중앙화 구도에서 벗어나 성능을 향상시키고자 점점 더 직접적으로 연결된다. 콘텐츠 제공업체는 아카마이Akamai 및 클라우드플레어 Cloudflare와 같은 오버레이 네트워크에 의존하므로 이는 잠재적으로 중앙 집중화 계층이 추가될 수 있다. 웹사이트에 과부하를 주는 서비스 거부DOS 공격에 대한 보호 기능을 제공하는 클라우드플레어가 주요 도메인 이름 등록 기관의 유사한 조치에 따라 네오나치neo-Nazi 사이트 데일리 스토머The Daily Stormer를 고객에서 떨어뜨리기로 결정했을 때 사이트를 인터넷에서 효과적으로 차단했다.[24] 그 결정은 정당했다. 클라우드플레어는 증오와 폭력을 조장하는 고객을 받아들일 의무가 없지만 이러한 결정은 인터넷이 더 이상 과거와 같은 무허가 환경이 아니라는 것을 보여 줬다.

신뢰의 불균형 극복

"큰 힘에는 큰 책임이 따른다"라는 말은 시대를 초월한 진리를 담고 있다. 윈스턴 처칠, 예수, 1789년 혁명 이후의 프랑스 정부, 19세기 영국 정치인, 스파이더맨Spider-Man 만화책과 같은 다양한 출처에서 이 말이 등장하는 이유가 아마도 그 때문일 것이다. 힘을 가진 이들은 그들이 원해서 갖게 된 것인지와 상관없이 그에 따라 발생하는 의무를 회피할 수 없다. 기술 세계에서는 많은 사람이 소프트웨어 구조가 행동을 형성하려고 권한을 부여하는 방식을 무시하는 것을 선호한다. 법원이나 규제 기관의 힘은 쉽게 찾아볼 수 있지만 코드와 코드 작성자의 경우는 그렇지 않다. 하지만 이 둘은 모두 강력한 규제 기관이다. 잘못 설계된 코드는 형편없는 법률만큼이나 해로울 수 있다.

권력이 꼭 중개자를 신뢰할 수 없게 만들지는 않는다. 시장의 힘과 내부 규범은 지배적인 기업조차도 악해지지 않도록 밀어붙일 수 있다. 하지만 중앙화된 통제 방식은 이러한 기업들이 그들을 신뢰하는 이들의 이익에 부합하지 않거나 형평성 및 혁신과 같은 가치를 촉진하지 않는 방식으로 행동하게 할 수 있다.[25] 이는 연설, 창의성, 혁신의 역동성을 변화시키고 경쟁을 억제하려는 의도적인 노력도 결여하게 된다. 또한 정부의 입장에서는 새로운 통제 방식에 편승만 하면 되기 때문에 디지털 자유에 대한 감시나 제한을 더 쉽게 확장할 수 있다.[26]

규제 및 독점 금지 집행은 신뢰할 수 있는 중개자의 과도한 권한에 대한 전통적인 대응 방식이다. 입법은 정부의 감시 활동을 억제하는 오래된 방식이다. 이들 중 특별히 인터넷에 대해 성공적으로 작동한 것은 하나도 없었다. 블록체인은 또 다른 방식을 제공한다. 분산 원장 기술, 특히 개방형 블록체인 네트워크는 오늘날의 통제된 환경과는 사뭇 달랐던 초기 인터넷과 같은 개방성과 탈중앙화를 지향한다.[27]

탈중앙화는 권력 문제를 해결하기 위한 하나의 전략이다. 민주주의는 잘못을 범하기 쉬운 왕권을 유권자와 대표자의 분산된 권한으로 대체했다. 정부의 여러 부서로 책임을 분담하게 되면 잠재적으로 발생할 수 있는 위험한 권력 집중의 가능성이 더욱 희석된다. 사토시 나카모토가 자신의 비트코인 백서 원본에서 말했듯이 은행과 같은 금융 거래상의 중개자의 사적 권한에도 동일한 역학이 적용된다. 누군가를 또는 무언가를 신뢰해야 하는 필요성은 힘의 불균형을 발생시킨다. 널리 신뢰받는 인물은 이를 악용할 수 있는 방향으로 권력을 얻게 된다. 구글은 가장 유용한 정보 소스로 신뢰를 받고 페이스북은 개인정보에 관련해서 신뢰받기 때문에 두 사이트 모두 잠재적인 경쟁자를 차단하고 추가 수익을 얻을 수 있는 능력을 갖게 된다.

인터넷을 조금 더 확실히 분산된 모델로 옮기려는 움직임이 있어 왔다. 탈중앙화 소셜 네트워크인 디아스포라와 같은 대부분의 노력은 이목을 끄는 데에 실패했다.[28] 특히 1990년대 후반에 통제권을 가진 중개자를 우회해 사용자를 직접 연결하는 방식의 P2P 기술이 등장했다.[29] P2P는 다양한 서비스에 사용되면서 상당한 기술적 이점을 제공했지만 불행히도 냅스터와 같은 불법 파일 공유 시스템과 대거 연관이 됐다.[30] 음악 산업의 법적 공격으로 인해 이러한 플랫폼이 무너졌을 때 더 넓은 움직임도 주춤했다. 대역폭 및 처리 능력의 향상과 함께 저렴한 라이선스 다운로드를 마지못해 허용한 음악 산업의 합의도 P2P 운동을 맥 빠지게 했다.

P2P 기술은 콘텐츠 전송과 같은 주요 인터넷 기능에서 여전히 널리 사용되고 있다. 하지만 주요 사용자 인터넷 서비스는 반대 방향으로 향하고 있다. 21세기 들어 인터넷 구조상의 가장 중요한 변화는 클라우드 컴퓨팅의 부상이다.[31] 구글, 아마존, 애플, 마이크로소프트, 페이스북과 같은 기업은 이제 네트워크 활동을 위한 플랫폼 역할을 하는 대규모 데이터 센터를 운영한다. 클라우드 컴퓨팅은 이용자와 기업에 제공되는 서비스의 기능과 확장성에 있어 엄청난 발전을 가능하게 한다. 하지만 이건 규모의 게임이다. 소수의 회사만이 경쟁에 필요한 자원과 전문 지식을 보유하고 있으며 그들은 항상 자신의 플랫폼을 다른 시장에 활용할 방법과 기회를 찾고 있다.[32]

클라우드라는 초대형 거인의 힘이 더욱 거대해지고 온라인 활동에 대한 정부의 광범위한 감시가 드러남에 따라 점점 더 많은 기술자와 기업가들이 인터넷의 재분권화redecentralizing에 대해 이야기하고 있다.[33] 월드와이드웹World Wide Web 제작자인 팀 버너스 리Tim Berners-Lee는 이를 옹호하는 저명 인사 중 한 명이다.[34] 2016년 6월에 열린 탈중앙화 웹 회담Decentralized Web Summit에는 버너스 리, 전송 제어 프로토콜/인터넷 프로토콜TCP/IP 공동 개발자인 빈트 커프Vint Cerf, 인터넷 아카이브Internet Archive의 수장인 브루스터 카일Brewster

Kahle 등 여러 영향력 있는 인물들이 참석했다.[35] 이러한 노력에 대한 가장 큰 걸림돌은 뿌리깊은 공익 및 사적인 이익의 확고한 권력일 뿐만 아니라 심각한 장애물이다. 이것이 바로 인터넷의 기본 구조다.

인터넷은 분산된 네트워크의 네트워크 구조상에서 신뢰할 수 있는 상호소통을 지원하도록 설계됐다.[36] 이용자는 출발점과 도착점 사이의 트래픽 흐름을 관리하는 사람이 없고 시스템이 매우 혼합된 다차원인 경우에도 네트워크에 의존해 데이터를 전달할 수 있다. 이는 인터넷 프로토콜IP의 '스패닝 계층spanning layer'을 사용해 작동한다. 모두가 IP 지원에 동의하며 사람들이 상위 계층과 하위 계층에서 무엇을 하느냐는 그들에게 달려 있다.[37] 이러한 구조는 사용자와 서비스가 특정 네트워크 기술에 얽매이지 않았기 때문에 엄청난 혁신, 경쟁, 창의적 자유를 촉진했다.[38] 그들은 전송 네트워크를 기반으로 원하는 것은 무엇이든 구축할 수 있었고 패킷 이동에 대한 세부 정보는 하위 계층에 남길 수 있었다.

인터넷 아키텍처는 상상할 수 없을 정도로 성공적이었다. 이를 통해 인터넷은 소규모 연구 네트워크 모음에서 매일 수십억 명의 삶에 영향을 미치는 글로벌 플랫폼으로 확장할 수 있었다. 하지만 여기에는 문제가 있다. 기본 전송 수준에서 IP 스패닝 계층을 설정해 상위 수준의 독점 솔루션과 권력 집중을 허용한다는 것이다.

최선형best-efforts IP 전송은 제공하고자 하는 모든 사람이 이용할 수 있지만 서비스 품질, 보안, ID 관리, 콘텐츠, 검색, 기타 중요한 기능을 포함하는 안정적인 전송은 최상위 공급업체에 의해 결정된다. 오늘날 페이스북은 소셜 그래프(온라인 신원을 중심으로 한 관계 및 데이터의 네트워크)가 공통 리소스가 아니라 독점 자산이기 때문에 거대한 시장 지배력을 누리고 있다. 온라인 검색 영역에서는 구글, 모바일 앱 영역에서는 애플, 지역 운송 서비스 영역에서는 우버가 같은 상황을 보여 주고 있다.

네트워크의 스패닝 계층이 신뢰 계층 기저에 자리잡고 있는 한 신뢰는 중앙화된 제어의 권력이 될 것이다. 보안 통신, 평판, 신원은 모두가 사용할 수 있는 네트워크 기본 요소가 아니라 중개자와 서비스 제공자가 자신의 이익을 위해 제공하는 서비스다.

인터넷 설계자들은 네트워크의 분산된 네트워크 구조를 통한 데이터 전송이라는 목표에 중점을 뒀기 때문에 이러한 기능을 스패닝 계층 위에 명시적으로 배치했다.[39] '종단간end-to-end' 네트워크 비전은 전송 공급자가 네트워크 구석 한편에서 보다 개방적이고 진화적인 방식으로 제공될 수 있는 불필요한 기능을 포함해서는 안 된다는 것이었다.[40] 문제는 이전에는 네트워크의 구석 한편을 차지하던 것이 네트워크 스택의 상위 수준에서 새로운 중심이 됐다는 것이다. 이제는 신뢰에 초점을 둔 소통의 인터넷Internet of Communication을 기반으로 운영되는 가치의 인터넷Internet of Value이 새로운 스패닝 계층으로 등장할 필요가 있다.

스패닝 계층으로서의 블록체인

'새로운 인터넷'으로서의 블록체인에 대한 흥분은 인터넷 탈중앙화의 근원으로 돌아갈 수 있는 잠재력을 반영한다.[41] 로렌스 레식Lawrence Lessig이 제안한 것처럼 블록체인은 사이버법의 근본적인 결정을 재검토할 수 있는 기회를 제공하고 있으며 이번에는 아마도 좀 더 개방적인 환경을 만들어 낼 것이다.[42] 블록체인이 신뢰할 수 있는 원장으로 널리 채택되는 데 성공한다면 독점적 통제의 핵심 기회는 제거될 것이다.

벤처 투자가인 크리스 딕슨Chris Dixon은 "이더리움을 기반으로 구축한다면 마치 페이스북과 트위터에서 구축하는 것처럼 이더리움에서 쫓겨날 걱정이 없다"라고 말했다.[43] 이더리움은 비영리 재단에 의해 운영되며 독립적인 채굴 네트워크를 통해 유지 관리되며 오픈소스 소프트웨어로 이용할 수 있으므로 누구나 코드와 이전 거래 내역을 포크할 수 있다. 이러한 모든 기능은 웹을 지배하는 개인정보 플랫폼과 매우 다르다. 이더리움 재단이 플랫폼을 왜곡해 다른 사용자보다 일부 사용자에게 혜택을 주는 것은 훨씬 더 어려울 것이다(그리고 덜 가치가 있다).

물론 재분권화된 인터넷에는 여전히 대규모 서비스 제공자를 보유하고 정부의 참여를 경험하게 될 것이다. 블록체인은 이미 탈중앙화된 검색 엔진, 마켓플레이스, 소셜 네트워크 및 오늘날의 지배적인 플랫폼과 유사한 기타 요소들을 만드는 데 사용되고 있지만 기존 기업은 매우 강력한 제도화된 이점들을 유지하고 있다. 도전 과제는 페이스북을 이기는 것이 아니라 이용자들에게 힘을 실어 주는 분산된 방식으로 운영될 차세대 페이스북의 문을 여는 것이다.

인터넷과 마찬가지로 핵심은 스패닝 계층의 한 지점에서 기능을 분리하는 데 있다.[44] 인터넷은 데이터 구조(IP)와 트래픽 관리(TCP)를 분리한다. 누구나 IP를 사용할 수 있고 데이터 영역의 상호 운용성을 가정할 수 있다. 동시에 모든 사람이 제어 영역을 중심으로 혁신할 수 있다. 블록체인의 경우 분산 원장은 데이터 영역*이고 스마트 컨트랙트는 제어 영역**이다. 둘 다 중요하다. 원장의 기본적인 무결성에 대한 확신은 필수적이다. 그러나 신뢰를 반영하는 더 풍부하고 밀접한 상호 작용에 있어서는 부족하다. 이 격차를 메우려면 기술 혁신, 표준화, 법적 지원이 필요하다.

오늘날 인터넷의 벽으로 둘러싸인 정원은 TCP/IP 네트워크의 개방형 플랫폼을 사용하고 독점적인 인터페이스를 통해 그 위에 있는 데이터 계층을 사유화했다. 비트코인이나 이더리움과 같은 개방형 분산 원장 네트워크는 모든 정보를 누구나 이용할 수 있다는 점에서 차이가 있다. 구글이 검색 쿼리 데이터베이스를 소유하는 방식으로 비트코인 트랜잭션 기록 데이터베이스를 소유하는 사람은 없다. 또한 이러한 네트워크용 소프트웨어는 물론 하이퍼레저 및 R3와 같은 주요 허가형 원장 프로젝트의 경우에도 오픈소스다. 즉 누구나 이 기능을 분해하거나 운영 상태를 평가하고 확장 기능을 만들거나 심지어 수정된 버전을 만들 수도 있다는 것을 의미한다. 이는 단편화로

---

*   data plane, 네트워크 장치에서 트래픽을 전송하는 목적을 제공하며 송수신 기능을 담당하는 영역 – 옮긴이

**   control plane, 데이터 영역으로 어떤 트래픽이 어떻게 흐르도록 할지 경로를 설정하고 관리 및 제어하는 영역 – 옮긴이

이어질 수 있지만 혁신을 촉진하기도 한다.

'오픈 데이터'와 '오픈소스'의 개념은 블록체인 개방성의 한 차원만을 반영한다. 지배적인 인터넷 플랫폼이 온라인 활동에서 그토록 많은 가치를 흡수하게 된 이유는 기술적인 것만큼이나 경제적이기 때문이다. 페이스북은 상호 작용을 원하는 이용자와 그들에게 마케팅을 하려는 광고주 사이에 있다. 2017년에는 이러한 상호 작용을 통해 300억 달러 이상의 수익을 창출했다. 이용자들은 이 수익 기계에 먹여 살리는 데이터와 관심을 제공하지만 어떠한 금전적 혜택도 얻지 못한다. 네트워크 효과는 페이스북의 통제력을 유지하는 데 도움이 된다. 경쟁사는 심지어 훨씬 더 나은 서비스를 제공하지만 동일한 가치 제안을 제공할 수 없다. 왜냐하면 사람들이 원하는 것은 친구에게 접근하는 것이기 때문이다. 그리고 페이스북은 이용자들을 위한 신원 정보를 엄격하게 통제한다.

페이스북과 같은 회사들이 이런 방식으로 돈을 버는 것은 본질적으로 잘못된 것이 아니다. 페이스북과 다른 온라인 중개업체들은 세상을 연결하고 여러 면에서 삶을 더 나은 방향으로 변화시키는 데 기여한 경이적으로 혁신적인 회사들이다. 그러나 그들의 권력은 본질적으로 부패하고 있다. 중개자들은 필연적으로 자신의 이익을 위해 시장을 형성한다. 예를 들어 2017년에 유럽연합은 자사 계열사에 이익을 주려고 온라인 쇼핑 검색 결과를 조작한 혐의로 구글에 27억 달러의 벌금을 부과했다.[45]

분산 원장 네트워크는 다양한 방식으로 작동한다. 암호통화 토큰은 그 소유권 가치를 수익화하는 데 사용될 수 있다. 예를 들어 행성 간 파일 시스템 IPFS, Inter Planetary File System는 블록체인 기반의 분산 클라우드 스토리지 기술을 제공한다. IPFS는 특정 위치에 파일을 저장하고 URL 주소를 통해 접근하는 것이 아니라 파일의 여러 복사본을 네트워크의 여러 하드 드라이브에 조각으로 저장한다. 파일코인 토큰을 사용해 사용자가 저장 공간을 제공하는 데 기여하도록 설계됐다. 파일코인 토큰은 구글이 광고주와 시청자를 하나로 모으는 방식과 유사하게 양측에 인센티브를 제공함으로써 중개를 제공한다. 파일을 업로드하는 사람들은 토큰(다른 통화로 구매할 수 있음)을 기여하고 파일을 저장하는 사람들은 토큰을 얻는다. IPFS라는 회사가 기술을 제공하지만 네트워크에 저장된 콘텐츠를 통제할 수 없다. 그리고 토큰의 가치는 수요와 공급에 따라 달라진다.

기존 벤처 캐피털과 공공시장이 아닌 ICO를 통해 수익을 창출하는 블록체인 기반 신생 기업들은 기존 독점 플랫폼의 경제 모델을 뒤집을 계획이었다. 그들은 이용자들에게 프로토콜의 성공으로부터 직접적인 가치를 얻을 수 있는 기능을 제공한다. 이것은 네트워크 효과 함정을 극복하는 데 도움이 될 수 있으며 이로 인해 새로운 플랫폼이 확장되는 것을 매우 어렵게 만든다.[46] ICO 모델을 사용하면 프로젝트들의 초기 단계에서 자본에 더 쉽게 접근할 수 있다. 왜냐하면 벤처 자본가와 엔젤 투자자의 소규모 집단이 아니라 전 세계 각지의 개인을 공략할 수 있기 때문이다. 그들의 투자자는 플랫폼의 서비스에 사용되거나 거래소를 통해 다른 통화로 변환될 수 있는 잠재적으로 즉각적인 가치의 토큰을 받는다. 그리고 프로토콜이 시작되더라도 해당 토큰은 여전히 구매자에게 속한다. 이 플랫폼은 페이스북처럼 가치 창출을 중앙 집중화할 수 없다.

적어도 이것은 이론이다. 2016년 이후 ICO를 통해 조달된 수십억 달러의 상당 부분은 참여할 의사가 없고 이해하지 못했던 프로젝트에서 단순히 부자가 되려는 투자자들로부터 나왔다. 규제의 부재로 인해 일부 코인의 발행은 노골적인 사기에 연루되는 것은 말할 것도 없고 일반 투자자들을 상대로 판매할 수도 있었다. 그리고 블록체인이 반드시 기존 중개자의 기존 장점을 극복하는 것은 아니다. 분산된 페이스북의 경쟁자가 구글플러스나 디아스포라와 같은 이전의 노력보다 분산 원장을 기반으로 구축돼 더 성공적일 것이라고 생각할 이유는 없다. 이용자들이 암호통화를 사용해 양질의 콘텐츠에 대해 보상할 수 있는 블록체인 기반 온라인 토론 네트워크인 스팀잇은 좋은 개념 증명이지만 레딧이나 페이스북을 대체할 기미가 보이지 않는다. 블록체인이 필연적으로 경제를 변화시키고 기존 기업을 전복시킬 것이라는 과열된 예측은 진정돼야 한다.

그럼에도 DApp으로의 자본 유입은 창조적 혁신의 흐름을 주도하고 있다. 인터넷 시장의 초창기에도 많은 실패가 있었다. 그리고 새로운 블록체인 기반 솔루션 중 일부는 기존 인터넷 생태계의 독점적인 기반을 직접 목표로 삼고 있다. 블록스택Blockstack과 이더넷 네임 서비스Ethernet Name Service는 온라인 리소스에 접근하려고 인터넷의 도메인 이름 시스템에 대한 분산된 블록체인 기반 대안을 만들고 있다.[47] 블록스택은 더 나아가 인터넷 핵심 프로토콜의 완전한 토큰화와 탈중앙화 버전을 제안했다.[48]

블록체인은 또한 개별 사용자에게 통제권을 반환하는 탈중앙화된 신원 접근 방식을 지원한다. '자기 주권 신원self-sovereign identity'을 통해 이용자는 자신의 프로필과 접근할 수 있는 정보 서비스를 통제할 수 있다.[49] 마이크로소프트, 에버님Evernym, 티어리온Tierion, uPort, 소브린 재단Sovrin Foundation을 포함한 기업 공급업체, 신생 기업, 비영리 단체 그룹들은 이용자가 더 이상 지배적인 플랫폼이나 신용 조사기관과 같은 중앙 집중식 중개자에 얽매이지 않는 신원 인프라를 만들려고 노력하고 있다. 탈중앙화 아이덴티티 재단Decentralized Identity Foundation, ID2020 공공-민간 파트너십 및 월드 와이드 웹 컨소시엄World Wide Web Consortium은 이러한 비전을 실현하려고 개방형 표준을 만드는 데 앞장서고 있다.[50] 이러한 노력은 아직 비교적 초기 단계에 있으며 10장에서 언급한 오류에 대한 법적 책임과 같은 중요한 문제가 남아 있다. 그러나 대규모 민간 기업과 정부기관 모두 단일 실패 지점을 방지하는 신뢰할 수 있는 신원 프레임워크를 요구하고 있다.

블록체인은 탈중앙화 디지털 신원에 대한 이전의 시도를 좌절시켰던 핵심 문제를 해결할 수 있을 것이다. 사용자에게 신원 정보를 나타내는 개인 키가 있는 경우 이를 어딘가에 저장해야 한다. 과거에는 페이스북과 같은 중앙 집중식 제공업체였다. 블록체인을 사용하면 통제권을 양도하지 않고도 키를 확인하고 관리할 수 있다. 2005년 인터넷 아이덴티티 워크숍을 공동 창립한 디지털 신원 옹호자인 칼리야 영Kaliya Young은 "이제 우리는 ID를 생성할 수 있는 방법을 갖게 됐고 어딘가에 보관할 수 있으며 내가 소유하고 있다는 것을 증명할 수 있고, 그들은 나에게서 ID를 빼앗을 수 없다"라고 말했다.[51]

자기 주권 신원은 또한 특정 상호 작용에 필요한 정보만을 제공하는 것을 더 쉽게 만들 것이다. 고급 암호화 기술을 사용하면 개인정보를 블록체인에 실제로 저장하지 않고도 누군가가 10만 달러 이상의 유동 순자산을 보유하고 있는지 또는 21세 이상인지와 같은 주장의 진실을 검증할 수 있다. 예를 들어 이러한 검증된 주장은 예비 대출 기관이 금융 거래 이력을 얻을 수 있도록 하는 반면 예비 고용주는 취득한 교육 학위에 대한 검증을 얻을 수 있지만 현재 거래에 필요하지 않은 데이터는 얻을 수 없다. 이용자는 각 비즈니스 관계에 대해 서로 다른 키 쌍을 생성할 수 있으므로 하나를 도난당해도 다른 정보가 노출되지 않는다. 정부 기관은 최근 미국 인사관리국 및 에퀴팩스 해킹과 같은 사기, 비효율 및 보안 침해를 방지하기 위한 방법으로 이러한 개발 노력을 지원하기 시작했다. 일리노이 주는 이러한 접근 방식을 기반으로 블록체인 기반 디지털 출생 증명서를 발급하는 시범 프로젝트를 시작했다.[52]

상호 운용성은 분산 원장을 기반으로 인터넷을 재구성할 수 있다. 블록체인의 맥락에서 상호 운용성이 갖는 의미는 여전히 불분명하다. 인터넷은 '자율 시스템'이라는 별개의 컴퓨터 네트워크가 서로 통신하고 일관된 메타네트워크를 형성하는 메커니즘을 만들었다. 여전히 많은 사설 네트워크가 집단에 완전히 통합되지는 않았다. 일부는 인터넷 기술을 사용하지만 접근을 제한한다. 다른 사람들은 통신의 특정 측면에 대해 호환되지 않는 네트워크 표준을 계속 사용한다. 나머지는 보안을 위해 인터넷에서 물리적으로 연결이 끊겨 있다. 오늘날 분산 원장의 세계에는 다른 원장과 데이터를 교환하지 않는 사설 네트워크, 공유되지만 별개의 플랫폼(예: 비트코인, 이더리움 또는 텐더민트 등)에 구축된 알트코인 네트워크, 플랫폼 간 데이터와 스마트 컨트랙트 로직을 공유하기 위한 다양한 원시 커넥터가 있다.

미래에는 다양한 섬들이 더욱 독립적으로 성장하거나 병합될 수도 있다. 상당히 가능성 있는 한 가지 시나리오는 비트코인이 예비 통화 및 가치 저장 수단으로 주도적인 위치를 차지하는 반면 이더리움은 탈중앙화 애플리케이션으로 지배적이며 사설 컨소시엄은 독립적으로 유지된다는 것이다. 또 다른 하나는 결국 개방형 플랫폼의 네트워크 효과가 승리하고 폐쇄적인 컨소시엄조차도 개방형 플랫폼 위에서 운영된다는 것이다. 이것이 오늘날 인터넷이 작동하는 방식이다. 다른 하나는 서로 다른 지역과 애플리케이션을 위한 많은 개방형 블록체인 네트워크가 존재하지만 서로 원활하게 상호 작용한다는 것이다. 코스모스^{Cosmos}, 리플^{Ripple}의 인터레저 프로토콜^{Interledger Protocol}, 폴카닷^{Polkadot}을 포함한 다양한 프로젝트들은 이용자들이 어떤 코인이나 어떤 블록체인이 상호 작용하는 애플리케이션을 지원하는지에 대해 걱정할 필요가 없도록 크로스체인 상호 운용성을 제공하기를 희망하고 있다.[53]

블록체인의 탈중앙화 인터넷은 현재의 인터넷 경제를 사람들에게 더 많은 권한을 부여하고 혁신에 박차를 가하는 경제로 대체할 수 있다. 그러한 미래는 전 세계에 더 폭넓게 기회를 열어 줄 것이다. 그러나 이것은 결코 확실하지 않다. 블록체인은 인터넷과 마찬가지로 개방적인 기술로 탄생했다. 이는 강력한 신뢰를 제공하는 견고한 거버넌스 메커니즘 없이는 유지되지 않을 것이다.

12장_ 결론

마이크 헌의 기나긴 여정

영국 소프트웨어 개발자인 마이크 헌Mike Hearn은 블록체인 세계에서 많은 논란을 빚은 인물이다. 이전에는 스위스에 있는 구글 취리히 사무실의 수석 엔지니어로서 구글 맵Google Maps 및 지메일과 같은 시스템 업무를 맡기도 했다. 마이크 헌은 사토시 나카모토의 백서가 발표된 몇 달 뒤인 2009년에 비트코인을 처음 접하고 즉시 사토시 나카모토와 네트워크 확장을 논의하기 위한 이메일을 주고받는다. 이후 마이크 헌은 곧 비트코인 개발 프로젝트에 참여하게 된다. 결국 비트코인 핵심 개발자들이 모인 소규모 그룹 중 한 명으로 비트코인 개발에 풀타임으로 전념하려고 구글에서 돈벌이가 되는 직장을 그만뒀다.

2013년 마이크 헌은 에든버러에서 열린 튜링 페스티벌Turing Festival에서 블록체인을 기반으로 하는 자율 기관을 주제로 인상적인 연설을 했다.[1] 마이크 헌은 자율주행차가 운전자를 찾아다니며 도로의 공간을 얻는 데 탈중앙화 자율 조직DAO을 이용할 것을 예견했다. 이것이 트레이드넷TradeNet이다. 이제 세상의 그 누구도 차량을 소유하지 않을 것이다. 타인의 개입이나 중앙 조직의 관리 없이도 비용보다 수익이 더 커지면 새로운 자동차 생산에 투자하는 등 생산성을 최대화하도록 프로그래밍될 것이다. 또 다른 조직인 매터넷MatterNet은 자율 쿼드콥터 드론으로 물리적 제품의 배송을 관리하게 될 것이고 이는 전부 스마트 컨트랙트를 통해 구현될 수 있다. 암호통화를 중심으로 새로운 제도들은 금융 시스템뿐만 아니라 공공재의 창출에 필요한 자금을 지원하는 수단으로 과세를 대체할 수 있다.

마이크 헌이 연설한 비트코인이 이끌어 갈 미래에 대한 이야기는 많은 사람의 눈을 번쩍 뜨이게 했다. 그 당시 비트코인 커뮤니티에는 자발적으로 참가한 소프트웨어 개발자들과 디지털 화폐 지지자들이 많은 수를 차지하고 있었다. 이때는 비탈릭 부테린이 아직 이더리움을 제안하기 전이었다. 폴 비그나와 마이클 케이시는 자신들이 저술한 『비트코인 현상 블록체인 2.0』이라는 책에서 마이크 헌의 "블록체인 기술은 원대한 미래의 잠재력"이라는 말을 인용했다.[2] 마이크 헌은 블록체인이 급진적이고 많은 변화를 가져올 잠재력이 있다는 것을 초기에 예측한 사람이었다.

그렇게 비트코인에 열정이 넘치던 마이크 헌이 2년 반 후 블로그에 "비트코인은 실패했다"라고 공식적으로 글을 작성했을 때 많은 이가 충격에 휩싸였다. 그는 비트코인 개발 참여를 멈추고 자신이 보유한 비트코인을 모두 팔기 시작했다. 마이크 헌은 비트코인의 성능을 향상하고자 블록의 크기를 키우는 데 매우 집중했지만 다른 핵심 개발자들이 Bitcoin XT라는 새로운 포크[fork]를 제안하며 비트코인에 대한 자신의 노력을 막는 것에 크게 좌절한다. 게다가 비트코인 채굴의 영향력은 몇 개의 풀로 통합됐다. 그리고 그는 사토시 나카모토의 탈중앙화에 거대한 실험이 끝이 났다고 결론을 내리고 다음과 같은 말을 했다. "체계적으로 중요한 기관들의 개입이 없는 시스템, 너무 커서 실패할 수조차 없을 것 같던 탈중앙화된 시스템을 통한 화폐의 사용이 오히려 심각한 문제를 가져왔다. 고작 몇 명이 이 체제를 전부 통제하고 있는 것이다."[3]

갈등의 중심은 확장과 탈중앙화 간의 관계에 대한 의견 불일치 때문이었다. 마이크 헌과 다른 의견을 주장하던 사람은 주요 개발자 중 한 명인 그렉 맥스웰[Greg Maxwell]이다. 비트코인 네트워크가 온체인[on-chain] 상태에서 더 많은 활동을 지지할수록 일부 큰 규모의 기업들만이 네트워크 노드를 운영할 수 있게 되리라는 것이 그렉의 주장이었다.[4] 하지만 이는 마이크 헌이 생각한 것과 정반대였다. 그는 사용자 증가만이 채굴자와 주요 개발자들의 독점을 막을 수 있는 유일한 방법이라고 생각했다.[5]

비트코인 확장에 대한 특정 제안이 갖다주는 기술적인 이점이 무엇이든 간에 이 논쟁은 이 책에서 말하고자 하는 핵심 주제를 다룬다. 전통적인 사고방식에서 믿을 수 있는 제도라는 것은 사용자끼리 직접 믿고 P2P로 교류할 수 있을 정도로 규모가 작아야 한다는 것이다. 아니면 거대한 중앙 권한의 리바이어던이나 지배적인 중개자에게 권력을 양도해야 한다. 마이크 헌은 분산 원장이라는 제3의 선택지가 주어졌다고 생각했다. 분산 원장으로 공동의 믿음을 만들어 내어 중앙 조직을 신뢰할지 여부를 고민할 필요가 없게 된다는 것이다. 블록체인의 신뢰 아키텍처는 비트코인이 직면한 바로 이 문제에 대한 해결책을 제시해 줬다.

그러나 마이크 헌의 초기 예측을 통해서도 알 수 없던 함정이 있었다. 그는 2013년 튜링 페스티벌 연설 중 블록체인의 가장 강력한 애플리케이션이 공공재와 관련한 문제를 일으킨다는 것을 깨닫는다. 자동 관리가 가능한 자율주행 차량이 있는 자율 조직 시장은 현 상황과 비교하면 모든 면에서 우월하다. 하지만 한 가지에 있어서는 다르다. 누구도 소유할 수 없다는 것이다. 그럼 누가 생산을 장려한단 말인가? 이에 마이크 헌은 실행이나 지원이 한계에 다다를 때만 개발자들이 자동으로 보상을 받을 수 있는 형태의 보증 계약assurance contract을 제안했다.[6]

킥스타터Kickstarter와 같은 크라우드 펀딩 서비스는 이러한 접근 방식을 매우 효과적으로 사용한다. 하지만 여전히 메커니즘에는 계약의 목적과 규정을 정의해 줄 사람이 필요하다. 대부분의 보증 계약은 경제학자들의 이론을 바탕으로 하며 그 대상은 정부가 될 것이라고 가정한다. 바로 이 점을 벗어나고자 비트코인이 탄생했다. 개인이 규율을 만든다고 하더라도 그것을 만들고 강요하기 위한 합법적인 메커니즘이 필요하다. 이것은 우리를 빌리의 거버넌스 역설Vili's Paradox of governance로 돌아가게 한다. 탈중앙화 시스템을 효과적으로 사용하고자 만든 메커니즘이 탈중앙화를 불가하게 만드는 것이다.

마이크 헌은 사토시가 해결하고자 하던 중앙 거버넌스의 결함이 다시 발생했기 때문에 비트코인이 실패했다고 믿었다. 비트코인이 스스로 효율적인 관리를 하지 않는 이상 정부가 분명히 국민을 보호하려고 나설 테니 말이다.

수년에 걸쳐 각 국가 정부는 증권과 투자에 관한 수많은 법을 통과시켰다. 하지만 비트코인은 증권에 해당하지 않기 때문에 정부가 만든 법에 적용되지 않는다. 정부의 의도는 간단하다. 투자자들에게 제대로 정보를 제공하라는 것이다. 잘못된 정보를 가진 투자자가 돈을 잃으면 정부가 더욱 주의를 기울이는 것은 당연하다.

마이크 헌은 비트코인의 탈중앙화 실험이 실패로 끝났다고 생각했다. 그는 갑자기 회사를 그만두고 이전과 매우 다른 분산 원장 프로젝트로 새로운 직업을 갖게 됐다. 그는 R3의 수석 플랫폼 개발자이자 규제 대상 금융 서비스 회사를 위한 분산 거래 플랫폼인 코다의 수석 설계자가 됐다.

그는 「뉴욕타임스」와의 인터뷰에서 이직의 이유에 대해 "실제 비즈니스를 기반으로 한 전문적 환경에서 일하고 싶다"라고 대답했다.[7] 그의 대답에 비평가들은 그가 익숙한 관료주의 체계로 다시 후퇴하고 블록체인이 가져올 변화의 기회에 등을 돌린 것으로 생각했다.

마이크 헌의 극적인 공식 발표에도 비트코인 커뮤니티는 느리지만 지속해서 확장 문제를 해결하기 위한 토론을 이어갔다. 그리고 2017년 가을 세그윗이 구현되며 비트코인은 2015년 12월 마이크 헌이 판매한 비트코인 가격의 몇 배로 치솟았다. 그의 생각이 틀렸던 것이다. 주요 암호통화 뉴스 웹사이트인 코인텔레그래프CoinTelegraph는 "마이크 헌처럼 비트코인의 잠재력이 얼마나 큰지 제대로 이해 못하는 사람들이 있다"라고 언급했다.[8] 2013년 마이크 헌의 선구적인 연설을 지켜본 사람들이라면 상당한 충격적이었을 것이다.

실제로 블록체인의 성공을 다른 암호통화나 비트코인의 현물 시장가격과 동일시하는 사람들은 그들이 생각하는 실패를 설명하기도 한다. 단기 혹은 중단기의 달러와 비트코인의 환율 변동 요인은 다양하기 때문에 장기적으로 보면 가장 중요한 것은 신뢰다. 물론 아직 더 지켜봐야 하지만 비트코인의 거버넌스 실패에는 해결 방법이 없다는 마이크 헌의 말이 틀렸을 수도 있다. 하지만 그가 절대적으로 옳았던 것은 개방형 블록체인 네트워크를 포함한 분산 원장 기술을 위해서는 거버넌스가 너무나 중요하다는 것이다.

마이크 헌이 지나온 길이야말로 분산 원장 세계를 지탱하는 양 축을 보여준다고 할 수 있다. 코다의 네트워크는 허가형이며 비트코인의 경우 개방형이다. 거래 당사자만이 거래 정보를 교환할 수 있는 코다와는 달리 비트코인은 전체 장부를 모두에게 공개한다. 블록체인의 구조보다 정보 저장을 위한 익숙하고 합리적인 데이터베이스를 사용하며 기존의 암호통화 특징을 없애버렸다. 개방형 블록체인 지지자들은 코다 같은 허가형 시스템을 별볼일 없는 것으로 치부하며 이를 시장 구조를 조정하기 위한 수단이 아니라 기존 기업들이 조금 더 효율적으로 운영될 수 있게 도와주는 하나의 도구일 뿐이라고 말한다. 이제 비트코인 신봉자들 사이에서 마이크 헌은 비트코인을 실패로 본 것과 더불어 사토시 나카모토가 없애고자 했던 기존 은행에 합류한 것에 대해 완전히 몰매를 맞고 있다.

마이크 헌이 코다에서 구상한 대로 누군가는 네트워크를 운영할 사람을 선택해야 하기 때문에 트레이드넷이나 매터넷을 설립하지 않을 수 있다. 그러나 배후에 존재하는 사람이 같은 사람이라는 이 단순한 이분법 때문에 또하나의 질문이 남는다. 마이크 헌은 탈중앙화가 그저 좋게만 포장돼 있었지만 결국 비트코인은 중앙 통제가 필요한 시스템이며 이 역시 제대로 관리되지 않는 시스템이 됐다고 믿었다. 이러한 이유로 그가 비트코인에서 떠난 것이다. 역사가 마이크 헌을 선견지명을 가진 사람으로 보든, 2016년에 비트코인은 실패작이라고 외친 바보로 보든 그의 이야기로 한 가지 사실이 설명된다. 어떠한 대단한 기술도 실제로 구현됐을 때 기술 개발자의 순수한 의도대로만 이뤄지지 않는다는 것이다.

사람들이 실제로 이용할 서비스를 위해 실제 시스템을 구축할 때에는 균형이 필요하다. 그리고 적절한 균형은 관련 목적과 상황에 따라 달라진다. 큰 성공을 위해 열 번의 투자 실패를 각오하고 있는 벤처 자본가와, 평생 모아 둔 노후 자금을 어디에 투자할지 고민하는 개인 투자자들은 조금 다른 균형 기준을 가진다. 시장의 변화를 추구하는 신생 기업은 가장 혁신적인 기업이라 할지라도 대기업과는 생각하는 것이 다르다. 실리콘 밸리에서 직장을 다니는 이용자에게 아주 유용한 시스템이 소말리아에 있는 이용자들에게는 유용하지 않을 수 있다. 반대의 경우도 마찬가지다.

사토시 나카모토의 백서에서 처음으로 만들어진 '신뢰가 필요 없는 신뢰'를 이용한 분산 아키텍처는 하나의 사고방식이었을 뿐 실제로 어떤 특정한 것을 위한 완벽한 레시피 같은 것이 아니었다. 이 방식은 가고자 하는 방향에 따라 다양한 방법으로 적용될 것이다. 어떤 방향으로 가면 막다른 골목에 다다를 것이며 어떤 방향에서는 길이 합쳐질 수도 있다. 물론 오용되는 경우도 있을 것이다. 하지만 어떤 경우에는 기업의 거래 비용을 줄일 수도 있고 또 어떤 경우에는 훨씬 더 나은 방향으로 세상을 크게 바꿀 수도 있다.

신뢰의 문제

로이 아마라Roy Amara는 미래학자들의 미래학자다. 그는 역사 깊은 스탠퍼드 연구소SRI, Stanford Research Institute에서 18년 동안 근무했으며 우리가 현재 알고 있는 컴퓨터의 개념을 만드는 데 일조했다. 더불어 인터넷을 가능하게 한 패킷 교환 방식의 창시자 중 한 명인 폴 바란Paul Baran과 함께 팔로알토Palo Alto의 싱크탱크인 미래 연구소Institute for the Future 설립을 도왔고 이를 이끌어 가기도 했다. 그는 많은 프로젝트 중에서도 1973년 컴퓨터의 사회적 영향에 관한 연구와 1978년 '기후 변화'에 대한 연구를 주로 이끌었다. 지금은 이러한 주제가 연구의 주요 소재이지만 수십 년 전만해도 그렇지 않았다. 그의 통찰력 있는 격언은 아직까지도 유명하다. "우리는 짧은 기간 기술이 끼치는 영향은 과대평가하는 반면 장기간 끼치는 기술의 영향력은 과소평가한다."

개인용 컴퓨터, 인터넷, 웹, SNS, 스마트폰과 같이 지난 50년 간 큰 변화를 가져온 기술은 아마라의 법칙을 그대로 보여 주고 있다. 의심할 여지없이 블록체인도 예외가 아니다. 오늘날 소규모의 팀이 ICO를 통해 수억 달러의 자금을 확보하고 이를 위한 백서를 작성하며 실제로 하룻밤 사이에 가상통화의 가격이 치솟기도 했다. 현실보다 앞서 나가기는 너무나도 쉽다. 하지만 그 과정에서 발생할 수 있는 지연과 충돌, 우회는 불가피하다. 블록체인이 글로벌 플랫폼으로 잠재력을 발휘하기까지 10년, 20년 혹은 50년이 걸릴지도 모른다. 블록체인 기반 자산에 투자해 수익성을 남기려면 정해진 기간 내 성공을 거둬야 한다. 급박한 흐름을 알아채고 이득을 얻으려 하는 사람들은 그 방향을 제대로 설정해야만 한다. 언젠가 어떻게 분산 원장 기술의 잠재력을 의심할 수 있었을까 하는 생각이 들지도 모른다. 하지만 너무 빨리 움직인 자들과 틀린 선택을 한 사람들은 기회를 놓치게 될 것이다.

분산 원장은 20년 동안 정보 기술[T]의 첫 번째 발전으로서 인터넷과 맞먹는 잠재적 영향력을 갖고 있다. 하지만 분산 원장은 아직도 초기 개발 단계에 있다. 블록체인의 지속적인 성장은 많은 것에 따라 달라질 수 있으며 부분적으로는 기술적 진보, 부분적으로는 채택 모델, 부분적으로는 분산 원장 플랫폼 위에 구축된 비즈니스의 혁신 그리고 부분적으로는 블록체인의 신뢰 아키텍처와 관련한 법과 거버넌스 문제 해결에 달려 있다.

중앙 집권적 권력 구조에 대한 신뢰가 약화되고 있는 가운데 블록체인의 '신뢰가 필요 없는 신뢰'는 설득력 있는 대안을 제시한다. 그러나 기술 시스템의 기능과 한계가 이를 구현하는 사람이나 조직 및 공동체의 기대와 요구에 충족하는지 확인하는 노력을 대신할 수 있는 것은 없다. 금융, 정부, 상업 등을 변화시킬 것이라는 거창한 예측들이 사실무근으로 판명되더라도 블록체인은 이미 중요한 발견을 했다. 블록체인의 잠재력은 훨씬 크다. 인터넷과 마찬가지로 블록체인은 세계 곳곳 어디든 영향을 끼칠 수 있는 기반 기술이다. 하지만 앞으로 나아가기 위해서는 법과 분산 원장을 떼어 놓고 생각할 수 없다.

앞으로 상황이 어떻게 흘러갈 것인가는 신뢰에 달려 있다.

노트

서론

1. Charles R. Geisst, *Wall Street: A History*, revised and expanded ed. (Oxford: Oxford University Press, 2004), 13.

2. John D'Antona, Jr., "Who Safeguards the Industry?" *Traders Magazine*, April 2, 2017, https://www.dtcc.com/dtcc-connection/articles/2017/august/02/who-safeguards-the-industry.

3. 세계 경제 활동의 잣대가 되는 세계 총생산은 2016년 구매력 평가지수를 119조 달러로 추정했다. *World Factbook*, Central Intelligence Agency(CIA), https://www.cia.gov/the-world-factbook/field/real-gdp-purchasing-power-parity/. 이 수치는 생산량에 대한 정적 측정값이기 때문에 작게 측정되는 반면 금융 거래 흐름을 보여 주는 DTCC 값은 대부분 오프셋 방향으로 움직인다.

4. 비트코인 거래의 첫 번째 블록이 확인된 승인된 날짜다. Timothy B. Lee, "Five Years of Bitcoin in One Post," *Washington Post*, January 3, 2014, "The Switch" section, http://www.washingtonpost.com/news/the-switch/wp/2014/01/03/five-years-of-bitcoin-in-one-post. 비트코인 아키텍처를 설명하는 백서는 약 두 달 전에 공개됐다.

5. Scott Rosenberg, "Bitcoin Makes Even Smart People Feel Dumb," *Wired*, August 9, 2017, https://www.wired.com/story/bitcoin-makes-even-smart-people-feel-dumb.

6. Mitch Tuchman, "Heed Warren Buffett's Warning: Bitcoin Is Pure FOMO," *MarketWatch*, https://www.marketwatch.com/story/heed-warren-buffetts-warning-bitcoin-is-pure-fomo-2017-12-26.

7. Paul Krugman, "Bitcoin Is Evil," *The New York Times*, December 28, 2013, "Opinion Pages" section, https://krugman.blogs.nytimes.com/2013/12/28/bitcoin-is-evil.

8. Luke Graham, "Governments Will Close Down Bitcoin and Cryptocurrencies If They Get Too Big, Warns Jamie Dimon," CNBC, September 22, 2017, https://www.cnbc.com/2017/09/22/bitcoin-jpmorgans-jamie-dimon-lays-into-bitcoin-again.html. 몇 달 후 암호통화 가격이 오르자 다이먼은 이 발언에 유감을 표명했다.

9. Naval Ravikant (@naval), Twitter, June 22, 2017, 6:36 p.m., https://twitter.com /naval/status/878018839044161536.

10. Everett M Rogers, *Diffusion of Innovations* (New York: Free Press, 2003).

11. Garrick Hileman, "State of Blockchain Q1 2016: Blockchain Funding Overtakes Bitcoin," *CoinDesk*, May 11, 2016, https://www.coindesk.com/state-of-blockchain-q1-2016/.

12. James Schneider, Alexander Blostein, Brian Lee, Steven Kent, Ingrid Groer, and Eric Beardsley, *Profiles in Innovation: Blockchain—Putting Theory into Practice* (Goldman Sachs, May 24, 2016), https://www.finyear.com/attachment/690548.

13. Sam Smith, "Nearly 6 in 10 Large Corporations Considering Blockchain Deployment," Juniper Research, July 31, 2017, https://www.juniperresearch.com/press/press-releases/6-in-10-large-corporations-considering-blockhain.

14. Marco Iansiti and Karim R. Lakhani, "The Truth about Blockchain," *Harvard Business Review* 95, no. 1 (2017): 118–127, https://hbr.org/2017/01/the-truth-about-blockchain.

15. Carlota Perez, *Technological Revolutions and Financial Capital: The Dynamics of Bubbles and Golden Ages* (Cheltenham, UK: Edward Elgar, 2003).

16. Barton Swaim, "'Trust, but Verify': An Untrustworthy Political Phrase," *Washington Post*, March 11, 2016, http://www.washingtonpost.com/opinions/trust-but-verify-an-untrustworthy-political-phrase/2016/03/11/da32fb08-db3b-11e5-891a-4ed04f4213e8_story.html.

17. Albert Wenger, "Bitcoin: Clarifying the Foundational Innovation of the Blockchain," Continuations, December 15, 2014, http://continuations.com/post/105272022635/bitcoin-clarifying-the-foundational-innovation-of.

18. 비트코인 원장이 해킹된 적이 없다고 해서 모든 암호통화가 유사하게 안전하다는 것은 아니다.

19. 2017년 10월 24일 저자와의 인터뷰.

20. Nick Szabo, "More Short Takes," Unenumerated, July 1, 2012, http://unenum erated.blogspot.com/2012/07/more-short-takes.html. ("필자가 양자사상이고 부르는 이것은 현대인들에게는 생소하나 이미 오래전부터 있어 온 것으로 현학적 사고는 우리가 항상 상호 모순되는 가능성을 고려하도록 요구한다.")

21. 참고 "Cryptocurrencies with Tim Ferriss, Nick Szabo, and Naval Ravikant," *Medium*, June 6, 2017, https://medium.com/@giftedproducts/cryptocurrencies-with-tim-ferriss-nick-szabo-and-naval-ravikant-51a99d037e04. 결과적으로 닉 스자보의 접근 방식과 법적 분석 사이의 연관성은 우연이 아니다. 10장을 참고하라.

22. 시카고 블록체인 센터 매뉴얼 방식을 참고하기 바란다. https://docs.google.com/document/d/1AHnrM9h8k-bqaTS1HNDws6ipcuR0Zbn__heM0ZTg-J0/mobilebasic.

23. Dong He, Karl Habermeier, Ross Leckow, Vikram Haksar, Yasmin Almeida, Mikari Kashima, et al., "Virtual Currencies and Beyond: Initial Considerations: IMF Staff Discussion Note," International Monetary Fund (IMF), January 2016, https://www.imf.org/external/pubs/ft/sdn/2016/sdn1603.pdf.

24. "Digital Currencies," Bank for International Settlements, November 2015, https://www.bis.org/cpmi/publ/d137.pdf.

1장

1. Satoshi Nakamoto, "Bitcoin: A Peer-to-Peer Electronic Cash System," Bitcoin.org, October 31, 2008, https://bitcoin.org/bitcoin.pdf.

2. Nathaniel Popper, "Decoding the Enigma of Satoshi Nakamoto and the Birth of Bitcoin," *New York Times*, May 15, 2015, https://www.nytimes.com/2015/05/17/business/decoding-the-enigma-of-satoshi-nakamoto-and-the-birth-of-bitcoin.html; Joshua Davis, "The Crypto-Currency," *The New Yorker*, October 3, 2011, https://www.newyorker.com/magazine/2011/10/10/the-crypto-currency.

3. 정확히 말하면 사토시 나카모토는 비트코인이 가치를 창출하려고 제3자 기관에 대한 신뢰를 요구하지 않는다고 말한 것일 수 있다.

4. "The Trust Machine," *The Economist*, October 31, 2015, https://www.economist.com/news / leaders/21677198-technology-behind-bitcoin-could-transform-how-economy-works-trust-machine.

5. "2017 Edelman Trust Barometer: Executive Summary," Scribd, https://www.scribd.com/document/336621519/2017-Edelman-Trust-Barometer-Executive-Summary.

6. Michael Dimock, "How America Changed During Barack Obama's Presidency," Pew Research Center, January 10, 2017, http://www.pewresearch.org/2017/01/10/how-america-changed-during-barack-obamas-presidency; Jim Norman, "Americans' Confidence in Institutions Stays Low," Gallup.com, June 13, 2016, http://news.gallup.com/poll/192581/americans-confidence-institutions-stays-low.aspx.

7. Ron Elving, "Poll: 1 in 5 Americans Trusts the Government," NPR.org, November 23, 2015, https://www.npr.org/2015/11/23/457063796/poll-only-1-in-5-americans-say-they-trust-the-government. 이 문제는 결코 미국에 국한된 것이 아니다. 경제협력개발기구(OECD) 35개국은 자국민의 43%만이 정부를 신뢰한다고 보고했다. "Trust in Government," OECD, https://www.oecd.org/gov/trust-in -government.htm.

8. Connie Cass, "Poll: Americans Don't Trust One Another," *USA Today*, November 30, 2013.

9. Robert D. Putnam, *Bowling Alone: The Collapse and Revival of American Community* (New York: Simon and Schuster, 2001).

10. Francis Fukuyama, *Trust: The Social Virtues and the Creation of Prosperity* (New York: Free Press, 1995).

11. Annette Baier, "Trust and Antitrust," *Ethics 96*, no. 2 (January 2, 1986): 231, 232, http://www.jstor.org/stable/2381376 (arguing that "any form of cooperative activity … requires the cooperators to trust one another.…"); Kenneth J. Arrow, "Gifts and Exchanges," *Philosophy & Public Affairs* 1, no. 4 (1972): 343, http://www.jstor.org/stable/2265097 ("사실상 모든 상업적 거래는 그 자체로 신뢰의 요소를 갖고 있다"라고 언급했다); G. Richard Shell, "Opportunism and Trust in the Negotiation of Commercial Contracts: Toward a New Cause of Action," *Vanderbilt Law Review* 44, no. 2 (March 1991): 225-226 ("사회심리학자, 사회학자, 경제학자, 철학자, 법률학자들은 모두가 신뢰가 인간 목표의 효율적인 조정에 핵심적인 역할을 한다는 것을 인식했다"라고 관찰했다).

12. Niklas Luhmann, *Trust and Power* (Chichester, UK, and Toronto: Wiley, 1979).

13. Fukuyama, *Trust*.

14. Roger C. Mayer, James H. Davis, and F. David Schoorman, "An Integrative Model of Organizational Trust," *Academy of Management Review* 20, no. 3 (July 3, 1995): 709–734, https://doi.org/10.2307/258792.

15. Fukuyama, *Trust*; Putnam, *Bowling Alone*; Frank B. Cross, "Law and Trust," *Georgetown Law Journal* 93 (2005): 1457.

16. Eric A. Posner, *Law and Social Norms* (Cambridge, MA: Harvard University Press, 2009); Margaret M. Blair and Lynn A. Stout, "Trust, Trustworthiness, and the Behavioral Foundations of Corporate Law," *University of Pennsylvania Law Review* 149, no. 6 (2001): 1745.

17. Ronald H. Coase, "The Nature of the Firm," *Economica* 4, no. 16 (1937): 386–405.

18. Rachel Botsman, "The Changing Rules of Trust in the Digital Age," *Harvard Business Review*, October 20, 2015, https://hbr.org/2015/10/the-changing-rules-of-trust-in-the-digital-age.

19. Oliver E. Williamson, "Calculativeness, Trust, and Economic Organization," *Journal of Law & Economics* 36, no. 1 (1993): 453–486. 또 다른 노벨경제학상 수상자인 케네스 애로우(Kenneth Arrow)는 신뢰는 "실제적이고 실용적인 경제적 가치"를 지닌 외부 효과라며 보다 호의적으로 평가했지만 그럼에도 신뢰는 "공개된 시장에서 거래가 기술적으로 가능하거나 심지어 의미 있는 상품"은 될 수 없다고 했다. Kenneth J. Arrow, *The Limits of Organization* (New York: W. W. Norton, 1974), 23.

20. Satoshi Nakamoto, "Bitcoin Open Source Implementation of P2P Currency," Satoshi Nakamoto Institute, November 2, 2009, http://satoshi.nakamotoinstitute.org/posts/p2pfoundation/1/.

21. Ray Dillinger, "If I'd Known What We Were Starting," LinkedIn, September 20, 2017, https://www.linkedin.com/pulse/id-known-what-we-were-starting-ray-dillinger/.

22. LaRue Tone Hosmer, "Trust: The Connecting Link between Organizational Theory and Philosophical Ethics," *Academy of Management Review* 20, no. 2 (1995): 379, 380; Blair and Stout, "Trust, Trustworthiness, and the Behavioral Foundations of Corporate Law," 1745; Mayer, Davis, and Schoorman, "An Integrative Model," 709.

23. Cross, "Law and Trust," 1459 ("철학, 경영학, 심리학, 정치학, 법학과 같은 다양한 학문 분야에서 신뢰에 대해 많은 글이 쓰여졌다.").

24. Putnam, *Bowling Alone*. 역사학자 제프리 호스킹(Geoffrey Hosking)도 비슷한 구별을 하며 신뢰의 결정을 뒷받침하는 지식 수준에 따라 두터운 신뢰와 얇은 신뢰 사이에 직교적인 구분을 추가해 유사한 구별을 했다. Geoffrey A. Hosking, *Trust: A History* (Oxford: Oxford University Press, 2014).

25. Fukuyama, *Trust*.

26. Jay B. Barney and Mark H. Hansen, "Trustworthiness as a Source of Competitive Advantage," *Strategic Management Journal* 15 (1994): 175–190.

27. Robert C. Solomon and Fernando Flores, *Building Trust in Business, Politics, Relationships, and Life* (New York: Oxford University Press, 2001), 20.

28. Cross, "Law and Trust," 1466 ("인지적 신뢰는 이러한 피해 위험의 가능성과 규모에 대한 평가를 필요로 한다.").

29. Williamson, "Calculativeness, Trust, and Economic Organization."

30. 사실 윌리엄슨은 그것이 신뢰의 일부라고 생각하지 않는다.

31. Harvey James, "The Trust Paradox: A Survey of Economic Inquiries into the Nature of Trust and Trustworthiness," *Journal of Economic Behavior & Organization* 47, no. 3 (February 2002): 291, 303–304. 고전적인 죄수의 딜레마에서 두 선수는 서로를 신뢰할 때 최고의 성과를 낸다. 그러나 각각의 합리적인 전략은 신뢰하지 않는 것이다. 그래서 그들은 최악의 결말을 얻게 된다.

32. Bo Rothstein, *Social Traps and the Problem of Trust* (New York: Cambridge University Press, 2005).

33. Fukuyama, *Trust*, 11.

34. Rachel Botsman, "We've Stopped Trusting Institutions and Started Trusting Strangers," TED Talk, June 2016, https://www.ted.com/talks/rachel_botsman_we_ve_stopped_trusting_institutions_and_started_trusting_strangers/transcript?language=en.

35. 공유 경제의 선구자 중 한 명인 집카(Zipcar)의 공동 설립자인 로빈 체이스(Robin Chase)는 다음과 같이 말했다. "나는 항상 집카를 통해 우리가 차를 잘 대하면 사람들이 우리 차를 잘 대해 줄 거라고 항상 생각했다. … 집카가 여러분을 공정하게 잘 대우한다고 믿는다면 여러분도 마찬가지로 옳은 일을 할 것이다." 저자와의 인터뷰, 2017년 10월 30일.

36. Cross, "Law and Trust," 1464; Karen Jones, "Trust as an Affective Attitude," *Ethics* 107, no. 1 (1996): 5–6.

37. Baier, "Trust and Antitrust," 235. ("내가 다른 사람을 신뢰할 때 나는 그녀의 나에 대한 선의에 의지한다.")

38. J. L. Morrow, Jr., Mark H. Hansen, and Allison W. Pearson, "The Cognitive and Affective Antecedents of General Trust within Cooperative Organizations," *Journal of Managerial Issues* 16, no. 1 (2004): 50. Cf. Larry E. Ribstein, "Law v. Trust," *Boston University Law Review* 81 (July 2001): 553.

39. Lawrence C. Becker, "Trust as Noncognitive Security about Motives," *Ethics* 107, no. 1 (October 1996): 43–61; Tom Tyler, "Trust and Law Abidingness: A Proactive Model of Social Regulation," *Boston University Law Review* 81 (April 2001); Blair and Stout, "Trust, Trustworthiness, and the Behavioral Foundations of Corporate Law," 1751.

40. J. David Lewis and Andrew Weigert, "Trust as a Social Reality," *Social Forces* 63, no. 4 (June 1985): 967–985.

41. Andrew C. Wicks, Shawn L. Berman, and Thomas M. Jones, "The Structure of Optimal Trust: Moral and Strategic Implications," *Academy of Management Review* 24, no. 1 (January 1999): 99–116; Cross, "Law and Trust," 1464.

42. Putnam, *Bowling Alone*, 137.

43. Fukuyama, *Trust*, 26. Cf. William A. Galston, "Trust–But Quantify," *Public Interest*, no. 122 (1996): 129.

44. Herman Melville, *The Confidence-Man: His Masquerade* (New York: Penguin Books, 1990), chapter 16.

45. Denise M. Rousseau, Sim B. Sitkin, Ronald S. Burt, and Colin Camerer, "Not so Different after All: A Cross-Discipline View of Trust," *Academy of Management Review* 23, no. 3 (July 1998): 393–404.

46.   Baier, "Trust and Antitrust," 240.

47.   Jeremy A. Yip and Maurice E. Schweitzer, "Trust Promotes Unethical Behavior: Excessive Trust, Opportunistic Exploitation, and Strategic Exploitation," *Current Opinion in Psychology* 6, Suppl C (2015): 216–220.

48.   Russell Hardin, "Trustworthiness," *Ethics* 107, no. 1 (October, 1996): 26–42, https://doi. org/10.1086/233695; Avner Ben-Ner and Louis Putterman, "Trusting and Trustworthiness," *Boston University Law Review* 81 (2001): 523–551.

49.   Samuel Johnson, *Rambler*, No. 79 (December 18, 1750): 147.

50.   Maurice E. Schweitzer, John C. Hershey, and Eric T. Bradlow, "Promises and Lies: Restoring Violated Trust," *Organizational Behavior and Human Decision Processes* 101, no. 1 (2006): 1–19.

51.   정부 관료들이 국민의 이익을 위해 행동하지 않는다는 인식에서 비롯된 금융 위기 이후 지속되는 신뢰의 격차는 이러한 결과와 일치한다.

52.   Timothy J. Muris, "Opportunistic Behavior and the Law of Contracts," *Minnesota Law Review* 65 (1981): 521.

53.   Shell, "Opportunism and Trust in the Negotiation of Commercial Contracts: Toward a New Cause of Action," 231–232, 265–266, 275.

54.   Michael C. Jensen and William H. Meckling, "Theory of the Firm: Managerial Behavior, Agency Costs, and Ownership Structure," *Journal of Financial Economics* 3, no. 4 (July 1, 1976): 305–360.

55.   Oliver E Williamson, "The Economics of Organization: The Transaction Cost Approach," *American Journal of Sociology* 87, no. 3 (1981): 548–577. 아이러니하게도 모니터링 그 자체가 기회주의적 행동을 위한 기회를 만들어 낸다. 직원들은 자신이 감시당하고 있다고 생각할 때 이를 준수한다. 모리스 슈바이처(Maurice Schweitzer)와 동료들에 의한 실험적 연구는 고용주들이 이것을 깨닫지 못한다는 것을 보여 준다. 그들은 너무 많이 신뢰하는 경향이 있다. Maurice E Schweitzer, Teck-Hua Ho, and Xing Zhang, "How Monitoring Influences Trust: A Tale of Two Faces," *Management Science*, 2016: 253–270.

56.   Tyler, "Trust and Law Abidingness."

57.   Hernando de Soto, *The Mystery of Capital: Why Capitalism Triumphs in the West and Fails Everywhere Else* (New York: Basic Books, 2000).

58.   Lily Hay Newman, "All the Ways Equifax Epically Bungled Its Breach Response," *Wired*, September 24, 2017, https://www.wired.com/story/equifax-breach-response.

59.   "Privacy Fears 'Deterring' US Web Users from Online Shopping," BBC News, May 13, 2016, http://www.bbc.com/news/technology-36285651.

60.   Mayer, Davis, and Schoorman, "An Integrative Model of Organizational Trust," 712. 정치이론가 존 던John Dunn은 '신뢰'를 "제3자가 호의적으로 베푸는 의도에 대한 확신에 찬 기대"와 비슷하게 정의한다. John Dunn, "Trust and Political Agency," in *Trust: Making and Breaking Cooperative Relations*, ed. Diego Gambetta (Oxford: Blackwell, 1988), 74.

61.   같은 맥락에서 법률학자 거스 허위츠(Gus Hurwitz)는 '신뢰'를 '의지 없는 의존reliance without recourse'으로 간결하게 정의했다. Gus Hurwitz, "Trust and Online Interaction," *University of Pennsylvania Law Review* 161 (2013): 1584.

62.	Rachel Botsman, *Who Can You Trust? How Technology Brought Us Together and Why It Might Drive Us Apart* (New York: PublicAffairs, 2017).

63.	Kevin Werbach, "The Architecture of Internet 2.0," *Release 1.0*, February 1999, http://downloads.oreilly.com/radar/r1/02−99.pdf.

64.	Rebecca Henderson and Kim Clark, "Architectural Innovation: The Reconfiguration of Existing Product Technologies and the Failure of Established Firms," *Administrative Science Quarterly*, March 1990: 9−30.

65.	나는 더글라스 노스Douglas North의 제도에 대한 정의를 사용한다. "정치적, 경제적, 사회적 상호 작용을 구성하는 인위적 제약" Douglass C. North, "Institutions," *Journal of Economic Perspectives* 5, no. 1 (1991): 97−112.

66.	"Will Crowd−Based Capitalism Replace Managerial Capitalism? (Full Transcript)," Reinvent, August 24, 2016, http://reinvent.net/innovator/arun−sundararajan.

67.	보츠맨(Botsman)도 유사한 유형 분류 체계를 제시한다. 그녀는 지역과 제도, 그리고 분산된 신뢰를 구분한다. Botsman, *Who Can You Trust?* 첫 번째는 내가 P2P 신뢰라고 부르는 것과 유사한 반면 두 번째는 리바이어던 및 중개 신뢰를 결합한 것이다. 나는 권한 당국이 당사자(리바이던) 간 신뢰를 뒷받침하는 것과 중개 조직에 대한 직접적 신뢰는 구분돼야 한다고 본다.

68.	Elinor Ostrom, Governing the Commons: *The Evolution of Institutions for Collective Action* (Cambridge: Cambridge University Press, 1990).

69.	Brett M. Frischmann, *Infrastructure: The Social Value of Shared Resources* (Oxford: Oxford University Press, 2013); Yochai Benkler, *The Wealth of Networks: How Social Production Transforms Markets and Freedom* (New Haven, CT: Yale University Press, 2006).

70.	Thomas Hobbes, *Leviathan: Or, The Matter, Forme & Power of a Commonwealth, Ecclesiasticall and Civill* (Cambridge: Cambridge University Press, 1904). Cf. John Danaher, "Comments on Blockchains and DAOs as the Modern Leviathan," Institute for Ethics and Emerging Technologies, October 2, 2017, https://ieet.org/index.php/IEET2/comments/Danaher20160331. 다나허(Danaher)는 홉스의 아이디어를 블록체인 기반 탈중앙화 자율조직(DAO)의 거버넌스와 연결 짓는다.

71.	Tom R. Tyler, *Why People Obey the Law* (Princeton, NJ: Princeton University Press, 2006).

72.	Douglass C. North, *Institutions, Institutional Change, and Economic Performance* (Cambridge: Cambridge University Press, 1990).

73.	UBS, *Building the Trust Engine* (October 2, 2017), https://www.ubs.com/microsites/blockchain−report/en/home.html; Andreas Adriano and Hunter Monroe, "The Internet of Trust," *IMF, Finance, & Development* 53, no. 2 (June 2016), http://www.imf.org/external/pubs/ft/fandd/2016/06/adriano.htm. 로버트 호켓(Robert Hockett)과 사울 오마로바(Saule Omarova)는 은행이 중개 기관이 아니라 정부의 신용 창출 행위에 대한 민간 프랜차이즈로서 기능한다는 점에서 금융에 대한 대안 이론을 제시한다. Robert C. Hockett and Saule T. Omarova, "The Finance Franchise," *Cornell Law Review* 102 (2017): 1143−1218. 다시 말해서 중개자 신뢰보다는 리바이어던의 발현으로 보고 있다.

74.	Jordan Weissmann, "How Wall Street Devoured Corporate America," *The Atlantic*, March 5, 2013, https://www.theatlantic.com/business/archive/2013/03/how−wall−street−devoured−corporate−america/273732.

75. Hurwitz, "Trust and Online Interaction," 1580–1581 (인터넷이 상용화됨에 따른 참가자들 사이의 본래적 신뢰의 상실이 어떻게 온라인 중개기관의 힘을 강화했는지에 주목한다.)

76. Jonathan T. Taplin, *Move Fast and Break Things: How Facebook, Google, and Amazon Cornered Culture and Undermined Democracy* (New York: Little, Brown and Company, 2017); Siva Vaidhyanathan, *The Googlization of Everything: And Why We Should Worry* (Berkeley: University of California Press, 2011); Julie Cohen, *Between Truth and Power: The Legal Construction of Informational Capitalism*, forthcoming; Shoshana Zuboff, *Master or Slave?: The Fight for the Soul of Our Information Civilization* (New York: Public Affairs, 2018).

77. Reid Hoffman, "The Future of the Bitcoin Ecosystem and 'Trustless Trust'—Why I Invested in Blockstream," LinkedIn, November 17, 2014, https://www.linkedin.com/pulse/20141117154558-1213-the-future-of-the-bitcoin-ecosystem-and-trustless-trust-why-i-invested-in-blockstream.

78. Jalak Jobanputra, "How the Blockchain Can Unshackle the World," CoinDesk, April 23, 2016, https://www.coindesk.com/blockchain-can-unshackle-us/. ("이 개념이 '신뢰할 수 없는 신뢰'라고 불리는 이유다.").

79. 라헬 보츠만(Rachel Botsman)은 "신뢰 스택(trust stack)"과 다소 유사한 개념을 제시한다. Botsman, *Who Can You Trust?*

80. Helen Nissenbaum, "Will Security Enhance Trust Online, or Supplant It?" in *Trust and Distrust in Organizations: Dilemmas and Approaches*, eds. Roderick M. Kramer and Karen S. Cook (New York: Russell Sage Foundation, 2004), 155, 162–163.

81. Joshua Fairfield, "Virtual Property," *Boston University Law Review* 85 (2005): 1047 ("최소화된 신뢰 코드란 원격지 컴퓨터의 소유자를 신뢰하지 않고 코드를 신뢰할 수 있음을 의미한다"); Botsman, TED Talk, June 2016; "We've Stopped Trusting Institutions and Started Trusting Strangers" (블록체인이 갖는 진정한 의미는 이것이 제3자의 필요를 없앴다는 것이다."…당신은 여전히 아이디어와 플랫폼을 신뢰해야 하지만 전통적인 의미에서 타인을 신뢰할 필요는 없다.")

82. Morgan E. Peck, "The Cryptoanarchists' Answer to Cash," *IEEE Spectrum* 49, no. 6 (June 2012): 50–56.

83. Philip Elmer-Dewitt, "First Nation in Cyberspace," *Time*, December 6, 1993.

84. 2017년 10월 23일 저자와의 인터뷰.

2장

1. Yuval N. Harari, *Sapiens: A Brief History of Humankind* (New York: Harper, 2015): 180.

2. Georg Friedrich Knapp, The State Theory of Money (London: Macmillan, 1924). 칼 폴라니Carl Polanyi는 노동력, 토지, 화폐가 '가상의 상품'으로 변모하여 것이 현대 '시장 사회'의 발전으로 이어졌다고 보다 광범위하게 주장했다." Karl Polanyi, The Great Transformation: The Political and Economic Origins of Our Time (Boston: Beacon Press, 2001).

3. Thomas C. Schelling, *The Strategy of Conflict* (Cambridge, MA: Harvard University Press, 1960). 스마트 컨트랙트와 이더리움 네트워크의 개발자는 이러한 셸링(Schelling) 포인트를 참조한다. Nick Szabo, "Formalizing and Securing Relationships on Public Networks," *First Monday*

2, no. 9 (September 1, 1997), http://ojphi.org/ojs/index.php/fm/article/view/548; Vitalik Buterin, "SchellingCoin: A Minimal-Trust Universal Data Feed," *Ethereum Blog*, March 28, 2014, https://blog.ethereum.org/2014/03/28/schellingcoin-a-minimal-trust-universal-data-feed/.

4. Charles R. Geisst, *Wall Street: A History, revised and expanded edition* (Oxford: Oxford University Press, 2004).

5. 네팅은 중계회사 간 거래의 98%를 제거한다. Martin Mayer, "Wall Street's Smooth Operator," *Barrons*, August 27, 2007, https://www.barrons.com/articles/SB118800153292108500.

6. 이 역사의 흥미로운 자료는 다음을 참고하기 바란다. Michael Lewis, *The Big Short: Inside the Doomsday Machine* (New York: W. W. Norton, 2010).

7. Paola Sapienza and Luigi Zingales, "A Trust Crisis," *International Review of Finance* 12, no. 2 (June 2012): 123–131.

8. Dodd-Frank Wall Street Reform and Consumer Protection Act of 2010, Pub. L. No. 111–203, 124 Stat. 1376 (2010).

9. Satoshi Nakamoto, "Bitcoin: A Peer-to-Peer Electronic Cash System," Bitcoin.org, October 31, 2008, https://bitcoin.org/bitcoin.pdf.

10. Arvind Narayanan and Jeremy Clark, "Bitcoin's Academic Pedigree," *Communications of the ACM* 60, no. 12 (2017): 36.

11. Bruce Schneier, *Applied Cryptography*, 2nd ed. (New York: Wiley, 2015).

12. 공개 키 암호화에서 모든 개인 키는 자유롭게 배포되는 공개 키와 연계된다. 오직 비밀 키 소유자만이 연계된 공개 키로 인코딩된 메시지를 읽을 수 있다. 메시지가 비밀키로 서명된 경우 연계된 공개 키를 통해 누가 서명했는지 확인할 수 있다. Simson L Garfinkel, "Public Key Cryptography," *Computer* 29, no. 6 (1996): 101–104.

13. 키들이 거래와 지속적으로 연관되기 때문에 기술적으로 볼 때 비트코인은 익명성이 아닌 가명성에 특징이 있다.

14. David Chaum, "Blind Signatures for Untraceable Payments," *Crypto* 82 (1982): 35.

15. Ken Griffith, "A Quick History of Cryptocurrencies BBTC–Before Bitcoin," *Bitcoin Magazine*, April 16, 2014, https://bitcoinmagazine.com/articles/quick-history-cryptocurrencies-bbtc-bitcoin-1397682630/. 암호통화에 관한 한 주요 문헌은 거의 100개 정도의 비트코인 이전에 등장한 실패 모델들을 나열한다. 참고 Arvind Narayanan, Joseph Bonneau, Edward Felten, Andrew Miller, and Steven Goldfeder, *Bitcoin and Cryptocurrency Technologies: A Comprehensive Introduction* (Princeton, NJ: Princeton University Press, 2016).

16. Proceedings of FC '97, the First International Conference on Financial Cryptography, ed. Rafael Hirschfeld, February 24–28, 1997.

17. 참고 *A & M Records, Inc. v. Napster, Inc.*, 239 F.3d 1004 (9th Cir. 2001); *MGM Studios, Inc. v. Grokster, Ltd.*, 545 U.S. 913 (2005).

18. Narayanan and Clark, "Bitcoin's Academic Pedigree."

19. 토큰 개수에 암호통화의 시장가격을 곱한 것을 흔히 '시가총액(market capitalization)'이라고 한다. 하지만 이러한 용어는 오해의 소지가 있다. 암호통화 프로젝트는 회사가 아니고 토큰은 주식에 해

당하지 않는다. 특히 비트코인 대비 상당히 많은 토큰은 분실되거나 파괴된 개인 키와 연관돼 있어서 접근이 불가능하고 따라서 가치 측정이 제대로 이뤄지지 않는다. Tim Swanson, "Eight Things Cryptocurrency Enthusiasts Probably Won't Tell You," Great Wall of Numbers, September 21, 2017, http://www.ofnumbers.com/2017/09/21/eight-things-cryptocurrency-enthusiasts-probably-wont-tell-you/. 보다 바람직한 용어는 '자산가치(asset value)'다. 이 숫자는 존재하는 암호자산의 총 가치를 나타내기 때문이다.

20. Leslie Lamport, Robert Shostak, and Marshall Pease, "The Byzantine Generals Problem," *ACM Transactions on Programming Languages and Systems* (TOPLAS) 4, no. 3 (1982): 382–401.

21. Joseph Bonneau, Andrew Miller, Jeremy Clark, Arvind Narayanan, Joshua A. Kroll, and Edward W. Felten, "Research Perspectives and Challenges for Bitcoin and Cryptocurrencies," *Proceedings of the 36th IEEE Symposium on Security and Privacy*, 3, July 20, 2015, http://www.jbonneau.com/doc/BMCNKF15-IEEESP-bitcoin.pdf.

22. John R. Douceur, "The Sybil Attack," IPTPS '01 Revised Papers from the First International Workshop on Peer-to-Peer Systems 251 (2002), http://nakamotoinstitute.org/static/docs/the-sybil-attack.pdf.

23. Narayanan et al., *Bitcoin and Cryptocurrency Technologies*. 사토시 나카모토는 이전의 개념들도 대체로 유사한 메커니즘을 갖고 있었다는 점을 알았다. 가장 주목할 만한 것은 1998년 웨이 다이(Wei Dei)가 제안한 비머니(B-Money)와 스팸 필터링을 제안한 애덤 백(Adam Back)의 해시캐시(HashCash)였다. 비트코인은 디지털 통화에 암호 이론과 게임 이론을 성공적으로 융합해 구현한 최초의 사례다.

24. 이러한 접근은 전형적인 미국 공화제와 유사하다. 왕에게 권한을 부여하는 대신 투표로 의사를 표시하는 국민들에게 권한을 분산시킨다. 파벌주의와 폭민정치의 가능성을 중재하려고 유권자들은 선출된 대표를 통해 간접적으로 권력을 행사한다.

25. "Bitcoin: The Magic of Mining," *The Economist*, January 10, 2015, 58, https:// www.economist.com/news/business/21638124-minting-digital-currency-has-become-big-ruthlessly-competitive-business-magic; Andreas M. Antonopoulos, *Mastering Bitcoin* (Sebastopol, CA: O'Reilly, 2015). Also cf. Kevin Werbach, "Bitcoin Is Gamification," Medium, August 5, 2014, https://medium.com/@kwerb/bitcoin-is-gamification-e85c6a6eea22 (비트코인 인센티브 시스템의 중요성을 설명).

26. 모든 블록체인이 비트코인과 같은 방법으로 작업증명을 수행하진 않는다. 예를 들어 이더리움은 수정된 알고리듬을 사용하기 때문에 채굴자들은 맞춤제작형 직접회로(ASIC, Application-Specific Integrated Circuit)와 같은 맞춤형 칩에 대한 활용 이점을 얻지 못한다.

27. 해시 함수는 입력 문자열(예: 문서 파일)을 가져와서 일정한 길이의 출력 문자열(해시)로 변환한다. 이론적으로 복수의 입력 문자열이 동일 해시에 매핑될 수 있지만 암호화 해시 공간은 충분히 크기 때문에 그러한 '충돌(collisions)'은 거의 일어나지 않는다. 입력 문자열은 매번 동일한 출력 문자열을 생성한다. 그러나 모든 가능성을 시도해 보는 방법 외에 해시에서 원래의 문자열로 되돌아갈 수 있는 방법은 없다. 비트코인은 검색 공간을 제한하려고 입력 문자열에 대한 매개변수를 정의하지만 그럴 가능성은 여전히 크다.

28. Adam Back, "Hashcash-A Denial of Service Counter-Measure," http://www.cypherspace.org/hashcash/hashcash.pdf. 또한 백(Back)보다 5년 앞서 2명의 암호학자는 독립적으로 유사한 접근 방식을 제안했다. Cynthia Dwork and Moni Naor, "Pricing via Processing or Combatting Junk Mail," Crypto 1992, 740 *Springer Lecture Notes in Computer Science* 139.

29. 현재 비트코인 네트워크는 전 세계 슈퍼컴퓨터 500대 이상을 합친 것보다 1,000배 더 강력하다. Laura Shin, "Bitcoin Production Will Drop by Half in July?How Will That Affect the Price?" *Forbes*, May 24, 2016, https://www.forbes.com/sites/laurashin/2016/05/24/bitcoin-production-will-drop-by-half-in-july-how-will-that-affect-the-price/#576083422a4c.

30. Narayanan et al., *Bitcoin and Cryptocurrency Technologies*, 65. 이더리움과 대부분의 비트코인 이후 블록체인 네트워크는 블록을 더 자주 업데이트한다.

31. Narayanan et al., 88-90.

32. Narayanan et al., 59. 정확히 말하자면 최고의 작업증명을 가진 체인이다.

33. 일부 연구는 채굴 능력의 3분의 1을 가진 공격자가 네트워크를 파괴할 수 있다고 주장한다. 그러나 이 수치는 도달하기에는 여전히 매우 높은 임계값이다.

34. 블록체인에서 사용자들은 개인 키를 통해 식별되며 거래 당사자의 실제 ID를 파악하는 것은 어렵다. 보다 강화된 익명성을 원하는 사람들을 위해 트랜잭션을 분할해 대량 이체를 모호하게 하려는 방법이 있다.

35. 모든 풀 노드는 본래 채굴자였다. 채굴 풀이 확산된 지금 일반적으로 실제 채굴은 거래 자체를 검증하지 않는 전문 사업자에 의해 이뤄진다.

36. 사용자는 블록체인 네트워크나 거래소와 연결된 지갑에 암호통화를 보유한다. 라이트 클라이언트는 원장의 전체 복사본을 유지 및 관리하지 않고도 거래를 검증할 수 있지만 보안 수준이 크게 떨어진다.

37. Alec Liu, "Who's Building Bitcoin? An Inside Look at Bitcoin's Open Source Development," *Motherboard*, May 7, 2013, https://www.vice.com/en/article/9aa4ae/whos-building-bitcoin-an-inside-look-at-bitcoins-open-source-development.

38. 거래를 되돌리는 유일한 방법은 하드 포크를 통해 새로운 체인을 만드는 것이다. 이더리움은 3장에서 설명한 The DAO 침해사건 이후 이러한 과감한 조치를 취했다.

39. 따라서 물리적 세계에서 귀한 자원을 채굴하는 것과 유사하다. 결국 블록에 대한 보상은 사라질 것이다. 그 시점에 유통되는 비트코인의 수는 2,100만 개로 고정된다. 2017년 기준 전체 비트코인의 약 80%가 생성됐다.

40. 이더리움 블록체인 프로젝트의 핵심 개발자인 블라드 잠피르(Vlad Zamfir)는 암호경제의 개념을 최초로 탐구한 사람 중 한 명이다. 그는 이 용어의 기원이 분명하지는 않지만 이더리움의 리더 비탈릭 부테린이 이 용어를 사용했다고 본다. Vlad Zamfir (@VladZamfir), Twitter, October 15, 2017, 10:49 a.m., https://twitter.com/VladZamfir/status/919576004405764096.

41. S. Herbert Frankel, Money, *Two Philosophies: The Conflict of Trust and Authority* (Oxford: B. Blackwell, 1977), 39.

42. U.S. Government Accountability Office (GAO), *Virtual Currencies: Emerging Regulatory, Law Enforcement, and Consumer Protection Challenges*, (2014), https://www.gao.gov/products/GAO-14-496; Jerry Brito and Andrea Castillo, *Bitcoin: A Primer for Policymakers* (Arlington, VA: Mercatus Center, 2016), 14-15.

43. David Yermack, "Is Bitcoin a Real Currency? An Economic Appraisal," working paper, National Bureau of Economic Research, No. w19747 (December 2013).

44. Joshuah Bearman, "The Rise and Fall of Silk Road: Part I," *Wired*, April 2015, https:// www.wired. com/2015/04/silk—road—1; Joshuah Bearman, "The Rise and Fall of Silk Road: Part II," *Wired*, May 2015, https://www.wired.com/2015/05/silk—road—2.

45. *USA v. Ross William Ulbricht*, sealed complaint, September 27, 2013, https://www.documentcloud. org/documents/801103—172770276—ulbricht—criminal—complaint.html.

46. Jon Matonis, "Bitcoin Casinos Release 2012 Earnings," *Forbes*, October 4, 2017, https: //www. forbes.com/sites/jonmatonis/2013/01/22/bitcoin—casinos—release—2012—earnings/.

47. Kyle Torpey, "BIP 75 Simplifies Bitcoin Wallets for the Everyday User," *Bitcoin Magazine*, April 28, 2016, https://bitcoinmagazine.com/articles/bip—simplifies—bitcoin—wallets—for—the—everyday—user—1461856604.

48. James Schneider, Alexander Blostein, Brian Lee, Steven Kent, Ingrid Groer, and Eric Beardsley, *Profiles in Innovation: Blockchain—Putting Theory into Practice* (Goldman Sachs, May 24, 2016), https://www.finyear.com/attachment/690548.

49. Daniel Krawisz, "Hyperbitcoinization," Satoshi Nakamoto Institute, March 29, 2014, http:// nakamotoinstitute.org/mempool/hyperbitcoinization/.

50. Robert C. Hockett and Saule T. Omarova, "The Finance Franchise," *Cornell Law Review* 102 (2017), 1209—1210.

51. Kieron Monks, "Bitcoin Surges Past $10,000 in Zimbabwe," CNN.com, October 31, 2017, https:// www.cnn.com/2017/10/31/africa/zimbabwe—bitcoin—surge/index.html.

52. Sonny Singh and Alberto Vega, "Why Latin American Economies Are Turning to Bitcoin," *TechCrunch*, March 16, 2016, http://techcrunch.com/2016/03/16/why—latin—american—economies—are—turning—to—bitcoin.

53. Todd Byrne, "Greece Reveals Plans to Adopt Bitcoin Amid Economic Turmoil," *Bitsonline*, October 27, 2017, https://www.bitsonline.com/greece—bitcoin—economic—turmoil.

54. Michael D. Bordo and Andrew T. Levin, *Central Bank Digital Currency and the Future of Monetary Policy*, No. 23711 (National Bureau of Economic Research Working Paper Series, 2017); Morten Linnemann Bech and Rodney Garratt, "Central Bank Cryptocurrencies," Bank for International Settlements (BIS), September 17, 2017, https://www.bis.org/publ/qtrpdf/r_qt1709f.htm.

55. Deloitte and the Monetary Authority of Singapore, "Project Ubin: SGD on Distributed Ledger," 2017, http://www.mas.gov.sg/~/media/ProjectUbin/Project%20Ubin%20%20SGD%20on%20 Distributed%20Ledger.pdf.

56. Christine Lagarde, "Central Banking and Fintech—A Brave New World?" https://www.imf.org/en/ News/Articles/2017/09/28/sp092917—central—banking—and—fintech—a—brave—new—world.

57. David Thorpe, "Bank Halts Crypto—Currency Plans over Stability Fears," *FT Advisor*, January 4, 2018, https://www.ftadviser.com/investments/2018/01/04/bank—halts—crypto—currency—plans—over—stability—fears/.

58. Leonid Bershidsky, "Authoritarian Cryptocurrencies Are Coming," Bloomberg.com, October 17, 2017, https://www.bloomberg.com/view/articles/2017—10—17/authoritarian—cryptocurrencies—are—coming.

3장

1. "Vitalik Buterin," About.me, https://about.me/vitalik_buterin.

2. "Vitalik Buterin," About.me.

3. Richard Gendal Brown, "Introducing R3 CordaTM: A Distributed Ledger Designed for Financial Services," *Richard Gendal Brown Blog*, April 5, 2016, https://gendal.me/2016/04/05/introducing
   -r3-corda-a-distributed-ledger-designed-for-financial-services/; Paul Vigna and Michael J.
   Casey, *The Age of Cryptocurrency: How Bitcoin and Digital Money Are Challenging the Global
   Economic Order* (New York: St. Martin's Press, 2015): 124; Mark Walport, *Distributed Ledger
   Technology: Beyond Block Chain* (UK Government Office for Science, 2016), https://www.gov.uk/
   government/uploads/system/uploads/attachment_data/file/492972/gs-16-1-distributed-ledger-
   technology.pdf.

4. Max Weber, *General Economic History*, translated by Frank H. Knight (New York: Collier Books,
   1961), 276; Werner Sombart, *Der Moderne Kapitalismus. 1. "Die" Genesis des Kapitalismus*
   (Leipzig: Duncker & Humblot, 1902), 23. Cf. Quinn DuPont and Bill Maurer, "Ledgers and Law in
   the Blockchain," *King's Review*, June 23, 2016, https://www.kingsreview.co.uk/essays/ledgers-
   and-law-in-the-blockchain.

5. Stefan Thomas, "The Internet's Missing Link," *TechCrunch*, September 27, 2014, http://
   techcrunch.com/2014/09/27/the-internets-missing-link.

6. 라이트코인과 같은 몇몇 변형된 코인들은 오픈소스 비트코인 소프트웨어를 가져다 합의 기법을 수정하
   고 자신들만의 디지털 통화를 만들었다. 이들 중 일부는 지금도 존재하지만 그 규모는 비트코인에 미치
   지 못한다.

7. 이것은 비트코인 소프트웨어에 대한 포크로서 완전히 분리된 네트워크를 만드는 것이지 설립된 네트워
   크 원장에 대한 포크라고 할 수 없다.

8. Danny Bradbury, "Colored Coins Paint Sophisticated Future for Bitcoin," *CoinDesk*, June 14, 2013,
   https://www.coindesk.com/colored-coins-paint-sophisticated-future-for-bitcoin/

9. Adam Back, Matt Corallo, Luke Dashjr, Mark Friedenbach, Gregory Maxwell, Andrew Miller,
   et al., "Enabling Blockchain Innovations with Pegged Sidechains," October 22, 2014, https://
   blockstream.com/sidechains.pdf.

10. Vitalik Buterin, "A Next-Generation Smart Contract and Decentralized Application Platform,"
    Github, https://github.com/ethereum/wiki/wiki/White-Paper.

11. Lisa Froelings, "Deloitte Reports More Than 26,000 Blockchain Projects Launched in 2016,"
    CoinTelegraph, November 9, 2017, https://cointelegraph.com/news/deloitte-reports-more-than-
    26000-blockchain-projects-launched-in-2016. 프로젝트 중 일부만이 활성화돼 있지만 여전히 수
    천 개의 프로젝트를 보여 준다.

12. "Cryptocurrency Market Capitalizations," https://coinmarketcap.com.

13. 유명 후원사를 둔 덕택에 풍부한 자금력을 갖췄던 신생기업 Earn.com은 소비자 비트코인 채굴 하드
    웨어를 만든 21.co으로 출발했다가 시장 변화에 따라 일련의 피벗을 거쳤다. 2018년 4월 미국 대표 암
    호통화 거래소 코인베이스에 인수됐다. Robert Hacket, "Coinbase Buys Bitcoin Startup Earn.com,
    Hires CEO as Chief Technology Officer," *Fortune*, April 16, 2018, http://fortune.com/2018/04/16/
    bitcoin-buy-coinbase-earn-com-balaji-srinivasan.

14. Christopher Malmo, "One Bitcoin Transaction Now Uses as Much Energy as Your House in a Week," *Motherboard*, November 1, 2017, https://motherboard.vice.com/en_us/article/ywbbpm/bitcoin-mining-electricity-consumption-ethereum-energy-climate-change.

15. Sebastiaan Deetman, "Bitcoin Could Consume as Much Electricity as Denmark by 2020," *Motherboard*, March 29, 2016, https://motherboard.vice.com/en_us/article/aek3za/bitcoin-could-consume-as-much-electricity-as-denmark-by-2020.

16. Ian Allison, "IOTA's Tangle Meets Internet of Things Requirements Better Than Any Blockchain," *International Business Times*, June 14, 2017, http://www.ibtimes.co.uk/iotas-tangle-meets-internet-things-requirements-better-any-blockchain-1626218. 이 데이터 구조를 칭하는 전문 용어는 '방향성 비사이클 그래프(directed acyclic graph)'다.

17. 때로 범죄자들은 이들이 거래소와 같은 중개기관을 이용하는 경우에 또는 거래 패턴에 대한 포렌식 분석을 통해서 식별이 가능하다. 9장을 참고하라.

18. Michael L. Rustad and Sanna Kulevska, "Reconceptualizing the Right to Be Forgotten to Enable Transatlantic Data Flow," *Harvard Journal of Law and Technology* 28 (2014): 349.

19. Paulina Jo Pesch and Christian Sillaber, "Joint Blockchains, Joint Control? Blockchains and the GDPR's Transparency Requirements," *Computer Law Review International* 18 (2017): 166–172; Michele Finck, "Blockchains and Data Protection in the European Union," Social Science Research Network (SSRN), December 6, 2017, https://ssrn.com/abstract=3080322.

20. 저자와의 인터뷰(2017년 10월 23일). 이 문구는 '린 스타트업'이 초기 '최소한 실행 가능한 제품'을 만드는 데 개발의 초점을 두고 있음을 암시한다. Eric Ries, *The Lean Startup: How Today's Entrepreneurs Use Continuous Innovation to Create Radically Successful Businesses* (New York: Crown, 2011).

21. Tim Swanson, "Consensus-as-a-Service: A Brief Report on the Emergence of Permissioned, Distributed Ledger Systems," *Great Wall of Numbers*, April 6, 2015, http://www.ofnumbers.com /wp-content/uploads/2015/04/Permissioned-distributed-ledgers.pdf. 금융산업 블록체인 컨소시엄 R3의 리처드 겐달 브라운(Richard Gendal Brown)은 당신이 누구를 신뢰하는지, 무엇을 신뢰하는지 두 가지 차원에 따른 합의를 전개한다. Richard Gendal Brown, "A Simple Model to Make Sense of the Proliferation of Distributed Ledger, Smart Contract, and Cryptocurrency Projects," *Richard Gendal Brown Blog*, December 19, 2014, https://gendal.me/2014/12/19/a-simple-model-to-make-sense-of-the-proliferation-of-distributed-ledger-smart-contract-and-cryptocurrency-projects/.

22. On Hyperledger, see Todd Benzies, "Tech and Banking Giants Ditch Bitcoin for Their Own Blockchain," *Wired*, December 17, 2015, https://www.hyperledger.org/news/2015/12/17/wired-tech-and-banking-giants-ditch-bitcoin-for-their-own-blockchain. On R3, see Paul Vigna, "Blockchain Firm R3 CEV Raises $107 Million," *Wall Street Journal*, May 23, 2017, https://www.wsj.com/articles/blockchain-firm-r3-raises-107-million-1495548641.

23. R3는 하이퍼레저의 회원으로 하이퍼레저 프로젝트인 오픈소스 코다(Corda)의 구현에 기여할 가능성을 논의했다.

24. Richard Gendal Brown, "Introducing R3 Corda."

25. 2017년 7월 19일 저자와의 인터뷰.

26. Rajesh Nair, "Why Aren't Distributed Systems Engineers Working on Blockchain Technology?" *Paxos*, August 1, 2017, https://eng.paxos.com/why-arent-distributed-systems-engineers-working-on-blockchain-technology.

27. Anthony Lewis, "Distributed Ledgers: Shared Control, Not Shared Data," *Bits on Blocks*, January 9, 2017, https://bitsonblocks.net/2017/01/09/distributed-ledgers-shared-control-not-shared-data/.

28. 2017년 7월 6일 저자와의 인터뷰.

29. Adam Ludwin (@adamludwin), Twitter, July 20, 2017, 6:52 p.m., https://twitter.com/adamludwin/status/888169713536122881.

30. Telis Demos, "J.P. Morgan Has a New Twist on Blockchain," *Wall Street Journal*, October 4, 2016, Markets section, https://www.wsj.com/articles/j-p-morgan-has-a-new-twist-on-blockchain-1475537138.

31. 2017년 10월 23일 저자와의 인터뷰.

32. 비트코인은 실제로 거래에서 스크립트 언어를 사용하는데 이는 모든 이전이 실제로 블록체인의 소프트웨어 코드를 실행한다는 것을 의미한다.

33. 정확히 말하면 블록체인은 개별 토큰을 이전시킨다기보다는 비트코인을 생성 또는 파기에 대한 도전과 대응을 기록하는 것이다. Arvind Narayanan, Joseph Bonneau, Edward Felten, Andrew Miller, and Steven Goldfeder, *Bitcoin and Cryptocurrency Technologies: A Comprehensive Introduction* (Princeton, NJ: Princeton University Press, 2016), 75-76.

34. 하이퍼레저(Hyperledger) 프로젝트의 일부인 인텔의 Sawtooth Lake 시스템은 각 장치에서 신뢰할 수 있는 마이크로프로세서를 동일하게 사용하도록 함으로써 허가된 네트워크에서 탈중앙화 타임스탬프를 달성한다. Giulio Prisco, "Intel Develops 'Sawtooth Lake' Distributed Ledger Technology for the Hyperledger Project," NASDAQ.com, April 11, 2016, http://www.nasdaq.com/article/intel-develops-sawtooth-lake-distributed-ledger-technology-for-the-hyperledger-project-cm604632.

35. 2017년 6월 30일 저자와의 인터뷰.

36. Buterin, "A Next-Generation Smart Contract and Decentralized Application Platform." Cf. Vitalik Buterin (@vitalikbuterin), Twitter, August 15, 2017, 5:47am, https://twitter.com/vitalikbuterin/status/897394410589233152 ("이 시점에서 나는 사실 '계약(contract)'이 적절한 용어라고 생각하지 않는다.").

37. Nick Szabo, "Formalizing and Securing Relationships on Public Networks," *First Monday* 2, no. 9 (September 1, 1997), https://firstmonday.org/ojs/index.php/fm/article/view/548. 비슷한 시기에 이안 그리그(Ian Grigg)는 10장에서 논의될 리카르드 컨트랙트(Ricardian contracts)에 관련된 개념을 독자적으로 개발했다.

38. 오늘날 많은 자판기는 신용카드를 사용하므로 더 이상 스자보가 말하던 독립 실행형(self-contained) 시스템이 아니다.

39. D. J. Pangburn, "The Humans Who Dream of Companies That Will not Need Us," *Fast Company*, June 19, 2015, https://www.fastcompany.com/3047462/the-humans-who-dream-of-companies-that-wont-need-them; Nathaniel Popper, "Ethereum, a Virtual Currency, Enables

Transactions That Rival Bitcoin's," *The New York Times*, March 27, 2016, DealBook section, https://www.nytimes.com/2016/03/28/business/dealbook/ethereum-a-virtual-currency-enables-transactions-that-rival-bitcoins.html.

40. 실제로 분산된 합의에 대한 계산 오버헤드는 온체인 처리량에 몇 가지 제한을 초래했다.

41. Olga Kharif, "CryptoKitties Mania Overwhelms Ethereum Network's Processing," Bloomberg Technology, December 4, 2017, https://www.bloomberg.com/news/articles/2017-12-04/cryptokitties-quickly-becomes-most-widely-used-ethereum-app.

42. Stan Higgins, "Enterprise Ethereum Alliance Adds 48 New Members," *CoinDesk*, October 18, 2017, https://www.coindesk.com/enterprise-ethereum-alliance-adds-48-new-members.

43. 이더리움은 이 한계를 극복하려고 샤딩(shrding)과 스테이트 채널(state channels)이라는 메커니즘을 연구하고 있다. 이더리움 및 유사한 블록체인 네트워크가 얼마나 효과적으로 확장될 수 있는지 여부는 여전히 해결되지 않은 중요한 문제다.

44. CryptoIQ, "Rootstock-Smart Contracts on the Bitcoin Blockchain," *Medium*, March 5, 2016, https://medium.com/@CryptoIQ.ca/rootstock-smart-contracts-on-the-bitcoin-blockchain-e52b065421a8.

45. E. J. Spode, "The Great Cryptocurrency Heist," *Aeon*, February 14, 2017, https://aeon.co/essays/trust-the-inside-story-of-the-rise-and-fall-of-ethereum.

46. Seth Bannon, "The Tao of 'The DAO' or: How the Autonomous Corporation Is Already Here," *TechCrunch*, May 16, 2016, https://techcrunch.com/2016/05/16/the-tao-of-the-dao-or-how-the-autonomous-corporation-is-already-here/.

47. Christoph Jentzsch, "Decentralized Autonomous Organization to Automate Governance," https://archive.org/details/DecentralizedAutonomousOrganizations/WhitePaper/.

48. Nathaniel Popper, "A Venture Fund with Plenty of Capital, But No Capitalist," *The New York Times*, May 21, 2016, DealBook section, https://www.nytimes.com/2016/05/22/business/dealbook/crypto-ether-bitcoin-currency.html.

49. Nathaniel Popper, "A Hacking of More Than $50 Million Dashes Hopes in the World of Virtual Currency," *The New York Times*, June 17, 2016, DealBook section, https://www.nytimes.com/2016/06/18/business/dealbook/hacker-may-have-removed-more-than-50-million-from-experimental-cybercurrency-project.html.

50. Frances Coppola, "A Painful Lesson for the Ethereum Community," *Forbes*, July 21, 2016, https://www.forbes.com/sites/francescoppola/2016/07/21/a-painful-lesson-for-the-ethereum-community/56d3a488bb24l; Joon Ian Wong and Ian Karr, "Everything You Need to Know about the Ethereum 'Hard Fork'" *Quartz*, July 18, 2016, https://qz.com/730004/everything-you-need-to-know-about-the-ethereum-hard-fork/.

51. 하나의 체인에 있는 채굴자는 다른 클라이언트가 채굴한 블록의 유효성을 인정하지 않으며 그 반대의 경우도 마찬가지인데 그들이 완전히 같은 프로토콜을 사용하는 경우에도 그러하다. Joseph Bonneau, Andrew Miller, Jeremy Clark, Arvind Narayanan, Joshua A. Kroll, and Edward W. Felten, "Research Perspectives and Challenges for Bitcoin and Cryptocurrencies," *Proceedings of the 36th IEEE Symposium on Security and Privacy*, 3, July 20, 2015, http://www.jbonneau.com/doc/BMCNKF15-IEEESP-bitcoin.pdf, 10.

52. Stan Higgins, "Will Ethereum Hard Fork? DAO Attack Prompts Heated Debate," *CoinDesk*, June 17, 2016, https://www.coindesk.com/will-ethereum-hard-fork/; Michael del Castillo, "Specter of Ethereum Hard Fork Worries Australian Banking Group," *CoinDesk*, June 29, 2016, https://www.coindesk.com/spectre-ethereum-hardfork-worries-anz-banking-group/

53. 이더리움은 비트코인과 마찬가지로 개방형 블록체인이다. 허가형 블록체인은 식별된 당사자에게만 접근이 제한되기 때문에 동일한 불간섭 보장을 제공하지 않는다.

54. David Z. Morris, "The Bizarre Fallout of Ethereum's Epic Fail," *Fortune*, September 4, 2016, http://fortune.com/2016/09/04/ethereum-fall-out.

55. Peter Szilagyi, "DAO Wars: Your Voice on the Soft-Fork Dilemma," *Ethereum Blog*, June 24, 2016, https://blog.ethereum.org/2016/06/24/dao-wars-youre-voice-soft-fork -dilemma.

4장

1. Angela Natividad, "Burger King Just Launched Its Own Cryptocurrency, the Whoppercoin," *Adweek*, September 5, 2017, http://www.adweek.com/creativity/burger-king-just-launched-its-own-cryptocurrency-the-whoppercoin/. 숨가쁜 보도에 다른 사람들도 비슷하게 충격을 받았다. See Kadhim Shubber, "WhopperCoin," *FT Alphaville*, August 29, 2017, https://ftalphaville.ft.com/2017/08/29/2192964/whoppercoin.

2. "BLT with DLT: Have It Your Way with WhopperCoin on Waves," *Waves Community*, August 25, 2017, http://wavescommunity.com/blt-with-dlt-have-it-your-way-with-whoppercoin-on-waves.

3. 후터스 체인(Hooters chain)의 몇몇 버거 레스토랑을 소유하고 있는 샹티클리어 홀딩스(Chanticleer Holdings)는 리워드 프로그램에 암호통화를 사용하겠다고 발표한 후 주가가 50% 절상됐다. Tae Kim, "Chanticleer to Use Blockchain for Its Rewards Program," CNBC.com, January 2, 2018, https://www.cnbc.com/2018/01/02/chanticleer-to-use-blockchain-for-its-rewards-program.html.

4. Don Tapscott and Alex Tapscott, *Blockchain Revolution: How the Technology Behind Bitcoin Is Changing Money, Business, and the World* (New York: Portfolio, 2016).

5. World Economic Forum, *Realizing the Potential of Blockchain*, June 28, 2017, https://www.weforum.org/whitepapers/realizing-the-potential-of-blockchain/.

6. Timothy Bresnahan and Manuel Trajtenberg, "General Purpose Technology 'Engines of Growth'?," *Journal of Econometrics* 65 (1995): 83–108.

7. Paul Saffo, "Embracing Uncertainty: The Secret to Effective Forecasting," *The Long Now*, January 11, 2008, http://longnow.org/seminars/02008/jan/11/embracing-uncertainty-the-secret-to-effective-forecasting.

8. Tim Swanson, "Chainwashing," *Great Wall of Numbers*, February 13, 2017, http:// www.ofnumbers.com/2017/02/13/chainwashing.

9. Christian Terwiesch and Karl T. Ulrich, *Innovation Tournaments: Creating and Selecting Exceptional Opportunities* (Boston: Harvard Business Press, 2009).

10. "Remittances to Recover Modestly after Two Years of Decline," World Bank, http: //www. worldbank.org/en/news/press-release/2017/10/03/remittances-to-recover-modestly-after-two-years-of-decline. 300억 달러라는 수치는 수수료가 평균 약 7%인 세계은행의 통계에 근거한 것이다.

11. Tapscott and Tapscott, *Blockchain Revolution*, 186-188.

12. Aaron van Wirdum, "Rebittance Startups Agree: Bitcoin Does Not Make Remittance Cheaper (But Does Allow for Innovation)," *Bitcoin Magazine*, October 22, 2015, https://bitcoinmagazine.com/articles/rebittance-startups-agree-bitcoin-does-not-make-remittance-cheaper-but-does-allow-for-innovation-1445528049.

13. "Does Bitcoin/Blockchain Make Sense for International Money Transfer?" *SaveOnSend Blog*, October 7, 2017, https://www.saveonsend.com/blog/bitcoin-blockchain-money-transfer/.

14. Ibrahim Sirkeci, "Would Investing in Financial Literacy Help Reduce the Use of Informal Channels?" *People Move blog*, March 2, 2016, http://blogs.worldbank.org/peoplemove/would-investing-financial-literacy-help-reduce-use-informal-channels.

15. 대부분의 시장에서 송금 마진은 이미 5%로 떨어졌다. Dilip Ratha, Supriyo De, Ervin Dervisevic, Sonia Plaza, Kirsten Schuettler, William Shaw, et al., "Migration and Remittances: Recent Developments and Outlook, Special Topic: Financing for Development," World Bank Migration and Development Brief No. 24, April 13, 2015.

16. Rebecca Henderson and Kim Clark, "Architectural Innovation: The Reconfiguration of Existing Product Technologies and the Failure of Established Firms," *Administrative Science Quarterly*, March 1990: 9-33.

17. 탈중앙 및 탈중앙화 네트워크에 대한 가장 유명한 설명은 1964년 폴 바란(Paul Baran)이 RAND Corporation에서 작성한 보고서다. Baran, *On Distributed Communications, I: Introduction to Distributed Communications*, August 1964, https://www.rand.org/content/dam/rand/pubs/research_memoranda/2006/RM3420.pdf.

18. Vitalik Buterin, "The Meaning of Decentralization," *Medium*, February 6, 2017, https://medium.com/@VitalikButerin/the-meaning-of-decentralization-a0c92b76a274.

19. 심비온트(Symbiont)의 수석 기술자인 애덤 크루렌슈타인(Adam Krellenstein)은 기업들이 조직 구조와 문화를 반영하는 시스템 아키텍처를 설계하는 컴퓨터 과학 개념을 콘웨이법(Conway's Law)에 비유한다. 근본적으로 P2P 조직의 시장은 중앙 집중식 기술 해결 방안을 채택하기에 적합하지 않다. (저자와의 인터뷰, 2017년 6월 30일)

20. "Toyota's Breakthrough with Blockchain and Autonomous Cars," *Blockchain Innovation Podcast*, July 27, 2017, https://itunes.apple.com/us/podcast/blockchain-innovation-interviewing-brightest-minds/id1238906492?mt=2.

21. David Schaper, "Record Number of Miles Driven in U.S. Last Year," NPR, February 21, 2017, https://www.npr.org/sections/thetwo-way/2017/02/21/516512439/record-number-of-miles-driven-in-u-s-last-year.

22. Joshua Fairfield, "BitProperty," *Southern California Law Review* 88 (2014): 805.

23. Pete Rizzo, "Toyota's R&D Division Is Building a Blockchain Consortium," *Coindesk*, May 22, 2017, https://www.coindesk.com/toyota-consortium-research-blockchain.

24. 메이도프(Madoff)의 주요 전기에는 '버니 메이도프와 신뢰의 죽음(Bernie Madoff and the Death of Trust)'이라는 부제가 붙어 있다. Diana B. Henriques, *The Wizard of Lies: Bernie Madoff and the Death of Trust* (New York: Times Books, 2011).

25. Bruce Schneier, *Secrets and Lies: Digital Security in a Networked World, Fifteenth Anniversary Edition* (Indianapolis: John Wiley & Sons, 2015).

26. Josephine Wolff and Kevin Bankston, "How a 2011 Hack You've Never Heard of Changed the Internet's Infrastructure," *Slate*, December 21, 2016, http://www.slate.com/articles/technology/future_tense/2016/12/how_the_2011_hack_of_diginotar_changed_the_internet_s_infrastructure.html.

27. 웹사이트 보안을 위한 블록체인 기반 대안은 11장에서 논의된다.

28. Joseph P. Bailey and Yannis Bakos, "An Exploratory Study of the Emerging Role of Electronic Intermediaries," *International Journal of Electronic Commerce* 1, no. 3 (1997), https://archive.nyu.edu/bitstream/2451/27838/2/CeDER-PP-1997-04.pdf.

29. Timothy B. Lee, "Bitcoin Needs to Scale by a Factor of 1000 to Compete with Visa. Here's How to Do It," *Washington Post*, November 12, 2013, "The Switch" section, http://www.washingtonpost.com/news/the-switch/wp/2013/11/12/bitcoin-needs-to-scale-by-a-factor-of-1000-to-compete-with-visa-heres-how-to-do-it/.

30. Nick Szabo, "Formalizing and Securing Relationships on Public Networks," First Monday 2, no. 9 (September 1, 1997), http://ojphi.org/ojs/index.php/fm/article/view/548; Nick Szabo, "The Dawn of Trustworthy Computing," *Unenumerated*, December 11, 2014, http://unenumerated.blogspot.com/2014/12/the-dawn-of-trustworthy-computing.html.

31. 2017년 7월 19일 저자와의 인터뷰.

32. T+3는 2017년 단축됐다. "SEC Adopts T+2 Settlement Cycle for Securities Transactions," Securities and Exchange Commission, press release, March 22, 2017, https://www.sec.gov/news/press-release/2017-68-0.

33. James Schneider, Alexander Blostein, Brian Lee, Steven Kent, Ingrid Groer, and Eric Beardsley, *Profiles in Innovation: Blockchain-Putting Theory into Practice* (Goldman Sachs, May 24, 2016), https://www.finyear.com/attachment/690548.

34. "Consensus 2017: IBM Thinks Blockchain Could Save Shipping Industry 'Billions,'" *CoinDesk*, May 22, 2017, https://www.coindesk.com/consensus-2017-ibm-thinks-blockchain-save-shipping-industry-billions/.

35. 2017년 6월 21일 저자와의 인터뷰.

36. Bruce Pon, "How Automakers Can Use Blockchain," *BigchainDB Blog*, June 6, 2017, https://blog.bigchaindb.com/how-automakers-can-use-blockchain-adab79a6505f.; Carly Sheridan, "Digitizing Vehicles: The First Blockchain-Backed Car Passport," *BigchainDB Blog*, March 24, 2017, https://blog.bigchaindb.com/digitizing-vehicles-the-first-blockchain-backed-car-passport-b55ead6dbc71.

37. 2017년 7월 6일 저자와의 인터뷰.

38. Jon Springer, "Walmart: Blockchain Tech a Boon for Food Safety," *Supermarket News*, June 1, 2017, http://www.supermarketnews.com/food-safety/walmart-blockchain-tech-boon-food-safety.

39. Robert Hackett, "Walmart and 9 Food Giants Team up on Blockchain Plans," *Fortune*, August 22, 2017, http://fortune.com/2017/08/22/walmart-blockchain-ibm-food-nestle-unilever-tyson-dole.

40. Veena Pureswaran, "Blockchain Explorers Are Breaking Away from the Competition," *IBM Consulting Blog*, May 18, 2017, https://www.ibm.com/thought-leadership/institute-business-value/blog/blockchain-explorers-breaking-away-from-competition.

41. George Slefo, "Comcast Says Marketers Can Make TV Ad Buys with Blockchain Tech," *AdAge*, June 20, 2017, http://adage.com/article/digital/comcast-marketers-make-tv-ad-buys-blockchain-tech/309486/.

42. 2017년 6월 30일 저자와의 인터뷰.

43. Edward C. Kelleher, "Loan/SERV: Automating the Global Syndicated Loan Market," DTCC, July 2, 2012, http://www.dtcc.com/news/2012/july/02/loanserv-automating-the-global-syndicated-loan-market.

44. Tanaya Macheel, "Banks Test Blockchain for Syndicated Loans with Symbiont, R3," *American Banker*, September 27, 2016, https://www.americanbanker.com/news/banks-test-blockchain-for-syndicated-loans-with-symbiont-r3.

45. Chris Anderson, *The Long Tail: Why the Future of Business Is Selling Less of More* (New York: Hyperion Books, 2008); Chris Anderson, "The Economics of Abundance," The Long Tail—Wired Blogs, October 25, 2006, https://longtail.typepad.com/the_long_tail/2006/10/the_economics_o.html.

46. James B. Stewart, "Facebook Falls from Grace, and Investors' Stock Holdings Tumble Too", The *New York Times*, March 29, 2018, https://www.nytimes.com/2018/03/29/business/facebook-stock.html.

47. 허가형 분산원장 시스템은 일반적으로 자체 통화를 포함하지 않는다.

48. Chris Burniske and Jack Tatar, *Cryptoassets: The Innovative Investor's Guide to Bitcoin and Beyond* (New York: McGraw-Hill, 2018).

49. Gertrude Chavez-Dreyfuss, "Civic Sells $33 Million in Digital Currency Tokens in Public Sale," Reuters, June 22, 2017, https://www.reuters.com/article/us-civic-blockchain-token/civic-sells-33-million-in-digital-currency-tokens-in-public-sale-idUSKBN19D200.

50. 금융자산의 평가와 마찬가지로 적정가격은 할인된 미래 가치의 흐름을 반영한다.

51. 마스터코인(Mastercoin)은 이후 옴니(Omni)로 명칭을 바꿨다.

52. Steven Russolillo, "Initial Coin Offerings Surge Past $4 Billion?and Regulators Are Worried," *Wall Street Journal*, December 14, 2017, Markets section, https://www.wsj.com/articles/initial-coin-offerings-surge-past-4-billionand-regulators-are-worried-1513235196. 네트워크가 운영을 실행하기 전에 판매됐다. Olga Kharif, "Only One in 10 Tokens Is in Use Following Initial Coin Offerings," Bloomberg.com, October 23, 2017, https://www.bloomberg.com/news/articles/2017-10-23/only-one-in-10-tokens-is-in-use-following-initial-coin-offerings.

53. TokenData 웹사이트 참고, https://www.tokendata.io.

54. Sam Patterson, "Why OpenBazaar Token Doesn't Exist," *OpenBazaar Blog*, June 16, 2017, https://blog.openbazaar.org/why-openbazaar-token-doesnt-exist/.

55. Pete Rizzo, "Token Summit Surprise: OpenBazaar to Launch Layer-Two Coin," *CoinDesk*, December 5, 2017, https://www.coindesk.com/token-summit-surprise-openbazaar-launch-layer-two-coin.

56. Camila Russo, "Ethereum Co-Founder Says the Crypto Coin Market Is a Ticking Time-Bomb," Bloomberg.com, July 18, 2017, https://www.bloomberg.com/news/articles/2017-07-18/ethereum-co-founder-says-crypto-coin-market-is-ticking-time-bomb. 아이러니하게도 호스킨슨Hoskinson은 비영리 재단으로 운영하기보다는 영리를 목적으로 하는 회사를 만들고 싶었기 때문에 이더리움을 떠났다.

57. Chris Dixon, "Crypto Tokens: A Breakthrough in Open Network Design," *Medium*, June 1, 2017, https://medium.com/@cdixon/crypto-tokens-a-breakthrough-in-open-network-design-e600975be2ef.; Balaji Srinavasan, "Thoughts on Tokens," News.21.Co, May 27, 2017, https://news.21.co/thoughts-on-tokens-436109aabcbe.; Joel Monegro, "Fat Protocols," *Union Square Ventures Blog*, August 8, 2016, http://www.usv.com/blog/fat-protocols.

58. 2017년 10월 24일, 저자와의 인터뷰.

59. 토큰 기반 비즈니스는 내부 및 외부 측면에서 관리해야 할 여러 다양한 기능이 있다. 심플 토큰(Simple Token)은 이러한 프로세스 관리에 도움이 되는 미들웨어를 만드는 신생기업이다. Jason Goldberg, "Introducing Simple Token, an Easy Way for Businesses to Issue Blockchain-Powered Tokens without the Drama," *Medium*, September 28, 2017, https://medium.com/simple-token/introducing-simple-token-an-easy-way-for-businesses-to-issue-blockchain-powered-tokens-without-the-9c911f62d874.

60. Vili Lehdonvirta and Edward Castronova, *Virtual Economies: Design and Analysis* (Cambridge, MA: MIT Press, 2014).

61. "Facebook Scraps Credits Currency," BBC News, June 20, 2012, http://www.bbc.com/news/technology-18519921.

5장

1. 구글의 알고리듬을 페이지랭크(PageRank)라고 불렀다. Lawrence Page, Sergey Brin, Rajeev Motwani, and Terry Winograd, "The PageRank Citation Ranking: Bringing Order to the Web," January 29, 1998, http://ilpubs.stanford.edu:8090/422/1/1999-66.pdf.

2. 여기서 설명한 '신뢰 없는 신뢰'의 개념은 레이첼 보츠만(Rachel Botsman)이 '분산된 신뢰'라고 부르는 것과 상당한 유사성을 갖고 있다. Rachel Botsman, *Who Can You Trust? How Technology Brought Us Together and Why It Might Drive Us Apart* (New York: PublicAffairs, 2017). 그러나 보츠만의 분산된 신뢰라는 개념은 주요 측면에서 다르다. 보츠만은 분산된 신뢰를 '기술을 통해 타인을 신뢰하는 사람들'(8)로 정의하고 평판 시스템을 통해 신뢰를 증진시키는 에어비앤비(Airbnb), 우버(Uber) 등의 사례를 들었다. 이와 대조적으로 블록체인 기반 시스템은 분산원장에서 관찰하는 결과만으로 사람들이 서로를 더 신뢰하도록 만들지 않는다. 배포되는 동안 개별 행위자에 대한 신뢰를 최소화시킨다.

노트 **337**

3. 아론 라이트(Aaron Wright)와 프리마베라 필리피(Primabera De Filippi)는 "블록체인에 대한 신뢰는 조직에 달려 있는 것이 아니라 기본 코드에 대한 보안과 감사 가능성에 놓여져 있다"라고 말한다. Aaron Wright and Primavera De Filippi, "Decentralized Blockchain Technology and the Rise of Lex Cryptographia," Social Science Research Network (SSRN), March 10, 2015, https://ssrn.com/abstract=2580664, 16. Cf. Jason Leibowitz, "Blockchain's Big Innovation Is Trust, Not Money," *CoinDesk*, May 21, 2016, https://www.coindesk.com/blockchain-innovation-trust-money("거래의 각 참여자가 블록체인 자체를 신뢰한다면 그들이 서로를 직접 신뢰하지 않아도 된다.")

4. Jon Matonis, "Bitcoin Foundation Launches to Drive Bitcoin's Advancement," *Forbes*, September 27, 2012, https://www.forbes.com/sites/jonmatonis/2012/09/27/bitcoin-foundation-launches-to-drive-bitcoins-advancement/37536b416bc9. 이러한 거버넌스 메커니즘은 비효율적이고 비민주적이라는 비판을 받아왔다. Primavera De Filippi and Benjamin Loveluck, "The Invisible Politics of Bitcoin: Governance Crisis of a Decentralized Infrastructure," *Internet Policy Review* 5 (September 30, 2016), https://policyreview.info/articles/analysis/invisible-politics-bitcoin-governance-crisis-decentralised-infrastructure.

5. 이것은 인터넷의 '엔드 투 엔드 아키텍처'로 알려져 있다. Jerome Saltzer, David Reed, and David Clark, "End-to-End Arguments in System Design," *ACM Transactions Computer System* 2, no. 4 (November 1984): 277-288, https://doi.org/10.1145/357401.357402. 법학자들은 이 기술적 접근의 함의를 추적해 왔다. 예를 들어 다음의 자료를 참고하라. Mark A. Lemley and Lawrence Lessig, "The End of End-to-End: Preserving the Architecture of the Internet in the Broadband Era," *UCLA Law Review* 48 (2001): 925; Barbara van Schewick, *Internet Architecture and Innovation* (Cambridge, MA: MIT Press, 2010).

6. 참고 Francis Fukuyama, *Trust: The Social Virtues and the Creation of Prosperity* (New York: Free Press, 1995).

7. Albert Wenger, "Bitcoin: Clarifying the Foundational Innovation of the Blockchain," Continuations, December 15, 2014, https://continuations.com/post/105272022635/bitcoin-clarifying-the-foundational-innovation-of.

8. "그것은 작업증명도, 탈중앙화된 금전도, 링크된 목록의 데이터 구조도 아니다. 그러나 특히 사토시의 코드와 백서에서 볼 수 있는 근본적이고 변혁적인 핵심 아이디어인 암호경제다." Vitalik Buterin, "Blockchain and Smart Contract Mechanism Design Challenges," First Workshop on Trusted Smart Contracts, Malta, April 7, 2017, http://fc17.ifca.ai/wtsc/Vitalik_Malta.pdf.

9. Vitalik Buterin, "Engineering Security Through Coordination Problems," Vitalik Buterin's Website, May 8, 2017, https://vitalik.ca/general/2017/05/08/coordination_problems.html ("우리는 조정 문제가 일으키는 마찰을 중앙 집권적 행위자들에 의한 위법 행위에 대한 방벽으로 삼으며 이 문제를 우리에게 유리하게 이용하고 있다.")

10. Frank H. Knight, *Risk, Uncertainty, and Profit* (Boston and New York: Houghton Mifflin, 1921).

11. 사실 이 문장은 덴마크의 정치인 칼 크리스찬 슈타인(Karl Kristian Steinke)이 처음 사용한 것으로 보인다. "It's Difficult to Make Predictions, Especially about the Future," *Quote Investigator*, October 20, 2013, https://quoteinvestigator.com/2013/10/20/no-predict/.

12. 최근 행동경제학으로의 전환은 모델화가 불가능해 경제와 무관하다고 치부됐던 심리적 통찰을 받아들인 것으로서 이것은 수학적 모델에 접목될 수 있는 규칙적이고 예측 가능한 편향성이 어떻게 나타내는지 보여 준다.

13. 물론 데이터 손실이 발생한 경우에 대비해 적절한 백업이 갖춰져 있다.

14. Jim Finkle, "Bangladesh Bank Hackers Compromised SWIFT Software, Warning Issued," Reuters, April 25, 2016, https://www.reuters.com/article/us-usa-nyfed-bangladesh-malware-exclusiv-idUSKCN0XM0DR.

15. Arvind Narayanan, Joseph Bonneau, Edward Felten, Andrew Miller, and Steven Goldfeder, *Bitcoin and Cryptocurrency Technologies: A Comprehensive Introduction* (Princeton, NJ: Princeton University Press, 2016), 71–72.

16. Textrapperr, Reddit r/Ethereum, October 27, 2016, https://www.reddit.com/r /ethereum/comments/59naa2/what_does_immutability_really_mean/d99ye84.

17. Angela Walch, "The Path of the Blockchain Lexicon (and the Law)," *Review of Banking and Finance Law* 36 (2017).

18. Vitalik Buterin, "On Settlement Finality," *Ethereum Blog*, May 9, 2016, https:// blog.ethereum.org/2016/05/09/on-settlement-finality.

19. "Cryptocurrencies with Tim Ferriss, Nick Szabo, and Naval Ravikant," *Medium*, June 6, 2017, https://medium.com/@giftedproducts/cryptocurrencies-with-tim-ferriss-nick-szabo-and-naval-ravikant-51a99d037e04.

20. Michael Abramowicz, "Cryptocurrency-based Law," *Arizona Law Review* 58 (2016): 359, 375.

21. 이더리움과 같은 블록체인 네트워크는 승인(confirmations)이 더 빠르다. 즉각적인 완결성을 약속하는 블록체인 네트워크들도 있지만 그러한 아키텍처는 중앙 집중적 신뢰에서 절충된 것이거나 안전하고 확장 가능하다는 점이 입증되지 않은 것이다.

22. Joseph Bonneau, Andrew Miller, Jeremy Clark, Arvind Narayanan, Joshua A. Kroll, and Edward W. Felten, "Research Perspectives and Challenges for Bitcoin and Cryptocurrencies," *Proceedings of the 36th IEEE Symposium on Security and Privacy*, 3, July 20, 2015, http://www.jbonneau.com/doc/BMCNKF15-IEEESP-bitcoin.pdf (여섯 블록 규칙은 "참조 클라이언트에서 유래하며 딥 포크 확률에 대한 분석에 기반하지 않는다"라고 언급하고 있다.)

23. Vitalik Buterin (@VitalikButerin), Twitter, June 4, 2017 3:13 a.m., https://twitter.com/vitalikbuterin/status/871263595593572353.

24. That "No2X" Guy Who (@hq83bnn9), Twitter, June 4, 2017 11:33 a.m., https://twitter.com/hq83bnn9/status/871389578153914369. 반응은 과장되었다. 부테린은 이더리움이 채택하기를 원하는 합의 알고리듬인 지분증명에 대해 얘기하고 있었다. 지분증명 시스템에서 거래 유효성을 확인하는 자들은 그러한 확인 행위를 하려고 그들의 화폐 일부를 투자한다. 네트워크 규칙을 위반하면 해당 지분을 잃게 된다. 그것들은 부테린이 언급했던 '예금'이다. 그들을 삭제할 '우리'는 위반으로 간주되는 것을 관리하는 지분증명 알고리듬이다.

25. Bill Maurer, Taylor C. Nelms, and Lana Swartz, "'When Perhaps the Real Problem Is Money Itself!': The Practical Materiality of Bitcoin," *Social Semiotics* 23, no. 2 (April 1, 2013): 261–277. 소프트웨어가 의미하는 바는 관심 있는 전문가라면 누구나 코드의 무결성을 확인하고 취약점을 식별하는 데 도움을 줄 수 있다는 것이다.

26. Oded Goldreich and Yair Oren, "Definitions and Properties of Zero-Knowledge Proof Systems," *Journal of Cryptology* 7, no. 1 (1994): 1–32, https://link.springer.com/article/10.1007/BF00195207.

27. Eli Ben Sasson, Alessandro Chiesa, Christina Garman, Matthew Green, Ian Miers, Eran Tromer, and Madars Virza, "Zerocash: Decentralized Anonymous Payments from Bitcoin," *2014 IEEE Symposium on Security and Privacy* 459.

28. "'Mind-Boggling' Math Could Make Blockchain Work for Wall Street," Bloomberg.com, October 5, 2017, https://www.bloomberg.com/news/articles/2017-10-05/-mind-boggling-math-could-make-blockchain-work-for-wall-street.

29. Mike Ananny and Kate Crawford, "Seeing without Knowing: Limitations of the Transparency Ideal and Its Application to Algorithmic Accountability," *New Media & Society*, 2016: 973-989.

30. 그렇다고 해서 페이스북과 유사한 회사들이 그들이 구축한 시스템의 결과에 대해 책임을 지지 않는다는 뜻은 아니다. 알고리듬 플랫폼은 보다 견고하게 사용자 이익 보호를 위해 만들어질 수 있다. 여기서의 요점은 단순히 페이스북 플랫폼의 정치적 이데올로기가 페이스북의 경영진이나 직원들의 이데올로기인 것은 아니며 페이스북 알고리듬의 결과물이라는 것이다.

31. Andreas Antonopoulos, "Bitcoin Security Model: Trust by Computation," *Radar*, O'Reilly Media, February 20, 2014, http://radar.oreilly.com/2014/02/bitcoin-security-model-trust-by-computation.html.

32. Vitalik Buterin, "The Subjectivity/Exploitability Tradeoff," *Ethereum Blog*, February 14, 2015, https://blog.ethereum.org/2015/02/14/subjectivity-exploitability-tradeoff/.

33. Frank Pasquale, *The Black Box Society: The Secret Algorithms That Control Money and Information* (Cambridge, MA: Harvard University Press, 2015).

34. Cathy O'Neil, *Weapons of Math Destruction: How Big Data Increases Inequality and Threatens Democracy* (New York: Crown, 2016).

35. Zeynep Tufekci, "The Real Bias Built in at Facebook," *The New York Times*, May 19, 2016, "Opinion" section, https://www.nytimes.com/2016/05/19/opinion/the-real-bias-built-in-at-facebook.html.

36. 빅체인디비(BigChainDB)의 최고기술자이자 전AI연구자였던 트렌트 맥코니(Trent McConaghy)가 설명했듯이 블록체인 네트워크 역시 AI의 발전을 촉진할 수 있다. Trent McConaghy, "Blockchains for Artificial Intelligence," *BigchainDB Blog*, January 3, 2017, https://blog.bigchaindb.com/blockchains-for-artificial-intelligence-ec63b028 4984. 보다 많은 데이터와 해당 데이터를 통해 구축된 모델의 공유가 머신러닝의 성능을 향상시키는 핵심이다. 블록체인은 4장에서 설명한 탈중앙화, 공유된 진실 및 반투명 협업의 메커니즘을 통해 데이터의 공유를 촉진한다.

37. 나는 크리스찬 터위쉬(Christian Terwiesch)가 지적한 이러한 차이를 믿는다.

38. Melanie Swan, *Blockchain: Blueprint for a New Economy* (O'Reilly, 2015); Wright and De Filippi, "Decentralized Blockchain Technology and the Rise of Lex Cryptographia."

39. DAO가 법적인 의미에서 법인인지 아닌지는 훨씬 더 어려운 문제다. Shawn Bayern, "Of Bitcoins, Independently Wealthy Software, and the Zero-Member LLC," *Northwestern University Law Review* 108 (2014): 1485-1500; Tanaya Macheel, "The DAO Might Be Groundbreaking, But Is It Legal?" *American Banker*, May 19, 2016, https://www.americanbanker.com/news/bank-technology/the-dao-might-be-groundbreaking-but-is-it-legal-1081084-1.html; Peter Van Valkenburgh, "DAOs: The Internet Is Weird Again, and These Are the Regulatory Issues," *CoinCenter*, June 2, 2016, https://coincenter.org/entry/daos-the-internet-is-weird-again-and-these-are -the-regulatory-issues.

40. Daniel Larimer, "The Hidden Costs of Bitcoin," LTB Network, September 7, 2013, https://letstalkbitcoin.com/is-bitcoin-overpaying-for-false-security; Vitalik Buterin, "Bootstrapping a Decentralized Autonomous Corporation: Part I," *Bitcoin Magazine*, September 19, 2013, https://bitcoinmagazine.com/7050/bootstrapping-a-decentralized-autonomous-corporation-part-i/.

41. Luis Cuende, "Introducing Aragon: Unstoppable Companies," February 10, 2017, https://blog.aragon.one/introducing-aragon-unstoppable-companies-58c1fd2d00ce.

42. 아라곤(Aragon)의 FAQ 페이지에는 이 시스템은 "이더리움에서 회사를 운영하는 데 필요한 모든 것"이라고 적혀 있다. 또한 탈중앙 조직을 그들의 '장기적인 비전'으로 묘사한다. Aragon FAQ, https://aragon.one/faq.

6장

1. Ken Thompson, "Reflections on Trusting Trust," *Communications of the ACM* 27, no. 8 (1984): 761–763.

2. Pete Rizzo, "Blockchain Land Title Project 'Stalls' in Honduras," *CoinDesk*, December 26, 2015, https://www.coindesk.com/debate-factom-land-title-honduras.

3. Ben Dickson, "Blockchain Could Completely Transform the Music Industry," *VentureBeat*, January 7, 2017, https://venturebeat.com/2017/01/07/blockchain-could-completely-transform-the-music-industry.

4. David Gerard, "Imogen Heap: 'Tiny Human'. Total Sales: $133.20," Davidgerard.co.uk, April 22, 2017, https://davidgerard.co.uk/blockchain/imogen-heap-tiny-human-total-sales-133-20. 유닉스 시스템의 관리자인 제라드(Gerard)는 그의 암호통화 세계에 대한 비평서에서 더 많은 사례를 제시한다. David Gerard, *Attack of the 50 Foot Blockchain: Bitcoin, Blockchain, Ethereum & Smart Contracts* (Self-published, 2017).

5. Laura Shin, "Bitcoin Startup Abra Adds Gwyneth Paltrow as Advisor, Is Featured in Apple Reality TV Show," *Forbes*, August 2, 2017, https://www.forbes.com/sites/laurashin/2017/08/02/bitcoin-startup-abra-adds-gwyneth-paltrow-as-advisor-is-featured-in-apple-reality-tv-show/. 에이브라(Abra)는 보다 광범위한 모바일 지갑과 지급 서비스를 제공하는 데 주력했다.

6. 표현의 자유에 대한 인터넷의 잠재력은 다음의 자료를 참고하라. Clay Shirky, *Here Comes Everybody: The Power of Organizing without Organizations* (New York: Penguin, 2008); Rebecca MacKinnon, *Consent of the Networked: The Worldwide Struggle for Internet Freedom* (New York: Basic Books, 2013); Zeynep Tufekci, *Twitter and Tear Gas: The Power and Fragility of Networked Protest* (New Haven, CT: Yale University Press, 2017). 위험에 관해서는 다음을 참고하라. Evgeny Morozov, *The Net Delusion: How Not to Liberate the World* (New York: Penguin, 2012).

7. Alice Marwick and Rebecca Lewis, "Media Manipulation and Disinformation Online," Data & Society, May 15, 2017, https://datasociety.net/output/media-manipulation-and-disinfo-online.

8. Benjamin Edelman, "Uber Can't Be Fixed?It's Time for Regulators to Shut It Down," *Harvard Business Review*, June 21, 2017, https://hbr.org/2017/06/uber-cant-be-fixed-its-time-for-regulators-to-shut-it-down.

9. Thomas Philippon, "Has the US Finance Industry Become Less Efficient? On the Theory and Measurement of Financial Intermediation," *American Economic Review* 105, no. 4 (2015): 1408–1438.

10. David Yermack, "Blockchains and Corporate Finance: 'In a Blockchain Market, Shareholder Activists Might Play Much Less of a Role,'" *Promarket*, June 14, 2017, https://promarket.org/blockchains-corporate-finance-blockchain-market-shareholder-activists-might-play-much-less-role.

11. 블록체인 신생기업에 합류하기 전 20년 이상을 월 스트리트에서 일한 심비온트(Symbiont)의 케이틀린 롱(Caitlin Long)은 "블록체인은 전환 비용을 충당할 만큼 비용의 절감이 충분히 가능하므로 레거시 [금융 산업 정보 기술] 시스템의 도매 교체를 정당화하는 (영원히?) 최초의 기술"이라고 강조한다. 저자와의 인터뷰(2017년 6월 30일).

12. Nick Szabo, "Money, Blockchains, and Social Scalability," *Unenumerated*, February 9, 2017, https://unenumerated.blogspot.com/2017/02/money-blockchains-and-social-scalability.html.

13. Slacknation, "If Your Exchange Is Related to 0x027BEEFcBaD782faF69FAD12DeE97Ed894c68549, Withdraw Immediately, They Screwed up a Few Days Ago and Lost 60,000 Ether," Reddit, June 2017, https://www.reddit.com/r/ethereum/comments/6eruqb/if_your_exchange_is_related_to.

14. 쿼드리가CX는 온전하게 고객을 확보해 약 1,400만 달러의 이익을 감소시킨 것으로 보인다. Stan Higgins, "Ethereum Client Update Issue Costs Cryptocurrency Exchange $14 Million," *CoinDesk*, June 2, 2017, https://www.coindesk.com/ethereum-client-exchange-14-million.

15. Vlad Zamfir, "About My Tweet from Yesterday …," *Medium*, March 5, 2017, https://medium.com/@Vlad_Zamfir/about-my-tweet-from-yesterday-dcc61915b572. 유사하게 2017년 9월 비탈릭 부테린은 트위터에서 "비트코인과 이더리움은 모두 현재 형태에 심각한 결함이 있다고 생각한다. 대부분의 프레젠테이션에서 나는 이 말을 한다." Vitalik Buterin (@vitalikbuterin), Twitter, September 14, 2017, 5:57 a.m., https://twitter.com/VitalikButerin/status/908268522890985472.

16. Vlad Zamfir (@VladZamfir), Twitter, December 14, 2017, 3:16 a.m., https://twitter.com/VladZamfir/status/941220330294644736.

17. Amy Castor, "MIT and BU Researchers Uncover Critical Security Flaw in $2B Cryptocurrency IOTA," Forbes, September 7, 2017, https://www.forbes.com/sites/amycastor/2017/09/07/mit-and-bu-researchers-uncover-critical-security-flaw-in-2b-cryptocurrency-iota.

18. 51% 공격은 가장 많이 논의되는 시나리오이지만 보안 연구원들은 비트코인에 대한 몇 가지 다른 잠재적 공격 벡터를 확인했다. Joseph Bonneau, Andrew Miller, Jeremy Clark, Arvind Narayanan, Joshua A. Kroll, and Edward W. Felten, "Research Perspectives and Challenges for Bitcoin and Cryptocurrencies," *Proceedings of the 36th IEEE Symposium on Security and Privacy*, 3, July 20, 2015, http://www.jbonneau.com/doc/BMCNKF15-IEEESP-bitcoin.pdf, 7–9.

19. Jon Matonis, "The Bitcoin Mining Arms Race: GHash.io and the 51% Issue," *CoinDesk*, July 17, 2014, https://www.coindesk.com/bitcoin-mining-detente-ghash-io-51-issue.

20. 보다 일반적으로 개방형 블록체인은 실행 가능한 상태를 유지하려고 충분한 규모와 네트워크 효과를 유지해야 한다. Joshua Fairfield, "BitProperty," *Southern California Law Review* 88 (2014): 823–824.

21. Frederick Reese, "As Bitcoin Halving Approaches, 51% Attack Question Resurfaces," *CoinDesk*, July 6, 2016, https://www.coindesk.com/ahead-bitcoin-halving-51-attack-risks-reappear. 다른 블록체인들이 반드시 반감 메커니즘을 사용하는 것은 아니지만 작업증명을 사용하는 모든 블록체인은 암호통화 가격이 하락할 때 인센티브에 대한 우려에 직면한다.

22. Bonneau et al, "Research Perspectives and Challenges for Bitcoin and Cryptocurrencies, 1.

23. Olga Kharif, "1,000 People Own 40% of the Bitcoin Market," *Bloomberg Businessweek*, December 8, 2017, https://www.bloomberg.com/news/articles/2017-12-08/the-bitcoin-whales-1-000-people-who-own-40-percent-of-the-market.

24. Jon Russell, "Former Mozilla CEO Raises $35M in Under 30 Seconds for His Browser Startup Brave," *TechCrunch*, June 1, 2017, http://techcrunch.com/2017/06/01/brave-ico-35-million-30-seconds-brendan-eich/.

25. 2017년 가을 현재 비트코인 해시파워의 절반을 책임지는 채굴 그룹은 4개에 불과하다. 해시파워가 가장 큰 7개의 그룹이 전체 해시파워의 4분의 3을 차지한다. Blockchain.info, October 18, 2017, https://blockchain.info/pools?timespan=4days.

26. 2017년 가을 현재 이더리움 마이닝은 비트코인보다 훨씬 더 집중돼 있어서 단 2개의 마이닝 풀이 해시파워의 절반을 집단적으로 제어하고 5개의 채굴 그룹이 전체 해시파워의 5분의 4를 통제하고 있다. "Ethereum Top 25 Miners by BLOCKS," Etherscan, October 18, 2017, https://etherscan.io/stat/miner?range=7&blocktype=blocks.

27. Fred Ehrsam, "Funding the Evolution of Blockchains," *Medium*, August 24, 2017, https://medium.com/@FEhrsam/funding-the-evolution-of-blockchains-87d160988481.

28. Brett M. Frischmann, *Infrastructure: The Social Value of Shared Resources* (Oxford: Oxford University Press, 2013).

29. Arvind Narayanan, "Analyzing the 2013 Bitcoin Fork: Centralized DecisionMaking Saved the Day," *Freedom to Tinker*, July 28, 2015, https://freedom-to-tinker.com/2015/07/28/analyzing-the-2013-bitcoin-fork-centralized-decision-making-saved-the-day/.

30. Saheli Roy Choudhury, "Chinese ICOs: China Bans Fundraising through Initial Coin Offerings, Report Says," CNBC, September 4, 2017, https://www.cnbc.com/2017/09/04/chinese-icos-china -bans-fundraising-through-initial-coin-offerings-report-says.html. 중국의 결정은 일시적일 것이고 암호통화에 대한 포괄적인 규제 체제로 나가는 발판이 될 것이다.

31. Josiah Wilmoth, "PBoC Digital Currency Chief Calls for State Cryptocurrency," CryptoCoinsNews, October 15, 2017, https://www.cryptocoinsnews.com/pboc-digital-currency-chief-calls-for-government-cryptocurrency.

32. Daniel Oberhaus, "Putin Will Require Cryptocurrency Miners to Register with the Government in 2018," *Motherboard*, October 24, 2017, https://motherboard.vice.com/en_us/article/7x4vad/putin-cryptocurrency-russia-mining-regulations-ico-bitcoin-ethereum.

33. Ari Juels, Ahmed E. Kosba, and Elaine Shi, "The Ring of Gyges: Investigating the Future of Criminal Smart Contracts," 2016 ACM SIGSAC Conference on Computer and Communications Security, Vienna: 283–295, http://www.arijuels.com/wp-content/uploads/2013/09/Gyges.pdf.

34. Zikai Alex Wen and Andrew Miller, "Scanning Live Ethereum Contracts for the 'Unchecked-Send' Bug," *Hacking, Distributed*, June 16, 2016, http://hackingdistributed.com/2016/06/16/scanning-live-ethereum-contracts-for-bugs.

35. 2017년 9월 22일 저자와의 인터뷰.

36. "An Open Letter," Pastebin, June 18, 2016, https://pastebin.com/CcGUBgDG.

37. Vitalik Buterin, "Thinking about Smart Contract Security," *Ethereum Blog*, June 19, 2016, https://blog.ethereum.org/2016/06/19/thinking-smart-contract-security.

38. Ian Bogost, "Cryptocurrency Might Be a Path to Authoritarianism," *The Atlantic*, May 30, 2017, https://www.theatlantic.com/technology/archive/2017/05/blockchain-of-command/528543. 애덤 그린필드(Adam Greenfield)도 비슷한 주장을 한다. Adam Greenfield, *Radical Technologies: The Design of Everyday Life* (London and New York: Verso, 2017).

39. Kevin Werbach and Nicolas Cornell, "Contracts ex Machina," *Duke Law Journal* 67 (2017): 101–170.

40. David Weinberger, "Copy Protection Is a Crime," *Wired*, June 1, 2003, https://www.wired.com/2003/06/copy-protection-is-a-crime.

41. Izabella Kaminska, "Building Blockchain Banks with ICOs," FT Alphaville, June 7, 2017, https://ftalphaville.ft.com/2017/06/07/2189826/building-blockchain-banks-with-icos.

42. 초기의 채굴업은 심각한 비난에 직면했고 사기로 고발까지 당했다. IconFirm, *Bitcointalk Bitcoin Forum* (June 26, 2017, 5:43:39 p.m.), https://bitcointalk.org/index.php?topic=1970796.msg19786878; *Bitcointalk Bitcoin Forum*, thread, https://bitcointalk.org/index.php?topic=1848751.1700.

43. Estonian Financial Supervision Agency, "Notice Regarding the Activities of Polybius Foundation O?," June 6, 2017, http://www.fi.ee/public/hoiatusteated/20170606_Hoiatusteade_Polybius.pdf.

44. "Swiss EY Team Joins Polybius Cryptobank as Advisors, ICO to Follow," *The Business Journals*, press release, May 13, 2017, 5:45 p.m. EDT, https://www.bizjournals.com/prnewswire/press_releases/2017/05/13/NY89961.

45. Polybius, home page, https://polybius.io/#team.

46. Kaminska, "Building Blockchain Banks with ICOs."

47. Nick Szabo (@nickszabo4), Twitter, June 17, 2017, 9:05 p.m., https://twitter.com /NickSzabo4/status/876244539211735041.

48. "The Rise of Cybercrime on Ethereum," *Chainalysis Blog*, August 7, 2017, https:// blog.chainalysis.com/the-rise-of-cybercrime-on-ethereum/. 도난, 스마트 컨트랙트의 깨짐, 암호키 분실 등을 전부 계산하면 수십억 달러의 가치가 있는 전체 비트코인의 20% 이상이 이미 손실된 것으로 추정된다. Jeff John Roberts and Nicolas Rapp, "Exclusive: Nearly 4 Million Bitcoins Lost Forever, New Study Says," *Fortune*, November 25, 2017, http://fortune.com/2017/11/25/lost-bitcoins/.

49. Amir Mizroch, "Large Bitcoin Exchange Halts Trading after Hack," *Wall Street Journal*, January 6, 2015, "Digits" section, https://blogs.wsj.com/digits/2015/01/06/large-bitcoin-exchange-halts-trading-after-hack; Robert McMillan, "The Inside Story of Mt. Gox, Bitcoin's $460 Million Disaster," *Wired*, March 3, 2014, https://www.wired.com/2014/03/bitcoin-exchange.

50. "Security Alert," Parity Technologies, November 8, 2017, http://paritytech.io/blog /security-alert-2; Ryan Browne, "'Accidental' Bug Froze $280 Million Worth of Ether in Parity Wallet," CNBC, November 8, 2017, https://www.cnbc.com/2017/11/08/accidental-bug-may-have-frozen-280-worth-of-ether-on-parity-wallet.html. 패리티(Parity)는 저장된 화폐를 잠금 해제하려고, 일반적으로 요구되는 제한된 하드 포크의 메커니즘들을 제안한다. Frederic Lardinois, "Parity CEO Is Confident That $150M in Frozen Ethereum Isn't Lost Forever," *TechCrunch*, December 5, 2017,

http://techcrunch.com/2017/12/05/parity-ceo-says-shes-confident-that-its-280m-in-frozen-ethereum-isnt-lost-forever.

51. 2018년 3월 애리조나에서 우버 자율주행 자동차가 시험 도중 보행자를 사망케 했다. Troy Griggs and Daisuke Wakabayashi, "How a Self-Driving Uber Killed a Pedestrian in Arizona," *New York Times*, March 21, 2018, https://www.nytimes .com/interactive/2018/03/20/us/self-driving-uber-pedestrian-killed.html.

7장

1. Joshua Davis, "The Crypto-Currency," *The New Yorker*, October 3, 2011, https://www.newyorker.com/magazine/2011/10/10/the-crypto-currency.

2. Vili Lehdonvirta, "The Blockchain Paradox: Why Distributed Ledger Technologies May Do Little to Transform the Economy," Oxford Internet Institute, November 21, 2016, https://www.oii.ox.ac.uk/blog/the-blockchain-paradox-why-distributed-ledger-technologies-may-do-little-to-transform-the-economy.

3. Izabella Kaminska, "Blockchain's Governance Paradox," *FT Alphaville*, June 14, 2017), https://ftalphaville.ft.com/2017/06/14/2190149/blockchains-governance-paradox.

4. Adam Ludwin (@adamludwin), Twitter, July 26, 2017, 4:55pm, https://twitter.com /adamludwin/status/890314573760184320. 일부 암호통화 전문가들은 이 점을 인정하지만 그렇지 않은 이들도 있다. 예를 들어 닉 자보는 "블록체인 역시 포크 정치에 취약한 인간 지배구조 계층이 필요하다"라고 말한다. Nick Szabo, "Money, Blockchains, and Social Scalability," *Unenumerated*, February 9, 2017, https://unenu merated.blogspot.com/2017/02/money-blockchains-and-social-scalability.html. 반면 비트코인 코어(Bitcoin Core)의 개발자인 애덤 백(Adam Back)은 "지배구조란 상스러운 단어이며 지배 계층이 동의하면 무엇이든 바뀔 수 있다는 것을 의미한다. 비트코인은 변화를 위한 것이 아니므로 사회 계약은 반드시 존재해야 한다." Adam Back (@Adam3US), Twitter, June 12, 2017, 3:07 a.m., https://twitter.com/adam3us/status/874161328826535936.

5. 허가형 분산원장은 참가자들과 그들의 책임을 식별할 수 있기 때문에 컨소시엄이나 회원 기반의 보통 조직이 갖는 종래의 지배구조 메커니즘을 적용할 수 있다. 비록 하나의 행위자가 통제권을 갖고 있지는 않지만 상대적으로 작은 그룹은 규칙에 동의하면 함께 일할 수 있다. 그러나 퍼블릭 블록체인은 오픈 엔트리를 허용하고 권한을 보다 광범위하게 분산시킨다.

6. Vili Lehdonvirta, "Governance and Regulation," in Mark Walport, *Distributed Ledger Technology: Beyond Block Chain* (UK Government Office for Science, 2016), https://www.gov.uk/government/uploads/system/uploads/attachment_data/file/492972/gs-16-1-distributed-ledger-technology.pdf.

7. 나는 줄리 코헨(Julie Cohen)이 이 점에 대해 내 생각을 분명히 해 준 것에 감사한다.

8. Elinor Ostrom, "Beyond Markets and States: Polycentric Governance of Complex Economic Systems," in *Les Prix Nobel*, edited by Karl Grandin (Stockholm: Nobel Foundation, 2010), 408.

9. 공동의 풀 자원 관리를 위한 오스트롬(Ostrom) 원칙을 블록체인 세계에 매핑하기 위한 노력에 대해서는 다음을 참고하라. Scott Shackelford and Steve Myers, "Block-by-Block: Leveraging the Power of Blockchain Technology to Build Trust and Promote Cyber Peace," *Yale Journal of Law and Technology* 19 (2017): 334.

10. Cf. Vlad Zamfir, "Against On-Chain Governance," *Medium*, December 1, 2017, https://medium.com/@Vlad_Zamfir/against-on-chain-governance-a4ceacd040ca (블록체인 거버넌스가 자동화된 규칙을 통해 완벽하게 구현될 수 있는 이상적인 설계 문제라는 주장을 반박했다.).

11. Tom R. Tyler, *Why People Obey the Law* (Princeton, NJ: Princeton University Press, 2006).

12. Edward Shils, "The Concept of Consensus," in *International Encyclopedia of the Social Sciences* (Editor D.L. Sills, New York: Macmillan, 1968): 260–266, https://www.encyclopedia.com/science-and-technology/computers-and-electrical-engineering/computers-and-computing/consensus.

13. Geraint Parry, "Trust, Distrust, and Consensus," *British Journal of Political Science* 6, no. 2 (1976): 129–142, https://journals.cambridge.org/article_S0007123400000594.

14. Andrew L. Russell, "'Rough Consensus and Running Code' and the Internet-OSI Standards War," *IEEE Annals of the History of Computing* 28, no. 3 (July 2006): 48–61, https://doi.org/10.1109/MAHC.2006.42.

15. Philipp Güring and Ian Grigg, "Bitcoin & Gresham's Law-the Economic Inevitability of Collapse," IANG.org, 2011, http://iang.org/papers/BitcoinBreachesGreshamsLaw.pdf.

16. Vitalik Buterin, "Notes on Blockchain Governance," Vitalik Buterin's Website, December 17, 2017, https://vitalik.ca/general/2017/12/17/voting.html. 나카모토 합의의 암호학적 뿌리를 떠올리며 부테린은 비잔티움 군대의 예를 교묘하게 사용한다.

17. Ostrom, "Beyond Markets and States," 432.

18. 이 용어는 경제학자 리처드 테일러Richard Thaler와 법학 교수 캐스 선스타인(Cass Sunstein)에 의해 대중화됐다. Richard H. Thaler and Cass R. Sunstein, *Nudge: Improving Decisions about Health, Wealth, and Happiness* (New Haven, CT: Yale University Press, 2008).

19. Avner Greif, *Institutions and the Path to the Modern Economy: Lessons from Medieval Trade*, Political Economy of Institutions and Decisions series (Cambridge: Cambridge University Press, 2006).

20. Oliver E. Williamson, "Transaction-Cost Economics: The Governance of Contractual Relations," *Journal of Law and Economics* 22, no. 2 (October 1, 1979): 233–261.

21. Avner Greif, "Commitment, Coercion, and Markets: The Nature and Dynamics of Institutions Supporting Exchange," *Handbook of New Institutional Economics*, 2005, 727.

22. 2017년 10월 23일 저자와의 인터뷰.

23. Jonathan Ore, "How a $64M Hack Changed the Fate of Ethereum, Bitcoin's Closest Competitor," CBC News, August 28, 2016, http://www.cbc.ca/news/technology/ethereum-hack-blockchain-fork-bitcoin-1.3719009.

24. Vitalik Buterin (@VitalikButerin), Twitter, August 3, 2017, 9:48 a.m., https://twitter.com/VitalikButerin/status/893106415446876160.

25. Stephan Tual, "On DAO Contractors and Curators," Slock.it, April 9, 2016, https://blog.slock.it/on-contractors-and-curators-2fb9238b2553.8wneaxn30.

26. "Explanation of Terms and Disclaimer," The DAO, https://daohub.org/explainer.html. Cf. "DAOs, Hacks, and the Law," *Medium*, June 17, 2016, https://medium.com/swarmfund/daos-hacks-and-the-law-eb6a33808e3e (이 조항의 의미 설명).

27. 2017년 10월 23일 저자와의 인터뷰.

28. Vlad Zamfir, "Dear Ethereum Community," *Medium*, July 7, 2016, https://medium.com/@Vlad_Zamfir/dear-ethereum-community-acfa99a037c4.m7f6k44ap.

29. *The Federalist* No. 10, at 77 (James Madison) (edited by Clinton Rossiter, 1961) ("대중 정부가 도처에서 소멸시킨 치명적인 질병들"로 파벌들을 묘사했다).

30. 이 그룹들 사이에 중복이 있을 수 있다. 예를 들어 지분증명 네트워크의 최대 토큰 보유자는 가장 비중 있는 검증자일 수 있다.

31. Paul Vigna and Michael J. Casey, *The Age of Cryptocurrency: How Bitcoin and Digital Money Are Challenging the Global Economic Order* (New York: St. Martin's Press, 2015), chapter 2. Both sides claim Satoshi Nakamoto's legacy.

32. Pete Rizzo, "Xapo Moves to Switzerland Citing Customer Privacy Concerns," *CoinDesk*, May 15, 2015, https://www.coindesk.com/xapo-switzerland-privacy-concerns. 재무분석가 크리스 버니스키(Chris Burniske)는 이듬해 비트코인 최대 거래소인 코인베이스의 자산 중 60%가 트레이딩이 아닌 가치 저장용으로 장기 보유하려고 구매된 것으로 추정했다. Christopher Burniske, "Bitcoin: A Significantly Investable Asset," NASDAQ.com, August 24, 2016, https://www.iris.xyz/market-strategist/bitcoin-significantly-investable-asset.

33. Lily Katz, "Bitcoin Acceptance among Retailers Is Low and Getting Lower," Bloomberg.com, July 12, 2017, https://www.bloomberg.com/news/articles/2017-07-12/bitcoin-acceptance-among-retailers-is-low-and-getting-lower.

34. 암호통화 변동성에 대한 대응으로 법정통화나 자산가격 바스켓에 고정되는 '스테이블코인'이 만들어진다. 이 프로젝트들이 성공하더라도 그들은 단지 원래의 암호통화에서 스테이블 코인의 합의 방식으로 필요한 신뢰를 밀어넣을 뿐이다.

35. Shannon Liao, "Steam No Longer Accepting Bitcoin Due to 'High Fees and Volatility,'" *The Verge*, December 6, 2017, https://www.theverge.com/2017/12/6/16743220/valve-steam-bitcoin-game-store-payment-method-crypto-volatility.

36. Andrew Marshall, "Bitcoin Scaling Problem, Explained," *CoinTelegraph*, March 2, 2017, https://cointelegraph.com/explained/bitcoin-scaling-problem-explained.

37. 개발 중인 일부 블록체인 네트워크의 온체인 거버넌스 기술은 채굴자의 조치 없이 거버넌스 변경을 자동으로 구현할 수 있다. 이 접근법의 이점과 한계는 10장에서 논의된다.

38. Nathaniel Popper, "Some Bitcoin Backers Are Defecting to Create a Rival Currency," *The New York Times*, July 25, 2017, "DealBook" section, https://www.nytimes.com/2017/07/25/business/dealbook/bitcoin-cash-split.html.

39. Laura Shin, "Bitcoin Hard Fork Called Off, Averting Major Disruptions and Turbulence in Cryptocurrency," *Forbes*, November 8, 2017, https://www.forbes.com/sites/laurashin/2017/11/08/bitcoin-hard-fork-called-off-averting-major-disruptions-and-turbulence-in-cryptocurrency/.

40. Zamfir, "Dear Ethereum Community."

41. Vlad Zamfir (@VladZamfir), Twitter, August 3, 2017, 10:20 a.m., https://twitter.com/VladZamfir/status/893114355562274816.

42. Nathaniel Popper, "Move Over, Bitcoin. Ether Is the Digital Currency of the Moment," *New York Times*, June 19, 2017, "DealBook," https://www.nytimes.com/2017/06/19/business/dealbook/ethereum-bitcoin-digital-currency.html.

8장

1. Vlad Zamfir (@VladZamfir), Twitter, June 13, 2017, 7:50 a.m., https://twitter.com/VladZamfir/status/874594731124281344.

2. John Rawls, *The Law of Peoples* (Cambridge, MA: Harvard University Press, 2001); Thomas Donaldson and Thomas W. Dunfee, *Ties That Bind: A Social Contracts Approach to Business Ethics* (Cambridge, MA: Harvard Business School Press, 1999).

3. Kenneth J. Arrow, Robert Forsythe, Michael Gorham, Robert Hahn, Robin Hanson, John O. Ledyard, et al., "The Promise of Prediction Markets," *Science* 320 (2008): 877.

4. 증권거래소와 같이 예측 시장은 매수 및 매도 가격의 격차 또는 상장 수수료를 통해 돈을 번다.

5. James Surowiecki, *The Wisdom of Crowds* (New York: Anchor Books, 2005).

6. Bo Cowgill, Justin Wolfers, and Eric Zitzewitz, "Using Prediction Markets to Track Information Flows: Evidence from Google," First International Conference on Auctions, Market Mechanisms and Their Applications, Boston, MA, May 8, 2009 Lecture Notes of the Institute for Computer Sciences, Social Informatics and Telecommunications Engineering 14 (Berlin: Springer, 2009).

7. Andrew Rice, "The Fall of Intrade and the Business of Betting on Real Life," BuzzFeed, February 20, 2014, https://www.buzzfeed.com/andrewrice/the-fall-of-intrade-and-the-business-of-betting-on-real-life.

8. CFTC 규정은 "테러, 암살, 전쟁, 게임이나 주 또는 연방법에 따른 불법 활동에 포함 및 연관되거나 참조하는 동법 제1a조(19)(iv)에 정의된 제외 상품에 기초한 협정, 계약, 거래 또는 스왑"에 대한 열거를 금지한다. 17 CFR 40.11(a)(1)

9. 이 논의는 어거에 초점을 맞추고 있지만 그노시스 등 개발 중인 다른 블록체인 기반 예측 시장 플랫폼도 있다.

10. Don Tapscott and Alex Tapscott, *Blockchain Revolution* (New York: Penguin Random House, 2016), 84.

11. "Trust Is Risk: A Decentralized Trust System," *OpenBazaar Blog*, August 1, 2017, https://www.openbazaar.org/blog/trust-is-risk-a-decentralized-trust-system.

12. 예를 들어 다음의 자료를 참고하라. Timothy B. Lee, "Reddit Conducts Wide-Ranging Purge of Offensive Subreddits," *Ars Technica*, October 26, 2017, https://arstechnica.com/tech-policy/2017/10/reddit-conducts-wide-ranging-purge-of-offensive-subreddits (레딧이 가장 관대한 소셜 미디어 사이트임에도 불구하고 때로는 불쾌한 내용을 삭제할 필요가 있다는 점을 주목한다.)

13. Joseph Cox, "US, Europol, and the Netherlands Announce Shutdowns of Two Massive Dark Web Markets," Motherboard, July 20, 2017, https://motherboard.vice.com/en_us/article/evd7xw/us-europol-and-netherlands-announce-shutdowns-of-two-massive-dark-web-markets.

14. Clay Shirky, "A Group Is Its Own Worst Enemy," *Clay Shirky's Writings About the Internet*, July 1, 2003, http://www.shirky.com/writings/herecomeseverybody/group_enemy.html.

15. Lawrence Lessig, "The New Chicago School," *Journal of Legal Studies* 27, no. S2 (June 1, 1998): 661–691.

16. Lawrence Lessig, *Code and Other Laws of Cyberspace* (New York: Basic Books, 1999).

17. Kevin Werbach, "The Architecture of Internet 2.0," *Release 1.0*, February 1999, http://downloads. oreilly.com/radar/r1/02–99.pdf; Kevin D. Werbach, "A Layered Model for Internet Policy," *Journal on Telecommunications and High-Tech Law* 1 (2002): 37–67.

18. 예를 들어, 다음의 자료를 참고하라. Josh Stark, "Making Sense of Cryptoeconomics," *CoinDesk*, August 19, 2017, https://www.coindesk.com/making-sense-cryptoeconomics.

19. David R. Johnson and David G. Post, "Law and Borders?the Rise of Law in Cyberspace," *Stanford Law Review* 48 (1997): 1367.

20. John Perry Barlow, "A Declaration of the Independence of Cyberspace," Electronic Frontier Foundation, February 8, 1996, https://www.eff.org/cyberspace-independence.

21. Post and Johnson, "Law and Borders."

22. Jack L. Goldsmith and Tim Wu, *Who Controls the Internet? Illusions of a Borderless World* (New York: Oxford University Press, 2006).

23. Aaron Wright and Primavera De Filippi, "Decentralized Blockchain Technology and the Rise of Lex Cryptographia," Social Science Research Network (SSRN), March 10, 2015, https://ssrn. com/abstract=2580664, 44–47; Primavera De Fillipi and Aaron Wright, *Blockchain and the Law: The Rule of Code* (Cambridge, MA: Harvard University Press, 2018); Joel Reidenberg, "Lex Informatica: The Formulation of Information Policy Rules Through Technology," *Texas Law Review* 76 (1998): 553–593.

24. Wright and De Filippi, "Decentralized Blockchain Technology and the Rise of Lex Cryptographia," 40.

25. "BITNATION Pangea: The World's First Virtual Nation—a Blockchain Jurisdiction," Global Challenges Foundation, https://globalchallenges.org/bitnation-pangea-the-worlds-first-virtual-nation-a-blockchain-jurisdiction/ .

26. Kevin D. Werbach, "The Song Remains the Same: What Cyberlaw Might Teach the Next Internet Economy," *Florida Law Review* 69 (2017): 887–957; Goldsmith and Wu, *Who Controls the Internet?*

27. 스마트 컨트랙트가 온라인 사이트와 서비스 약관을 협상하는 데 사용될 수 있어 사용자에게 힘을 실어 줄 수 있다는 조시 페어필드(Josh Fairfield)의 호소력 있는 주장에도 유사한 문제가 있다. Joshua Fairfield, "Smart Contracts, Bitcoin Bots, and Consumer Protection," *Washington and Lee Law Review Online* 71 (2014): 36, https://scholarlycommons.law.wlu.edu/wlulr-online/vol71/iss2/3. 서비스 제공업체가 왜 꿈쩍도 하지 않는지는 분명하지 않다.

28. Adam Greenfield, *Radical Technologies: The Design of Everyday Life* (London and New York: Verso, 2017), 161.

29. David Weinberger, "Copy Protection Is a Crime," *Wired*, June 1, 2003, https://www.wired.com/2003/06/copy-protection-is-a-crime.

30. Satoshi Nakamoto, "Re: Bitcoin P2P E-cash Paper," Cryptography mailing list, November 17, 2008, 9:04:47 a.m., https://www.mail-archive.com/cryptography@metzdowd.com/msg10006.html.

31. 예를 들어, 다음의 자료를 참고하라. Tapscott and Tapscott, *Blockchain Revolution*, 109; Andrew Keys, "Memo from Davos: We Have a Trust Problem. Personal Responsibility and Ethereum Are the Solutions," *Consensys Blog*, January 19, 2017, https://media.consensys.net/memo-from-davos-we-have-a-trust-problem-personal-responsibility-and-ethereum-are-the-solutions-19d1104946d8.

32. Harry Surden, "Computable Contracts," *U.C. Davis Law Review* 46 (2012): 629.

33. "Explanation of Terms and Disclaimer," The DAO, https://archive.fo/0trrl.

34. Oliver D. Hart, "Incomplete Contracts and the Theory of the Firm," *Journal of Law, Economics, and Organization* 4 (1998): 119, 123.

35. Ian R. Macneil, "Contracts: Adjustment of Long-Term Economic Relations Under Classical, Neoclassical, and Relational Contract Law," *Northwestern University Law Review* 72 (1978): 854.

36. 보통법과 통일상법전(UCC)의 규정 체계 모두 그러한 격차를 메우는 다양한 규칙을 제공한다.

37. Sinclair Davidson, Primavera De Filippi, and Jason Potts, "Economics of Blockchain," 2016 Public Choice Conference, https://papers.ssrn.com/sol3/papers.cfm?abstract_id=27447. 경제적 측면에서 블록체인 기반 시스템은 계약이 완료됐다고 가정하며 이는 세상의 모든 가능한 상태에 대한 결과를 명시하는 것을 의미한다. 그러나 실제로는 그렇지 않은 경우가 꽤 많다.

38. Anna Irrera, "U.S. Blockchain Startups R3 and Ripple in Legal Battle," Reuters, September 8, 2017, https://www.reuters.com/article/us-r3-ripple-lawsuit-blockchain-startup-r3-sues-competitor-ripple-idUSKCN1BJ27I.

39. Frank B. Cross, "Law and Trust," *Georgetown Law Journal* 93 (2005): 1457-1545; Tamar Frankel and Wendy J. Gordon, eds., "Symposium: Trust Relationships," *Boston University Law Review* 81 (2001): 321-478; Tom R. Tyler, *Why People Obey the Law* (Princeton, NJ: Princeton University Press, 2006); Sim B. Sitkin and Robert J. Bies, "The Legalistic Organization: Definitions, Dimensions, and Dilemmas," *Organization Science* 4, no. 3 (1993): 345-351.

40. Mary Ann Glendon, *Rights Talk: The Impoverishment of Political Discourse* (New York: Free Press, 1994); Philip K. Howard, *The Death of Common Sense: How Law Is Suffocating America* (New York: Random House, 2011); Robert A. Kagan, *Adversarial Legalism: The American Way of Law* (Cambridge, MA: Harvard University Press, 2009).

41. Deepak Malhotra and J. Keith Murnighan, "The Effects of Contracts on Interpersonal Trust," *Administrative Science Quarterly* 47, no. 3 (2002): 534-559; Laetitia Mulder, Eric van Dijk, David De Cremer, and Henk A. M. Wilke, "Undermining Trust and Cooperation: The Paradox of Sanctioning Systems in Social Dilemmas," *Journal of Experimental Social Psychology* 42 (March 1, 2006): 147-162.

42. David Charny, "Nonlegal Sanctions in Commercial Relationships," *Harvard Law Review* 104 (1990): 428.

43. Oliver E. Williamson, "Calculativeness, Trust, and Economic Organization," *Journal of Law & Economics* 36, no. 1 (1993): 463 ("효율적 교환을 지원하고자 비용 효율적인 안전장치가 고안된 상업적 교환을 설명하려고 '신뢰'라는 용어를 사용하는 것은 오해의 소지가 있다.").

44. Fernando L. Flores and Robert C. Solomon, "Rethinking Trust," *Business & Professional Ethics Journal* 16, no. 1/3 (1997): 47–76.

45. R. K. Woolthuis, "Trust, Contract, and Relationship Development," *Organization Studies* 26, no. 6 (June 1, 2005): 813–40.

46. 이 공식을 명확히 하는 데 도움을 준 이페오마 아준와(Ifeoma Ajunwa)에게 공로가 있다고 생각한다.

47. 1장을 참고하라. DTCC는 미국에서 운영된다. 다른 모든 주요 금융시장에는 유사한 증권예탁 기관이 있다.

48. Steven Davidoff Solomon, "Dole Case Illustrates Problems in Shareholder System," *The New York Times*, March 21, 2017, "DealBook" section, https://www.nytimes.com/2017/03/21/business/dealbook/dole-case-illustrates-problems-in-shareholder-system.html.

49. Matt Levine, "Dole Food Had Too Many Shares," Bloomberg.com, February 17, 2017, https://www.bloomberg.com/view/articles/2017-02-17/dole-food-had-too-many-shares.

50. Kyle Torpey, "Chicago's Cook County to Test Bitcoin Blockchain-Based Property Title Transfer," *Bitcoin Magazine*, October 6, 2016, https://bitcoinmagazine.com/articles/chicago-s-cook-county-to-test-bitcoin-blockchain-based-public-records-1475768860.

51. James Schneider, Alexander Blostein, Brian Lee, Steven Kent, Ingrid Groer, and Eric Beardsley, *Profiles in Innovation: Blockchain-Putting Theory into Practice* (Goldman Sachs, May 24, 2016), https://www.finyear.com/attachment/690548.

52. Karl Baker, "Delaware Eases Off Early Blockchain Zeal After Concerns Over Disruption to Business," Delaware Online, February 1, 2018, https://www.delawareonline.com/story/news/2018/02/02/delaware-eases-off-early-blockchain-zeal-after-concerns-over-disruption-business/1082536001/.

53. Jerry Brito and Bridget C. E. Dooling, "An Orphan Works Affirmative Defense to Copyright Infringement Actions," *Michigan Telecommunications and Technology Law Review* 12 (2005): 75.

54. U.S. Copyright Office, "In re Orphan Works," No. 537, Comment of the Carnegie Mellon University Libraries, March 22, 2005, https://www.copyright.gov/orphan/comments/OW0537-CarnegieMellon.pdf.

55. Patrick Murck, "Waste Content: Rebalancing Copyright Law to Enable Markets of Abundance," *Albany Law Journal of Science and Technology* 16 (2006): 383–422.

56. Jake Goldenfein and Dan Hunter, "Blockchains, Orphan Works, and the Public Domain," *Columbia Journal of Law and the Arts* 41 (2017): 1–43. 작품 자체에 대한 등록이 더 바람직할 것이다. 그러나 국제 저작권 협정에 따른 공식에 대한 금지 때문에 어떠한 법정 저작권 등록도 허용되지 않는다.

57. 마찬가지로 블록체인은 다년간의 저작권의 초판 원칙에 따라 디지털 버전이 허용된 고유 디지털 자산을 만드는 데 사용될 수 있다. Patrick Murck, "The True Value of Bitcoin," *CATO Unbound*, July 31, 2013, https://www.cato-unbound .org/2013/07/31/patrick-murck/true-value-bitcoin.

58. Kevin Gallagher, "Ad Fraud Estimates Double," *Business Insider*, March 16, 2017, http://www.businessinsider.com/ad-fraud-estimates-doubled-2017-3.

59. "MetaX and DMA Join Forces to Launch AdChain: A Blockchain Solution to Digital Advertising Fraud," TheDMA.org, June 12, 2017, https://thedma.org/news/metax-dma-adchain-blockchain-solution-ethereum-advertising-fraud/.

60. Joel Valenzuela, "Uber Switches to Bitcoin in Argentina after Govt Blocks Uber Credit Cards," *CoinTelegraph*, July 6, 2016, https://cointelegraph.com/news/uber-switches-to-bitcoin-in-argentina-after-govt-blocks-uber-credit-cards.

61. 부에노스아이레스 정부는 우버 라이더들이 분산된 비트코인 네트워크를 이용하는 것을 막을 수 없다. 하지만 정부는 비트코인과 현지 통화를 교환하는 스위스의 직불카드 제공 회사 Xapo에 대해서는 명령을 내릴 수 있다.

62. Hernando de Soto, *The Mystery of Capital: Why Capitalism Triumphs in the West and Fails Everywhere Else* (New York: Basic Books, 2000).

63. Laura Shin, "Republic of Georgia to Pilot Land Titling on Blockchain with Economist Hernando De Soto, BitFury," *Forbes*, April 21, 2016, https://www.forbes.com/sites/laurashin/2016/04/21/republic-of-georgia-to-pilot-land-titling-on-blockchain-with-economist-hernando-de-soto-bitfury/#bb3668f44da3; Roger Aitken, "Bitland's African Blockchain Initiative Putting Land on the Ledger," *Forbes*, April 5, 2016, https://www.forbes.com/sites/rogeraitken/2016/04/05/bitlands-african-blockchain-initiative-putting-land-on-the-ledger/59ee9ab11029.

64. Pete Rizzo, "Blockchain Land Title Project 'Stalls' in Honduras," *CoinDesk*, December 26, 2015, https://www.coindesk.com/debate-factom-land-title-honduras.

65. Kevin Mwanz and Henry Wilkins, African Startups Bet on Blockchain to Tackle Land Fraud, Reuters, February 16, 2018, https://www.reuters.com/article/us-africa-landrights-blockchain/african-startups-bet-on-blockchain-to-tackle-land-fraud-idUSKCN1G00YK

66. Tapscott and Tapscott, *Blockchain Revolution*, 188–192.

67. Michael del Castillo, "United Nations Sends Aid to 10,000 Syrian Refugees Using Ethereum Blockchain," *CoinDesk*, June 13, 2017, https://www.coindesk.com/united-nations-sends-aid-to-10000-syrian-refugees-using-ethereum-blockchain.

9장

1. N.Y. Comp. Codes R. & Regs. tit. 23, § 200 et seq. (2016).

2. New York Department of Financial Services, "NYDFS Announces Final BitLicense Framework for Regulating Digital Currency Firms," June 3, 2015, https://web.archive.org/web/20150604023248/http://www.dfs.ny.gov/about/speeches/sp1506031.htm.

3. "Comments Regarding the Proposed Virtual Currency Regulatory Framework," New York Department of Financial Services, http://www.dfs.ny.gov/legal/vcrf_comments.htm.

4. Daniel Roberts, "Behind the 'Exodus' of Bitcoin Startups from New York," *Fortune*, August 14, 2015, http://fortune.com/2015/08/14/bitcoin-startups-leave-new-york-bitlicense.

5. Michael del Castillo, "The 'Great Bitcoin Exodus' Has Totally Changed New York's Bitcoin Ecosystem," *New York Business Journal*, August 12, 2015, https://www.bizjournals.com/newyork /news/2015/08/12/the-great-bitcoin-exodus-has-totally-changed-new.html.

6. N.Y. Comp. Codes R. & Regs. tit. 23, § 200.2(q)(2)-(5) (2016).

7. Yessi Bello Perez, "The Real Cost of Applying for a New York BitLicense," *CoinDesk*, August 13, 2015, https://www.coindesk.com/real-cost-applying-new-york-bitlicense.

8. Michael del Castillo, "Bitcoin Exchange Coinbase Receives New York BitLicense," *CoinDesk*, January 17, 2017, https://www.coindesk.com/bitcoin-exchange-coinbase-receives-bitlicense.

9. Provision of Interstate & Int'l Interexchange Telecomms. Serv. via the "Internet" by Non-Tariffed, Uncertified Entities, Petition for Declaratory Ruling, Special Relief, & Institution of Rulemaking, Rulemaking No. 8775, March 4, 1995, https://transition.fcc.gov/Bureaus/Common_Carrier/ Comments/actapet.html.

10. Kevin Werbach, "Off the Hook," *Cornell Law Review* 95 (2010): 535, 564-565.

11. "Federal Communications Commission, Voice Telephone Services: Status as of June 30, 2016," https://apps.fcc.gov/edocs_public/attachmatch/DOC-344500A1.pdf.

12. 역설적이게도 비트코인 기반 사업자들의 불공정 경쟁이 민간 은행업을 시작하려는 자신의 노력을 약화시켰다고 주장하는 크리스토퍼 스트렁크(Christopher Strunk) 주도의 집단 소송은 1995년 VOIP에 대한 ACTA 진정서와 거의 똑같이 읽힌다. Tabish Faraz, "Bitcoin Fraud & Unfair Competition Class Action Lawsuit Filed," *CoinReport*, October 1, 2017, https://coinreport.net/bitcoin-fraud-unfair-competition-class-action-lawsuit-filed/. 원고는 사토시 나카모토가 비트코인을 통해 사기 행각을 벌였다며 소를 제기했는데 만일 이 소송이 법정에 가게 되면 흥미로운 심리가 열리게 될 것이다.

13. Stephen Palley, "Blockchain Jurisdiction," LinkedIn, May 11, 2016, https://www.linkedin.com/ pulse/blockchain-jurisdiction-stephen-palley.

14. *United States v. Budovsky*, 2015 U.S. Dist. LEXIS 127717 (D. S.D.N.Y. 2015).

15. Selena Larson, "WannaCry: Someone Has Emptied Ransom Accounts Tied to the Cyberattack," CNNMoney, August 3, 2017, http://money.cnn.com/2017/08/03/technology/wannacry-bitcoin-ransom-moved/index.html.

16. Jeff John Roberts, "Companies Can Put Shareholders on a Blockchain Starting Today," *Fortune*, August 1, 2017, http://fortune.com/2017/08/01/blockchain-shareholders-law.

17. Stan Higgins, "Arizona Governor Signs Blockchain Bill into Law," *CoinDesk*, March 31, 2017, https://www.coindesk.com/arizona-governor-signs-blockchain-bill-law.

18. Vermont Statutes Online, https://legislature.vermont.gov/statutes/section/12/081/01913.

19. Delaware Senate Bill 69 (2017), https://legiscan.com/DE/text/SB69/2017.

20. 15 U.S. Code § 7001(a)(1).

21. Securities Act of 1933, Pub. L. 73-22, 48 Stat. 74, codified at 15 U.S.C. § 77a et seq.; Securities Exchange Act of 1934, Pub.L. 73-291, 48 Stat. 881, codified at 15 U.S.C. § 78a et seq.

22. *SEC v. W.J. Howey Co.*, 328 U.S. 293 (1946).

23. Jonathan Rohr and Aaron Wright, "Blockchain-Based Token Sales, Initial Coin Offerings, and the Democratization of Public Capital Markets," Social Science Research Network (SSRN), October 5, 2017, https://papers.ssrn.com/sol3/papers.cfm?abstract_id=3048104. ICO가 규제 대상 증권이나 투자 계약이 아니더라도 발행인은 법적 의무에 직면할 수 있다. SEC의 분산원장 태스크 포스의 책임자, 발레리 슈체파닉(Valerie Szczepanik)에 따르면 "당신이 SEC에 의해 규제되든 아니든 당신은 여전히 당신의 투자자에 대한 선량한 관리자의 주의 의무를 진다. 이 산업이 번성하기를 원한다면 투자자 보호가 선두에 서야 한다." "U.S. SEC Official Urges Companies Issuing Tokens to Protect Investors," Reuters, May 26, 2017, https://www.reuters.com/article/us-sec-blockchain/sec-official-urges-companies-issuing-tokens-to-protect-investors-idUSKBN18K05Q.

24. Securities and Exchange Commission (SEC), "Report of Investigation Pursuant to Section 21(a) of the Securities Exchange Act of 1934: The DAO," Release No. 81207, July 25, 2017, https://www.sec.gov/litigation/investreport/34-81207.pdf.

25. Wolfie Zhao, "Bitfinex to Bar US Customers from Exchange Trading," CoinDesk, August 11, 2017, https://www.coindesk.com/bitfinex-suspends-sale-select-ico-tokens-citing-sec-concerns/.

26. Emily, "ShapeShift and Tokens as Securities," ShapeShift, August 17, 2017, https://info.shapeshift.io/blog/2017/08/17/shapeshift-and-tokens-securities.

27. Laura Shin, "After Contact by SEC, Protostarr Token Shuts Down Post-ICO, Will Refund Investors," Forbes, September 1, 2017, https://www.forbes.com/sites/laura shin/2017/09/01/after-contact-by-sec-protostarr-token-shuts-down-post-ico-will-refund-investors.

28. 폴리비우스(Polybius)의 임원은 게시판에서 자사 토큰이 미국법상 유가증권으로 간주될 수 있음을 인정하면서 이것이 미국 거래소에 상장하지 않는 이유라고 했다. Bears, "Re: [ANN][ICO] Polybius-Regulated Bank for the Blockchain Generation," BitcoinTalk Bitcoin Forum, July 25, 2017, 1:44:06 p.m., https://bitcointalk.org/index.php?topic=1848751.4180.

29. "FAQ," Polybius, https://polybius.io/en/faq.

30. Jon Russell, "First China, Now South Korea Has Banned ICOs," TechCrunch, September 28, 2017, http://techcrunch.com/2017/09/28/south-korea-has-banned-icos.

31. 에어드롭 대상 토큰은 여전히 증권으로 분류할 수 있지만 발행인들은 투자 수익보다는 유틸리티가 1차적 목적이었다는 점을 강하게 주장한다.

32. In the Matter of Munchee, Inc., Securities and Exchange Commission, Order Instituting Cease-and-Desist Proceedings Pursuant to Section 8a of the Securities Act of 1933, Making Findings, and Imposing a Cease-and-Desist Order, Release No. 10445, December 11, 2017, https://www.sec.gov/litigation/admin/2017/33-10445.pdf.

33. Jonathan Rohr and Aaron Wright, "Blockchain-Based Token Sales, Initial Coin Offerings, and the Democratization of Public Capital Markets," Social Science Research Network (SSRN), October 4, 2017, https://ssrn.com/abstract=3048104.

34. Olga Kharif, "Only One in 10 Tokens Is in Use Following Initial Coin Offerings," Bloomberg.com, October 23, 2017, https://www.bloomberg.com/news/articles/2017-10-23/only-one-in-10-tokens-is-in-use-following-initial-coin-offerings.

35. Paul Vigna, "Tezos Raised $232 Million in a Hot Coin Offering, Then a Fight Broke Out," Wall Street Journal, October 18, 2017, "Markets" section, https://www.wsj.com/articles/tezos-

raised—232—million—in—a—hot—coin—offering—then—a—fight—broke—out—1508354704; "Special Report: Backroom Battle Imperils $230 Million Cryptocurrency Venture," Reuters, October 19, 2017, https://www.reuters.com/article/us—bitcoin—funding—tezos—specialreport/special—report—backroom—battle—imperils—230—million—cryptocurrency—venture—idUSKBN1CN35K.

36. Jen Wieczner, "Tezos Finally Plans to Launch ICO Coin After Ousting Swiss Foundation Head," *Fortune*, February 22, 2018, http://fortune.com/2018/02/22/tezos—coin—ico—launch—foundation.

37. 마이크로소프트의 최고 기술 책임자인 나단 미르볼드(Nathan Myhrvold)는 이것을 'vig'라고 불렀는데, 이것은 마권업자의 수수료를 뜻하는 도박 용어다. Ken Auletta, "The Microsoft Provocateur," *The New Yorker*, May 5, 1997, https://www.newyorker.com/magazine/1997/05/12/the—microsoft—provocateur.

38. Camila Russo, "Ethereum Co—Founder Says the Crypto Coin Market Is a Ticking Time—Bomb," Bloomberg.com, July 18, 2017, https://www.bloomberg.com/news/articles/2017—07—18/ethereum—co—founder—says—crypto—coin—market—is—ticking—time—bomb (리플 CEO인 브래드 갈링하우스 (Brad Garlinghouse)는 "금융의 황야 서부에서 운영되는 ICO는 지속 가능하지 않다"라며 "오리처럼 말하고 오리처럼 걷는다면 SEC는 오리라고 말할 것"이라고 말했다.").

39. Richard Kastelein, "Global Blockchain Innovation: U.S. Lags, Europe and China Lead," *VentureBeat*, April 16, 2017, https://venturebeat.com/2017/04/16/global—blockchain—innovation—u—s—lags—europe—and—china—lead.

40. "MAS Clarifies Regulatory Position on the Offer of Digital Tokens in Singapore," Monetary Authority of Singapore (MAS), August 1, 2017, https://www.mas.gov.sg/news/media—releases/2017/mas—clarifies—regulatory—position—on—the—offer—of—digital—tokens—in—singapore.

41. Peter Van Valkenburgh, "The ULC's Model Act for Digital Currency Businesses Has Passed. Here's Why It's Good for Bitcoin," Coin Center, July 19, 2017, https://www.coincenter.org/the—ulcs—model—act—for—digital—currency—businesses—has—passed—heres—why—its—good—for—bitcoin/.

42. Lucinda Shen, "Bitcoin Traders Are Relieved at CFTC and SEC Cryptocurrency Senate Hearing Testimony," *Fortune*, February 7, 2018, http://fortune.com/2018/02/06/bitcoin—price—cftc—sec—cryptocurrency—hearing.

43. Robert P. Merges, "A New Dynamism in the Public Domain," *University of Chicago Law Review* 71 (2004): 183.

44. *MGM Studios, Inc. v. Grokster, Ltd.*, 545 U.S. 913 (2005).

45. '합법적인' 목적이 논쟁될 때가 올 것이다. 제안된 접근은 법률 규칙의 기본 목적 및 합법성에 대해 합의가 있는, 보다 쉬운 사안에서 시작될 것이다.

46. Andy Greenberg, "The Fed—Proof Online Market OpenBazaar Is Going Anonymous," *Wired*, March 6, 2017, https://www.wired.com/2017/03/fed—proof—online—market—openbazaar—going—anonymous.

47. 파일 공유 세계에서 유사한 것은 비디오 파일 공유에 널리 사용되는 프로토콜, 비트토렌트(BitTorrent)다. 불법 서비스들이 비트토렌트의 오픈소스 기술을 많이 사용한다. 그러나 규제 당국은 비트토렌트나 설립자 브램 코헨(Bram Cohen)을 쫓지 않는다. 왜냐하면 그들은 범법 행위자들이 아니기 때문이다. 그들은 인증되지 않은 콘텐츠를 배제하며 기술의 성능 향상이나 비용 절감에 기반한 서비스를 제공한

다. Eric Bangeman, "BitTorrent Creator, MPAA Strike Deal," Ars Technica, November 23, 2005, https://arstechnica.com/uncategorized/2005/11/5615-2.

48. "Frequently Asked Questions," OpenBazaar Docs, https://docs.openbazaar.org/09.-Frequently-Asked-Questions.

49. "Overstock.com Announces Historic Blockchain Public Offering," Overstock.com, March 16, 2016, https://investors.overstock.com/news-releases/news-release-details/overstockcom-announces-historic-blockchain-public-offering/.

50. "LedgerX Gets U.S. Approval for Derivatives on Digital Currencies," Reuters, July 24, 2017, https://www.reuters.com/article/us-usa-cftc-digitalcurrency/cftc-approves-ledgerx-license-to-clear-settle-digital-currency-derivative-contracts-idUSKBN1A92FZ.

51. Nathaniel Popper, "S.E.C. Rejects Winklevoss Brothers' Bid to Create Bitcoin E.T.F.," New York Times, March 10, 2017, "DealBook" section, https://www.nytimes.com/2017/03/10/business/dealbook/winkelvoss-brothers-bid-to-create-a-bitcoin-etf-is-rejected.html.

52. 2017년 10월 18일 저자와의 인터뷰.

53. Lily Katz and Benjamin Bain, "Winklevoss Twins Have a Plan to Police Cryptocurrency Trading," Bloomberg Markets, March 13, 2018, https://www.bloomberg.com/news/articles/2018-03-13/winklevoss-twins-have-a-plan-to-police-cryptocurrency-trading.

54. Jay Clayton, "Statement on Cryptocurrencies and Initial Coin Offerings," SEC .gov, December 11, 2017, https://www.sec.gov/news/public-statement/statement-clayton-2017-12-11.

55. "SEC Announces Enforcement Initiatives to Combat Cyber-Based Threats and Protect Retail Investors," SEC.gov, September 25, 2017, https://www.sec.gov/news/press-release/2017-176.

56. Federal Communications Commission (FCC), "Petition for Declaratory Ruling that Pulver.com's Free World Dialup Is Neither Telecommunications nor a Telecommunications Service," FCC Record 19 (2004): 3307, 3312-3324.

57. "Petition for Declaratory Ruling that AT&T's Phone-to-Phone IP Telephony Services Are Exempt from Access Charges," FCC Record 19 (2004), 7457, 7465-7468.

10장

1. Nathaniel Popper, "Decoding the Enigma of Satoshi Nakamoto and the Birth of Bitcoin," New York Times, May 15, 2015, "Business Day" section, https://www.nytimes.com/2015/05/17/business/decoding-the-enigma-of-satoshi-nakamoto-and-the-birth-of-bitcoin.html. 포렌식 언어학적 분석은 비트코인의 창시자로 닉 스자보를 지목했다. Kim Lachance Shandrow, "Who the Heck Is Nick Szabo and Is He the Real Father of Bitcoin?" Entrepreneur, April 16, 2014, https://www.entrepreneur.com/article/233143.

2. 흥미롭게도 스자보에 대한 보고서는 종종 그를 법학 교수나 경제학 교수로 잘못 묘사하고 있다.

3. Tim Ferriss, "The Quiet Master of Cryptocurrency?Nick Szabo," Tim Ferriss Show, June 4, 2017, https://tim.blog/2017/06/04/nick-szabo.

4. Bruce A. Ackerman, We the People, 1: Foundations (Cambridge, MA: Harvard University Press, 1993).

5. Communications Decency Act of 1996, Pub. L. No. 104–104, § 502, 110 Stat. 133, 134–35 (codified as amended at 47 U.S.C. § 223 (2012)); Pub. L. No. 105–304, § 202, 112 Stat. 2860, 2877–78 (codified as amended at 17 U.S.C. § 512 (2012)).

6. Peter Van Valkenburgh, "Congress Should Create a Blockchain Technology Safe Harbor, Luckily They Already Figured It Out in the '90s," Coin Center, April 6, 2017, https://coincenter.org/entry/congress-should-create-a-blockchain-technology-safe-harbor-luckily-they-already-figured-it-out-in-the-90s.

7. "Financial Conduct Authority Provides Update on Regulatory Sandbox," Financial Conduct Authority, June 15, 2017, https://www.fca.org.uk/news/press-releases/financial-conduct-authority-provides-update-regulatory-sandbox.

8. Financial Conduct Authority, *Regulatory Sandbox Lessons Learned Report*, October 2017, https://www.fca.org.uk/publication/research-and-data/regulatory-sandbox-lessons-learned-report.pdf.

9. "CFTC Launches LabCFTC as Major FinTech Initiative," Commodity Futures Trading Commission, May 17, 2017, http://www.cftc.gov/PressRoom/PressReleases /pr7558-17.

10. Christopher D. Clack, Vikram A. Bakshi, and Lee Braine, "Smart Contract Templates: Foundations, Design Landscape, and Research Directions," arXiv Preprint 1608.00771 (2016), https://arxiv.org/pdf/1608.00771.pdf. (이 문서는 '운영적 측면'을 "자동화하려는 계약의 일부분으로, 일반적으로 계약 당사자가 취해야 할 특정 조치를 고려한 결과이며 따라서 계약 이행과 관련이 있는 부분"으로 정의한다.).

11. 아니면 합법적인 해커를 위한 새로운 틈새 시장을 만들 수도 있다. The DAO에 대한 공격 이후 보안 전문가인 로버트 그레이엄(Robert Graham)은 "과거에는 사람들이 복잡한 계약을 검토하려고 변호사를 고용했다. 미래에는 해커들을 고용해야 할 것이다. 계약이 체결되면 아주 훌륭한 해커를 고용해 나에게 유리한 해킹 방법을 찾을 때까지 코드를 계속 읽게 할 의욕이 생겼다"라고 조언했다. Robert Graham, "Ethereum/TheDAO Attack Simplified," Errata Security, June 18, 2016, https://blog.erratasec.com/2016/06/etheriumdao-hack-similfied.html.

12. 이미 스마트 컨트랙트 코드에 버그나 보안 취약점이 있는지 검토하는 기술 감사 회사가 있다. Alyssa Hertig, "Blockchain Veterans Unveil Secure Smart Contracts Framework," *CoinDesk*, September 15, 2016, https://www.coindesk.com/blockchain-veterans-unveil-secure-smart-contracts-framework. 전통적인 감사 회사들도 이 새로운 세계에 어떻게 참여할지를 놓고 고민하고 있다. PWC 블록체인 전략가 그레인 맥나마라(Grainne McNamara)는 금융 서비스 콘퍼런스에서 "우리는 이 기술을 사용해 기술을 감사하는 방법을 살펴보고 있다"라고 밝혔다. American Banker Blockchains+Digital Currencies Conference, New York, NY (June 13, 2017) (transcribed by author), http://conference.americanbanker.com/conferences/blockchains.

13. "Introducing OpenLaw," Consensys, July 25, 2017, https://media.consensys.net/introducing-openlaw-7a2ea410138b.

14. "Clause.io Sets out Strategy with Its Smart Contract Engine," Artificial Lawyer, July 6, 2017, https://www.artificiallawyer.com/2017/07/06/clause-io-sets-out-strategy-with-its-smart-contract-engine; "Agrello Becomes 1st LegalTech Co. to Launch Its Own Digital Currency," Artificial Lawyer, July 17, 2017, https://www.artificiallawyer.com/2017/07/17/agrello-becomes-1st-legaltech-co-to-launch-its-own-digital-currency/.

15. Clack et al., "Smart Contract Templates."

16. Tim Hazard and Thomas Hardjono, "CommonAccord: Towards a Foundation for Smart Contracts in Future Blockchains," W3C Position Paper, June 9,2016, https://www.w3.org/2016/04/blockchain-workshop/interest/hazard-hardjono.html; Judith Balea, "Singapore Startup's Audacious Goal to Create a Programming Language for the Legal Industry," TechInAsia, January 9,2017, https://www.techinasia.com/singapore-legalese-audacious-goal-to-create-a-programming-language-for-the-legal-industry.

17. Juan Batiz-Benet, Jesse Clayburgh, and Marco Santori, "The SAFT Project: Toward a Compliant Token Sale Framework," October 2, 2017, https://saftproject.com/static/SAFT-Project-Whitepaper.pdf.

18. Stan Higgins, "$200 Million in 60 Minutes: Filecoin ICO Rockets to Record amid Tech Issues," CoinDesk, August 10, 2017, https://www.coindesk.com/200-million-60-minutes-filecoin-ico-rockets-record-amid-tech-issues.

19. SAFT 거래는 구매자가 참여할 수 있는 운영 네트워크가 없기 때문에 규제를 받는 투자 계약으로 여겨진다.

20. "Cryptocurrency Exchanges Are Increasingly Roiled with These Problems," Reuters, September 29, 2017, http://fortune.com/2017/09/29/cryptocurrency-exchanges-hackings-chaos.

21. Stan Higgins, "Ethereum Traders File Class Action Lawsuit over Kraken Flash Crash," CoinDesk, July 5, 2017, https://www.coindesk.com/ethereum-class-action-lawsuit-filed-against-digital-currency-exchange-kraken.

22. Corrado Rizzi, "Five File Class Action against Kraken over May 7 Ether Cryptocurrency 'Flash' Crash," ClassAction.org, July 5, 2017, https://www.classaction.org/news/five-file-class-action-against-kraken-over-may-7-ether-cryptocurrency-flash-crash.

23. Securities and Exchange Commission (SEC), "Report of Investigation Pursuant to Section 21(a) of the Securities Exchange Act of 1934: The DAO."

24. The DAO의 큐레이터 11명은 모두 이더리움 재단의 직원이거나 개발팀의 핵심 구성원이었다. Stephan Tual, "Vitalik Buterin, Gavin Wood, Alex van De Sande, Vlad Zamfir Announced amongst Exceptional DAO Curators," Slockit Blog, April 25, 2016, https://blog.slock.it/vitalik-buterin-gavin-wood-alex-van-de-sande-vlad-zamfir-announced-amongst-stellar-dao-curators-44be4d12dd6e.

25. Jack Balkin, "Information Fiduciaries in the Digital Age," Balkinization, March 5, 2014, https://balkin.blogspot.com/2014/03/information-fiduciaries-in-digital-age.html; Jonathan Zittrain, "Facebook Could Decide an Election without Anyone Ever Finding Out," New Republic, June 1, 2014, https://www.newrepublic.com/article/117878/information-fiduciary-solution-facebook-digital-gerrymandering.

26. Angela Walch, "Call Blockchain Developers What They Are: Fiduciaries," American Banker, August 9, 2016, https://www.americanbanker.com/opinion/call-blockchain-developers-what-they-are-fiduciaries.

27. 네트워크가 작동되고 토큰이 거래되는 경우에만 해당된다. 사전 운영 블록체인 시스템을 위해 자금을 조달하는 ICO 그룹은 이론적으로 그 돈을 받고 도망칠 수 있다.

28. Kevin Werbach and Nicolas Cornell, "Contracts ex Machina," *Duke Law Journal* 67 (2017): 101–170.

29. Ian Grigg, "The Ricardian Contract," First IEEE Workshop on Electronic Contracting, San Diego, CA (2004), https://www.researchgate.net/publication/4085229_The_Ricardian_contract.

30. 그리그가 만들었던 리카르도 플랫폼은 결코 성공하지 못했다.

31. Bailey Reutzel, "BNP Paribas Works with Blockchain Startup to Open Source Law," *CoinDesk*, May 5, 2016, https://www.coindesk.com/commonaccord-legal-smart-contracts-prove-beneficial-one-bank-veritcal/; Ian Allison, "Barclays' Smart Contract Templates Stars in First Ever Public Demo of R3's Corda Platform," *International Business Times*, April 18, 2016, http://www.ibtimes.co.uk/barclays-smart-contract-templates-heralds-first-ever-public-demo-r3s-corda-platform-1555329.

32. "Putting the Contracts in Smart Contracts," Eris:Legal, http://archive.fo/BRe4n.

33. "Introducing OpenLaw."

34. The DAO에 대한 공격의 여파로 연구원들은 반드시 사법 행위자들을 포함하지 않고 스마트 컨트랙트의 철회와 같은 기술적 메커니즘을 제안했다. 예를 들어 Ittay Eyal and Emin Gün Sirer, "A Decentralized Escape Hatch for DAOs," Hacking, Distributed, July 11, 2016, hackingdistributed.com/2016/07/11/decentralized-escape-hatches-for-smart-contracts/; Bill Marino and Ari Juels, "Setting Standards for Altering and Undoing Smart Contracts," International Symposium on Rules and Rule Markup Languages for the Semantic Web, New York, NY (2016).

35. Stefan Thomas and Evan Schwartz, "Smart Oracles: A Simple, Powerful Approach to Smart Contracts," GitHub, July 17, 2014, https://github.com/codius/codius/wiki/Smart-Oracles:-A-Simple,-Powerful-Approach-to-Smart-Contracts.

36. Maria Terekhova, "Thomson Reuters Is Making a Blockchain Push," *Business Insider*, June 15, 2017, http://www.businessinsider.com/thomson-reuters-is-making-a-blockchain-push-2017-6; "Thomson Reuters Makes Its Market Data Blockchain Friendly," Reuters, June 14, 2017, https://www.reuters.com/article/us-thomsonreuters-blockchain-idUSKBN1950RZ.

37. Oraclize. Home page, http://www.oraclize.it.

38. Aaron Wright and Primavera De Filippi, "Decentralized Blockchain Technology and the Rise of Lex Cryptographia," Social Science Research Network (SSRN), March 10, 2015, https://ssrn.com/abstract=2580664, 50.

39. Balaji S. Srinivasan, "Thoughts on Tokens," News.21.co, May 27, 2017, https://medium.com/@balajis/thoughts-on-tokens-436109aabcbe.

40. 이더리움의 창시자 비탈릭 부테린은 분쟁 해결을 위한 '분권화된 법원' 체제를 세워야 한다고 전망했다. Vitalik Buterin, "Decentralized Court," Reddit /r/etherium, April 26, 2016, https://www.reddit.com/r/ethereum/comments/4gigyd/decentralized_court/; Izabella Kaminska, "Decentralised Courts and Blockchains," FT Alphaville, April 29, 2016, https://ftalphaville.ft.com/2016/04/29/2160502/decentralised-courts-and-blockchains/.

41. Luke A. Walker, "ICANN's Uniform Domain Name Dispute Resolution Policy," *Berkeley Technology Law Journal* 15 (2000): 289.

42. Michael Abramowicz, "Cryptocurrency-based Law," *Arizona Law Review* 58 (2016), 405.

43. Michael del Castillo, "Lawyers Be DAMNed: Andreas Antonopoulos Takes Aim at Arbitration with DAO Proposal," *CoinDesk*, May 26, 2016, https://www.coindesk.com/damned-dao-andreas-antonopoulos-third-key/. 이 제안은 뉴욕 협약에 기반을 두고 있는데 이 협약에 따르면 65개국이 그들의 법원이 인정된 중재자들의 결정을 집행하는 것에 동의했다.

44. "Mattereum Draft for Public Comment," Google Docs, https://docs.google.com/document/d/1H18vvlurp8s1lSZnZx4zkDzTCnz5gxC0W0a7nGKXECA.

45. James Grimmelmann and Arvind Narayanan, "The Blockchain Gang," Slate .com, "Future Tense" section, February 16, 2017, http://www.slate.com/articles/technology/future_tense/2016/02 / bitcoin_s_blockchain_technology_won_t_change_everything.html.

46. Pete Rizzo, "Augur Bets on Bright Future for Blockchain Prediction Markets," *CoinDesk*, March 1, 2015, https://www.coindesk.com/augur-future-blockchain-prediction-market/.

47. Tony Sakich, Jeremy Gardner, and Joey Krug, "What Is Reputation?" http://augur.strikingly.com/blog/what-is-reputation.

48. Augur, "Augur Master Plan," June 9, 2017, https://medium.com/@AugurProject/augur-master-plan-42dda65a3e3d.

49. 어거(Augur)의 비전은 페이스북 CEO 마크 저커버그(Mark Zuckerberg)가 2017 년 2월 선언문에서 제시한 시스템과 비교하면 흥미롭다. "Building a Global Community," https://www.facebook.com/notes/mark-zuckerberg/building-global-community/10154544292806634/. 페이스북은 서비스 활동을 모니터링할 때 어거와 동일한 문제에 직면해 있다. 한 사용자 그룹이 윤리적(또는 심지어 합법적)으로 간주하는 것이 다른 그룹에서는 그렇게 보이지 않을 수 있다. 그러나 페이스북은 인공지능(AI)을 사용해 개별 커뮤니티를 식별하고 자체 표준을 정의할 수 있기를 희망한다. 어거는 상향식 암호화 경제 메커니즘으로 비슷한 것을 달성하기를 희망한다.

50. 저자와의 인터뷰(2017년 10월 18일). 흥미롭게도 이러한 관점은 제한된 국제 '초규범(hypernorms)' 집합이 문화 전반에 걸쳐 비즈니스 행동을 지배할 수 있다고 제안하는 비즈니스 윤리학자들의 관점을 반영한다. Thomas Donaldson and Thomas W. Dunfee, *Ties That Bind: A Social Contracts Approach to Business Ethics* (Cambridge, MA: Harvard Business School Press, 1999): 27.

51. Tatu Kärki, "Aragon Network Jurisdiction Part 1: Decentralized Court," Aragon, July 18, 2017, https://blog.aragon.one/aragon-network-jurisdiction-part-1-decentralized-court-c8ab2a675e82.

52. Federal Arbitration Act, 9 U.S.C. §§ 1-16 (2012).

53. BIP는 "비트코인 개선 제안(Bitcoin Improvement Proposal)"의 약자다. IETF 제안 요청 프로세스를 기반으로 커뮤니티 검토를 위해 비트코인에 대한 기술적 변경을 제안하는 메커니즘이다.

54. 이 프로세스를 기술적으로 BIP 91이라고 한다.

55. Sergio Demian Lerner, "Rootstock Platform: Bitcoin Powered Smart Contracts," November 19, 2015, https://uploads.strikinglycdn.com/files/90847694-70f0-4668-ba7f-dd0c6b0b00a1/RootstockWhitePaperv9-Overview.pdf.

56. Christine Chiang, "Decred Launches Decentralized Voting Process for Blockchain Protocol Changes," Brave New Coin, June 17, 2017, https://bravenewcoin.com/news/decred-launches-

decentralized—voting—process—for—blockchain—protocol—changes/; Fred Ehrsam, "Blockchain Governance: Programming Our Future," Medium, November 27, 2017, https://medium.com/@FEhrsam/blockchain—governance—programming—our—future—c3bfe30f2d74; Nathana Sharma, "Building the Blockchain to End All Blockchains," Singularity Hub, October 8, 2017, https://singularityhub.com/2017/10/08/building—the—blockchain—to—end—all—blockchains.

57. Vlad Zamfir, "Against On—Chain Governance," Medium, December 1, 2017, https://medium.com/@Vlad_Zamfir/against—on—chain—governance—a4ceacd040ca.

58. 나는 인간 공동체가 내린 선택을 나타내는 절차적 의미에서 법을 '주관적(subjective)'이라고 부른다. 자연법이나 법경제학과 같은 법학 이론들은 이러한 선택이 객관적인 원칙에 부합된다고 주장한다. 관련된 관리 과정은 여전히 주관적일 수밖에 없다. 필자는 일부 사람들이 주장하는 것처럼 법이 지배 집단의 힘의 표현인지 여부에 대해 입장을 취하고 싶지 않다.

59. Adam Greenfield, Radical Technologies: The Design of Everyday Life (London: Verso, 2017), 168—170.

60. Douglass C. North, Institutions, Institutional Change, and Economic Performance (Cambridge: Cambridge University Press, 1990).

61. Tom R. Tyler, Why People Obey the Law (Princeton, NJ: Princeton University Press, 2006).

62. Andrew L. Russell, "'Rough Consensus and Running Code' and the Internet—OSI Standards War," IEEE Annals of the History of Computing 28, no. 3 (July 2006): 48—61, https://doi.org/10.1109/MAHC.2006.42.

63. Theymos, Reddit r/Bitcoin, November 3, 2015, https://www.reddit.com/r/Bitcoin/comments/3rejl9/coinbase_ceo_brian_armstrong_bip_101_is_the_best/cwoc8n5/.

64. Josh Fairfield, Delta: The Law of Technological Change (Cambridge University Press, forthcoming).

65. Oliver E. Williamson, "Calculativeness, Trust, and Economic Organization," Journal of Law & Economics 36, no. 1 (1993): 453—486.

11장

1. The Unpredictable Certainty: Information Infrastructure Through 2000 (National Research Council, 1996), https://www.nap.edu/read/5130.

2. 위의 책, 7페이지.

3. 위의 책, 4페이지.

4. 위의 책, 12페이지.

5. "May 26, 1995: Gates, Microsoft Jump on 'Internet Tidal Wave,'" Wired, May 26, 2010, https://www.wired.com/2010/05/0526bill—gates—internet—memo.

6. Farhad Manjoo, "Jurassic Web," Slate, February 24, 2009, http://www.slate.com/articles/technology/technology/2009/02/jurassic_web.html.

7. Roxanne Bauer, "Media (R)evolutions: Time Spent Online Continues to Rise," *People, Spaces, Deliberation*, February 10, 2016, http://blogs.worldbank.org/publicsphere/media–revolutions–time–spent–online–continues–rise.

8. Clifford Stoll, "Why the Web Won't Be Nirvana," *Newsweek*, February 26, 1995, http://www.newsweek.com/clifford–stoll–why–web–wont–be–nirvana–185306.

9. Joi Ito, "How Blockchain Is Like or Not Like the Internet," YouTube, January 18, 2015, https://www.youtube.com/watch?v=1E49s5D6–1A.

10. Marc Andreessen, "Why Bitcoin Matters," *New York Times*, January 21, 2014, "DealBook" section, https://dealbook.nytimes.com/2014/01/21/why–bitcoin–matters.

11. John Kennedy, "The Digital Revolution Needs a Trust Revolution, Tech Leaders Tell Davos," Silicon Republic, January 22, 2015, https://www.siliconrepublic.com/companies/the–digital–revolution–needs–a–trust–revolution–tech–leaders–tell–davos.

12. Internet Society, "Internet Facing Unprecedented Challenges; Time to Act Is Now Says Internet Society," news release, December 7, 2016, https://www.internetsociety.org/news/press–releases/2016/internet–facing–unprecedented–challenges–time–to–act–is–now–says–internet–society/.

13. Francis Fukuyama, *Trust: The Social Virtues and the Creation of Prosperity* (New York: Free Press, 1995).

14. The original version of TLS was called secure sockets layer (SSL). Rolf Opplinger, *SSL and TLS: Theory and Practice* (Norwood, MA: Artech House, 2009), 67–69.

15. Chelsea Barabas, Neha Narula, and Ethan Zuckerman, "Defending Internet Freedom through Decentralization: Back to the Future?" MIT Media Lab, August 2017, 10.

16. Rachel Botsman, "We've Stopped Trusting Institutions and Started Trusting Strangers," TED Talk, June 2016, https://www.ted.com/talks/rachel_botsman_we_ve_stopped_trusting_institutions_and_started_trusting_strangers/transcript?language=en.

17. As Botsman observes, malicious actors can game these reputation systems. Rachel Botsman, *Who Can You Trust? How Technology Brought Us Together and Why It Might Drive Us Apart* (New York: PublicAffairs, 2017): 146–149.

18. Gus Hurwitz, "Trust and Online Interaction," *University of Pennsylvania Law Review* 161 (2013), 1588–1597 (인터넷의 상업화와 성장은 실제로 온라인 상호 작용에 대한 신뢰 상실을 의미한다고 주장한다.).

19. Lina M. Khan, "Amazon's Antitrust Paradox," *Yale Law Journal* 126 (2017): 710, https://www.yalelawjournal.org/note/amazons–antitrust–paradox.

20. Jonathan T. Taplin, *Move Fast and Break Things: How Facebook, Google, and Amazon Cornered Culture and Undermined Democracy* (New York: Little, Brown and Company, 2017).

21. Franklin Foer, *World without Mind: The Existential Threat of Big Tech* (New York: Penguin Press, 2017); Siva Vaidhyanathan, *The Googlization of Everything: And Why We Should Worry* (Berkeley: University of California Press, 2011).

22. Alice Marwick and Rebecca Lewis, "Media Manipulation and Disinformation Online," *Data & Society*, May 15, 2017, https://datasociety.net/output/media –manipulation–and–disinfo–online.

23. Emin Gün Sirer (@el33th4xor), Twitter, October 23, 2017, 10:25 a.m., https://twitter.com/el33th4xor/status/922469133211578368.

24. Kate Conger, "Cloudflare CEO on Terminating Service to Neo–Nazi Site: 'The Daily Stormer Are Assholes,'" *Gizmodo*, October 4, 2017, https://gizmodo.com/cloud flare–ceo–on–terminating–service–to–neo–nazi–site–1797915295.

25. Vaidhyanathan, *The Googlization of Everything*.

26. Yochai Benkler, "Degrees of Freedom, Dimensions of Power," *Daedalus* 145, no. 1 (2016): 18–32, https://www.mitpressjournals.org/doi/abs/10.1162/DAED_a_00362.

27. Andreessen, "Why Bitcoin Matters"; Morgen E. Peck, "The Future of the Web Looks a Lot Like Bitcoin," *IEEE Spectrum*, July 1, 2015, https://spectrum.ieee.org/computing/networks/the–future–of–the–web–looks–a–lot–like–bitcoin.

28. Alec Liu, "What Happened to the Facebook Killer? It Is Complicated," Motherboard, October 2, 2012, https://www.vice.com/en/article/pggg3z/what–happened–to–the–facebook–killer–it–s–complicated.

29. Andy Oram, ed., *Peer–to–Peer: Harnessing the Benefits of a Disruptive Technology* (Cambridge, MA: O'Reilly, 2001).

30. Yochai Benkler, *The Wealth of Networks: How Social Production Transforms Markets and Freedom* (New Haven, CT: Yale University Press, 2006), 418–21.

31. Nicholas G. Carr, *The Big Switch: Rewiring the World, from Edison to Google* (New York: W.W. Norton, 2013).

32. Remarkably, Paul Baran and others of his time anticipated this development. Kevin Werbach, "The Network Utility," *Duke Law Journal* 60 (2010): 1761.

33. "Reweaving the Web," *The Economist*, June 18, 2016, https://www.economist.com/news/business/21700642–slew–startups–trying–decentralise–online–world–reweaving–web; Dan Gillmor and Kevin Marks, "How to Break Open the Web," *Fast Company*, June 29, 2016, https://www.fastcompany.com/3061357/the–web–decen tralized–distributed–open; Joshua Kopstein, "The Mission to Decentralize the Internet," *The New Yorker*, December 12, 2013, https://www.newyorker.com/tech/elements/the–mission–to–decentralize–the–internet.

34. Liat Clark, "Tim Berners–Lee: We Need to Re–Decentralize the Web," *Wired UK*, February 6, 2014, http://www.wired.co.uk/article/tim–berners–lee–reclaim–the–web.

35. Quentin Hardy, "The Web's Creator Looks to Reinvent It," *New York Times*, June 7, 2016, https://www.nytimes.com/2016/06/08/technology/the–webs–creator–looks–to–reinvent–it.html.

36. Kevin Werbach, *Digital Tornado: The Internet and Telecommunications Policy* (Federal Communications Commission Office of Plans and Policy, Working Paper No. 29, 1997), 10 n.12, https://www.fcc.gov/Bureaus/OPP/working_papers/oppwp29pdf.html; Kevin Werbach, "Only Connect," *Berkeley Technology Law Journal* 22 (2008): 1233.

37. David D. Clark, "Interoperation, Open Interfaces, and Protocol Architectures," in *The Unpredictable Certainty: White Papers* 133–135 (National Academies Press, 1998); David D. Clark, "The Design Philosophy of the DARPA Internet Protocols," *Computer Communications Review* 18 (1988): 106, http://ccr.sigcomm.org/archive/1995/jan95/ccr-9501-clark.pdf.

38. 개념적으로 모든 사람이 다른 방식으로 자유롭게 행동하려고 기본적인 의무를 다하는 이러한 방식은 토마스 홉스(Thomas Hobbes)가 상상하는 리바이어던 이야기와 유사하다.

39. Jerome Saltzer, David Reed, and David Clark, "End-to-End Arguments in System Design," *ACM Transactions Computer System* 2, no. 4 (November 1984): 277–288, https://doi.org/10.1145/357401.357402.

40. Mark A. Lemley and Lawrence Lessig, "The End of End-to-End: Preserving the Architecture of the Internet in the Broadband Era," *UCLA Law Review* 48 (2001): 925–972.

41. Don Tapscott and Alex Tapscott, *Blockchain Revolution* (New York: Penguin Random House, 2016), 12–14 (블록체인에 대한 열광을 '인터넷의 귀환'으로 설명한다).

42. Lawrence Lessig, "Deja Vú All Over Again: Thinking Through Law & Code, Again," Vimeo, December 11, 2015, https://vimeo.com/148665401.

43. 2017년 10월 24일 저자와의 인터뷰.

44. William Mougayar, *The Business Blockchain: Promise, Practice, and Application of the Next Internet Technology* (Hoboken, NJ: John Wiley & Sons, 2016).

45. Mark Scott, "Google Fined Record $2.7 Billion in E.U. Antitrust Ruling," *The New York Times*, June 27, 2017, "Technology" section, https://www.nytimes.com/2017/06/27/technology/eu-google-fine.html.

46. Chris Dixon, "Crypto Tokens: A Breakthrough in Open Network Design," *Medium*, June 1, 2017, https://medium.com/@cdixon/crypto-tokens-a-breakthrough-in-open-network-design-e600975be2ef; Balaji Srinavasan, "Thoughts on Tokens," News.21.Co, May 27, 2017, https://news.21.co/thoughts-on-tokens-436109aabcbe; Joel Monegro, "Fat Protocols," *Union Square Ventures Blog*, August 8, 2016, http://www.usv.com/blog/fat-protocols.

47. Ethernet Name Service, https://ens.domains/; "Blockstack DNS vs. Traditional DNS," *BlockStack Blog*, https://blockstack.org/docs/blockstack-vs-dns.

48. "Blockstack and the Power of Choice," *BlockStack Blog*, July 24, 2017, https://blog.blockstack.org/blockstack-and-the-power-of-choice/

49. Christopher Allen, "The Path to Self-Sovereign Identity," *CoinDesk*, April 27, 2016, https://www.coindesk.com/path-self-sovereign-identity.

50. Decentralized Identity Foundation, "The Rising Tide of Decentralized Identity," *Medium*, October 11, 2017, https://medium.com/decentralized-identity/the-rising-tide-of-decentralized-identity-2e163e4ec663.

51. 2018년 1월 3일 저자와의 인터뷰.

52. Theo Douglas, "Illinois Announces Key Partnership in Birth Registry Blockchain Pilot," GovTech, September 8, 2017, http://www.govtech.com/data/Illinois-Announces-Key-Partnership-in-Birth-Registry-Blockchain-Pilot.html.

53. Stephan Tual, "Web 3.0 Revisited—Part Two: 'Introduction to Polkadot: What It Is, What It Ain't,'" StephanTual.com, July 9, 2017, https://blog.stephantual.com/web-three-revisited-part-two-introduction-to-polkadot-what-it-is-what-it-aint-657782051d34.

12장

1. "Mike Hearn: Autonomous Agents, Self Driving Cars and Bitcoin," YouTube, uploaded March 26, 2017, https://www.youtube.com/watch?v=MVyv4t0OKe4.

2. Paul Vigna and Michael J. Casey, *The Age of Cryptocurrency: How Bitcoin and Digital Money Are Challenging the Global Economic Order* (New York: St. Martin's Press, 2015).

3. Mike Hearn, "The Resolution of the Bitcoin Experiment," *Mike's Blog*, January 14, 2016, https://blog.plan99.net/the-resolution-of-the-bitcoin-experiment-dabb30201f7.

4. Daniel Cawrey, "Gregory Maxwell: How I Went from Bitcoin Skeptic to Core Developer," *CoinDesk*, December 29, 2014, https://www.coindesk.com/gregory-maxwell-went-bitcoin-skeptic-core-developer.

5. 블로그 게시물에서 헌(Hearn)은 이메일 교환을 기반으로 사토시가 자신의 편이라고 주장한다.

6. Mark Bagnoli and Barton L. Lipman, "Provision of Public Goods: Fully Implementing the Core through Private Contributions," *Review of Economic Studies* 56, no. 4 (October 1, 1989): 583–601.

7. Nathaniel Popper, "A Bitcoin Believer's Crisis of Faith," *New York Times*, January 14, 2016, "DealBook" section, https://www.nytimes.com/2016/01/17/business/dealbook/the-bitcoin-believer-who-gave-up.html.

8. Joseph Young, "How Mike Hearn Sold All His Bitcoins in 2016 and Market Proved Him Wrong," *Cointelegraph*, February 25, 2017, https://cointelegraph.com/news/how-mike-hearn-sold-all-his-bitcoins-in-2016-and-market-proved-him-wrong.

찾아보기

새로운 신뢰 아키텍처를 위한 블록체인

발 행 | 2022년 5월 31일

지은이 | 케빈 웰바크
옮긴이 | 백 명 훈

펴낸이 | 권 성 준
편집장 | 황 영 주
편 집 | 조 유 나
　　　　김 다 예
디자인 | 윤 서 빈

에이콘출판주식회사
서울특별시 양천구 국회대로 287 (목동)
전화 02-2653-7600, 팩스 02-2653-0433
www.acornpub.co.kr / editor@acornpub.co.kr

책값은 뒤표지에 있습니다.